EL LIBRO DEL CINE

EL LIBRO DEL CINE

DK LONDRES

EDICIÓN SÉNIOR
Sam Atkinson y Georgina Palffy

EDICIÓN DE ARTE DEL PROYECTO
Saffron Stocker

EDICIÓN
Stuart Neilson y Helen Ridge

DISEÑO
Phil Gamble

COORDINACIÓN EDITORIAL
Gareth Jones

COORDINACIÓN DE ARTE SÉNIOR
Lee Griffiths

COORDINACIÓN DE PUBLICACIONES
Liz Wheeler

SUBDIRECCIÓN DE ARTE
Karen Self

DIRECCIÓN DE PUBLICACIONES
Jonathan Metcalf

DIRECCIÓN DE ARTE
Phil Ormerod

DISEÑO DE CUBIERTA SÉNIOR
Mark Cavanagh

COORDINACIÓN DE DISEÑO DE CUBIERTA
Claire Gell

DISEÑO DE CUBIERTA SÉNIOR
Sophia MTT

DIRECCIÓN DE PREPRODUCCIÓN
Dragana Puvacic

PRODUCCIÓN SÉNIOR
Mandy Inness

Producido para DK por

TALL TREE LTD

EDICIÓN
Rob Colson, Camilla Hallinan,
David John y Kieran Macdonald

DISEÑO
Ben Ruocco y Ed Simkins

Estilismo de

STUDIO 8

DE LA EDICIÓN EN ESPAÑOL

COORDINACIÓN EDITORIAL
Cristina Sánchez Bustamante

**ASISTENCIA EDITORIAL
Y PRODUCCIÓN**
Malwina Zagawa

MIXTO
Papel | Apoyando la
selvicultura responsable
FSC™ C018179

Este libro se ha impreso con papel certificado por el Forest
Stewardship Council™ como parte del compromiso de DK
por un futuro sostenible. Para más información, visita
www.dk.com/our-green-pledge.

Publicado originalmente
en Gran Bretaña en 2014
por Dorling Kindersley Limited
DK, One Embassy Gardens, 8 Viaduct
Gardens, London, SW11 7BW

Parte de Penguin Random House

Título original: *The Movie Book*
Segunda edición 2023

Copyright © 2015
Dorling Kindersley Limited
© Traducción en español 2016
Dorling Kindersley Limited

Servicios editoriales: deleatur, s.l.
Traducción: Montserrat Asensio
e Isabel Margelí
Revisión técnica: Christian Checa

ISBN: 978-0-7440-8273-9

Impreso en China

Para mentes curiosas
www.dkespañol.com

COLABORADORES

DANNY LEIGH, EDITOR CONSULTOR

Danny Leigh es periodista y escribe con regularidad artículos sobre cine para el *Financial Times* y *The Guardian*. Desde 2010 es copresentador del longevo programa *Film* de la BBC. Además, escribe y presenta documentales para BBC Television y BBC Radio. También ha trabajado como profesor de cine y programador, y ha escrito dos novelas, *The Greatest Gift* y *The Monsters of Gramercy Park*.

LOUIS BAXTER

Louis Baxter empezó a ver películas y a escribir sobre cine ya desde pequeño, gracias a la colección en VHS de sus padres y a las películas de terror que lo mantenían despierto hasta las tres de la madrugada. Abrió su propio blog de cine y participó en muchos otros antes de estudiar cine en la Universidad de Westminster (Londres). Desde entonces, ha escrito guiones para una empresa cinematográfica y ha trabajado como escritor y crítico *freelance* especializado en cine de terror.

JOHN FARNDON

John Farndon es Royal Literary Fellow en la Anglia Ruskin University de Cambridge (RU), además de escritor y compositor. Impartió clases de historia del teatro en el Actors Studio, estudió dramaturgia en la Central School of Speech and Drama, y actualmente es asesor para las obras que optan a los OffWestEnd Theatre Awards de Londres. Ha escrito varios *bestsellers* internacionales, como *Do You Think You're Clever?*, y ha traducido al inglés las obras de teatro de Lope de Vega y la poesía de Aleksandr Pushkin.

KIERAN GRANT

Kieran Grant es un escritor y editor afincado en Londres. Ha escrito sobre cine y televisión para *Radio Times* y la web FILMCLUB y otras prestigiosas publicaciones, y en una ocasión viajó tras las huellas del Lawrence de Arabia de Peter O'Toole para la revista *Esquire*. Es un enamorado del cine británico desde que vio *Black Narcissus (Narciso negro)* por primera vez en la gran pantalla en la universidad, y está orgulloso de haber puesto su granito de arena al escribir y codirigir *The Lights* (2015), un cortometraje producido en asociación con el BFI y Film London.

DAMON WISE

Damon Wise escribe sobre cine desde 1987 y es editor colaborador de la revista *Empire* y asesor de la sección Thrill del Festival de Cine de Londres. En su faceta de periodista, sus artículos, entrevistas y críticas se han publicado en muchas revistas y periódicos importantes de Reino Unido. Además de cubrir visitas a sets de rodaje y preestrenos, asiste con regularidad a los principales festivales de cine internacionales. En 1998 publicó su primer libro, *Come by Sunday*, una biografía de Diana Dors, la estrella de cina británica.

CONTENIDO

TEMOR Y ASOMBRO
1950–1959

REBELDES
1960–1974

ÁNGELES Y MONSTRUOS
1975–1991

INTRODU

CCION

Este libro describe, analiza y rinde homenaje a algunas de las películas que mejor reflejan la magia del séptimo arte y que, a juicio de los autores –discutible, como suele ocurrir en estos casos–, han tenido mayor impacto en el cine y en la sociedad.

La aventura empieza en 1902, cuando el ilusionista y empresario teatral parisino Georges Méliès estrenó el último de sus cortometrajes mudos, que hacían las delicias de sus compatriotas. Se trataba de un paseo por el espacio titulado *Viaje a la Luna* y tuvo un éxito arrollador e inmediato, en Francia y en todo el mundo (para desgracia de Méliès, su popularidad se debió en gran parte al pirateo por parte de sus rivales). Esta película contribuyó más que

Se dirija adonde se dirija el cine, no podemos permitirnos perder de vista sus inicios.
Martin Scorsese

« Aún no sé lo que voy a contarle, pero se parecerá bastante a la verdad. »

Philip Marlowe / *El sueño eterno*

ninguna otra a encumbrar al cine como la principal forma artística de la época. Hasta entonces, ninguna había sido tan espectacular ni contaba con una trama tan elaborada.

Trenes, pánico y publicidad

En la época en que Méliès filmó su aventura lunar, el cine se consideraba un pasatiempo no demasiado respetable, propio de teatros y ferias. Para rastrear su verdadero origen es necesario retroceder hasta 1896, sin salir de París. Ese año y después de haber realizado una serie de proyecciones de sus películas el año anterior, los hermanos Louis y Auguste Lumière vivieron su momento de gloria cuando mostraron por primera vez al público *La llegada del tren (L'arrivée d'un train en gare de La Ciotat)*, una cinta de 50 segundos de metraje donde, tal y como su título indica, un tren de vapor entra en la estación de La Ciotat, filmado desde el andén adyacente. Aquella visión hizo que los espectadores huyeran despavoridos, con el total convencimiento de que iban a ser arrollados por la veloz locomotora (al menos,

eso es lo que se dijo después). No se sabe qué ocurrió realmente en la sala. Si los Lumière lograron dominar rápidamente la nueva técnica de tal manera que pareciera que la pantalla cobraba vida, o si tenían un talento especial para orquestar una campaña publicitaria, en el fondo, poco importa: ambas cosas han sido esenciales en la historia del cine.

Pero quizá haya que remontarse aún más en el tiempo, pues antes de que los hermanos Lumière aterrorizaran al público, hubo muchos otros pioneros en este arte. Entre ellos, merece un lugar destacado el inventor estadounidense Thomas Edison, que proyectó gatos boxeando y hombres estornudando un par de años antes que los Lumière, así como el fotógrafo británico Eadweard Muybridge, cuyos estudios de seres humanos y animales en movimiento, en la década de 1880, fueron el preludio del arte cinematográfico.

Cuentacuentos

De hecho, la historia del cine podría remontarse a la Prehistoria, cuando nuestros ancestros se apiñaban

junto a la hoguera y uno de ellos proyectaba sombras en la pared de la caverna con objeto de ilustrar relatos sobre bestias temibles e improbables hazañas. Los espectadores de hoy, sentados en sus butacas ante una gigantesca pantalla IMAX para disfrutar de una superproducción de astronómico presupuesto y repleta de efectos especiales, vuelven a estar en torno a aquella hoguera. El cine del siglo XXI sigue contando cuentos con palabras e imágenes dotadas de una vida verosímil.

Este libro trata de elaborar una historia del cine en un viaje a través del tiempo haciendo escala en cerca de un centenar de títulos, desde Méliès hasta nuestros días. Cada entrada informa sobre el origen de una película, rastrea cuál fue su inspiración y el proceso de realización, investiga a los hombres y mujeres cuyo talento contribuyó a crearla, y detalla su influencia posterior.

Durante la época muda se exploraron por primera vez las posibilidades del cine. A continuación, las décadas de 1930 y 1940 fueron los años dorados en que había salas de cine en todas las calles importantes y las películas eran auténticos reclamos de multitudes, la época de estrellas como Katharine Hepburn, Humphrey Bogart y James Stewart. En la década de 1950, diversos realizadores de Europa, India y Japón crearon obras maestras que a día de hoy todavía son aclamadas: fue el momento de Akira Kurosawa, Yasujiro Ozu, Henri-Georges Clouzot, Nicholas Ray y Satyajit Ray. En las décadas de 1960 y 1970, una nueva generación tomó el relevo y rompió con los modelos establecidos. En la actualidad, el cine prosigue su andadura con unos medios tecnológicos que habrían parecido de ciencia ficción hace tan solo diez años: todo un mundo se hace realidad con solo pulsar un botón.

Hechizo

Cada persona ve una película de manera diferente y la aprecia por distintas razones: en eso precisamente consiste la belleza del cine. Como escritor y periodista cinematográfico, el asesor de este libro ha pasado buena parte de su vida adulta en las

Cada película tiene una especie de ritmo que solo su director le puede otorgar.
Fritz Lang

salas de cine, en busca de la sensación que le hechizó de niño: «Cuando me siento y se apaga la luz, vuelvo a ser el crío de siete años que se partía de risa viendo a Harpo Marx en una pantalla casera durante la fiesta de cumpleaños de un amigo, o el de diez que se escabullía de una fiesta familiar navideña para ver *Ciudadano Kane* en la vieja tele del piso de arriba, o el de catorce totalmente alucinado con los oscuros e inquietantes filmes de David Lynch. Revivo esos momentos cada vez que veo una película».

Un par de décadas después de *Viaje a la Luna*, mientras el desafortunado Méliès se veía obligado a ganarse la vida vendiendo baratijas en la estación de Montparnasse, el joven cine empezó a ser conocido »

« Ahora habito un **mundo de fantasmas**, prisionero de fantasías y **ensueños**. »

Antonio Block / El séptimo sello

No podemos evitar identificarnos con el protagonista. Lo llevamos en nuestro ADN cinéfilo.
Roger Ebert
Chicago Sun-Times **(2012)**

como «séptimo arte», tras la arquitectura, la pintura, la música, la escultura, la danza y la poesía. En opinión de Ricciotto Canudo, el erudito italiano que acuñó la expresión, el cine sintetiza las grandes formas artísticas del pasado: ver películas es experimentar las seis artes a la vez.

Evolución del cine

Aunque han pasado los años, el torrente de imágenes y decibelios que brota de la pantalla sigue avasallando al público, en el mejor sentido de la palabra. Hoy en día, cuesta imaginar que el leve crepitar de las proyecciones de los primeros años del cine pudiera seducir al espectador del mismo modo que lo hacen las películas actuales. Sin embargo, y como demuestra la cinta del tren de

los Lumière, el público se tomó como algo real lo que veía en la pantalla ya desde el principio.

Rastrear la evolución del cine es uno de los mayores placeres para los amantes del séptimo arte. Algunos avances son evidentes, como el paso de la cinta muda a la sonora, o del blanco y negro al color, pero a medida que adquirían entidad los oficios cinematográficos –dirección de fotografía, montaje–, se produjeron revoluciones más sutiles.

También es importante tener en cuenta el contexto histórico en el que vio la luz cada película. Cuando hablamos de una película, nunca hablamos *solo* de ella: sumergirse en la historia del cine es hacerlo en la historia en general. Fijémonos en el último siglo de cinematografía y veremos reflejada la vida real como en los anillos de un árbol. Desde el punto de vista cinematográfico no se explica el inmenso impacto de Godzilla, el monstruo que aterrorizó a la bahía de Tokio en 1954, pero ¿qué era Godzilla sino el trauma nuclear de Japón hecho carne y escamas? ¿Y habría rodado Billy Wilder *Con*

faldas y a lo loco de no haber tenido que refugiarse en EE UU, como tantos otros cineastas europeos, ante el ascenso del poder nazi? La Revolución Rusa, la guerra fría, la época hippy, el feminismo, la era digital: todos los hitos de la historia mundial han sido llevados de un modo u otro a la pantalla.

Y todo gracias a un espectáculo que empezó en la feria, a un paso del circo, y que durante gran parte de su existencia sirvió de pretexto a las parejas para acercarse en la oscuridad. Que la proyección de imágenes en una pantalla alcanzara tan glorioso destino era bastante improbable. Que se convirtiera en arte es quizá aún más extraordinario.

Una experiencia colectiva

En cierto modo, el séptimo arte se basa en la contradicción. Cuando alguien se enamora de una película, puede tener la sensación de que ha sido hecha en exclusiva para él, como si desde la pantalla se le tendiera una mano. Sin embargo, todos aquellos que se hayan reído con una buena comedia en un cine abarrota-

« No pretenderá encontrar **un tiburón en tierra**… »
Hooper / Tiburón

« **El arte** es **otra cosa**. ¿Qué puedes aportar** tú que no aporten otros?»

Sr. Turlington / Boyhood (Momentos de una vida)

do o se hayan estremecido ante una película de terror junto a otras doscientas personas, sabrán que el cine está hecho para verse y ser disfrutado en grupo, como una experiencia que compartir.

Con el paso de los años, las películas se han considerado de distintas maneras. Al principio eran la novedad, una fuente de emociones a bajo precio. Luego proporcionaron glamurosos momentos de evasión con estrellas rutilantes en un impoluto blanco y negro. Algunas se veían como profundas reflexiones acerca de la condición humana puestas en escena por grandes autores. En la actualidad son con frecuencia espectáculos costosísimos concebidos para que los estudios y las productoras ganen aún más dinero. Sin embargo, también pueden ser proyectos más pequeños, hechos tan solo con *smartphones* y ordenadores portátiles, que abren una ventana a modos de vida desconocidos. Ahora más que nunca, el espectador anhela ver otros mundos y meterse en la piel de los personajes que aparecen en la pantalla, ya sea

para comprender algo nuevo sobre la vida o simplemente para hartarse de reír.

Un mundo donde elegir

Algunas de las películas que se recogen en esta obra fueron aclamadas por la crítica; otras, en cambio, no pasaron del mero entretenimiento de masas. Algunas fueron hitos culturales cuyos valores ya se han perdido; otras resultaron un fiasco cuando en el momento de su estreno pero fueron reconocidas como obras maestras por generaciones posteriores. El género tampoco forma parte de los criterios de selección: el *thriller* se codea con el *western* y la comedia romántica con el drama neorrealista, sin olvidar algún que otro musical.

Tampoco se ha dado preferencia a ningún idioma o nacionalidad y, aunque Hollywood está ampliamente representado, siempre ha habido todo un mundo más allá de Beverly Hills. *La regla del juego* (1979), *Stalker* (1979), *La cinta blanca* (2009) y *Parásitos* (2019) merecen una mención especial tanto como *Tiburón* (1975).

Por último, es probable que alguna omisión o inclusión sorprenda a los lectores, pero parte del encanto del séptimo arte justamente radica en que rara vez habrá dos opiniones iguales sobre una misma película. Si el asesor y los autores se hubieran limitado a confeccionar la lista de sus preferidas, no siempre coincidiría con la que aquí figura. Cabe pensar que la selección habría resultado más sencilla si el criterio hubiera sido la «grandiosidad», pero también este es muy subjetivo. Las películas se han elegido como puntos de referencia, con la esperanza de que, si alguien echa en falta su favorita, encuentre otras que puedan compensarle, y de que todos descubran al menos una que deseen ver por primera vez. ∎

Cuando le lavas la cara, cuando vuelves la película respetable, la matas.
Pauline Kael
Going Steady (1969)

VISIONA

1902–1931

RIOS

Los hermanos Lumière ruedan el **corto de 46 segundos** *La salida de la fábrica Lumière en Lyon*.

En el segundo filme de **Charlie Chaplin**, *Carreras de autos para niños*, aparece por primera vez el personaje de **Charlot**.

El gabinete del doctor Caligari, un perturbador clásico del **expresionismo alemán**, refleja las vivencias del autor en la Primera Guerra Mundial.

F. W. Murnau estrena *Nosferatu el vampiro*, **adaptación no autorizada** de *Drácula* de Bram Stoker. Estuvo a punto de ser destruida por una demanda.

1894   **1914**   **1920**   **1922**

1902   **1916**   **1920**   **1922**

Viaje a la Luna de Méliès marca un hito en cuanto a la **producción** de calidad y los **efectos especiales**.

Intolerancia, de D. W. Griffith, es uno de los primeros **éxitos de Hollywood**.

Buster Keaton protagoniza su primer largo cómico: *Pasión y boda de Pamplinas*.

El tributo del mar es la primera película en **tecnicolor** que se estrena en cines.

Hasta tal punto el cine forma parte de nuestra cultura actual, que cuesta imaginar un tiempo en el que no existía. También es difícil hacerse cargo de la impresión que causaba en el público de finales del siglo XIX el contemplar por primera vez imágenes en movimiento, como figuras fantasmagóricas que cobraran vida ante sus ojos. Sin embargo, desde la perspectiva del siglo XXI, lo realmente asombroso es que aquellas «fotografías animadas» se transformaran en películas de extraordinaria calidad artística en apenas tres décadas.

Magia en la pantalla

Los primeros directores no tuvieron maestros de los que aprender. Si bien algunos tenían experiencia en el mundo del teatro y otros en el de la fotografía, todos pisaban un terreno hasta el momento desconocido, y Georges Méliès más que ninguno. Tan pronto como este mago ocasional empezó a deleitar al público francés con sus películas, buscó el modo de hacerlas más espléndidas y espectaculares. También en EE UU surgieron visionarios: allí, el cine floreció gracias a las obras de Edwin S. Porter, un antiguo electricista que terminó en 1903 su largometraje *Asalto y robo de un tren (The Great Train Robbery)*, con un pistolero que se volvía hacia la cámara y parecía disparar al público.

Pocos años después, un dramaturgo novel trató de vender un guion a Porter. Este lo rechazó, pero decidió contratar como actor a un joven llamado D. W. Griffith que iba a convertirse a su vez en director y en uno de los padres de las superproducciones modernas.

El cine como arte

A pesar de que los pioneros se concentraban en Francia y EE UU, fue en Alemania donde el cine alcanzó la categoría de obra de arte por primera vez. Después de la Primera Guerra Mundial, un país sumido en el caos político y económico vio nacer una serie de obras maestras cuya influencia es palpable aún hoy. La época muda nos ha legado algunos de los títulos más gloriosos del cine: las obras de Robert Wiene, F. W. Murnau y Fritz Lang. No todo el mérito fue de los directores: el camarógrafo Karl Freund, un hombre tan grande como su talento innovador, revolucionó la manera de filmar montando la cámara sobre una bicicleta o atándosela al cuerpo.

Incluso algunos pintores se sintieron atraídos por la pantalla. En 1929, el célebre surrealista Salvador

Douglas Fairbanks rueda *El ladrón de Bagdad*, una precoz **aventura fantástica de espadachines** de alto presupuesto.

El primer *thriller* de Alfred Hitchcock, *El enemigo de las rubias*, inspirada en la búsqueda de Jack el Destripador, es un éxito comercial en Reino Unido.

El cantor de jazz es la primera película con **diálogo sonoro sincronizado**. Combina intertítulos con breves secuencias sonoras.

Se estrena *El ángel azul*, de Josef von Sternberg, en versiones alemana e inglesa, y convierte a **Marlene Dietrich** en una estrella mundial.

1924 **1927** **1927** **1930**

1925 **1927** **1929** **1931**

El acorazado Potemkin, de Serguéi Eisenstein, una **obra maestra técnica**, conmemora el 20.° aniversario de la Revolución Rusa de 1905.

Metrópolis, de Fritz Lang, es uno de los primeros **largometrajes de ciencia ficción**, ambientado en un futuro distópico.

Primera ceremonia de los premios Oscar en el hotel Hollywood Roosevelt de Los Ángeles.

Chaplin desafía a la revolución sonora con *Luces de la ciudad*, un clásico del cine mudo.

Dalí trabajó junto a un joven apasionado por el cine llamado Luis Buñuel en el cortometraje *Un perro andaluz (Un chien andalou)*; posteriormente Dalí se alejó del cine, mientras que Buñuel continuó realizando películas iconoclastas hasta bien entrada la década de 1970. También hubo revolucionarios en el sentido político: en la URSS, por ejemplo, el cine fue acogido como la forma artística del pueblo, y las películas se utilizaron como armas para ganar corazones y cerebros en la batalla global.

El despegue de Hollywood

Entretanto, en EE UU se fundaron los primeros estudios de Hollywood, que cimentaron su negocio en estrellas como Rodolfo Valentino, Douglas Fairbanks o Greta Grabo. Sin embargo, las más brillantes eran los payasos y, de todas las maravillas de la

Charlie Chaplin y yo manteníamos una competición amistosa: ¿quién haría el largometraje con menos subtítulos?
Buster Keaton

época del cine mudo, las comedias son las que más nos seducen en la actualidad. Hollywood encontró en Buster Keaton y Charlie Chaplin a dos auténticos genios que habían pulido las herramientas de su oficio

en el vodevil estadounidense y el *music hall* británico antes de actuar ante la cámara. Maestros del mimo y la bufonada, y a la vez patéticos, lograban hacer reír a los espectadores con una mirada. Además, eran unos realizadores meticulosos con ganas de innovar.

Si alguien personifica el cine de esta primera época, ese es el celebérrimo Charlie Chaplin. Aunque ya había aparecido el cine sonoro (fue en 1927 cuando Al Jolson declaró en *El cantor de jazz*: *«You ain't heard nothing yet!»* [¡Aún no han oído nada!]), el amor de Chaplin al cine mudo hizo que no quisiera renunciar a él y que en 1931 rodara una de las mejores películas sin palabras: *Luces de la ciudad*. Para entonces, Chaplin ya había contribuido a reivindicar para el cine el lugar de honor que aún hoy ocupa en la vida de la gente. ∎

LABOR OMNIA VINCIT

VIAJE A LA LUNA / 1902

EN CONTEXTO

GÉNERO
Ciencia ficción, fantástico

DIRECCIÓN
Georges Méliès

GUION
Georges Méliès, a partir de novelas de Jules Verne y H. G. Wells (sin mención en los créditos)

REPARTO
Georges Méliès, Bleuette Bernon, François Lallement, Henri Delannoy

ANTES
1896 *La mansión del diablo*, de Méliès, rebosante de trucos, suele considerarse la primera película de terror.

1899 *Cenicienta* es la primera película en la que Méliès narra una historia en varias escenas.

DESPUÉS
1904 Méliès adapta otra obra de Verne en *Viaje a través de lo imposible*, donde unos sabios viajan al Sol en un tren de vapor.

T al como su prometedor título indica, *Viaje a la Luna (Le Voyage dans la Lune)*, de 12 minutos de duración, es el relato fantástico de una expedición lunar. Un grupo de astrónomos se reúne y decide construir un enorme cañón con el que algunos de ellos son lanzados a la Luna, donde caen en manos de los selenitas. Estos los llevan ante

Las chicas del coro se alinean para disparar el enorme cañón que lanzará una nave espacial hasta la Luna. Con el exagerado estilo teatral de Méliès, la acción resulta más absurda que heroica.

su rey, pero ellos consiguen escapar y regresar a la Tierra, donde se organiza un desfile en su honor y se exhibe a un alienígena.

Trucos de magia
Algunos pioneros, como los hermanos Lumière, vieron en el cine un logro científico, un medio para documentar la realidad. En cambio, para el también francés Georges Méliès, director de *Viaje a la Luna*, era una nueva forma de realizar trucos de magia. Los cortometrajes de Méliès eran simples entretenimientos especialmente concebidos para quienes

Filmografía adicional: *El hombre de la cabeza de goma* (1901) ▪ *Un viaje a Marte* (1910) ▪ *Metrópolis* (1927, pp. 32–33) ▪
El hombre invisible (1933) ▪ *Los primeros hombres en la Luna* (1964) ▪ *La invención de Hugo* (2011)

frecuentaban los bulevares del París de *fin-de-siècle* en busca de nuevas sensaciones. Llenas de coristas, fantasmas y demonios mefistofélicos, sus películas pasaron de ser grabaciones de simples juegos de magia a representar imaginativas historias mediante audaces trucos de cámara que representan los primeros balbuceos de los efectos especiales. En los albores del siglo xx, Méliès ya estaba preparado para presentar al público la que sería su mayor ilusión: ir a la Luna y volver.

Ciencia ficción y sátira

Viaje a la Luna fue la primera película inspirada en las entonces populares «novelas científicas» de Jules Verne y H. G. Wells, y para muchos amantes del género, también la primera de ciencia ficción. Aunque es cierto que Méliès estableció la iconografía básica del cine de este género –el reluciente cohete, la Luna precipitándose hacia la cámara y los hombrecillos verdes–, no era su intención inventarlo, sino presentar una sátira de los valores decimonónicos, una comedia totalmente disparatada que a la vez se burlara de los logros de la Europa occidental industrializada.

Ante la cámara de Méliès, los hombres de ciencia se muestran como chiflados destructivos. Bajo el liderazgo del profesor Barbenfouillis (interpretado por el propio Méliès),

Al llegar a la Luna, los científicos descubren un mundo extraño. Por su actitud arrogante respecto a sus habitantes, esta película ha sido interpretada como una sátira antiimperialista.

Georges Méliès Director

En sus primeros cortometrajes, Georges Méliès experimentó con las técnicas teatrales y los efectos especiales que, como ilusionista, dominaba. Usó la cámara para transformar a personas y objetos o para hacerlos desaparecer y luego reaparecer, y además concibió innumerables innovaciones técnicas. Escribió, dirigió y protagonizó más de 500 películas y fue un precursor de los géneros de ciencia ficción, terror y suspense.

Películas principales

1896 *La mansión del diablo.*
1902 *Viaje a la Luna.*
1904 *Viaje a través de lo imposible.*
1912 *A la conquista del polo.*

riñen, se mueven de aquí para allá como chiquillos revoltosos, y al alunizar, su cohete se le clava a la Luna en un ojo. Tras su llegada, siembran el caos en el reino de los selenitas (a los que tratan como salvajes sin cerebro) y, si vuelven a casa, es solo por accidente. En la escena final, la gente celebra su regreso danzando en torno a una estatua de

Barbenfouillis, la caricatura de un viejo pretencioso, parecida a una de las viñetas políticas de Méliès. Su inscripción reza: *«Labor omnia vincit»* (El trabajo todo lo vence), lo cual, visto el caos precedente, adquiere un matiz claramente irónico. ▪

DE LA CUNA QUE SE MECE SIN PARAR

INTOLERANCIA / 1916

EN CONTEXTO

GÉNERO
Épico histórico

DIRECCIÓN
D. W. Griffith

GUION
D. W. Griffith, Anita Loos

REPARTO
Vera Lewis, Ralph Lewis, Constance Talmadge, Lillian Gish, Mae Marsh, Robert Harron

ANTES
1914 El italiano Giovanni Pastrone rueda *Cabiria*, un temprano largometraje épico.

1915 *El nacimiento de una nación*, obra de Griffith, es el primer largometraje de EE UU. Su contenido racista desata una fuerte polémica.

DESPUÉS
1931 Fracasa en las taquillas *La lucha* (segundo largo sonoro de Griffith y su último filme), un relato semiautobiográfico sobre la lucha contra el alcoholismo.

Sin duda, una de las películas más influyentes de la historia del cine es *Intolerancia (Intolerance)*. Se trata de una cinta verdaderamente épica, con sofisticados decorados e incontables figurantes. No era la primera vez que se usaban técnicas de desplazamiento de cámara o primeros planos, pero el director D. W. Griffith las dominó hasta tal punto que muchos lo consideran el padre de la realización moderna.

La película nació marcada por la polémica. La anterior cinta de Griffith, *The Clansman*, finalmente titulada *El nacimiento de una nación (The Birth of a Nation)*, fue el primer largometraje realizado en EE UU, pero muchos la condenaron por racista, al considerar que ensalzaba la esclavitud y al Ku Klux Klan. Sus innovadoras técnicas preludiaron las de *Intolerancia*, y su éxito comercial financió el numerosísimo elenco que esta exigía. Sin embargo, *Intolerancia* ocasionó tantas pérdidas en taquilla como ganancias la precedente. Según ciertos críticos, Griffith la concibió como una disculpa por *El nacimiento de una nación*, aunque su ambición y proporciones no sugieren tal cosa.

Un drama en cuatro partes

Cuatro historias sobre la intolerancia que abarcan tres milenios, cada

D. W. Griffith Director

David Llewelyn Wark Griffith, nacido en 1875 en una granja de Kentucky, tenía diez años cuando su padre murió, dejando a la familia en la pobreza. Tras trabajar varios años en el teatro, fue contratado como actor de cine en 1908. Pronto realizó sus propias películas, unas de las primeras de Hollywood, y fundó su propia empresa para rodar *El nacimiento de una nación*, cuyo racismo provocó protestas y disturbios. Su carrera declinó a partir de *Intolerancia*. Murió en 1948.

Películas principales

1909 *El valor del trigo (Corner in Wheat)*.
1915 *El nacimiento de una nación*.
1916 *Intolerancia*.
1919 *Lirios rotos*.

Filmografía adicional: *Cabiria* (1914) ▪ *Cleopatra* (1917) ▪ *Lirios rotos* (1919) ▪ *Las tres edades* (1923) ▪ *Amanecer* (1927, pp. 30–31) ▪ *Metrópolis* (1927, pp. 32–33) ▪ *Tiempos modernos* (1936) ▪ *Ben-Hur* (1959)

El patio central del palacio de Babilonia se recreó a tamaño natural. Más de tres mil extras participaron en el suntuoso festín de Baltasar.

cual con su propio matiz, se entretejen durante la película. El nexo entre ellas es la imagen omnipresente de una madre, interpretada por Lillian Gish, que mece una cuna como símbolo del paso de las generaciones. En el intertítulo, la frase «De la cuna que se mece sin parar» da a entender que nada cambia.

La primera historia trata de la lucha entre los fieles de dos religiones enfrentadas durante la caída de Babilonia. La segunda narra cómo la intolerancia lleva a Cristo a la muerte tras las bodas de Caná. La tercera relata la matanza de hugonotes (protestantes franceses) por los católicos la noche de San Bartolomé en la Francia de 1572. La última retrata a dos jóvenes amantes atrapados en un conflicto entre unos capitalistas implacables y unos moralistas obreros en huelga; Griffith apoya a los dos enamorados, acosados por los reformistas sociales, a los que equipara con los que atacaron *El nacimiento de una nación*.

Las cuatro historias se alternan con creciente rapidez a medida que la película llega a su clímax: de los trepidantes carros de un relato se pasa a los veloces trenes y coches del otro, un efecto obtenido casi por entero en el montaje, pues Griffith rodó en orden cronológico. Para al-

gunos críticos, el resultado es casi sinfónico; otros lo encuentran fatigante. Pero es indudable que este cruce de imágenes y su montaje resultaron trascendentales.

Otras innovaciones técnicas que hoy en día damos por sentadas fueron el fundido encadenado y el fundido a negro, pero sobre todo el primer plano. Las tomas de cuerpo entero de las primeras películas requerían una actuación exagerada, próxima a la pantomima, mientras que, como proclamó Griffith, «el primer plano nos permitió llegar a una actuación real, contenida, un duplicado de la vida real». ▪

Jesús carga la cruz entre las burlas del gentío en una escena del filme.

¡TENGO QUE SER CALIGARI!

EL GABINETE DEL DOCTOR CALIGARI / 1920

EN CONTEXTO

GÉNERO
Terror

DIRECCIÓN
Robert Wiene

GUION
Hans Janowitz, Carl Mayer

REPARTO
Werner Krauss, Conrad Veidt, Friedrich Fehér, Hans Heinrich von Twardowski, Lil Dagover

ANTES
1913 Wiene rueda *Las armas de la juventud*, su primer filme, hoy perdido.

DESPUÉS
1924 *Las manos de Orlac*, otra película expresionista de Wiene, tendrá otras dos versiones e inspirará muchos filmes de terror.

1925 Wiene rueda una película muda de la ópera de Richard Strauss *El caballero de la rosa*. Para el estreno, Strauss dirige una orquesta en directo.

Jamás he podido confiar en el poder autoritario de un Estado inhumano enloquecido.
Hans Janowitz

L a cinta firmada por Robert Wiene bajo el sugerente título de *El gabinete del doctor Caligari (Das Kabinett des Dr. Caligari)* se considera el primer largometraje de terror. Su legado en el cine moderno es evidente, pero no solo por las razones obvias. Si bien lo más impactante es el ingenioso diseño vanguardista de los decorados, palpablemente irreales y teatrales, en este revolucionario *thriller* psicológico de Wiene hay otros elementos, más sutiles, que se han convertido en habituales de las técnicas narrativas cinematográficas.

Aunque el «narrador no fiable» ya resultaba fundamental en la literatura (desde la época del dramaturgo griego Aristófanes), aún no se había recurrido a él en el cine. *El gabinete del doctor Caligari* lo introduce con el personaje de Franzis (Friedrich Fehér). La historia que cuenta Franzis comienza con un triángulo amoroso en apariencia bastante inocente (dos amigos compiten por el amor de la misma mujer), pero por supuesto, las apariencias engañan.

Los guionistas, Hans Janowitz y Carl Mayer, escribieron inicialmente

El sonámbulo Cesare, que, como averigua el espectador, lleva 23 años en estado de trance, se levanta por obra de Caligari, que lo alimenta en su ataúd.

la trama como una crítica a la actitud del Gobierno alemán durante la Primera Guerra Mundial: Caligari es un vil malvado que induce a un inocente sonámbulo a cometer asesinato. Sin embargo, durante el proceso de producción, la historia fue derivando hacia algo más complejo y condujo a otra primicia en el cine: el final inesperado.

Se abre el gabinete

Janowitz y Mayer se inspiraron en un oscuro relato del siglo XI acerca de un monje embaucador que ejerce una misteriosa influencia sobre un hombre al que acoge. En su guion, el monje pasa a ser un médico, al que Franzis y su rival, Alan (Hans Heinrich von Twardowski), conocen en una feria de pueblo.

El extraño doctor Caligari (Werner Krauss) aparece como un feriante que muestra al fantasmagórico Cesare (Conrad Veidt) yaciendo en el interior de su llamado gabinete

Filmografía adicional: *Nosferatu el vampiro* (1922, p. 330) ▪ *El último* (1924) ▪ *Secretos de un alma* (1926) ▪ *Metrópolis* (1927, pp. 32–33) ▪ *Drácula* (1931) ▪ *Recuerda* (1945) ▪ *El tercer hombre* (1949, pp. 100–103) ▪ *La cinta blanca* (2009, p. 323)

(en realidad, un ataúd). Caligari, el «amo» de Cesare, asegura que este «conoce todos los secretos» e invita al público a preguntarle algo. Alan, visiblemente alterado, le pregunta: «¿Cuánto viviré?», a lo que Cesare responde: «Hasta el amanecer». He aquí otro recurso del cine de terror extraído de innumerables cuentos: el necio que tienta al destino. El infortunado Alan es hallado muerto a la mañana siguiente.

El estilo expresionista

La estética y el estilo de la película se vieron muy influidos por el legendario Max Reinhardt, director del Deutsches Theater de Berlín. Su estilo antirrealista, inspirado a su vez en el expresionismo de principios del siglo xx, conjugaba la artificiosidad del escenario teatral y la manipulación de la oscuridad (en vez de la luz) para crear envolventes claroscuros, generando así una atmósfera misteriosa e inquietante.

Wiene utiliza con una asombrosa habilidad la iluminación para sugerir que tan solo asistimos a un extrava-gante melodrama, idea reforzada por los frecuentes y siniestros primeros planos, la mayoría del supuestamente loco Caligari, para convencer al público de que está viendo una historia de buenos y malos. Sin embargo, cuando se hace patente que no hay que tomar al pie de la letra la perspectiva de ningún personaje, los distorsionados fondos y ángulos empiezan a cobrar sentido. No obedecen solo a un estilo inquietante, sino que forman parte de la trama: los decorados de Walter Reinmann, Walter Röhring y Hermann Warm parecen reflejar un mundo enloquecido.

Una de las razones de la prevalencia de la película es que se trata de la primera que conduce al público al interior de la mente de un loco, anticipándose a *Psicosis* de Hitchcock.

Su horror reverbera en nuestro propio miedo a la máscara de cordura con que hasta los individuos más perturbados pueden llegar a engañarnos. ▪

Robert Wiene Director

Nacido en 1873, en Breslau, Wiene escribió y dirigió en 1913 el cortometraje *Die Waffen von Jugend (Las armas de la juventud)*, el primero de unos veinte filmes (largos y cortos) que realizó durante la época muda. Tras una prolífica carrera en Alemania, huyó del régimen nazi a principios de la década de 1930 y se instaló en Francia. Murió de cáncer cuando rodaba *Ultimátum* (1938), que concluyó, sin firmarla, el también exiliado Robert Siodmak.

Películas principales

1913 *Las armas de la juventud.*
1920 *El gabinete del doctor Caligari.*
1923 *Raskolnikov.*
1924 *Las manos de Orlac.*

Cesare se lleva a Jane, la amada de Franzis, por un evocador paisaje del que dejó la Primera Guerra Mundial, concluida tan solo dos años antes.

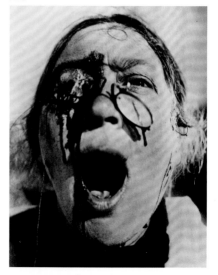

EL PORVENIR SERA NUESTRO

EL ACORAZADO POTEMKIN / 1925

EN CONTEXTO

GÉNERO
Drama histórico

DIRECCIÓN
Serguéi Eisenstein

GUION
Nina Agadzhanova

REPARTO
Aleksandr Antonov, Vladimir Barsky, Grigori Aleksandrov

ANTES
1925 El primer largometraje de Eisenstein, *La huelga*, describe una huelga de 1903 en una fábrica rusa y la represión sufrida por los obreros.

DESPUÉS
1928 En *Octubre*, Eisenstein narra los acontecimientos de la Revolución Rusa de 1917 en un estilo documental.

1938 Bajo un clima político mucho más restrictivo, Serguéi Eisenstein prefiere refugiarse en el pasado con el largometraje *Alejandro Nevski*.

E l célebre director Serguéi Eisenstein rodó *El acorazado Potemkin (Bronenósets Potiomkin)* por encargo de las autoridades soviéticas para conmemorar el 20.º aniversario de la Revolución de 1905, durante la cual unos marineros rusos se amotinaron contra sus oficiales en el puerto de Odessa (hoy en Ucrania). El resultado fue una película que revolucionó el cine. Casi cien años después, rara es la película de acción que no le deba algo.

Las escenas iniciales son históricamente rigurosas. Los cocineros

Miradlo [el filme] como un grupo de artistas miraría y estudiaría un Rubens o un Rafael.
David O. Selznik
Carta al productor Harry Rapf (1926)

La diseñadora holandesa Dolly Rudeman firma este cartel, uno de los primeros de la película, con un soldado cosaco y una víctima a sus pies. Su audaz estilo futurista es típico de los carteles de la década de 1920 en Europa.

se quejan de la carne infestada de gusanos, pero se les dice que es apta para el consumo. El portavoz de la tripulación, el intendente Grigori Vakulinchuk (Aleksandr Antonov), llama a la rebelión y la tripulación se alza contra sus superiores. Tras la victoria, el acorazado se dirige al puerto de Odessa, donde ya existe un fuerte malestar civil, y la tripulación expone el cadáver de Vakulinchuk, asesinado en la reyerta, con una nota que dice: «Por una cucharada de sopa». Ante él, la multitud se hermana contra el poder zarista.

En ese momento, la película de Eisenstein adquiere tintes de propaganda: si bien es cierto que el zar Nicolás II reprimió a los huelguistas

Filmografía adicional: *La huelga* (1925) ▪ *Octubre* (1928) ▪ *El hombre de la cámara* (1929) ▪ *Los intocables de Eliot Ness* (1987) ▪ *JFK* (1991)

Un cochecito rueda escaleras abajo entre cadáveres y moribundos. Al caer alcanzada por un disparo, la madre del bebé da un empujón al cochecito, que emprende su precipitado descenso.

de Odessa, la acción no tuvo lugar en la escalinata hoy llamada Potemkin, pero que entonces se conocía como la escalera del Bulevar. El director aprovechó sus 200 peldaños para mostrar el avance de las tropas zaristas. La escena de la multitud ovacionando a los marineros se interrumpe con un intertítulo que simplemente dice: «De repente…». Las escenas de la matanza que siguen no han perdido un ápice de su fuerza. Nadie está a salvo del avance de las tropas, filmadas desde un ángulo bajo y a menudo recortadas: para el director basta con que se vean los fusiles. Los encolerizados marineros responden con un bombardeo antes de hacerse a la mar, donde otros marineros se les unen.

Montaje y colisión

En *El acorazado Potemkin*, Eisenstein se toma ciertas libertades, pero la fidelidad a los hechos nunca fue una prioridad para él. Estaba más interesado en explorar un nuevo lenguaje cinematográfico, guiado por los experimentos sobre montaje que el teórico Lev Kuleshov llevó a cabo entre 1910 y 1920. Para Kuleshov, el significado no radica en los planos individuales sino en cómo la mente humana los contextualiza; así, por ejemplo, intercalando la misma imagen del rostro de un hombre con planos de un ataúd, un plato de sopa o una mujer, se logra evocar la pena, el hambre o el deseo. Las cifras hablan por sí solas de la fe de Eisenstein en el montaje (él prefería hablar de imágenes en «colisión» mutua): en menos de 80 minutos, *El acorazado Potemkin* incluye 1346 planos, cuando el promedio de las películas de época ronda los 600.

Manipulación de emociones

El enfoque narrativo de Eisenstein parece radical aún hoy. Su yuxtaposición de lo épico y lo íntimo prácticamente excluye la implicación personal con los personajes, y en este sentido es claramente comunista. Incluso Vakulinchuk, el héroe y mártir de la cinta, se percibe tan solo como un símbolo de la humanidad en contraposición con un ejército zarista sin rostro. Su escena más famosa (un bebé en un cochecito rodando escaleras abajo) es el símbolo perfecto de cómo esta película logra apoderarse de nuestras emociones para manipularlas. ▪

Serguéi Eisenstein Director

Eisenstein nació en Letonia, en 1898, y debutó como director de la compañía de teatro Proletkult, en el Moscú de 1920. Su interés por la teoría visual le llevó a rodar su «trilogía de la Revolución»: *La huelga*, *El acorazado Potemkin* y *Octubre*. En 1930 fue invitado a Hollywood, pero sus proyectos no cuajaron. De vuelta a la Unión Soviética, pudo constatar que la corriente política era contraria a sus ideas «formalistas», a favor de una narrativa más tradicional. Murió en 1948, dejando solo ocho películas terminadas.

Películas principales

1925 *El acorazado Potemkin.*
1928 *Octubre.*
1938 *Alejandro Nevski.*

ESTA CANCION DE UN HOMBRE Y SU ESPOSA ES PARA NINGUN LUGAR Y PARA TODO LUGAR

AMANECER / 1927

EN CONTEXTO

GÉNERO
Drama mudo

DIRECCIÓN
F. W. Murnau

GUION
**Carl Mayer (guion);
Hermann Sudermann
(novela corta)**

REPARTO
**George O'Brien,
Janet Gaynor, Margaret
Livingston, Bodil Rosing**

ANTES
1922 Murnau contribuye a
definir el género de terror con
Nosferatu el vampiro.

DESPUÉS
1927 En *Metrópolis*, un clásico
de la ciencia ficción, Fritz Lang
presenta su visión de la ciudad
moderna.

1930 *El pan nuestro de cada
día*, de Murnau, trata de una
chica de ciudad que ama a un
granjero, cuya familia la rechaza.

En 1927, una película cambió para siempre el curso de la historia del cine: *El cantor de jazz (The Jazz Singer)*, protagonizada por Al Jolson, fue el primer largometraje «hablado». Sin embargo, aquel mismo año otro filme marcó un hito, pese a ser mudo: *Amanecer*, donde el director alemán F. W. Murnau intentó condensar una experiencia humana universal en 90 minutos de bellas imágenes monocromas sin palabras, tan solo acompañadas de música y efectos sonoros.

En un pueblo a orillas de un lago, dos amantes clandestinos se encuentran a la luz de la luna. El hombre (George O'Brien) es un campesino honesto, seducido por una mujer fatal llegada de la ciudad (Margaret Livingston), que le insta a vender su granja y huir con ella en pos de una vida excitante en la gran urbe. Sin embargo, el hombre está casado con una encantadora joven (Janet Gaynor) y cuando pregunta «¿Y mi esposa?», una expresión maliciosa aflora al rostro de su amante. «¿Ella no podría ahogarse?», reza el espeluznante intertítulo.

La ambientación rural, la niebla y las sombras mudables y envolventes como telarañas que acompañan esta escena recuerdan *Nosferatu el vampiro*, la otra obra maestra de Murnau. *Amanecer* parece prometer otro re-

F. W. Murnau Director

Nacido en Alemania, en 1888, Friedrich Wilhelm Murnau luchó por su país en el horror de la Primera Guerra Mundial antes de crear su propia sinfonía del terror: *Nosferatu el vampiro*, la primera película basada en *Drácula*. En *El último* demostró su capacidad para emocionar al público. Su vasta cultura literaria lo impulsó a llevar a la pantalla el *Fausto* de Goethe antes de trasladarse a Hollywood en 1926. Su primer filme en EE UU fue *Amanecer*. Murió en 1931 en un accidente automovilístico.

Películas principales

1922 *Nosferatu el vampiro*.
1924 *El último*.
1927 *Amanecer*.

lato sensacionalista de sexo, muerte, violencia y traición. Pero, ¿cometerá el hombre semejante crimen? Con su corte de pelo a la última, su vestido de terso satén y un cigarrillo consumiéndose despacio, la mujer de la ciudad personifica la amoralidad de la metrópolis, mientras que el campesino simboliza la rústica inocencia. El espectador da por sentado que *Amanecer* será la crónica de una corrupción: en un momento dado, la mujer aparece como un diablo junto al hombro de él, incitándole a pecar. El hombre invita a su esposa a dar un paseo en barca, pero cuando está a punto de arrojarla al agua, es incapaz de hacerlo.

El hombre vacila, la esposa huye y cuando él la alcanza, ambos se encuentran en un tranvía que va a la ciudad. Sin poder hablar de lo ocurrido en el lago por temor a ser oídos, parten en el tranvía.

Despertar en la ciudad
Aquí es donde *Amanecer* nos sorprende. La metrópolis ejerce un efecto mágico en el hombre y su mujer, que pasan el día deambulando entre la gente, unidos en un emotivo e inesperado segundo noviazgo.

Todavía queda mucho drama por delante y más escenas inolvidables: multitudes barridas por la cámara, desfiles callejeros y extrañas formas alucinógenas en las luces resplande-

Incapaz de consumar el crimen, el hombre decide seguir a su esposa hasta un tranvía en el que ambos se dirigen a la ciudad.

Amanecer fue una de las primeras películas con efectos sonoros, pese a que se subestimaron sus innovaciones.

cientes. También el peligro reaparecerá, pues no es fácil escapar del pasado. La película fue realizada con tal ambición –la «ciudad» de Murnau se creó a base de grandes, complejos y costosos decorados– que muchos la consideran la cumbre del cine mudo, un hermoso último vals.

El último amanecer
Amanecer parece un compendio de los grandes éxitos de la época muda, un carrusel rutilante de melodrama, suspense, terror, espectáculo, bufonada y tragedia. El estreno en EE UU contó con el novedoso sistema de sonido Movietone, que añadía chilli-

Las películas de Murnau son espléndidas, y *Amanecer* no es una excepción. Su exquisita fotografía en blanco y negro, y los movimientos de barrido de la cámara no envejecen.
Pamela Hutchinson
The Guardian (2011)

dos de lechones, bocinas de automóvil y otros ruidos, aunque la película no los precisa para que su universo cobre vida. «Para dondequiera que el sol amanezca y se ponga…», puede leerse en el rótulo de cierre, «En la confusión de las ciudades o bajo el cielo abierto de las granjas, la vida es más de lo mismo; a veces amarga, a veces dulce». ▪

¿QUIEN ALIMENTA A LAS MAQUINAS CON SU PROPIA CARNE?

METROPOLIS / 1927

EN CONTEXTO

GÉNERO
Ciencia ficción

DIRECCIÓN
Fritz Lang

GUION
**Fritz Lang,
Thea von Harbou**

REPARTO
**Alfred Abel, Gustav
Fröhlich, Brigitte Helm,
Rudolf Klein-Rogge**

ANTES
1922 Lang y Von Harbou llevan
a la gran pantalla por primera
vez a un terrible criminal en
El doctor Mabuse.

1924 *Los nibelungos*, película
muda épica y fantástica en dos
partes de Lang y Von Harbou.

DESPUÉS
1929 Lang rueda *La mujer en
la Luna*, otra obra maestra de la
ciencia ficción tras *Metrópolis.*

1931 Lang y Von Harbou firman
un tétrico *thriller* titulado *M, el
vampiro de Düsseldorf.*

uchas películas han viaja-
do al futuro, y la mayoría
de ellas está en deuda con
Fritz Lang. *Metrópolis*, rodada en Alemania en 1927, imagina la vida urbana a cien años vista.

Imagen especular
Aunque está ambientada en 2026, la
película es en realidad un reflejo dis-
torsionado del tiempo en que se rodó.
Sus impactantes imágenes en blanco
y negro, influidas por el expresionismo alemán, exponen la pesadilla de
un mundo en constante cambio. Aún
no se habían borrado de la memoria
los horrores de la mecanización de la
Primera Guerra Mundial, y los nazis
pronto iban a iniciar su ascenso al
poder, proponiendo soluciones tota-

La visión de Lang del paisaje urbano
del futuro se vio enormemente influida
por los rascacielos que por entonces se
construían en Nueva York.

litarias a los problemas de Alemania.
Lang dijo que la idea de *Metrópolis* se
le ocurrió durante una visita a Nueva
York en 1924, y se nota: es evidente
que la ciudad norteamericana, con
sus imponentes rascacielos desde los
que los peatones se ven como hormigas, inspiró el primer paisaje urbano
de ciencia ficción visto en pantalla.
Lang trabajó con el pionero de los
efectos visuales Eugen Schüfftan a
fin de crear una versión desmesurada de Manhattan, combinando ma-
quetas de monorraíles y relucientes
pináculos con enormes mecanismos

Filmografía adicional: *El gabinete del doctor Caligari* (1920, pp. 24–27) ▪ *La novia de Frankenstein* (1935, p. 52) ▪ *Tiempos modernos* (1936) ▪ *Blade Runner* (1982, pp. 250–255) ▪ *Brazil* (1985, p. 340) ▪ *Matrix* (1999) ▪ *Minority Report* (2002)

Alfred Abel Actor

Nacido en 1879, en Leipzig, Abel fue jardinero, guardabosques, artista y comerciante antes de convertirse en actor. En Berlín trabajó a las órdenes del director Max Reinhardt, que en 1913 le dio su primer papel en una película. De estilo elegante y reacio a la gesticulación amanerada, Abel protagonizó más de cien filmes mudos (*Metrópolis* es el más conocido) y siguió recibiendo ofertas con la llegada del cine sonoro, aunque fracasó como director. Murió en 1937, dos años después de que el régimen nazi prohibiera a su hija ser actriz.

Películas principales

1922 *El doctor Mabuse.*
1927 *Metrópolis.*

cuyos operarios humanos son poco más que dientes de engranaje.

La arquitectura de la ciudad de *Metrópolis* refleja la rígida estructura de su sociedad, cuya clase dirigente, liderada por Fredersen (Alfred Abel), vive en lujosas torres mientras los obreros, representados por María (Brigitte Helm), están confinados en oscuros tugurios a nivel del suelo o bajo este. Cada grupo –los de arriba y los de abajo, literalmente– sabe muy poco del otro, y en la marcha fluida de la ciudad-máquina sus caminos no se cruzan nunca. Tan solo cuando el privilegiado hijo de Fredersen ve a la obrera María y se enamora de ella empieza a fallar la máquina y los dos grupos (la «mente» y las «manos») se reúnen por obra del corazón.

Tecnología y terror

Si bien la película emplea los efectos especiales más innovadores, desconfía de la tecnología futura. La ciudad del siglo XXI es una máquina viviente y despiadada, un monstruo maléfico. María tiene su doble en un *Maschinenmensch* («hombre-máquina», o robot), cuyo nacimiento imitará Hollywood en *Frankenstein* (1931). La mecanización es, en último término, un medio para engañar, deshumanizar y esclavizar.

Metrópolis suele considerarse la primera distopía llevada a la pantalla. Su predicción de una sociedad alemana dividida es de una lúgubre clarividencia, pero la película es optimista en el fondo: cree en el triunfo del corazón humano aun cuando nuestros sueños se conviertan en opresivas pesadillas y, pese a su inquietante vaticinio, ve una belleza aterradora en el mundo del mañana. ▪

Visión infernal *art déco*, la máquina industrial que proporciona energía a la ciudad es un templo de Moloc en el que sus obreros son sacrificados.

Si detesté *Metrópolis* al terminarla, ¿cómo voy a decir hoy que me gusta porque se está haciendo realidad algo que vi en mi imaginación?
Fritz Lang

¡COMO DIGAS LO QUE ESTAS PENSANDO, TE ESTRANGULO!

EL HEROE DEL RIO / 1928

EN CONTEXTO

GÉNERO
Comedia

DIRECCIÓN
Charles Reisner

GUION
Carl Harbaugh

REPARTO
Buster Keaton, Tom McGuire, Ernest Torrence, Marion Byron

ANTES
1924 Keaton se lesiona el cuello durante el rodaje de *El moderno Sherlock Holmes*.

1926 *El maquinista de la General*, codirigida por Keaton, se hunde en taquilla.

DESPUÉS
1928 *El héroe del río* inspira a Walt Disney *Steamboat Willie*, el primer cortometraje de dibujos animados con Mickey Mouse.

1929 Última película muda de Keaton, *El comparsa*, sobre una mujer famosa que se divorcia de su humilde esposo.

Buster Keaton era un maestro de la bufonada y la cara de póquer. Su familia se dedicaba al vodevil, por lo que no le eran ajenas las exigencias de la comicidad física, que llevó del escenario a la pantalla. Aunque no siempre figuró como director, fue invariablemente la cabeza pensante detrás de las risas. Lo que más impresiona hoy en día de sus películas es su precisión cómica y la sofisticación con que confunde al público. *El héroe del río (Steamboat Bill, Jr.)* es el ejemplo perfecto de cómo juega Keaton con las expectativas.

Gags en cadena

El viejo capitán de un destartalado barco fluvial de vapor se enfrenta a la competencia de una nueva embarcación suiza el mismo día en que reaparece su hijo (Keaton), largo tiempo ausente. Keaton encadena retruécanos y bromas visuales desde el principio, incluso antes de que llegue su personaje, y cuando este al fin aparece, inicia una sinfonía de la estupidez encarnando a un excéntrico bohemio con pantalones anchos,

Keaton interpretaba sus propias escenas arriesgadas (como esta de *El héroe del río*), que requerían una sincronización y una posición muy precisas para evitar lesiones graves.

boina y un minúsculo ukelele, antes de que la película cambie de tercio con una tormenta. Después de que los fuertes vientos lo lancen a través de la ciudad en una cama de hospital, Keaton permanece inmóvil mientras se le viene encima una fachada cuya ventana superior coincide a la perfección con el espacio que él ocupa. Esta escena (que entrañaba un gran riesgo) es un botón de muestra de la filosofía de Keaton: «Los especialistas no hacen reír». ∎

Filmografía adicional: *La ley de la hospitalidad* (1923) ▪ *El moderno Sherlock Holmes* (1924) ▪ *El navegante* (1924) ▪ *El maquinista de la General* (1926)

¿DIOS OS HA HECHO ALGUNA PROMESA?

LA PASION DE JUANA DE ARCO / 1928

EN CONTEXTO

GÉNERO
Drama histórico

DIRECCIÓN
Carl Theodor Dreyer

GUION
**Joseph Delteil,
Carl Theodor Dreyer**

REPARTO
Reneé Falconetti

ANTES
1917 Falconetti protagoniza
La Comtesse de Somerive,
que será el primero de sus
dos únicos largometrajes.

DESPUÉS
1932 Dreyer realiza su primera
película sonora, un filme de
terror titulado *Vampyr*.

1943 En *Dies irae*, Dreyer
retoma el tema de la brujería
inspirándose en un relato del
siglo XVII.

1957 Otto Preminger lleva a la
gran pantalla *Santa Juana*, de
George Bernard Shaw, con una
debutante Jean Seberg.

La historia de Juana de Arco se ha llevado varias veces a la pantalla, sobre todo en películas de acción y aventuras en las que la doncella de Orleans encabeza un ejército contra los invasores ingleses en la Francia del siglo XV. Pero en *La pasión de Juana de Arco (La passion de Jeanne d'Arc)*, el director danés Carl Theodor Dreyer se basó en las actas del proceso de Juana para crear un relato íntimo y de gran intensidad emocional sobre su persecución y ejecución por la Iglesia.

Al parecer, el rodaje fue tan duro y sombrío como lo que vemos en la pantalla. Reneé Falconetti fue sometida a una experiencia extenuante por el director, que mantiene la cámara pegada a su rostro, contrastando sus expresiones torturadas con las severas facciones de los clérigos en unos estrictos primeros planos, sin maquillaje y bajo una luz cruda.

A medida que las cosas van empeorando para Juana, la película retiene al público en el atormentado mundo de esta durante el máximo tiempo posible. Incluso en la hoguera, Dreyer, implacable, se centra en Juana, y no en el intento de salvarla, porque, según sus propias palabras: «no hay nada en el mundo comparable al rostro humano». ∎

La escena del juicio se rodó en una costosa réplica de la estancia del castillo de Ruán donde un tribunal eclesiástico juzgó a la verdadera Juana de Arco.

Filmografía adicional: *Amanecer* (1927, pp. 30–31) ▪ *Vampyr* (1932) ▪ *Dies irae* (1943) ▪ *Ordet (La palabra)* (1955) ▪ *Gertrud* (1964)

ESTOY HECHA PARA EL AMOR DE LA CABEZA A LOS PIES

EL ANGEL AZUL / 1930

EN CONTEXTO

GÉNERO
Melodrama

DIRECCIÓN
Josef von Sternberg

GUION
Carl Zuckmayer, Karl Volmöller, Robert Liebmann (guion); Heinrich Mann (novela)

REPARTO
Marlene Dietrich, Emil Jannings

ANTES
1929 Primera película sonora de Von Sternberg en EE UU: la policíaca *Thunderbolt*.

DESPUÉS
1930 Von Sternberg y Dietrich ruedan la romántica *Marruecos* en Hollywood.

1932 Dietrich y Von Sternberg coinciden de nuevo en el rodaje de *El expreso de Shanghai*, un enorme éxito de taquilla y cuarta de las siete películas que rodaron juntos.

La cantante de *El ángel azul* (*Der blaue Engel*), Lola Lola, es una de las seductoras más memorables del cine. La película fue prohibida por los nazis en 1933, pero se dice que Hitler, gran admirador de Dietrich, conservó una copia.

Moraleja

La indolencia sensual de Lola Lola se refleja en canciones que hicieron famosa a Dietrich, como «Ich bin von Kopf bis Fuss auf Liebe eingestellt» (Estoy hecha para el amor de la cabeza a los pies) que se convirtió en «Falling in love again» en inglés. Paradójicamente, la película es un sermón moral que advierte del peligro de perseguir los placeres de la carne. Ambientada en la Alemania de Weimar, narra la vida de Immanuel Rath (Emil Jannings), que deja su trabajo de profesor para ir en pos de Lola Lola, una cantante del cabaret El ángel azul.

Rath se sumerge en el mundo de la farándula y, cuando Lola Lola lo rechaza, termina siendo el hazmerreír de la compañía: débil, humillado y desvalido, solo es una grotesca sombra de su anterior yo censurador. ∎

En la compañía de Lola Lola, el profesor Rath (dcha.) termina convertido en un payaso patético, al que el público ridiculiza durante una actuación en su pueblo natal.

Filmografía adicional: *El expreso de Shanghai* (1932) ▪ *La Venus rubia* (1932) ▪ *Deseo* (1936) ▪ *Arizona* (1939) ▪ *Cabaret* (1972)

SI YO FUERA TU, MONTARIA UNA ESCENA
GENTE EN DOMINGO / 1930

EN CONTEXTO

GÉNERO
Drama mudo

DIRECCIÓN
**Robert Siodmak,
Curt Siodmak**

GUION
**Curt Siodmak, Robert
Siodmak, Edgar G. Ulmer,
Billy Wilder**

REPARTO
**Erwin Splettstößer, Annie
Schreyer, Wolfgang von
Waltershausen, Christl
Ehlers, Brigitte Borchert**

ANTES
1927 *Berlín, sinfonía de una
gran ciudad*, filme de Walther
Ruttmann, es un documental
mudo cuyo montaje evoca un
ritmo orquestal.

DESPUÉS
1948 *Ladrón de bicicletas* de
Vittorio De Sica, obra maestra
del neorrealismo italiano, narra
una historia cotidiana rodada
en exteriores.

El cine alemán de las décadas de 1920 y 1930 se caracteriza por su gran calidad estilística y técnica, pero *Gente en domingo (Menschen am Sonntag)* se distingue por su espontaneidad y búsqueda del realismo.

Esta «película sin actores» es el polo opuesto de los tensos *thrillers* que los directores Robert Siodmak y Edgar G. Ulmer, ambos noveles por entonces, realizaron más adelante en Hollywood. También es muy distinta de las obras posteriores de su guionista, Billy Wilder, que desarrolló un estilo documental a partir de un reportaje de Curt Siodmak, el hermano de Robert, que pronto iba a escribir muchas de las películas de terror de los estudios Universal.

Un experimento fílmico

La cámara sigue durante 24 horas a cinco berlineses no profesionales de la interpretación que representan papeles basados en su vida real. Wolfgang, un comerciante de vinos, coquetea con la figurante Christl, y ambos quedan junto al lago Nikolas. Más tarde, Wolfgang visita al taxista Erwin y a su esposa Annie, modelo, y los invita al lago, pero tras una discusión, Erwin decide irse solo con Wolfgang, Christl y Brigitte, una dependienta.

Actualmente, la banalidad de lo que sucede a continuación resulta conmovedora porque sabemos que los realizadores de la película iban a tener que exiliarse antes del final de la década. No existe rastro de cinismo, sino patetismo, en la optimista fe de los personajes en la repetida palabra «mañana». ∎

Nos sentábamos por ahí mientras ellos decidían qué hacer ese día. Era completamente improvisado.
Brigitte Borchert

Filmografía adicional: *Ladrón de bicicletas* (1948, pp. 94–97) ▪ *Al final de la escapada* (1960, pp. 166–167) ▪ *Sábado noche, domingo mañana* (1960, pp. 168–169)

MAÑANA LOS PAJAROS VOLVERAN A CANTAR

LUCES DE LA CIUDAD / 1931

EN CONTEXTO

GÉNERO
Comedia muda

DIRECCIÓN
Charlie Chaplin

GUION
Charlie Chaplin

REPARTO
Charlie Chaplin, Virginia Merrill, Harry Myers

ANTES
1921 Chaplin realiza su primer largometraje, *El chico*, junto a Lita Grey, de 13 años, con la que se casa tres años después.

1925 *La quimera del oro*, de Chaplin, primer éxito en que aparece el personaje de Charlot.

1927 El primer largometraje con diálogo sincronizado, *El cantor de jazz*, pone fin al cine mudo.

DESPUÉS
1936 Chaplin rueda su último largometraje mudo, *Tiempos modernos*, donde denuncia las injustas condiciones laborales de la Gran Depresión.

La película *Luces de la ciudad* (*City Lights*), escrita, dirigida y protagonizada por Charlie Chaplin, fue una de las últimas grandes cintas de la época muda y, para muchos cinéfilos, una de las mejores comedias de todos los tiempos. Aunque se estrenó en 1931, cuatro años después de la aparición del primer filme realmente sonoro (*El cantor de jazz*), el reticente Chaplin solo utilizó algunos efectos de sonido distorsionados y una banda sonora con música compuesta por él mismo.

Charlot y la chica de la flor

Tal y como su título apunta, la historia comienza en una gran ciudad. Charlot huye de un policía que está a punto de detenerlo por vagabundo. Mientras trata de escapar en un coche, encuentra a una bella florista pobre y ciega (interpretada por Virginia Merrill), y decide comprarle una flor con su última moneda. Ella, al escuchar el sonido de la puerta de un automóvil de lujo, le toma por un hombre adinerado.

Charlot se enamora casi al instante de esta chica que no lo juzga como a un pordiosero y desea convertirse en el rico y apuesto benefactor que ella cree que es. Planea sacarla de la pobreza y, cuando ave-

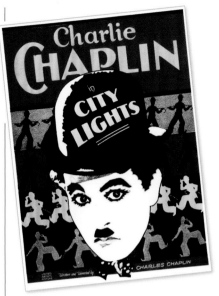

El cartel para el lanzamiento de la película en 1931 juega con la enorme popularidad del personaje de Charlot, ya ampliamente conocido por el público.

rigua que una operación podría devolverle la vista, busca desesperadamente dinero para pagársela, ya sea barriendo calles o dejándose vapulear en un combate de boxeo, lo cual da pie a las características escenas cómicas, picantes o melodramáticas de Chaplin.

En sus andanzas, Charlot se encuentra con un millonario que intenta suicidarse porque su esposa lo ha abandonado y lo salva. Como recompensa, este le entrega mil dólares para ayudar a la chica. Por desgracia, el millonario solo ve a Charlot como un amigo cuando está borracho y, una vez sobrio, le acusa de haberle robado. Charlot, a la carrera, entrega el dinero a la chica, pero es capturado y encarcelado.

Un emotivo encuentro

Tras salir de la cárcel, el desventurado Charlot vuelve a vagabundear por las calles hasta que un día, casualmente, pasa ante el escaparate de una floristería donde la chica

Charlie Chaplin Actor y director

Chaplin, la mayor estrella del cine mudo, nació en 1889, en Londres, y vivió una dura infancia: su padre, alcohólico, abandonó a su madre, una cantante que acabó en un manicomio. Estas experiencias inspirarían luego su personaje del marginal Charlot. De adolescente se unió a una compañía de circo, y un promotor teatral se lo llevó a EE UU. A los 26 años ya era una

estrella con su propia empresa cinematográfica. Rodó una serie de brillantes películas mudas antes de su primer filme sonoro, la sátira antihitleriana *El gran dictador*. Falleció en 1977.

Películas principales

1921 *El chico*.
1925 *La quimera del oro*.
1931 *Luces de la ciudad*.
1936 *Tiempos modernos*.
1940 *El gran dictador*.

Filmografía adicional: *La quimera del oro* (1925) ▪ *El maquinista de la General* (1926) ▪ *Metrópolis* (1927, pp. 32–33) ▪ *Tiempos modernos* (1936) ▪ *Un retazo de azul* (1965) ▪ *Chaplin* (1992) ▪ *The Artist* (2011)

está arreglando unas flores: ya la han operado y puede ver. Compadecida del vagabundo de ropas raídas al que unos chavales acaban de quitar una flor, le ofrece una moneda y otra flor. Cuando sus manos se rozan, lo reconoce de inmediato, aunque sea tan distinto del gallardo príncipe que ella había imaginado. Charlot la mira con ansia a los ojos y le pregunta: «¿Ahora ya ves?», a lo que ella responde: «Sí, ahora ya veo».

Este conmovedor diálogo es uno de los más famosos de la historia del cine, más elocuente si cabe por ser mudo; de hecho, es emblemático de toda la película. Lo que la chica ve por primera vez no es solo a Charlot, sino la verdad, y el público tiene que verla también. El ruidoso y ajetreado mundo de la ciudad moderna margina y relega al olvido a los pobres, los oprimidos y los solitarios. Las personas solo podrán recuperar sus sentidos y volver a ver con claridad a través de la pureza del silencio, la sencillez y la ceguera.

Esperanza en el mañana

La película transmite un mensaje conservador y sentimental (sensiblero, dirán algunos), pero sin duda tocó la fibra sensible cuando se estrenó, solo dos años después del crac de la Bolsa de Nueva York. Corrían malos tiempos para millones de personas: los estadounidenses pobres pasaban serios apuros a causa de la Gran Depresión y, a medida que la crisis empeoraba, los suicidios menudeaban tanto entre los ricos como entre los pobres. Aunque la película no ofrecía claves para la recuperación económica, tuvo el gran acierto de proporcionar un rayo de esperanza. Tras salvarlo de suicidarse arrojándose a un río, Charlot anima al millonario a no desesperar: «Mañana los pájaros volverán a cantar», le dice. Por muy negro que hoy pueda parecer todo, es preciso aferrarse a la idea de que quizá el mañana sea dichoso: esta es la esencia del mensaje de la película.

¿Un final feliz?

Cuando en la escena final la florista contempla a Charlot como realmente es, Chaplin, el director, no hace que los dos caigan uno en brazos del otro nada más reconocerse. No se sabe si la florista abrazará a Charlot o, por el contrario, rechazará su amor. La historia no tiene un claro final feliz.

Obviamente, el arrobado semblante de Charlot conmueve al espectador, pero también restituye su comicidad a la película, alejando así al público del dolor ante un posible rechazo. Cuando la florista vuelve a mirarlo, y los espectadores comprenden que en su cabeza se agolpan recuerdos y pensamientos, ese pequeño destello de esperanza es suficiente. No queda claro en qué consiste dicha esperanza: si hallará la verdadera felicidad junto a un hombre tan distinto del que había imaginado, o si cada uno seguirá su camino por separado, más sabio pero satisfecho. Lo único que realmente importa es que esa esperanza existe, inspirada por la idea de que, pase lo que pase, mañana los pájaros seguirán cantando. ▪

En la escena del combate de boxeo, en la que Charlot pasa casi todo el tiempo escondiéndose tras el árbitro o huyendo de su adversario, Chaplin demuestra su talento como *clown*.

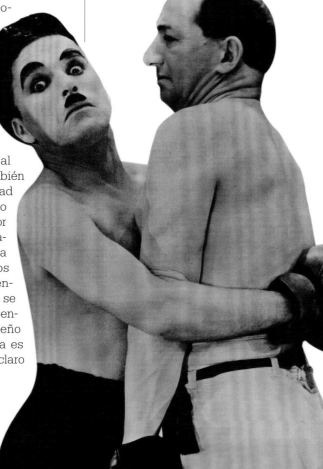

« Estoy curado. Es usted **mi amigo** para siempre. **»**
El millonario / Luces de la ciudad

UNA EDAD EN BLANC NEGRO

1931–1949

DORADA
O Y

En su primera película sonora, *M, el vampiro de Düsseldorf*, Fritz Lang utiliza una compleja **banda sonora** para generar **suspense**.

En Alemania, los estudios de cine quedan bajo control del **jefe de propaganda nazi** Joseph Goebbels. Grandes directores y estrellas huyen a Hollywood.

Con *39 escalones*, **Alfred Hitchcock** inicia una serie de filmes de suspense británicos que reflejan la inquietud por el auge de regímenes hostiles en Europa.

MGM mezcla blanco y negro y **tecnicolor** en la encantadora y **atemporal fantasía** de *El mago de Oz.*

↑ **1931** ↑ **1933** ↑ **1935** ↑ **1939**

↓ **1931** ↓ **1934** ↓ **1937** ↓ **1939**

Bela Lugosi como **Drácula** y Boris Karloff como el **monstruo de Frankenstein** devienen mitos del cine de terror. En plena Depresión surge el **«programa doble»**: dos películas al precio de una.

Se aplica el **código Hays**, creado en 1930 por la Asociación de Productores y Distribuidores de Cine de EE UU como pauta de la **decencia moral** de las películas.

Blancanieves y los siete enanitos, primer **largometraje de dibujos animados** de Walt Disney, tiene un éxito inmediato.

En Francia, *La regla del juego*, de Jean Renoir, es **rechazada por la crítica**, aunque luego se considerará una brillante sátira social.

B erlín, 1931. Una niña juega en la calle. De entre las sombras surge una insistente melodía: la silba un asesino.

Si bien ya hacía cuatro años que había aparecido el cine sonoro, este fue el momento en que empezó realmente su era. La película era *M, el vampiro de Düsseldorf*, un oscuro *thriller* del director alemán Fritz Lang. En esa única escena, Lang hizo mucho más que añadir sonido a una película: jugó con el sonido, lo utilizó, lo convirtió en la firma de un personaje.

Inicios del cine sonoro

Los primeros años del sonoro fueron una época difícil para el séptimo arte. Fue el fin de la carrera de muchas estrellas, cuya voz no gustó, y en ocasiones, la nueva tecnología entorpecía tanto la producción que

Nuestra intención no es entretener a los críticos. Yo pienso apostar por el público.
Walt Disney

habría sido preferible dejar algunas películas mudas. Pero las dificultades técnicas se superaron, nacieron nuevas estrellas y se recuperó la magia. Aún hoy, muchos piensan que jamás volverán a rodarse películas como las de las décadas de 1930

y 1940, la cúspide de la época clásica de Hollywood. En aquel tiempo, pese al dramatismo de los acontecimientos (la Gran Depresión o la Segunda Guerra Mundial), las películas rebosaban orgullo, seguridad y atractivo. Eran glamurosas y hacían soñar y reír al público. Si bien Charlie Chaplin no apostó del todo por el sonido (y Buster Keaton aún menos), otros le deben su fortuna. El público de los hermanos Marx se desternillaba con su disparatada verborrea, y el quid de las comedias *screwball* estaba en sus chispeantes diálogos.

Espectáculos monstruosos

Otro símbolo de esta nueva era podría ser el clásico hollywoodiense *King Kong* (1933), cuya espectacularidad demuestra la voluntad de los estudios de producir películas cada vez más grandiosas y emocionan-

La primera película de Orson Welles, *Ciudadano Kane*, se inspira en el magnate de la prensa **William Randolph Hearst**, cuyos diarios no la mencionan.

Ernst Lubitsch, refugiado alemán, dirige *Ser o no ser*, que **satiriza a los nazis** y es considerada ofensiva por la crítica.

Marcel Carné rueda *Los niños del paraíso*, un **suntuoso drama histórico**, en la Francia ocupada por los alemanes.

El **Comité de Investigación de Actividades Antiamericanas** acusa de comunismo a diez directores de Hollywood, que serán encarcelados.

1941   **1942**   **1944**   **1947**

1941   **1943**   **1946**   **1948**

Humphrey Bogart protagoniza *El halcón maltés*, **arquetipo del cine negro**, y *Casablanca* (al año siguiente).

En la Italia fascista, la **temprana película neorrealista** *Ossessione*, de Luchino Visconti, choca con la censura.

Los mejores años de nuestra vida, de William Wyler, refleja la difícil **adaptación a la vida civil** de los soldados estadounidenses tras la Segunda Guerra Mundial.

Ladrón de bicicletas, de Vittorio De Sica, es una **alternativa** neorrealista a **Hollywood**: una historia sencilla interpretada por personas corrientes.

tes. King Kong vino a sumarse a la creciente galería de monstruos inaugurada por los emblemáticos filmes de terror de los estudios Universal *Frankenstein* y *Drácula* (ambos de 1931), *La momia* (1932) y *El hombre invisible* (1933), todos ellos con una brillante realización.

Aun siendo grande, *King Kong* no poseía el monopolio de la grandiosidad. En 1939, *El mago de Oz*, con su camino de baldosas de un saturado amarillo en tecnicolor, deslumbró al público, y *Lo que el viento se llevó*, una tortuosa historia de amor en el marco de la Guerra de Secesión, lo emocionó hasta lo más hondo.

Sin embargo, en Europa iba a estallar otra guerra. A finales de la década de 1930, la brutalidad nazi tuvo un impacto decisivo en la industria cinematográfica, ya que numerosos directores y actores, entre ellos algu-nos de los más dotados de Europa, emigraron a Hollywood.

El cine de posguerra

La Segunda Guerra Mundial confirió a las películas posteriores un nuevo y áspero matiz. Las comedias de los estudios británicos Ealing introdujeron una dosis de homicidio en serie cuando Alec Guinness interpretó múltiples papeles en la trama de asesinatos *Ocho sentencias de muerte* (1949). Más oscura aún fue la incomparable red de intriga y traición en la Viena de posguerra tejida por Graham Greene en *El tercer hombre* (1949).

En EE UU, el cine policíaco derivó en un nuevo género: el cine negro, cuyos juegos de estilizadas sombras deben mucho al expresionismo alemán surgido en la década de 1920. Sus mujeres fatales y los detectives hastiados de la vida se convirtieron en dos figuras inseparables del cine.

Desde Italia llegó otro tipo de pesimismo. En la Roma de 1948, el director Vittorio De Sica utilizó actores no profesionales para narrar la lucha cotidiana del pueblo en *Ladrón de bicicletas*, una película que despierta algo en todo aquel que la ve. Para entonces, quizá el filme más influyente de esa época ya se había rodado: el ambicioso retrato de un magnate de la prensa, *Ciudadano Kane* (1941), cuyo impacto –pese a que la crítica la acogió de forma desigual– fue inmenso. Su joven coguionista, productor, director y protagonista, Orson Welles, tenía 25 años. Como volverá a ocurrir en la década siguiente, quienes dieron nueva forma al cine fueron jóvenes demasiado entusiastas como para que los entorpeciera el lastre del pasado. ∎

¡YO QUIERO IMPEDIRLO, PERO NO PUEDO EVITARLO!

M, EL VAMPIRO DE DÜSSELDORF / 1931

EN CONTEXTO

GÉNERO
Policíaco

DIRECCIÓN
Fritz Lang

GUION
**Fritz Lang,
Thea von Harbou**

REPARTO
**Peter Lorre, Otto Wernicke,
Gustaf Gründgens**

ANTES
1927 *Metrópolis*, la gran
epopeya de ciencia ficción
de Lang, traza una visión
futurista revolucionaria.

DESPUÉS
1935 Karl Freund, director de
fotografía de *Metrópolis*, dirige
en Hollywood *Las manos de
Orlac*, película de terror con
un Peter Lorre ya famoso.

1963 En su última película,
Lang se pone ante la cámara
en *El desprecio*, de Jean-Luc
Godard, para interpretarse
a sí mismo.

Hasta cierto punto, los viejos clásicos pueden resultar algo decepcionantes para el espectador contemporáneo, y es que se los ha imitado y se les debe tanto que pueden parecer trillados. No es este el caso de la obra maestra de Fritz Lang *M, el vampiro de Düsseldorf (M)*, que sigue poniendo los pelos de punta gracias a su escalofriante ingenio y sin la que no existirían *Psicosis*, *El silencio de los corderos* o *Seven*.

Cuando se estrenó, en mayo de 1931, el público alemán se acordaba muy bien de los crímenes reales de Peter Kürten, a quien la prensa bautizó como «el vampiro de Düsseldorf». Más tarde, Lang negó que su película se inspirase en Kürten. Aunque era evidente que aprovechó un tema muy presente en la conciencia pública, su retrato del asesino no fue nada previsible.

La primera sorpresa la dio el reparto. Peter Lorre, un actor húngaro poco conocido, de baja estatura y con unos ojos saltones de extraña inocencia, no parecía el más adecuado para encarnar a un asesino de niñas. Otra sorpresa fue lo sesgado del hilo narrativo: aunque preocupa la justicia, la película no trata solo de crimen y castigo, y desafía las expectativas del espectador desde el principio.

Planos de la ausencia

El asesinato inicial provoca una angustia desgarradora: mientras Beckert, del que solo se distingue la silueta, se acerca a una niña, la

El emblemático cartel del filme con la M (de *Mörder*, «asesino») que, marcada en la espalda del criminal, permitirá seguirle el rastro.

Filmografía adicional: *El doctor Mabuse* (1922, p. 330) ▪ *Metrópolis* (1927, pp. 32–33) ▪ *Furia* (1936) ▪ *El ministerio del miedo* (1944) ▪ *La bestia con cinco dedos* (1946) ▪ *Los sobornados* (1953, pp. 332–333) ▪ *Mientras Nueva York duerme* (1956)

> "
> La intrincada mente queda
> expuesta […] el odio a sí mismo
> y la desesperación te asaltan.
> **Graham Greene**
> *World Film News* (1936)

escena salta a su madre, nerviosa en casa; luego al exterior, por la ventana y al patio. La mujer llama con desesperación entre planos que sugieren la ausencia: interiores desiertos, un plato vacío… Una vez cometido el crimen, Lang solo muestra la pelota de la niña rodando sobre la hierba y un globo perdido que se aleja.

El asesino, Beckert, al que solo se ve de espaldas, escribe a los periódicos quejándose de que la policía no da la suficiente publicidad a sus crímenes. Pero en vez de seguir a Beckert, Lang pasa a las repercusiones del asesinato de la niña: se colocan carteles ofreciendo una recompensa y, mientras la policía lleva

El asesino Hans Beckert (Peter Lorre) mira hacia atrás con ojos desorbitados al comprobar en el espejo que ha sido marcado con la letra M.

a cabo su investigación, los ciudadanos planean tomarse la justicia por su mano. De este modo, la vigilancia, un tema habitual en la carrera posterior de Lang, se convierte en un elemento destacado de la trama.

Un monstruo humano

El filme debe parte de su fuerza a la naturalidad con que Lang descoloca al espectador. En el centro de la historia, cuando descubre al fin el sumiso rostro del monstruo, el público ha bajado la guardia y se ha metido en su piel hasta sentir su miedo. Entonces Lang eleva la tensión con gran destreza; la angustia del asesino, marcado sin darse cuenta con la M de *Mörder* («asesino») escrita con tiza, aumenta a medida que la persecución alcanza su clímax.

Lang emplea con maestría el sonido y el silencio en *M, el vampiro de Düsseldorf*, su primera película «hablada». El director crea tensión sutilmente desde la misma entrada en escena del asesino: cuando se dispone a atacar, Beckert silba

una conocida tonada que causa inquietud. Lang se sirve del sonido de un modo distinto, pero igualmente perturbador, cuando Beckert huye y las sirenas de bomberos y el tráfico crean una cacofonía desorientadora.

Juicio final

El largometraje mantiene en vilo al espectador hasta el final. La tensión no solo procede del ritmo implacable de la narración, sino también de la pregunta que el director plantea al público: ¿qué justicia desea que caiga sobre el criminal? Se trata de un enfoque complejo incluso en la actualidad, cuando ya se han asumido las innovaciones de Lang en materia de sonido y temática. El propio Lang siempre insistió en que este era el mejor de todos los formidables títulos de su larga carrera. ∎

Fritz Lang Director

Nacido en Viena en 1890, debutó como director en los estudios UFA, en Alemania, con *Halbblut (La mestiza)* en 1919, acerca de un hombre arruinado por amor a una mujer (un tema recurrente en su obra). Tras varios éxitos, incluido el clásico filme de ciencia ficción *Metrópolis*, realizó *M, el vampiro de Düsseldorf*, su obra maestra.

Los nazis, impresionados por su talento, le pidieron que dirigiera los UFA en 1933, pero él huyó a EE UU, donde llevó a cabo una carrera triunfal. Murió en 1976.

Películas principales

1922 *El doctor Mabuse.*
1927 *Metrópolis.*
1931 *M, el vampiro de Düsseldorf.*
1953 *Los sobornados.*

¿SE CASARIA CONMIGO? ¿LE HA DEJADO MUCHO DINERO? RESPONDA PRIMERO A LO SEGUNDO

SOPA DE GANSO / 1933

EN CONTEXTO

GÉNERO
Comedia musical

DIRECCIÓN
Leo McCarey

GUION
Bert Kalmar, Harry Ruby, Arthur Sheekman, Nat Perrin

REPARTO
Groucho Marx, Chico Marx, Harpo Marx, Zeppo Marx, Margaret Dumont

ANTES
1921 Primera película de los hermanos Marx, el corto *Humor Risk*, que hoy se cree perdido.

1929 Los Marx protagonizan su primer largometraje, la comedia musical *Los cuatro cocos*.

DESPUÉS
1935 *Una noche en la ópera*, el primer filme de los hermanos Marx sin Zeppo, es un éxito.

1937 La séptima película de los hermanos Marx, *Un día en las carreras*, es su mayor éxito.

Como tantas otras películas hoy consideradas clásicas, *Sopa de ganso (Duck Soup)*, de los hermanos Marx, recibió críticas desiguales a raíz de su estreno, en 1933. Sin embargo, hoy se la tiene por lo que realmente es: una aguda, anárquica y, sobre todo, hilarante sátira política –aunque los Marx afirmaban que tan solo pretendían hacer reír–. La cinta es un recital de los juegos de palabras y gags visuales típicos de este cuarteto de cómicos (luego trío), entre los que destaca la famosa escena del espejo en la que Harpo imita cada gesto de Groucho para que este no descubra que lo ha roto.

Una trama absurda

Groucho interpreta a Rufus T. Firefly, invitado, bajo razones poco claras, a convertirse en dictador de Freedonia por la acaudalada Sra. Teasdale, a la que da vida la típica señora seria de las comedias de los hermanos Marx, Margaret Dumont. Firefly quiere ca-

Groucho, Chico, Harpo y Zeppo Marx (de izda. a dcha.), hermanos en la vida real, forjaron sus célebres personajes cómicos en el vodevil.

sarse con ella solo por su dinero, pero aparece otro pretendiente, Trentino, embajador de la vecina Silvania. Con Chico y Harpo como espías a sueldo de Trentino, estalla la guerra entre ambas naciones, lo que da pie a algunas de las escenas de batalla más estrambóticas de la historia del cine. Entre los disparatados enfrentamientos, Groucho va del flirteo al insulto y ofrece todo un repertorio de sus geniales ocurrencias. ∎

Filmografía adicional: *El conflicto de los Marx* (1930) ▪ *Pistoleros de agua dulce* (1931) ▪ *Una noche en la ópera* (1935) ▪ *Un día en las carreras* (1937)

NO SE ALARMEN, SEÑORES, ESTA SUJETO POR CADENAS ESPECIALES DE ACERO
KING KONG / 1933

EN CONTEXTO

GÉNERO
Fantástico de terror

DIRECCIÓN
**Merian C. Cooper,
Ernest B. Schoedsack**

GUION
**James Ashmore Creelman,
Ruth Rose, Edgar Wallace**

REPARTO
**Fay Wray, Robert
Armstrong, Bruce Cabot**

ANTES
1925 En *El mundo perdido*,
adaptación de una novela de
Arthur Conan Doyle, luchan
seres humanos contra
dinosaurios.

DESPUÉS
1949 Cooper y Schoedsack se
reúnen en otra aventura sobre
un simio gigante: *El gran gorila*.

1963 Inspirándose en *King
Kong*, Ray Harryhausen firma
los efectos especiales de *Jasón
y los argonautas*, un clásico de
la técnica *stop-motion*.

Seguramente *King Kong* fue el primer largometraje de efectos especiales de auténtico éxito. La trama es simple: un enorme simio descubierto en una isla ignota, que comparte con dinosaurios y otras criaturas gigantes, es capturado y llevado a Nueva York para que la gente lo contemple, pero se libera de sus cadenas y se desmanda.

Hoy, esos efectos especiales de animación mediante rodaje fotograma a fotograma, o *stop-motion*, nos parecen torpes y anticuados, pero la fuerza del relato es capaz de emocionar al espectador más que muchos filmes modernos más sofisticados. La película rebosa de escenas emblemáticas, como el memorable clímax en el que King Kong espanta un biplano encaramado mientras trepa a lo alto del Empire State Building.

Su secreto radica en que retrata al simio con empatía. King Kong se muestra protector con su cautiva y solo ataca si lo provocan. El malo de la película es Carl Denham (Robert Armstrong), que lo exhibe como «la octava maravilla del mundo». El momento en que la bestia cae del rascacielos es trágico: el público está de su lado. ∎

Ann (Fay Wray), que al principio se siente aterrorizada ante King Kong, finalmente intenta salvarlo. En Nueva York, él se escapa para buscarla, por eso Denham, su captor, considera que la belleza es lo que ha matado a la bestia.

Filmografía adicional: *El mundo perdido* (1925) ▪ *El gran gorila* (1949) ▪ *Furia de titanes* (1981) ▪ *Parque jurásico* (1993) ▪ *King Kong* (2005)

¡DECLARAMOS LA GUERRA! ¡ABAJO LOS VIGILANTES Y LOS CASTIGOS!

CERO EN CONDUCTA / 1933

EN CONTEXTO

GÉNERO
Comedia surrealista

DIRECCIÓN
Jean Vigo

GUION
Jean Vigo

REPARTO
Jean Dasté, Louis Lefebvre, Coco Golstein

ANTES
1924 En el corto surrealista *Entreacto*, René Clair juega con el número de imágenes por segundo para crear un efecto de cámara lenta.

1929 El director Luis Buñuel y el pintor Salvador Dalí firman *Un perro andaluz*, filme surrealista.

DESPUÉS
1934 El único largometraje de Vigo, *L'Atalante*, narra la poética historia de unos recién casados que viven en una barcaza.

1968 *If....*, de Lindsay Anderson, describe una rebelión en un colegio privado británico.

El estreno en abril de 1933 de la película *Cero en conducta (Zéro de Conduite)*, dirigida por Jean Vigo, causó en París indignación y entusiasmo a partes iguales. Pero, pese a que el poder establecido la condenó a causa de su espíritu anárquico (el Ministerio del Interior francés la prohibió hasta 1946), en el fondo no era una crítica política, al menos no tanto como la percibieron las autoridades al principio. Más

Una de las películas
más poéticas y también más
influyentes de la historia.
Pauline Kael
5001 Nights at the Movies **(1982)**

La irreverencia
de *Cero en conducta* dio lugar a airadas reacciones por parte de las sensibilidades más convencionales en su estreno. El filme estuvo prohibido en Francia hasta 1946.

bien habría que circunscribirla en el contexto del cine surrealista francés, en la tradición de René Clair y Luis Buñuel, que renunciaron al sentido narrativo para yuxtaponer imágenes al azar y con frecuencia se adentraron en argumentos extraños con diálogos estrafalarios. Se trataba de crear obras de arte que pretendían explorar el subconsciente, o simplemente irreverentes.

Un punto de vista infantil
Financiada por un mecenas, la cinta de Vigo se basa en sus recuerdos de infancia en un internado. El director no pretende hacer un viaje nostálgico por la senda de la memoria, sino recrear el estado de la niñez. Si bien es cierto que el filme presenta algunos detalles sin pulir, atribuibles a

Filmografía adicional: *Entreacto* (1924) ▪ *Un perro andaluz* (1929, pp. 330–331) ▪ *A propósito de Niza* (1930) ▪ *La edad de oro* (1930) ▪ *Taris* (1931) ▪ *L'Atalante* (1934) ▪ *Los 400 golpes* (1959, pp. 150–155) ▪ *If....* (1968)

La rebelión de los niños contra las estiradas autoridades del internado adopta la forma de una anárquica pelea de almohadas: en opinión de Jean Vigo, la esencia del espíritu infantil.

la inexperiencia del joven Vigo, también exhibe joyas de una excentricidad deliberada, como una caricatura que cobra vida de repente.

Directo al grano

La película, de solo 41 minutos de duración, prescinde de todo preámbulo. Al principio, un simple intertítulo reza: «Terminadas las vacaciones, de vuelta al colegio». Un niño, Causset (Louis Lefebvre), acompañado por un adulto que duerme, y su amigo Bruel (Coco Golstein) viajan en un tren de vuelta a su aburrido internado. Durante el trayecto los muchachos juguetean alegremente e impera una sensación de libertad, restringida cuando llegan a la estación, donde los recibe un frío vigilante, interpretado por un adulto.

En su empeño por controlar a los niños, el vigilante los espía y aprovecha para robarles sus cosas. El

superior (Delphin), un hombrecillo ridículo de barba poblada, también está enfrentado con ellos. Del lado de los chicos está el joven profesor Huguet (Jean Dasté), que imita a Charlie Chaplin y juega al fútbol con los jóvenes. En una secuencia especialmente peculiar, los arrastra a

todos en pos de una joven que le ha llamado la atención.

En cuanto a los niños, todos son unos infractores recurrentes que parecen pasarse los domingos castigados (de ahí el «cero en conducta» del título). A lo largo de la película planean su venganza, pero, a la hora de la verdad, la revolución no empieza con un acto grandioso sino con una larga pelea de almohadas. Ya en el tejado del colegio, lanzan objetos contra los miembros de la dirección que, como una fila de maniquíes, se disponen a celebrar la anual «jornada conmemorativa». La gracia de esta película es que los chicos no pretenden derrocar el sistema, sino alzarse por encima de él como valerosos rebeldes impulsados por el espíritu irresistible de la niñez.

Lamentablemente, Vigo no vivió para ver el reconocimiento de su película, pero su legado es evidente en la obra de directores como François Truffaut o Lindsay Anderson. ▪

Jean Vigo Director

Jean Vigo, nacido en 1905, era hijo de un anarquista que pasó huyendo gran parte de su vida y murió asesinado en la cárcel cuando él solo tenía 12 años de edad. A pesar de ser un niño, el drama paterno dejó una fuerte impronta en la influyente obra de este director. Tras varios cortos, Vigo realizó *L'Atalante*, su único largometraje, en 1934. Aunque los distribuidores la mutilaron al principio, esta poética película

fue rehabilitada en la década de 1940 e incluso inspiró a los fundadores de la *nouvelle vague*. Vigo, de salud frágil, murió de tuberculosis a los 29 años. En 1951 se fundó el Premio Jean Vigo para directores noveles.

Películas principales

1930 *A propósito de Niza*.
1933 *Cero en conducta*.
1934 *L'Atalante*.

¡POR UN NUEVO MUNDO DE DIOSES Y MONSTRUOS!

LA NOVIA DE FRANKENSTEIN / 1935

EN CONTEXTO

GÉNERO
Terror

DIRECCIÓN
James Whale

GUION
William Hurlbut, John L. Balderston (guion); Mary Wollstonecraft Shelley (novela)

REPARTO
Boris Karloff, Colin Clive, Valerie Hobson, Elsa Lanchester

ANTES
1931 James Whale adapta *Frankenstein*, de Mary Shelley. Karloff encarna al monstruo.

1933 Whale rueda el relato de H. G. Wells *El hombre invisible*, sobre un científico que descubre el secreto de la invisibilidad.

DESPUÉS
1936 Whale se aparta del género de terror para dirigir una adaptación musical de la obra de teatro *Show Boat*.

Durante la década de 1930, los estudios Universal cosecharon una serie de éxitos adaptando para el gran público clásicos de la literatura de terror. Pero si algo distingue al *Frankenstein* de James Whale de las demás películas del género es su empatía con el monstruo, todavía más evidente en *La novia de Frankenstein (The Bride of Frankenstein)*, en la que implora al doctor que le dé una compañera.

Cuento con moraleja

Buena parte de la película presenta a Frankenstein como un monstruo perdido en un mundo al que no pertenece. Él busca la amistad, pero siempre lo rechazan. En un momento dado, un ciego le descubre los place-res de la vida doméstica, pero unos campesinos armados le obligan a marcharse. Cuando aprende a hablar, dice: «Yo quiero amiga. Como yo», pero los esfuerzos del Dr. Frankenstein por proporcionarle una novia fracasan, pues esta también lo rechaza. *La novia de Frankenstein* recuerda más a un cuento con moraleja que a una película de terror, al sugerir que la monstruosidad quizá solo sea algo superficial. ∎

Conmovido, el monstruo (Boris Karloff) sostiene a su bella novia (Elsa Lanchester), que acaba de cobrar vida en el tétrico laboratorio del Dr. Frankenstein.

Filmografía adicional: *Metrópolis* (1927, pp. 32–33) ▪ *Frankenstein* (1931) ▪ *Drácula* (1931) ▪ *La momia* (1932) ▪ *Dioses y monstruos* (1998)

ESPEJO MAGICO, DIME UNA COSA, ¿QUIEN ES EN ESTE REINO LA MAS HERMOSA?
BLANCANIEVES Y LOS SIETE ENANITOS / 1937

EN CONTEXTO

GÉNERO
Dibujos animados, musical

DIRECCIÓN
David Hand

GUION
Ted Sears, Richard Creedon, Otto Englander, Dick Rickard, Earl Hurd, Merrill De Maris, Dorothy Ann Blank, Webb Smith (guion); Jacob Grimm y Wilhelm Grimm (cuento)

REPARTO
Adriana Caselotti, Lucille La Verne, Moroni Olsen

ANTES
1928 Disney estrena el corto de Mickey Mouse *Steamboat Willie*, sus primeros dibujos animados sonoros.

DESPUÉS
2013 *Frozen*, de Disney, cuya historia se inspira vagamente en *La reina de las nieves* de Hans Christian Andersen, es un éxito total.

Estrenada en 1937, *Blancanieves y los siete enanitos (Snow White and the Seven Dwarfs)* fue el primer largometraje de la compañía Walt Disney, y combinó el tono cómico de sus cortometrajes con el matiz truculento de un célebre cuento de hadas de los hermanos Grimm: la historia de una reina malvada que persigue a una niña inocente solo porque un espejo mágico declara que esta es la más bella del reino. Así se constituyó el modelo de las películas Disney de los 85 años siguientes, desde *La cenicienta* hasta *Frozen*.

Un toque de riesgo
Sin duda, uno de los mayores retos de los realizadores de películas infantiles es que resulten apropiadas para su público, sin renunciar a poner a los protagonistas en situaciones de peligro para crear tensión. *Blancanieves* aterroriza deliberadamente a sus jóvenes espectadores desde la secuencia en que la niña siente pánico en el bosque ante los árboles que cobran vida hasta las escenas en que la maléfica reina se regodea planeando la muerte de la niña. Cuando un príncipe despierta a la heroína con un beso, el mal ya ha sido vencido y el miedo ha desaparecido. Disney comprendió que, sin un auténtico conflicto, el final feliz no se percibía igual. ∎

Blancanieves se oculta de la malvada reina en casa de los siete enanitos. Cocina y limpia para ellos, y les ordena incluso que se laven las manos.

Filmografía adicional: *Fantasía* (1940) ▪ *Pinocho* (1940) ▪ *Dumbo* (1941) ▪ *La cenicienta* (1950) ▪ *La bella y la bestia* (1991) ▪ *Frozen* (2013)

ME PARECE QUE ESTO NO ES KANSAS, ¿SABES?

EL MAGO DE OZ / 1939

EN CONTEXTO

GÉNERO
Musical, aventuras

DIRECCIÓN
Victor Fleming

GUION
Noel Langley, Florence Ryerson, Edgar Allan Woolf (guion); L. Frank Baum (novela)

REPARTO
Judy Garland, Frank Morgan, Ray Bolger, Bert Lahr, Jack Haley, Margaret Hamilton

ANTES
1938 Judy Garland y Mickey Rooney coprotagonizan *Andrés Harvey se enamora*.

DESPUÉS
1939 Fleming estrena *Lo que el viento se llevó* unos meses después de *El mago de Oz*.

1954 Garland protagoniza con James Mason el gran éxito *Ha nacido una estrella*, su primer filme en cuatro turbulentos años.

Por desgracia, muchas grandes películas de la época clásica de Hollywood han caído en el olvido; otras aún son apreciadas por la crítica, pero difícilmente conectan con los espectadores de hoy y, finalmente, hay algunas que no solo han logrado perdurar sino que continúan haciendo las delicias del público. Cada generación descubre *El mago de Oz (The Wizard of Oz)* y la acoge con el mismo entusiasmo que la anterior. Muchos de sus detalles se han integrado en la conciencia cultural colectiva, sobre todo en el ámbito anglosajón. Aunque no hayan visto la película, muchos conocen la melodía de «Somewhere over the rainbow» y saben a qué se refiere alguien cuando entrechoca sus zapatos y dice: «Se está mejor en casa que en ningún sitio». *El mago de Oz* tiene ya más de 80 años, pero sigue siendo una película clave del cine moderno.

Un magnífico espectáculo

Dorothy (Dorita en el doblaje español), interpretada por Judy Garland a los 17 años, es una niña criada en una granja de Kansas a la que un impresionante tornado transporta, por arte de magia, hasta el país de Oz. Una vez allí, y acompañada por

A los dos años veía la película todos los días. Me costaba mucho entender que no me era posible meterme *dentro*, ya que a mí me parecía muy real.
Zooey Deschanel
These Amazing Shadows (2011)

un extraño trío de inadaptados –un espantapájaros, un hombre de hojalata y un león cobarde–, debe seguir el Camino de baldosas amarillas, sin llamar la atención de la bruja del Oeste. Su destino es la Ciudad de Esmeralda, donde vive el misterioso mago de Oz. La historia puede parecer banal, pero lo que distingue a *El mago de Oz* no es el «qué», sino el «cómo». Se trata de un filme al servicio del espectáculo y que explora los límites de un medio tan reciente como el cine en cada uno de sus fotogramas.

Minuto a minuto

00:11
Dorita se escapa de su casa, en Kansas, para salvar a su perro Totó de su entrometida vecina, la señorita Gulch. El profesor Maravilla, un falso adivino, la convence para que vuelva.

00:19
La casa aterriza en Oz y, al caer, mata a la bruja del Este. Los *munchkins* lo celebran, pero la bruja del Oeste jura venganza.

00:58
El grupo llega a la Ciudad de Esmeralda, donde el mago accede a concederles todos sus deseos si le llevan la escoba de la malvada bruja.

01:21
Totó guía al grupo hasta el castillo, donde la bruja les da caza y prende fuego al Espantapájaros. Dorita arroja agua para ayudar a su amigo y, al hacerlo, derrite a la bruja.

00:00	00:15	00:30	00:45	01:00	01:15	01:42

00:17
Un fuerte tornado se lleva la granja de Dorita en volandas. La señorita Gulch, montada en su bicicleta, se transforma en una bruja con escoba.

00:34
Por el Camino de baldosas amarillas, Dorita se encuentra con el Espantapájaros y, poco después, conoce al Hombre de Hojalata y al León.

01:14
En su bola de cristal, la bruja ve al grupo entrar en la Selva Encantada y envía a unos monos voladores a capturar a Dorita.

01:28
Totó expone al mago como un impostor. La buena hada del Norte dice a Dorita que podrá volver a casa si hace chocar, uno contra otro, sus zapatos de rubí.

Filmografía adicional: *Pinocho* (1940) ▪ *Ha nacido una estrella* (1954) ▪ *Oz, un mundo fantástico* (1985) ▪ *Corazón salvaje* (1990) ▪ *El viaje de Chihiro* (2001, pp. 296–297)

Cuando la casa de Dorita aterriza en Oz, el espectador la ve abrir los ojos en un mundo desvaído en blanco y negro con tonos sepia, en unos fotogramas que aún presentan las imperfecciones características de la época, pero cuando abre la puerta y sale, la visión de Oz nos abruma con su tecnicolor. En 1939, cuando se estrenó la película, muchos veían color por primera vez en el cine. Su director, Victor Fleming, plenamente consciente de ello, se toma su tiempo para mostrar al público la amplia pano-rámica del país de los *munchkins* (los Pequeños en el doblaje español), deteniéndose en el extravagante decorado mientras una oleada de alucinantes colores nos invade desde todos los ángulos. Luego vienen los efectos especiales, un número musical con cientos de actores y una confrontación con la antagonista, la bruja del Oeste. Se animó a los diseñadores de decoración y vestuario a emplear el mayor colorido posible para aprovechar el formato tecnicolor, y en la producción no se escatimaron recursos, de acuerdo con la premisa de que «si menos es más, cuánto más debe de ser más». En este sentido, la película sería precursora de las superproducciones modernas, aunque con números musicales en vez de escenas de acción.

Historia de personajes

Aunque el guion se concibió como un vehículo para hacer alarde de las maravillas de los nuevos juguetes técnicos de los que disponía Hollywood, no deja de apoyarse en los personajes y la emoción. Al mismo tiempo que descubrimos un mundo completamente nuevo, lo hacemos a través de un prisma diferente. Mientras que en la mayoría de las películas de aventuras aparece un grupo de personajes »

Cuando Dorita conoce al Hombre de Hojalata (Jack Haley), este precisa una lubricación urgente.

La crítica ha interpretado objetos y personajes de *El mago de Oz* como símbolos de elementos políticos y económicos de EE UU.

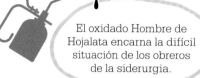

El oxidado Hombre de Hojalata encarna la difícil situación de los obreros de la siderurgia.

Los zapatos de Dorita (en el libro, plateados) simbolizan el patrón plata, y el Camino de baldosas amarillas, el patrón oro.

El León era una popular caricatura del político pacifista William Jennings Bryan.

El Espantapájaros es una metáfora de las duras condiciones de los granjeros del Medio Oeste durante la Gran Depresión.

La Ciudad de Esmeralda, una ilusión de sus habitantes, alude a los primeros billetes de dólar, de color verde.

unidos por un objetivo común, aquí cada uno busca aquello de lo que carece, no fama ni fortuna, sino una cualidad personal o algo con lo que estará completo. A Dorita le falta un hogar; al Hombre de Hojalata, un corazón; al Espantapájaros, un cerebro, y al León, valentía.

Cada personaje del mundo mágico de Oz se presenta al espectador en una situación en la que es vulnerable y cree que solo la ayuda del mago podrá salvarlo. Cada uno de los cuatro caminantes vive su propio «viaje heroico». Para el espectador es tan importante que el Hombre de Hojalata consiga un corazón como ver derrotada a la malvada bruja.

La película fue muy revolucionaria desde el punto de vista técnico, pero su éxito también se debe a que se ciñe a una estructura narrativa sencilla, así como al atractivo universal del relato de «búsqueda», en la línea del rito iniciático. El público asiste a la transición de la huérfana Dorita, que pasa de ser una niña protegida en su hogar a tener que desenvolverse en un mundo nuevo y peligroso, confiando en un trío de amigos que simbolizan las emociones, el intelecto y el coraje.

Un mundo de ensueño

A lo largo de la película, la acción conserva la atmósfera íntima incluso cuando se vuelve épica. Cada personaje resulta extrañamente familiar. La malvada bruja del Oeste es la doble de la odiosa vecina de Dorita, la señorita Gulch, que quiere sacrificar al perro de la niña, Totó; tanto el Espantapájaros como el Hombre de Hojalata y el León se parecen a trabajadores del campo donde ella vive, y el mago de Oz parece ser el profesor Maravilla, un adivino impostor. Los principales personajes de Oz son un reflejo de personas de Kansas, prueba de que Dorita se encuentra en un mundo onírico.

La película es un desfile espectacular de brujas y bosques, leones, tigres y osos, pero en el fondo, también un relato sobre la amistad y la superación personal. Quizá la dosificación equilibrada de estos dos elementos sea el secreto de su longevidad. Gracias a una historia contada con imaginación y a una espléndida puesta en escena, *El mago de Oz* trasciende a su tiempo. ∎

Victor Fleming Director

Nacido en California en 1889, Victor Fleming trabajó como especialista de cine antes de ascender hasta convertirse en director. En 1919 estrenó su primera película, *When the Clouds Roll by*. Pero su gran año fue sin duda 1939, cuando fue contratado a última hora para dirigir *El mago de Oz* y *Lo que el viento se llevó* como sustituto de Richard Thorpe y de George Cukor, respectivamente. Los dos filmes obtuvieron varios Oscar. Fleming no volvió a alcanzar semejantes cotas, aunque *El extraño caso del doctor Jekyll* y *Dos en el cielo* fueron aclamadas por la crítica. Murió en 1949, un año después de estrenar su última película, *Juana de Arco*.

Películas principales

1925 *Lord Jim.*
1939 *Lo que el viento se llevó.*
1939 *El mago de Oz.*
1941 *El extraño caso del doctor Jekyll.*

Gaiety! Glory! Glamour!

THE WIZARD OF OZ

with

**JUDY GARLAND
FRANK MORGAN
RAY BOLGER
BERT LAHR
JACK HALEY**

BILLIE BURKE
MARGARET HAMILTON
CHARLEY GRAPEWIN
and THE MUNCHKINS

A VICTOR FLEMING *Production*
SCREEN PLAY BY NOEL LANGLEY, FLORENCE RYERSON AND
EDGAR ALLAN WOOLF FROM THE BOOK BY L. FRANK BAUM
Directed by *Produced by*
VICTOR FLEMING · MERVYN LEROY

It's
METRO-GOLDWYN-MAYER'S
TECHNICOLOR TRIUMPH!

La película gozó de un enorme éxito desde su lanzamiento, pero debido a sus elevados costes de producción, no dio beneficios a los productores de MGM hasta 1949.

TODOS TIENEN SUS RAZONES

LA REGLA DEL JUEGO / 1939

EN CONTEXTO

GÉNERO
Comedia de costumbres

DIRECCIÓN
Jean Renoir

GUION
Jean Renoir, Carl Koch

REPARTO
Nora Gregor, Marcel Dalio, Paulette Dubost, Roland Toutain, Jean Renoir

ANTES
1937 La película de Renoir sobre unos prisioneros de la Primera Guerra Mundial, *La gran ilusión*, es la primera de lengua extranjera nominada al Oscar a la mejor película.

1938 La adaptación de Renoir de la novela de Émile Zola *La bestia humana* es todo un éxito.

DESPUÉS
1941 Tras el fracaso de crítica y taquilla de *La regla del juego*, Renoir se marcha a Hollywood. La primera película que dirige allí es *Aguas pantanosas*.

En la mordaz sátira *La regla del juego (La règle du jeu)*, el francés Jean Renoir retrata a una clase alta francesa que, en vísperas de la Segunda Guerra Mundial, se comporta con extrema frivolidad a pesar, o quizá a causa, de la inminencia del conflicto bélico.

La película fue un estrepitoso fracaso, ya que fue rechazada tanto por la crítica como por el público, en parte por su contraste con el anterior largometraje de su director, *La gran ilusión* (*La grande illusion*, 1937), una reflexión sobre el triunfo de la humanidad por encima de las clases. El público la abucheó en su estreno, el 7 de julio de 1939, y en septiembre del mismo año, las autoridades la prohibieron por «deprimente, morbosa e inmoral [...], una influencia indeseable para la juventud».

El redescubrimiento

Aunque durante la guerra se creyó que los negativos originales habían sido destruidos

Robert (Marcel Dalio) ofrece un trabajo al furtivo Marceau (Julien Carette, a la izda.) para que le ayude a cazar conejos.

Filmografía adicional: *Boudu salvado de las aguas* (1932) ▪ *La gran ilusión* (1937) ▪ *Ciudadano Kane* (1941, pp. 66–71) ▪ *French Cancan* (1954) ▪ *Sonrisas de una noche de verano* (1955) ▪ *Gosford Park* (2001)

en un bombardeo, a finales de la década de 1950 dos amantes del cine los hallaron en unas cajas en el maltrecho laboratorio y, con ayuda de Renoir, los montaron laboriosamente. En el Festival de Venecia de 1959 se estrenó la versión restaurada, que fue muy aclamada.

Retiro campestre

La película de Renoir describe un fin de semana en el castillo de Christine (Nora Gregor), una dama de la alta sociedad, y de su marido Robert (Marcel Dalio). Las relaciones se envenenan poco a poco, y la reunión terminará en tragedia. André (Roland Toutain), invitado en el último momento, acaba de sobrevolar el Atlántico en solitario para impresionar a Christine. Al ver que ella no aparece en el aeródromo para recibirlo, se niega a seguir las reglas del juego y expresa su malestar en las entrevistas, cosa que acabará pagando. Su amigo Octave (interpretado por Renoir) ha obtenido la invitación para André, pero también tiene motivos ocultos: espera emparejar a André con Geneviève, antigua amante de Robert, y alejarlo así de Christine, y a Geneviève de Robert.

Las intrigas se urden tanto en el piso de arriba como en el de abajo. Luego se disparará un arma y estallará un trágico y sangriento caso de confusión de identidad, pero Renoir se asegura de que el público sepa que ni siquiera ese drama cambia nada en las recluidas vidas de sus personajes, que continúan actuando como siempre. La película subraya la indolencia de la clase dirigente, de manera especialmente

elocuente durante la caza del conejo, cuando los participantes disparan contra cualquier animal que se ponga a tiro. Aun así, el propósito de Renoir no era demonizar a las clases altas, sino presentarlas como unos niños atrapados en un juego al que se ven obligados a jugar. «A veces hay que aceptar cosas increíbles, y es que todos tienen sus razones», afirma Octave.

Para intensificar la sensación de estar atrapados (en la mansión y en los asfixiantes juegos sociales de la clase alta), Renoir ideó una nueva técnica que le permitía aumentar la profundidad de campo. Gracias a ella pudo mantener enfocada la acción en primer plano mientras en el fondo se veía gente yendo de aquí para allá, ocupada en sus historias personales. ▪

El juego del amor tiene unas reglas peligrosas y complejas en el cerrado mundo de la clase alta de la película.

« Estamos en un tiempo en el que **todo el mundo miente**. »

Octave / La regla del juego

Jean Renoir Director

Hijo del pintor impresionista Pierre-Auguste Renoir, Jean nació en 1894, en Montmartre (París), y creció rodeado de artistas. Al principio se dedicó a la cerámica, pero en la década de 1920 decidió probar suerte como guionista. Aunque sus primeros filmes fracasaron, hacia finales de la década de 1930 obtuvo grandes triunfos. Después de la mala acogida de *La regla del juego*, se trasladó a EE UU, donde películas como el drama *Aguas pantanosas* (1941) gozaron de un éxito limitado. Murió en 1979, en Beverly Hills (California).

Películas principales

1931 *La golfa.*
1937 *La gran ilusión.*
1938 *La bestia humana.*
1939 *La regla del juego.*

A DIOS PONGO POR TESTIGO DE QUE JAMAS VOLVERE A PASAR HAMBRE

LO QUE EL VIENTO SE LLEVO / 1939

EN CONTEXTO

GÉNERO
Drama romántico e histórico

DIRECCIÓN
Victor Fleming

GUION
Sidney Howard (guion); Margaret Mitchell (novela)

REPARTO
Vivien Leigh, Clark Gable, Leslie Howard, Olivia de Havilland

ANTES
1915 *El nacimiento de una nación*, crónica épica de la Guerra de Secesión de D. W. Griffith, es tachada de racista.

1933 George Cukor lleva al cine la novela de Louisa May Alcot *Mujercitas*, un drama familiar ambientado en la época de la Guerra de Secesión.

DESPUÉS
1948 Alexander Korda adapta *Anna Karenina*, de Liev Tolstói, protagonizada por Vivien Leigh.

L o que el viento se llevó, que fue un fenómeno cultural cuando se estrenó y sigue siendo la película más taquillera de la historia, se ha visto sometida a una intensa re-evaluación a lo largo de los años. Se la ha criticado, con razón, por contribuir a perpetuar estereotipos racistas, minimizar los horrores de la esclavitud y glorificar el Sur anterior a la guerra de Secesión. No obstante, su duradero impacto es precisamente el motivo por el que se debe seguir viendo hoy. En palabras de la académica del cine Jacqueline Stewart, «es un texto ideal para analizar la expresión

Mientras viste a Escarlata (Vivien Leigh) para el baile, Mammy (Hattie McDaniel) regaña a su ama por tratar de cazar a un hombre casado.

de la supremacía blanca en la cultura popular… Una oportunidad para reflexionar acerca de qué nos puede enseñar el cine clásico».

Adaptación épica

Lo que hoy consideramos un gran fresco histórico era una novela de Margaret Mitchell, publicada en 1936. Antes de que acabara el año, el productor David O. Selznick se había

Filmografía adicional: *Mujercitas* (1933) ▪ *Un tranvía llamado deseo* (1951, pp. 116–117) ▪ *Cold Mountain* (2003) ▪ *Doce años de esclavitud* (2013)

> Un hito en la historia del cine; solo los más displicentes dirán que, francamente, les importa un bledo.
> **Philip French**
> *The Observer* (2010)

comprometido a realizar la versión cinematográfica. El esbozo del guion abarcaba seis horas y fue obra de cuatro autores. Se dice que optaron al papel de Escarlata O'Hara 1400 aspirantes desconocidas y docenas de estrellas consagradas. Selznick, que había esperado un año a que Clark Gable estuviera libre, sustituyó al director George Cukor por Victor Fleming solo tres semanas antes del comienzo del rodaje. La envergadura, el romanticismo y el vibrante colorido del filme subyugaron a los espectadores, que aún se resentían de la agobiante pobreza de la Gran Depresión.

Amor, pérdidas y anhelos

El núcleo de la película es un dramático triángulo amoroso: Escarlata (Vivien Leigh) se enamora de Ashley Wilkes (Leslie Howard), que está comprometido con su prima; despechada, Escarlata se fija en Rhett Butler (Clark Gable). La violencia de la guerra es un reflejo de la tortuosa relación entre Rhett y Escarlata, filmada en tecnicolor.

La descripción de la sociedad esclavista del viejo Sur, así como la nostalgia de la misma patente

en la cinta, delata varios supuestos discutibles, aunque se prescindiera de algunos pasajes abiertamente racistas de la novela. Hattie McDaniel, que interpretó a la doncella esclava Mammy, obtuvo uno de los diez Oscar que recibió la película. Fue la primera afroamericana en conseguirlo.

En el fondo, se trata de la historia de Escarlata: si bien acaba sola y arruinada por su egoísmo, es también una metáfora de EE UU como tierra de esperanza y regeneración. Rechazada por Rhett, Escarlata no pierde la esperanza. «Iré a mi casa», dice en la última frase de la película, refiriéndose a su familia y sus raíces: «Idearé algo para hacerle volver. Realmente, mañana será otro día…». ▪

Vivien Leigh Actriz

Nacida en Darjeeling (India) en 1913, Vivien Leigh saltó a la fama internacional gracias a *Lo que el viento se llevó*, que la convirtió en la primera actriz británica ganadora de un Oscar a la mejor actriz. Tan dotada para el escenario como para la gran pantalla, más tarde obtuvo un segundo Oscar por su papel de Blanche DuBois (a la que ya había dado vida en los teatros) en *Un tranvía llamado deseo*. George Cukor la describió en una ocasión como «una actriz consumada, cuya belleza la entorpece». Tuvo una tormentosa vida personal: su frágil salud física y mental le impidió prodigarse más. Murió de tuberculosis en 1967, a los 53 años.

Películas principales

1939 *Lo que el viento se llevó.*
1951 *Un tranvía llamado deseo.*

El estreno de la película en 1939, en Atlanta (Georgia), atrajo a un millón de personas a la ciudad. Este cartel data de 1967, cuando fue reestrenada en pantalla panorámica.

ERES ALGO ESTUPENDO... EN EL SENTIDO DESPRECIABLE, CLARO

LUNA NUEVA / 1940

EN CONTEXTO

GÉNERO
Comedia

DIRECCIÓN
Howard Hawks

GUION
Charles Lederer (guion); Ben Hecht, Charles MacArthur (obra teatral)

REPARTO
Cary Grant, Rosalind Russell

ANTES
1931 Lewis Milestone dirige *Un gran reportaje*, la primera versión cinematográfica de la obra teatral *The Front Page*, con Adolphe Menjou y Pat O'Brien como protagonistas.

DESPUÉS
1941 Grant y Russell vuelven a interpretar sus papeles en una versión radiofónica emitida por The Screen Guild Theater.

1974 Billy Wilder dirige el filme *Primera plana*, un *remake* con Jack Lemmon y Walter Matthau.

E sta típica *screwball comedy* (comedia loca estadounidense) de Howard Hawks, con un incisivo guion que gira en torno al mundo del periodismo, es una de las películas más ingeniosas de la era del blanco y negro. Famosa por sus diálogos solapados, rápidos como ráfagas de ametralladora, retrata a unos periodistas capaces de todo con tal de conseguir una buena historia. Mienten, engañan y se confabulan, pero se ganan al espectador con su encanto, su energía y su brillante vis cómica.

Adaptación de la obra

El filme *Luna nueva (His Girl Friday)* está basado en la pieza teatral de 1928 sobre el corrupto mundo de la prensa *The Front Page*, que ya había sido llevada a la gran pantalla. En ambos casos la batalla de ingenios se libraba entre dos hombres, pero Hawks introdujo un cambio fundamen-

tal. Se dice que tras leer algunas escenas de la obra junto a su novia, exclamó: «¡Pero si con un hombre y una mujer es todavía mejor que con dos hombres!». Así, en el guion escrito por Charles Lederer, los dos periodistas se convirtieron en una pare-

Walter (Cary Grant) trata de impedir que su exesposa Hildy (Rosalind Russell) se case con otro recordándole cuánto ama ella su trabajo.

Filmografía adicional: *La fiera de mi niña* (1938) ▪ *Historias de Filadelfia* (1940) ▪ *Vacaciones en Roma* (1953) ▪ *La tentación vive arriba* (1955) ▪ *El apartamento* (1960)

ja recién divorciada: el duro editor Walter Burns y la intrépida reportera Hildy Johnson. Este cambio dio un toque romántico a la sátira, al jugar con las ideas de lo que hombres y mujeres buscan en la vida.

El dilema de una mujer

En la primera escena, la Hildy protagonizada por Rosalind Russell se enzarza en un duelo verbal con su exmarido y exjefe, Walter (Cary Grant), y le anuncia que va a casarse con un agente de seguros, Bruce Baldwin (Ralph Bellamy).

Bruce es aburrido, pero Hildy afirma que desea escapar del feroz y corrompido mundo del periodismo para ser un «ser humano» y llevar una vida «normal» como esposa y madre. Entre la familia y la carrera, ha elegido la primera. Walter

Howard Hawks Director

Aunque Hawks dirigió más de 40 clásicos de Hollywood, no fue reconocido como un gran realizador hasta el final de su vida. Nacido en 1896 en Goshen (Indiana), en 1910 su familia se trasladó a California, donde Hawks se sintió atraído por el cine y trabajó un tiempo como encargado de atrezo en películas como *The Little American* (1917).

Durante la Primera Guerra Mundial sirvió en el ejército del aire y, tras volver a Hollywood, en 1926 escribió y dirigió su primera película, la muda *El camino de la gloria*. Ya en la era del cine sonoro,

logró un gran éxito con su *thriller* de 1932 *Scarface, el terror del hampa*, al que siguieron muchos otros filmes, entre los que figuran las *screwball comedies* con Cary Grant como *La fiera de mi niña* o *Luna nueva*. Entre sus películas posteriores destacan clásicos del cine negro, como *El sueño eterno*, y el wéstern *Río Bravo* (1959).

Películas principales

1932 *Scarface, el terror del hampa.*
1938 *La fiera de mi niña.*
1940 *Luna nueva.*
1944 *Tener y no tener.*
1946 *El sueño eterno.*

está convencido de que el excitante mundo de la prensa la atrae demasiado como para dejar su trabajo de reportera, y en su empeño de recordárselo la implicará en una investigación interminable sobre la inminente ejecución del asesino Earl Williams (John Qualen).

Walter se comporta con crueldad al intentar que Hildy vuelva con él y apenas parece inmutarse cuando Molly, la amiga de Williams, salta por la ventana y muere. No obstante, Grant dota a Walter de un estilo y una vivacidad tales que los espectadores desean de todo corazón que triunfe al echar el anzuelo a Hildy. No es de extrañar que esta le diga: «Eres algo estupendo… en el sentido desprecia-

« ¿Piensas que soy un sinvergüenza? »
Walter / **Luna nueva**

ble, claro». Ella tampoco se queda corta, y es que, por supuesto, están hechos el uno para el otro. ▪

La película respeta en general el texto de la obra original, aunque Hawks también animó a los actores a improvisar.

SOLO PODEMOS CONTAR LO QUE HIZO, NO SABEMOS QUIEN ERA REALMENTE

CIUDADANO KANE / 1941

EN CONTEXTO

GÉNERO
Intriga

DIRECCIÓN
Orson Welles

GUION
Orson Welles, Herman J. Mankiewicz

REPARTO
Orson Welles, Joseph Cotten, Dorothy Comingore

ANTES
1938 Orson Welles adapta para la radio *La guerra de los mundos* de H. G. Wells, sobre una invasión marciana. Se dice que su formato de boletín informativo hizo que algunos oyentes creyeran que era real.

DESPUÉS
1958 El filme negro de Welles *Sed de mal* relata un caso de corrupción en una ciudad fronteriza mexicana.

1962 Welles adapta al cine *El proceso*, novela de Franz Kafka.

Charles Foster Kane, el magnate de la prensa protagonista de *Ciudadano Kane (Citizen Kane)*, asegura: «No creo que una palabra pueda explicar toda una vida». Sin embargo, la genialidad de esta película –coescrita, protagonizada y dirigida por Orson Welles con tan solo 25 años– reside en que hace precisamente eso: resume el origen y la esencia del caprichoso Kane en una única palabra y mantiene en vilo al espectador durante casi dos horas antes de darle la enigmática clave de su significado.

Welles rodó la cinta en secreto para evitar cualquier intento legal de detener la producción y la presentó, de manera ambigua, como una historia de amor. Sabía que el estreno sería problemático porque el personaje de Kane estaba inspirado en una persona viva y sumamente poderosa.

Ciudadano Kane es un película de intriga sin asesinato, aunque en su célebre inicio Kane aparece ya viejo y moribundo (empezar la película por el final fue una de las numerosas in-

Este leal espectador les informa de que acaba de ver una película que considera la mejor que ha visto jamás.
John O'Hara
Newsweek (1941)

novaciones de Welles en cuanto a la estructura narrativa). A esta secuencia sigue una especie de documental que rememora la vida y hazañas del gran Kane. Presenta su magnífico hogar, Xanadú, una mansión decorada con tantas obras de arte que «llenarían diez museos en todo el mundo», y revela hasta dónde ha llegado la influencia de Kane no solo en EE UU, sino en el mundo, mos-

«La vejez es la **única enfermedad** de la que uno ya no espera **jamás curarse**.»
Bernstein / Ciudadano Kane

Orson Welles Actor y director

Su vida y la de Charles Foster Kane se asemejan en el hecho de que Welles fue acogido por un amigo de la familia tras perder a sus padres, a los 15 años. En 1934 comenzó a trabajar en el teatro radiofónico y en 1937 fundó el Mercury Theatre. Alcanzó gran notoriedad en 1938, cuando la compañía interpretó en la radio *La guerra de los mundos* como si fuera un informativo en directo. Welles fue contratado por los estudios RKO de Hollywood con privilegios insólitos para un director novel, incluido el montaje definitivo de *Ciudadano Kane*. Su siguiente película, *El cuarto mandamiento*, fue mutilada por RKO. Esto dio lugar a la primera de las muchas disputas creativas que jalonaron su carrera.

Películas principales

1941 *Ciudadano Kane.*
1942 *El cuarto mandamiento.*
1958 *Sed de mal.*
1962 *El proceso.*

Filmografía adicional: *El cuarto mandamiento* (1942) ▪ *La dama dc Shanghai* (1947) ▪ *El tercer hombre* (1949, pp. 100–103) ▪ *Sed de mal* (1958, p. 333) ▪ *El proceso* (1962) ▪ *Me and Orson Welles* (2008) ▪ *Mank* (2020)

Minuto a minuto

00:12
Tras un documental acerca de Kane, el periodista Jerry Thompson recibe el encargo de investigar el significado de la última palabra de aquel: «Rosebud».

00:33
Bernstein habla a Thompson de los primeros tiempos del *Inquirer*, donde Kane escribió su «Declaración de principios».

01:26
Thompson habla con Susan, que describe su vida con Kane y confiesa que este la obligó a seguir su carrera de cantante.

01:36
Susan ingiere una sobredosis de pastillas y dice que no quiere volver a cantar. Kane la abofetea y ella lo abandona.

00:00	00:15	00:30	00:45	01:00	01:15	01:30	01:59

00:18
Al leer las memorias de Thatcher, Thompson se entera de que Kane fue adoptado por este y de cómo se puso al frente del periódico *Inquirer*.

00:49
Leland rememora el primer e infeliz matrimonio de Kane y el comienzo de la aventura de este con Susan, que para él fue el fin de una prometedora carrera política.

01:32
Kane redacta en lugar de Leland la crónica de la primera actuación de Susan y, fiel a la verdad, la califica de horrible. Luego despide a Leland, con quien no volverá a hablar.

01:49
El mayordomo dice que Kane destroza la habitación de Susan y pronuncia la palabra «Rosebud» al ver una bola de nieve de cristal.

---

trándolo en un balcón junto a Adolf Hitler (con fundido a un plano en el que Kane declara pomposamente: «Yo le puedo asegurar que no habrá guerra»). Luego habla de las mujeres de su vida y de la aventura que dio al traste con su carrera política. El público asiste a su ascenso, caída y retirada de la vida pública.

El enigma de Rosebud

Tras el documental, el productor no queda satisfecho: desea saber quién era en realidad Charles Foster Kane y no qué hizo, y encarga al periodista Jerry Thompson (William Alland) que averigüe el significado de la palabra que Kane pronuncia al expirar: «Rosebud». A partir de este momento, la película se divide en dos: por un lado, reconstruye la vida de Kane contada por sus amigos y enemigos a medida que Thompson intenta desentrañar el misterio que envuelve ese enigma insondable; por otro lado, Welles muestra taimadamente al público »

En tiempos más felices, Leland y Kane aparecen rodeados de ejemplares del *Inquirer*. Kane pretende utilizar el periódico para defender al pueblo, un compromiso cuyo incumplimiento Leland le echará en cara.

varias escenas de la vida de Kane en *flashback*, una táctica que al final le permite revelarle la verdad, que escapará para siempre a Thompson y todos los demás.

Una gran parte del éxito artístico del filme puede atribuirse a la experiencia de Welles en el teatro. En *Ciudadano Kane* no solo utiliza estrategias temporales, sino también espaciales, de modo que en ocasiones casi parece una película en 3D. En una escena crucial, Thompson descubre que Kane nació en el seno de una modesta familia que encontró oro en sus tierras y, como parte de la negociación con el banco, entregó al niño a un acaudalado tutor. Mientras

Leland (Joseph Cotten) habla en un mitin político de Kane. Al final, tanto la campaña como su amistad se truncarán a causa de la obsesiva amante de Kane.

se cierra el trato vemos a través de la ventana al pequeño Kane jugando en la nieve ajeno a todo, un sencillo truco de perspectiva importado del teatro que sirve para captar la tragedia que se cierne sobre él. En ese momento termina la vida que debería haber llevado.

Planos innovadores

Durante la película, Kane puede aparecer como un titán o como un gánster gracias a los recursos espaciales utilizados por Welles y el cámara Gregg Toland, que jugaron con la profundidad de campo y los planos contrapicados extremos. Estos ya eran una novedad en sí, pues antes los realizadores no solían usar planos en contrapicado por la sencilla razón de que pocos platós tenían techo para poder instalar los equipos de iluminación y sonido («una gran mentira

para poner esas horribles luces ahí arriba», diría Welles). Pero Welles bajó tanto su cámara que, para filmar una escena en la que Kane habla con su amigo Leland después de perder sus primeras elecciones, hubo que hacer un agujero en el suelo de cemento del estudio.

Si la película consagró a Welles como uno de los grandes realizadores de EE UU, la aportación de Toland también fue clave. Welles asumió un gran riesgo al elegir los actores y los miembros del equipo de producción, cuyas carreras despegaron a raíz de su participación en *Ciudadano Kane*. Muchos de los actores procedían de la compañía de Welles, el Mercury Theatre, y eran unos desconocidos para el público. El montador, Robert Wise, no tardó en emprender su propia y exitosa carrera como director, y la partitura significó el debut de

Vidas paralelas

El personaje de Charles Foster Kane era un crudo retrato del magnate de la prensa William Randolph Hearst que, decidido a acallar la película, hizo quemar negativos y financió una campaña para desacreditar a Welles.

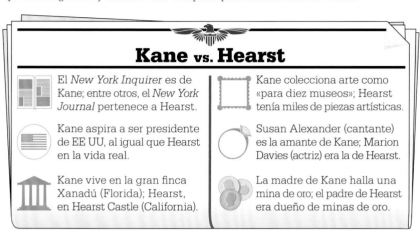

Kane vs. Hearst

El *New York Inquirer* es de Kane; entre otros, el *New York Journal* pertenece a Hearst.

Kane aspira a ser presidente de EE UU, al igual que Hearst en la vida real.

Kane vive en la gran finca Xanadú (Florida); Hearst, en Hearst Castle (California).

Kane colecciona arte como «para diez museos»; Hearst tenía miles de piezas artísticas.

Susan Alexander (cantante) es la amante de Kane; Marion Davies (actriz) era la de Hearst.

La madre de Kane halla una mina de oro; el padre de Hearst era dueño de minas de oro.

Bernard Hermann, que después estableció una fructífera asociación creativa con Alfred Hitchcock. Con todo, lo más brillante de la película es su guion, que Welles firmó junto con Herman J. Mankiewicz. Pese a que la aportación exacta de este último ha sido objeto de discusión (a menudo suscitada por el propio Welles), los diálogos llevan la impronta de la sutil causticidad de Mankiewicz: en un momento especialmente tenso, cuando su esposa acaba de descubrir que la engaña, Kane se limita a decir secamente: «No sabía que tuvieras esa afición al melodrama, Emily».

Paralelismos con Hearst

A pesar de las discrepancias sobre quién escribió qué, hoy se admite que la idea original de la película fue de Mankiewicz. Tras lograr cierto éxito como escritor en la época muda, Mankiewicz se convirtió en un codiciado guionista y como tal llegó a conocer en persona al magnate de la prensa William Randolph Hearst y a su amante, la actriz Marion Davies. Los paralelismos entre Hearst y Kane son evidentes, aunque todo el mundo lo negara, empezando por Hearst, que quiso destruir el filme y la reputación de sus realizadores con una determinación digna de Kane. Se suele decir que *Ciudadano Kane* fue un fracaso, cuando en realidad fue la sexta película más taquillera del año y obtuvo nueve nominaciones a los Oscar, pero la tajante prohibición de mencionarla impuesta al vasto imperio mediático de Hearst logró que su éxito fuera breve.

Si bien es cierto que la cinta satiriza ideales muy preciados, incluido el del sueño americano (Kane no ve nada paradójico en ser un capitalista autócrata que pretende ser portavoz del hombre de la calle), también muestra empatía en su tratamiento. Con Kane muerto y Thompson incapaz de concluir su investigación, la cámara de Welles nos lleva hasta Xanadú, donde están embalando la vasta y heteróclita colección de arte de Kane, y allí se detiene ante un trineo con la inscripción «Rosebud», aquel con el que Kane jugaba en la nieve frente a la humilde casa paterna. Solo nosotros (y Kane) sabemos que ese trineo representa un momento clave de su vida, el instante en que perdió su inocencia y su felicidad. ∎

El estilo de la película se logró gracias a la soltura, la audacia y la inventiva de quien domina su medio, y no al revés.
Dilys Powell
The Sunday Times (1941)

EVERYBODY'S TALKING ABOUT IT!
It's Terrific!
ORSON WELLES
CITIZEN KANE

The Mercury Actors
JOSEPH COTTEN
DOROTHY COMINGORE
EVERETT SLOANE
RAY COLLINS
GEORGE COULOURIS
AGNES MOOREHEAD
PAUL STEWART
RUTH WARRICK
ERSKINE SANFORD
WILLIAM ALLAND

El talento publicitario de Orson Welles es patente en los carteles para el estreno de la película, que la ensalzan sin revelar nada.

DE TODOS LOS CAFES Y LOCALES DEL MUNDO, APARECE EN EL MIO

CASABLANCA / 1942

EN CONTEXTO

GÉNERO
Drama romántico

DIRECCIÓN
Michael Curtiz

GUION
J. J. y P. G. Epstein, Howard E. Koch, Casey Robinson

REPARTO
Humphrey Bogart, Ingrid Bergman, Paul Henreid

ANTES
1938 Hedy Lamarr protagoniza *Argel*, un *thriller* romántico cuya historia transcurre en el norte de África.

1941 *El halcón maltés* lanza a Humphrey Bogart al estrellato.

DESPUÉS
1944 En el filme *Tener y no tener*, Bogart protagoniza junto a Lauren Bacall otro relato sobre la Resistencia.

R odada durante la Segunda Guerra Mundial, *Casablanca* es un drama romántico ambientado en el neutral Marruecos, aunque los combates se aproximan de forma inquietante.

Pocos de los que participaron en esta cinta sospecharon que estaban rodando una película extraordinaria.

Ingrid Bergman, que no había sido la primera opción del productor, estaba ansiosa por incorporarse al rodaje de *Por quién doblan las campanas* (For

Warner Bros promocionó la película como un típico romance de su época, sin sospechar que iba a ser uno de los filmes más populares de la historia.

Filmografía adicional: *Solo los ángeles tienen alas* (1938) ▪ *El halcón maltés* (1941, p. 331) ▪ *Tener y no tener* (1944) ▪ *Breve encuentro* (1945, p. 332) ▪ *Encadenados* (1946) ▪ *Cayo Largo* (1948) ▪ *Charada* (1963) ▪ *Sueños de un seductor* (1972)

Sam, el pianista del café de Rick, fue interpretado por Dooley Wilson, que era líder de una banda de jazz y batería, pero no sabía tocar el piano: solo lo simulaba.

Whom the Bell Tolls, 1943), y es sabido que no había ningún amor perdido entre Humphrey Bogart y Paul Henreid, su rival en el corazón de Bergman en la ficción. Sin embargo, el filme tuvo un éxito arrollador.

Al final de la cinta, Rick, el personaje de Bogart, dice: «Es fácil comprender que los problemas de tres pequeños seres no cuentan nada en este loco mundo». Pues bien, *Casablanca* logra que para el público no haya nada más importante que los problemas de esas personas.

A lo largo de la película descubrimos que el cínico y bebedor empedernido Rick, propietario del selecto *Café Américain*, fue abandonado en París por su amante, Ilsa (Bergman), durante la invasión alemana; dolido, se retiró a Casablanca, una ciudad llena de espías, combatientes de la Resistencia, colaboracionistas nazis y refugiados políticos desesperados.

La sombra de la guerra

«Yo no me juego el cuello por nadie», proclama Rick, y a la pregunta del mayor Strasser «¿Cuál es su nacio-

Es una película para ver una y otra vez.
Sheila Johnston
The Daily Telegraph (2014)

nalidad?» responde: «Soy borracho». Sin embargo, en una historia que transcurre paralela a la guerra real le será imposible mantener una postura tan neutral. Una noche, cuando »

« **Tócala**, Sam. **Toca** *El tiempo pasará.* »
Ilsa Lund / Casablanca

distintas facciones se enfrentan en su exclusivo café cantando sus respectivos himnos nacionales, debe tomar partido y autoriza a la orquesta a tocar *La marsellesa* con objeto de acallar a los alemanes. En el momento en que se filmaba *Casablanca*, EE UU, hasta entonces neutral,

En el aeropuerto, Rick convence a Ilsa para que suba al avión con su esposo Victor Laszlo, miembro de la Resistencia.

« Tienes que **subir a ese avión** con **Victor**, que es **a quien perteneces**. »
Rick / *Casablanca*

entraba en guerra contra Alemania y Japón, y mientras el largometraje se estrenaba en Nueva York, en noviembre de 1942 los aliados avanzaban frente a las fuerzas del Eje para tomar Casablanca.

Cuando Ilsa entra en el café de Rick, este se muestra muy frío con ella y comenta, irónico: «De todos los cafés y locales del mundo, aparece en el mío». Pero Ilsa aún sigue enamorada de él. Si lo abandonó de forma tan súbita fue solo porque supo que

su marido, Victor Laszlo (Henreid), miembro de la Resistencia, al que creía muerto, en realidad seguía con vida. Cuando Rick descubre que Ilsa y Laszlo precisan su ayuda, se ve obligado a elegir: ¿Se queda los papeles que necesitan y, por lo tanto, retiene a Ilsa, o bien la deja marchar? Finalmente, Rick toma la decisión más noble y ayuda a Ilsa a partir hacia la libertad en un avión junto a Laszlo. En una desgarradora despedida al pie del aparato, le asegura que se arrepentirá si al final se queda a

Trata de un hombre y
una mujer que se aman
y sacrifican su amor en
aras de un fin más elevado.
Roger Ebert
Chicago Sun-Times (1996)

su lado: «Tal vez no ahora, tal vez ni hoy ni mañana, pero más tarde, toda la vida». Aunque en esa conmovedora escena el público desearía que su idilio continuara, acepta que debe imponerse la nobleza.

Un hechizo imperecedero

Cuando Rick dice a Ilsa: «Tienes que subir a ese avión con Victor, que es a quien perteneces», los espectadores se conmueven profundamente

Los actores Henreid, Bogart y Bergman no supieron hasta el último día quién subiría al avión. Dicha incertidumbre contribuyó a la ambivalencia emocional de la actuación de Bergman.

ante el heroísmo y la abnegación de quienes renuncian a su amor por un bien mayor. Este mensaje no ha perdido un ápice de su fuerza con el paso del tiempo. El público de hoy se puede sentir transportado a un mundo pasado mejor, aunque ficticio, donde la felicidad personal no parece prevalecer tan fácilmente sobre la causa común, y disfruta aún más al identificarse con los personajes gracias a la química de los actores en la pantalla.

Con todo, el atractivo de tan memorable película no solo reside en unos protagonistas altruistas y apasionados. A ellos se suman una serie de personajes secundarios como el contrabandista (Peter Lorre) o el jefe de policía (Claude Rains), figuras de moral ambigua en un mundo corrupto que acaban redimiéndose junto con el cínico Rick. ∎

Humphrey Bogart
Actor

Humphrey Bogart, famoso por dar vida a personajes tan indómitos como hastiados de la vida, pero nobles de corazón, nació el día de Navidad de 1899 en el seno de una acomodada familia de Nueva York y gozó de una privilegiada niñez, aunque algo solitaria. Tras servir en la marina de EE UU durante la Primera Guerra Mundial, tuvo que luchar más de una década, interpretando a gánsteres y villanos en películas de serie B, hasta hacerse un nombre como actor. Su gran oportunidad le llegó con el rudo detective de *El halcón maltés*, al que siguió una serie de buenos papeles, como los de *Tener y no tener*, *El sueño eterno* o *Cayo Largo* (1944), con su esposa Lauren Bacall. Por *La reina de África* obtuvo su único Oscar al mejor actor en 1951. Bogart rodó más de 75 películas en tres décadas y murió en 1957, a los 57 años, a causa de un cáncer de esófago.

Películas principales

1941 *El halcón maltés.*
1942 *Casablanca.*
1944 *Tener o no tener.*
1946 *El sueño eterno.*
1951 *La reina de África.*

¿COMO SE ATREVE A DECIRME LO QUE DEBO HACER?

SER O NO SER / 1942

EN CONTEXTO

GÉNERO
Comedia bélica

DIRECCIÓN
Ernst Lubitsch

GUION
**Melchior Lengyel,
Edwin Justus Mayer**

REPARTO
**Jack Benny, Carole
Lombard, Robert Stack**

ANTES
1940 *El bazar de las sorpresas*,
comedia romántica de Lubitsch
de gran éxito, también se sitúa
en una Europa en vísperas de la
Segunda Guerra Mundial.

DESPUÉS
1943 Tras la mala acogida de
Ser o no ser, Lubitsch vuelve a
la comedia más convencional
con *El diablo dijo no*.

1983 Una nueva versión de *Ser
o no ser* es protagonizada por
Mel Brooks y Anne Bancroft,
ambos actores de comedias
de maridos y mujeres.

A día de hoy resulta difícil de creer que Lubitsch empezara a rodar en 1941 su mordaz e hilarante sátira sobre el régimen nazi, cuando EE UU aún no había entrado en la Segunda Guerra Mundial y mantenía una neutralidad que el director, de origen alemán, se había propuesto desafiar. Consciente de los riesgos políticos que esto suponía, Lubitsch decidió salir del sistema de los estudios por primera vez en su carrera para firmar un acuerdo con United Artists. Ganaría menos de lo acostumbrado, pero gozaría de una mayor libertad artística.

Esta vez no extrajo la historia de una obra anterior, sino que decidió crearla él mismo junto con dos colaboradores de confianza: el guionista húngaro Melchior Lengyel y el dramaturgo estadounidense Edwin Justus Mayer.

La vanidad del actor

El punto de partida de *Ser o no ser* (*To Be or Not to Be*) eran los recuerdos de Lubitsch de la vanidad de los

El estreno de la película, en marzo de 1942, se tiñó de luto: un accidente aéreo acabó con la vida de Carole Lombard semanas antes, durante la posproducción.

actores que había conocido en sus años de juventud en la escena berlinesa, así como de su constatación de que los actores siguen siendo actores en cualquier circunstancia, pero la historia se vuelve rápidamente mucho más sombría. Aunque fue rodada en Hollywood, la película está ambientada en la Varsovia de 1939, cuando Alemania estaba a punto de invadir Polonia. Los temperamentales y exaltados miembros de una compañía teatral dirigida por Joseph Tura (Jack Benny) y su esposa María (Carole Lombard), ensayan durante el día una parodia antinazi y, por la noche, representan el *Hamlet* de Shakespeare. Sin em-

Filmografía adicional: *Un ladrón en la alcoba* (1932) ▪ *Ninotchka* (1939) ▪ *El bazar de las sorpresas* (1940) ▪ *El diablo dijo no* (1943) ▪ *La dama del armiño* (1948)

bargo, cuando María empieza a flirtear con un galante y joven admirador, el teniente de aviación Stanislav Sobinski (Robert Stack) que la involucra en un plan para eliminar a un espía alemán que pone en peligro la red de la resistencia polaca, la trama deriva en farsa. Los actores (muchos de ellos judíos) recurren a su talento para el disfraz con el fin de engañar a los invasores nazis.

La comedia
Parece que estemos ante una oscura y compleja intriga de espionaje y, a la vez, ante una de las ligeras comedias románticas típicas de Lubitsch. Eso es precisamente lo que el director pretendía hacer: una comedia satírica con tintes negros. Quería

Ernst Lubitsch Director

Nacido en 1892 en Berlín, Ernst Lubitsch ingresó en el Deutsches Theater en 1911. Dos años más tarde debutó en la pantalla con *Die ideale Gattin (La mujer ideal)*, pero hacia 1920 se centró en la dirección. En 1922 partió a EE UU para dirigir a Mary Pickford en el filme *Rosita, la cantante callejera* y no le costó pasar al cine sonoro.

En *Un ladrón en la alcoba* (1932) encontró la manera de lograr que ideas subidas de tono pasaran la censura: el conocido como «toque Lubitsch». Siguieron una serie de comedias como *Ninotchka* (1939). Murió en 1947, a los 55 años.

Películas principales

1940 *El bazar de las sorpresas.*
1942 *Ser o no ser.*

evitar dos fórmulas tradicionales: «El drama con un respiro cómico y la comedia con un respiro dramático. Decidí hacer una película que no intentara dar un respiro a nadie de

nada en ningún momento». El filme consigue ser tanto un panfleto antifascista como una sátira del mundo de la farándula (el egocéntrico Tura se consuela pensando que el espectador que se ha ido durante su monólogo de *Hamlet* ha debido de sufrir un ataque cardíaco). La guerra pone el contrapunto grave a la comedia: la gente muere. El mensaje codificado que Sobinski pasa por error a María a través de un agente doble tiene dos lecturas: «Ser o no ser», dice, y cuando los Tura, valerosamente, se ponen al frente de su compañía en un juego letal de engaños y dobles sentidos, se evidencia que Lubitsch utiliza la frase de Hamlet para interpelar a un complaciente EE UU. ¿Luchar, o no luchar y dejar que los nazis se salgan con la suya? Para Lubitsch no existe tal cuestión. ∎

« No resulta **convincente**, para mí no es más que un **hombre** con un **bigotito**. **»**

Director de escena / Ser o no ser

El actor judío Bronski (Tom Dugan), junto a otros miembros de la compañía de Tura, se hacen pasar por Hitler y su camarilla para engañar a los alemanes.

HACE CALOR AQUI, CERCA DEL HORNO
OSSESSIONE / 1943

EN CONTEXTO

GÉNERO
Cine negro, romántico

DIRECCIÓN
Luchino Visconti

GUION
Luchino Visconti, Giuseppe De Santis, Mario Alicata, Gianni Puccini (guion); James M. Cain (novela)

REPARTO
Clara Calamai, Massimo Girotti, Juan de Landa

ANTES
1935 Visconti inicia su carrera como ayudante de dirección de Jean Renoir en *Toni*.

DESPUÉS
1946 Tay Garnett rueda, con John Garfield y Lana Turner, la película *El cartero siempre llama dos veces*, primera adaptación estadounidense de la novela homónima.

1981 Jack Nicholson y Jessica Lange protagonizan la segunda versión estadounidense.

Cuando se estrenó en Italia, la película con la que debutó como director Luchino Visconti tuvo que afrontar la censura del régimen fascista, además de problemas de derechos de autor. Aun así, esta adaptación no autorizada de la novela negra de James M. Cain *El cartero siempre llama dos veces* (1934) ha resistido el paso del tiempo tan bien como las posteriores versiones hollywoodienses.

Un estudio de los celos

Aunque Visconti es famoso por el estilo barroco y melodramático de películas posteriores como *Senso* (1954), *Ossessione* evidencia su formación como ayudante del director francés Jean Renoir, que le dio a conocer el libro de Cain. La película, considerada precursora del neorrealismo italiano, se rodó en las tórridas llanuras del delta del Po a fin de captar la textura de la vida cotidiana.

En principio, *Ossessione* es la historia de un crimen, pero Visconti resta importancia a este para trazar una historia de desesperación y celos. Ambos protagonistas se en-

Una película que apesta a letrinas.
Gaetano Polverelli
Ministro de Cultura de Mussolini

cuentran atrapados: ella, en su matrimonio, y él, en su vida errante. No son un héroe y una heroína al uso: Gino (Massimo Girotti) es sucio y desastrado, y la hermosa y explotada Giovanna (Clara Calamai) está casada con el desaseado propietario de un humilde restaurante, Giuseppe (Juan de Landa). A ojos de Visconti, Giovanna no es una seductora ni Gino un malvado: es la opresión capitalista lo que descarría a la clase obrera. Fue esto lo que desagradó a los fascistas e hizo que el censor destrozara el original. Por suerte, Visconti conservó una copia secreta. ∎

Filmografía adicional: *El cartero siempre llama dos veces* (1946) ∎ *Ladrón de bicicletas* (1948, pp. 94–97) ∎ *El gatopardo* (1963) ∎ *Muerte en Venecia* (1971)

¿NO LE RESULTA DE LO MAS INOCENTE MI EXPRESION?
LAURA / 1944

EN CONTEXTO

GÉNERO
Cine negro, romántico

DIRECCIÓN
Otto Preminger

GUION
Jay Dratler, Samuel Hoffenstein, Elizabeth Reinhardt (guion); Vera Caspary (novela)

REPARTO
Gene Tierney, Dana Andrews, Clifton Webb

ANTES
1940 Gene Tierney debuta en la pantalla en *La venganza de Frank James*, de Fritz Lang.

DESPUÉS
1955 En *El hombre del brazo de oro*, Preminger trata la adicción a las drogas, uno de los muchos temas polémicos que abordó.

1959 En el filme *Anatomía de un asesinato*, Preminger rueda una violación con una crudeza insólita hasta el momento en el cine de Hollywood.

Aunque *Laura* se asocia al cine policíaco, resulta más interesante vista como una turbia historia de amor. Otto Preminger pone en escena un triángulo amoroso en el marco de un misterioso crimen: el detective neoyorkino Mark McPherson (Dana Andrews) se enamora del personaje del título (Gene Tierney), una hermosa y brillante ejecutiva publicitaria que, en apariencia, cae asesinada de un disparo ante la puerta de su casa al inicio del filme. La investigación de McPherson cumple con todos los requisitos de la típica película de detectives, con personajes como el caprichoso y vividor novio de Laura, la hipócrita tía y el amigo sobreprotector, pero Preminger añade un extraño toque onírico al argumento. Sin embargo, Laura no responde al arquetipo de la mujer fatal, ya que es una sirena involuntaria, inconsciente de su propio poder de atracción. El guion es brillante, y el tema principal de la soberbia banda sonora de David Raksin pasó a convertirse en un clásico del jazz. ∎

Shelby Carpenter (Vincent Price), el novio de Laura, y el escritor Waldo Lydecker (Clifton Webb, centro) son dos de los sospechosos del asesinato.

Filmografía adicional: *Que el cielo la juzgue* (1945) ▪ *Forajidos* (1946) ▪ *Retorno al pasado* (1947, p. 332) ▪ *Anatomía de un asesinato* (1959)

UNA PATADA EN EL CULO BIEN DADA PUEDE HACER REIR A TODO EL MUNDO

LOS NIÑOS DEL PARAISO / 1945

EN CONTEXTO

GÉNERO
Drama romántico

DIRECCIÓN
Marcel Carné

GUION
Jacques Prévert

REPARTO
Arletty, Jean-Louis Barrault, Pierre Brasseur, Marcel Herrand, Louis Salou

ANTES
1936 *Jenny,* primera película que reúne a Carné y Prévert.

1942 *Les visiteurs du soir* es el primer filme rodado durante la Segunda Guerra Mundial por Carné y Prévert con Arletty.

DESPUÉS
1946 Carné y Prévert se reúnen para *Las puertas de la noche,* pero esta es un fracaso y no vuelven a trabajar juntos.

Realizada en plena ocupación alemana, entre 1943 y 1944, *Los niños del paraíso (Les enfants du paradis)* se considera en la actualidad uno de los títulos imprescindibles del cine francés. Gracias al cautivador guion del poeta Jacques Prévert, el director Marcel Carné convirtió una historia ambientada en el París de la década de 1830 sobre el amor de cuatro hombres por la cortesana Garance en un profundo drama romántico.

Si bien no cabe duda de que se trata de una película espléndida, lo que la hace aún más extraordinaria son las enormes dificultades que tuvieron que superar Carné y Prévert para poder rodarla en una Francia ocupada. En el aspecto práctico, los materiales para decorados y vestuario eran casi inexistentes, y la fruta y el pan que debían aparecer ante la cámara se los comían los hambrientos miembros del equipo. Ante la mirada de los nazis y del gobierno francés de Vichy, cada movimiento quedaba registrado. Aun así, el ingenio y el espíritu independiente de Carné triunfaron.

Rodar en la Francia de Vichy

La ambición y la envergadura de la película requerían un reparto y un equipo de producción considerables. Entre los actores había colaboracionistas nazis contratados por los productores bajo coacción, pero los supervisores ignoraban que entre los 1800 figurantes que Carné contrató también se escondían varios miembros activos de la resistencia a los

Un poema fílmico sobre la naturaleza y las variantes del amor: sagrado y profano, abnegado y posesivo.
Pauline Kael
5001 Nights at the Movies (1982)

Filmografía adicional: *Le quai des brumes* (1938) ■ *Le jour se lève* (1939) ■ *Le colonel Chabert* (1943) ■ *El fantasma de la ópera* (1943) ■ *Un americano en París* (1951) ■ *El último metro* (1980)

Las secuencias de mimo recayeron en Jean-Louis Barrault (que interpretó a Baptiste, izda.) y su maestro Étienne Decroux (el padre de Baptiste).

que el filme servía como tapadera diurna para su heroísmo clandestino. Asimismo, el equipo de producción incluía a judíos cuya identidad se mantuvo en secreto, en especial el diseñador Alexandre Trauner y el compositor Joseph Kosma. Trauner vivió con el director durante el rodaje bajo un nombre falso, mientras que la obra de Kosma la firmó Maurice Thiriet, que hizo los arreglos para la orquesta.

El bulevar del Crimen

El gigantesco decorado que Carné erigió en Niza medía 400 metros de largo y generó innumerables problemas logísticos. A pesar de la escasez de materiales de construcción, Carné finalmente consiguió recrear una calle muy similar al bulevar del Temple de París a principios del siglo XIX, que en aquella época se conocía como «bulevar del Crimen» por la multitud de asesina-

« Yo habría vertido **mares de sangre**. Usted habría tenido **ríos de diamantes**. »

Pierre François Lacenaire / Los niños del paraíso

tos que se cometían en los melodramas que se representaban en sus teatros. Una vez iniciado el rodaje, ante la inminente invasión aliada del sur de Francia, la producción tuvo que trasladarse a París; a su regreso, Carné y su equipo se encontraron con que un temporal había destrozado el decorado, y hubo que reconstruirlo por completo.

Pese a todos estos contratiempos, lograron crear una película soberbia y técnicamente brillante, con unas interpretaciones inolvidables. En su papel de Garance, Arletty, la estrella del largometraje, irradia una sensualidad que hace perder la cabeza a los cuatro hombres que se disputan su amor.

Personajes históricos

Tres de los pretendientes se basaban en personas reales. Jean-Louis Barrault encarna al mimo Baptiste Deburau, que transformó a Pierrot en un inocente y conmovedor personaje; Pierre Brasseur da vida al actor Frédérick Lemaître, y Marcel Herrand, al dandi asesino Pierre François Lacenaire, que casi un siglo antes también inspiró la novela de Dostoievski, »

La película se estrenó en el París liberado en 1945. Permaneció en cartelera durante más de un año y contribuyó a restituir el orgullo nacional de los franceses.

Crimen y castigo. El cuarto, el cínico aristócrata Édouard de Montray, al que da vida Louis Salou, estaba inspirado en el duque Carlos Augusto de Morny, hermanastro de Napoleón III.

El teatro del mundo

Ya desde el inicio de la película se desdibuja la línea que separa el escenario de la vida real. Todo gira en

Rechazado por Garance, Baptiste se casa con Nathalie, a la que encarna la actriz española exiliada María Casares, vinculada a la resistencia.

torno al teatro de la vida. El título alude a la parte más alta del espacio destinado al público en un teatro, el «paraíso» o «gallinero», donde se encuentran las localidades más

«Los celos son de todos si la mujer no es de nadie.»

Frédérick Lemaître / Los niños del paraíso

baratas. A su vez, el bulevar del Crimen es como un escenario en el que pulula un tropel de variopintos personajes, tanto de alta alcurnia como de baja estofa. La película empieza con un telón que se abre mientras la cámara se adentra en un bulevar del Crimen repleto de figurantes hasta un barracón donde se invita al público a admirar la verdad desnuda y se abre otro telón para mostrar a una hermosa Garance bañándose en un tonel de agua mientras se contempla en un espejo: solo se le ve desde los hombros para arriba.

Amor esquivo

Los pretendientes de Garance desfilan uno tras otro: primero Baptiste, que la salva de una falsa denuncia por robo; más tarde, Frédérick, que irrumpe confiado cuando Baptiste comprende que Garance nunca le corresponderá; en tercer lugar, el asesino Lacenaire, y por último Montray, que ofrece protección a Garance cuando esta se ve arrastrada por las fechorías de Lacenaire.

Aunque Garance se interesa pasajeramente por los cuatro, se muestra esquiva en extremo y es incapaz de amarlos como lo hacen ellos. En la primera mitad del largometraje todos parecen conformarse con recibir cierta atención de su amada,

> Cine y poesía son lo mismo, decía Prévert. No siempre, por desgracia. En este caso, sin duda lo son.
> **Derek Malcolm**
> *The Guardian* (1999)

pero a medida que avanza la historia, el poder que ejerce sobre ellos cambia sus vidas.

La decepción final

En la segunda mitad del filme, la frustración de los pretendientes deriva en resentimiento. Frédérick hace realidad su sueño de interpretar a Otelo cuando asume la punzada de los celos. La historia de Lacenaire tiene un fin trágico, pues muere en la guillotina por haber matado a Montray. Tampoco Garance disfruta de un final feliz: el hombre en el que acaba depositando su amor, Baptiste, ya es inaccesible.

La mayor parte del drama se desarrolla ante la mirada de los revoltosos «niños del paraíso», el público que ocupa el gallinero y que, como el cinematográfico, está alejado del escenario, pero es muy exigente. La bulliciosa multitud del paraíso reclama diversión, pero a la vez ansía ver sufrimiento y dolor; como dice el padre de Baptiste, «una patada en el culo bien dada puede hacer reír a todo el mundo». Es un público que constantemente busca la novedad, pese a que esta, afirma el personaje, «es tan vieja como el mundo». ■

El padre de Baptiste hace reír a los «niños del paraíso», mientras que Baptiste reinterpreta el papel de Pierrot como un amante ingenuo y defraudado cuyo dolor llega al corazón del público.

Marcel Carné Director

Nacido en París en 1906, Marcel Carné debutó como crítico en el cine, mientras trabajaba como camarógrafo en cintas mudas. En 1931 ya dirigía sus propios cortometrajes. En 1936 trabajó por primera vez junto al poeta surrealista Jacques Prévert en la película *Jenny*. Durante la década siguiente realizaron juntos una serie de películas que se enmarcan en el llamado «realismo poético», con una visión fatalista sobre las vidas de personajes marginales y que consagraron a Carné como el gran director del cine francés.

Su fama se vio eclipsada en la década de 1950, cuando la rompedora generación de la *nouvelle vague* se decantó por un estilo menos artificioso. Aun así, conservó su prestigio entre sus colegas. François Truffaut llegó a afirmar: «Renunciaría a todas mis películas por haber dirigido *Los niños del paraíso*». Carné permaneció activo hasta bien entrada la década de 1970 y falleció en 1996.

Películas principales

1938 *Hotel del Norte.*
1942 *Les visiteurs du soir.*
1945 *Los niños del paraíso.*
1946 *Las puertas de la noche.*

LOS NIÑOS CREEN LO QUE LES CUENTAN

LA BELLA Y LA BESTIA / 1946

EN CONTEXTO

GÉNERO
Fantástico

DIRECCIÓN
Jean Cocteau

GUION
Jean Cocteau

REPARTO
Jean Marais, Josette Day

ANTES
1902 *Viaje a la Luna*, de Georges Méliès, es una de las primeras películas fantásticas con efectos especiales.

1930 En la película *La sangre de un poeta* Cocteau explora el poder de las metáforas visuales.

1933 *King Kong* describe la empática relación entre un monstruo y una joven.

DESPUÉS
1950 *Orfeo* es la segunda película de Cocteau sobre este mito griego.

1991 Con *La bella y la bestia* Disney obtiene un gran éxito.

En opinión de algunos críticos, *La bella y la bestia (La Belle et la Bête)* de Jean Cocteau es una de las películas más poéticas de todos los tiempos. Una joven (Josette Day) se encuentra prisionera en el castillo de un ser horrendo (Jean Marais), que al principio le repugna; al final descubrirá la bondad del monstruo y se enamorará de él. La honestidad y profundidad con que Cocteau narra este cuento tradicional consigue elevarlo a la categoría de fábula filosófica.

Cuando rodó esta cinta, Cocteau llevaba casi 40 años consagrado a la poesía, y ese fue precisamente el tema de su primera obra cinematográfica, el filme experimental de 55 minutos *La sangre de un poeta* (*La sang d'un poète*, 1930), acerca del mítico Orfeo. Cocteau negó que existiera simbología alguna en *La bella y la bestia*, su primer largometraje, aunque para él la poesía era un proceso inconsciente. Según el crítico estadounidense contemporáneo Bosley Crowther, sorprenden las «soberbias metáforas visuales» de una película con una estructura narrativa tan sencilla.

Sencillez sobrenatural
Resulta revelador que la película no comience con la historia o sus personajes, sino con un plano del propio Cocteau escribiendo en una pizarra: «Los niños creen lo que les cuentan». Tal apertura sugiere que se trata de un cuento con moraleja, y no de una mera fantasía para que los espectadores pasen el rato.

En el estreno de la película, la crítica ensalzó su exquisito y original vestuario, diseñado por Christian Bérard.

El secreto es que Cocteau se propuso hacer una película que emocionara a los adultos; de paso, descubrió también la imaginación infantil.
David Thomson
Have You Seen…? (2008)

La mansión de la Bestia tiene más de decorado teatral que de palacio fantástico, y la magia que vemos en él es más bien surrealista. Tanto las manos y los brazos que surgen de las paredes como las mesas para sostener candelabros y servir bebidas, y las estatuas de rostro humano que mueven los ojos y exhalan humo, están más cerca de Salvador Dalí que de los cuentos de los hermanos Grimm. Todo ello resulta in-

quietante, pero también más adulto y emotivo. Con decorados inspirados en grabados de Gustave Doré y cuadros de Jan Vermeer, y exteriores rodados en los castillos franceses de La Roche-Courbon y de Raray, el director de fotografía Henri Alekan creó un mundo gótico maravilloso. El

Bella se desmaya al ver a la Bestia, que la lleva hasta su dormitorio y le dice que le pedirá que se casen todos los días que vivan juntos.

propio Cocteau admitió que Alekan había encontrado «un estilo mágico dentro del realismo». ▪

Jean Cocteau Director

El escritor, artista y director de cine Jean Cocteau nació en 1889 cerca de París. Con solo 19 años publicó su primer libro de poesía, que le introdujo en la vanguardia literaria y artística parisina.

En 1917 escribió el texto de *Parade*, un *ballet* compuesto por Erik Satie para los Ballets Rusos. Su obra literaria más célebre es la novela *Los niños terribles* (1929). En 1930, Cocteau dirigió su primer cortometraje, que aborda el mito griego del poeta Orfeo, pero no

realizó su primer largometraje, *La bella y la bestia*, hasta 1946, a sus 57 años. Cuatro años más tarde rodó una segunda película sobre la figura mítica de Orfeo. Compaginó cine, poesía y teatro hasta su muerte, en 1963.

Películas principales

1930 *La sangre de un poeta.*
1946 *La bella y la bestia.*
1950 *Orfeo.*
1962 *El testamento de Orfeo.*

ESTE ES EL UNIVERSO. GRANDE, ¿VERDAD?

A VIDA O MUERTE / 1946

EN CONTEXTO

GÉNERO
Bélico fantástico

DIRECCIÓN
Michel Powell,
Emeric Pressburger

GUION
Michel Powell,
Emeric Pressburger

REPARTO
David Niven, Kim Hunter,
Roger Livesey, Raymond
Massey, Marius Goring,
Katherine Byron

ANTES
1943 *Vida y muerte del coronel Blimp*, de Powell y Pressburger, se basa en un personaje de una tira cómica británica.

DESPUÉS
1947 *Narciso negro* es un drama psicológico ambientado en un convento del Himalaya.

1960 La crítica masacra el filme negro *El fotógrafo del pánico* de Powell, cuya carrera ya no se recuperará.

En *A vida o muerte (A Matter of Life and Death)*, Powell y Pressburger trataron la lucha por la supervivencia de Peter Carter (David Niven), un joven piloto de bombardero cuya aeronave se avería sobre el Canal de la Mancha.

En la memorable secuencia inicial, la cámara se abre camino entre estrellas y galaxias lejanas. «Este es el universo», aclara un narrador entre destellos, «Grande, ¿verdad?». Finalmente se detiene sobre una vista de Europa desde el espacio y se adentra en un bombardero en llamas donde Peter está enviando un último mensaje por radio antes de saltar sin paracaídas. Tan sorprendido como el espectador, Peter vuelve en sí en medio de una playa

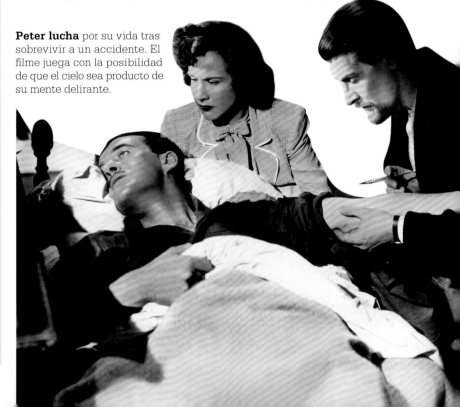

Peter lucha por su vida tras sobrevivir a un accidente. El filme juega con la posibilidad de que el cielo sea producto de su mente delirante.

Filmografía adicional: *Entre dos mundos* (1944) ▪ *¡Qué bello es vivir!* (1946, pp. 88–93) ▪ *Narciso negro* (1947) ▪ *El cielo puede esperar* (1978)

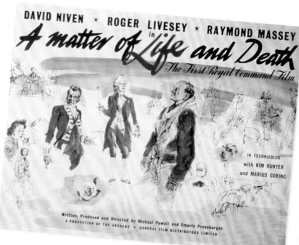

La película se tituló en EE UU *Staircase to Heaven (Escalera hacia el cielo)*, en alusión a la escalinata que conecta la Tierra con el más allá.

cierto es que resulta más bien frío, mientras que en la Tierra la vida sigue en tecnicolor.

Mensaje bélico

El Ministerio de Información británico animó a Powell y Pressburger a usar la cinta, ambientada en la Segunda Guerra Mundial, para fomentar las relaciones angloamericanas, deterioradas por la presencia de soldados estadounidenses en Gran Bretaña. Así, la batalla legal celestial, más que defender la causa de Peter, trata de suavizar las tensiones transatlánticas. Cuando el fiscal estadounidense se pregunta si un inglés y una chica de Boston pueden ser felices juntos, la respuesta es obvia, pero introduce una nota maravillosamente humana en una película extraña y rebosante de imaginación. ▪

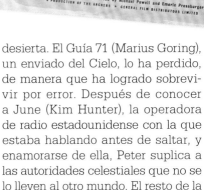

desierta. El Guía 71 (Marius Goring), un enviado del Cielo, lo ha perdido, de manera que ha logrado sobrevivir por error. Después de conocer a June (Kim Hunter), la operadora de radio estadounidense con la que estaba hablando antes de saltar, y enamorarse de ella, Peter suplica a las autoridades celestiales que no se lo lleven al otro mundo. El resto de la película muestra a Peter defendiendo su causa ante un tribunal celestial.

Efectos especiales

Las transiciones entre el Cielo y la Tierra dan pie a unos efectos especiales de sorprendente ingenio: una mesa con libros volcada se pone sola en pie, o una partida de ping-pong se congela en plena acción. ¿Acaso algo de eso es real, o se lo está imaginando Peter? Contra todo pronóstico, el Cielo no es un paraíso rebosante de color, sino una serie de espacios relucientes de líneas simples y modernas, y plateada monocromía. Lo

Powell parece afirmar que la vida, fortalecida por el amor, triunfa sobre todo.
J. G. Ballard
The Guardian (2005)

Michael Powell y Emeric Pressburger
Directores

Michael Powell (arriba, dcha.) nació en Kent (RU) en 1905, y Emeric Pressburger (izda.), en Hungría en 1902. Este último inició su carrera como guionista en Alemania antes de huir de los nazis en 1935 e instalarse en Gran Bretaña, donde inició una fecunda colaboración con Powell. La productora fundada por ambos, The Archers, creó 24 películas y afianzó su fama gracias a una serie de grandes clásicos como *Vida y muerte del coronel Blimp*, *Narciso negro* o *Las zapatillas rojas*. Su última película con The Archers fue la bélica *Emboscada nocturna* (1957). En 1960, Powell rodó el *thriller* psicológico *El fotógrafo del pánico*, hoy considerado una obra maestra, pero que estuvo a punto de poner fin a la carrera de su director, que solo realizó una película más, *Corazones en fuga* (1969), hasta su muerte en 1990. Pressburger había fallecido dos años antes.

Películas principales

1943 *Vida y muerte del coronel Blimp.*
1947 *Narciso negro.*
1948 *Las zapatillas rojas.*

QUERIDO GEORGE, RECUERDA QUE NUNCA FRACASARA UN HOMBRE QUE TENGA BUENOS AMIGOS

¡QUE BELLO ES VIVIR! / 1946

EN CONTEXTO

GÉNERO
Drama fantástico

DIRECCIÓN
Frank Capra

GUION
Frances Goodrich, Albert Hackett, Frank Capra

REPARTO
James Stewart, Donna Reed, Lionel Barrymore

ANTES
1934 Frank Capra cosecha su primer gran éxito con la comedia *Sucedió una noche*.

1939 En la película *Caballero sin espada*, dirigida por Capra, James Stewart interpreta a un hombre ingenuo y honesto que acaba consiguiendo un escaño en el Senado.

DESPUÉS
1950 En *El invisible Harvey*, de Henry Koster, James Stewart triunfa en su papel de hombre afable que habla con un conejo invisible de tamaño humano.

Paradójicamente, el estreno de su filme más imperecedero causó a Frank Capra una terrible decepción. Si bien sus colegas (que apreciaban el trabajo realizado) lo elogiaron, y aunque tuvo cinco nominaciones a los Oscar y su director recibió un Globo de Oro, fue un fiasco de taquilla. Sin embargo, la percepción de la película cambió con el paso de los años, y Capra pudo verla convertirse en una de las preferidas del público. Hoy, *¡Qué bello*

George Bailey (James Stewart) corteja a Mary (Donna Reed) antes de la tragedia. Tras la muerte de su padre, deberá tomar las riendas de la empresa familiar y se quedará en Bedford Falls.

es vivir! (It's a Wonderful Life) es un clásico de la Navidad, cuyo espíritu parece encarnar por excelencia.

En la década de 1930, Capra llevó la batuta en Hollywood. En 1934 perfeccionó la *screwball comedy* con la incomparable *Sucedió una*

Minuto a minuto

00:04
George salva a Harry, su hermano, de ahogarse en un lago helado, pero en el incidente contrae una infección de oído que le deja parcialmente sordo y le librará de la guerra.

00:51
George se casa con su amada Mary. Cuando la pareja se dispone a irse de luna de miel, el banco familiar está a punto de quebrar. George lo salva con su propio dinero.

01:20
Al final de la guerra, cuando se espera el regreso de Harry, el tío Billy se olvida 8000 dólares en la ventanilla del banco. Potter se queda el dinero con objeto de arruinar a George.

01:44
Clarence muestra a George cómo habría sido todo de no haber existido él. Tras verlo, George implora que se le permita vivir otra vez.

| 00:00 | 00:20 | 00:40 | 01:00 | 01:20 | 01:40 | 02:00 | 02:10 |

00:25
Al morir su padre, George renuncia a sus planes de viajar para encargarse del banco de préstamos inmobiliarios de los Bailey, único modo de impedir que un casero sin escrúpulos, Potter, se quede con el negocio.

01:10
Potter ofrece a George un empleo por 20000 dólares al año. Él lo rechaza y, cuando regresa a casa, se entera de que Mary está embarazada.

01:36
En un bar, George ruega a Dios que le ayude antes de dirigirse al puente donde pretende poner fin a su vida. Clarence, su ángel, le salva al saltar antes al agua para que George pueda rescatarlo.

02:02
George corre a su casa, donde descubre que sus convecinos han hecho una colecta para salvarle. Harry regresa, y juntos entonan *Auld Lang Syne*.

Filmografía adicional: *Sucedió una noche* (1934) ▪ *Vive como quieras* (1938) ▪ *Caballero sin espada* (1939) ▪ *Historias de Filadelfia* (1940) ▪ *El invisible Harvey* (1950) ▪ *Vértigo* (1958, pp. 140–145)

noche *(It Happened One Night)*, con Clark Gable y Claudette Colbert, pero alcanzó más fama por sus filmes bienintencionados en los que el hombre común triunfa frente a cínicas empresas o políticos corruptos, que tocaban muy de cerca la sensibilidad del público de la Gran Depresión.

Una nueva atmósfera

De haberse filmado 10 años antes, *¡Qué bello es vivir!* habría sido otro gran éxito de Capra, pero en 1946 ya no estaba en armonía con la atmósfera dominante en EE UU. La Segunda Guerra Mundial había despojado a la juventud de su inocencia, y al público no le apetecía la evasión sin más. Estaba en alza el cine negro, con unos detectives de moralidad ambigua, no mejores que los delincuentes a los que perseguían.

Con todo, para la mirada moderna, *¡Qué bello es vivir!* resulta sorprendentemente sombría, ya que la premisa central es un intento de suicidio, en un relato sobre el descubrimiento del verdadero valor de la propia vida.

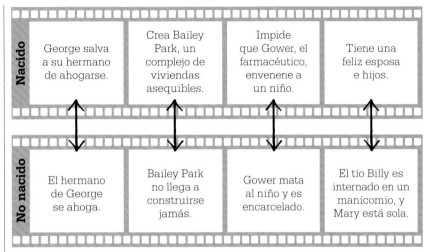

Nacido
George salva a su hermano de ahogarse.	Crea Bailey Park, un complejo de viviendas asequibles.	Impide que Gower, el farmacéutico, envenene a un niño.	Tiene una feliz esposa e hijos.

No nacido
El hermano de George se ahoga.	Bailey Park no llega a construirse jamás.	Gower mata al niño y es encarcelado.	El tío Billy es internado en un manicomio, y Mary está sola.

Cuando George, a punto de suicidarse, dice que desearía no haber nacido, el ángel Clarence le muestra qué habría ocurrido de no haber existido él.

Capra tuvo la feliz idea de empezar con unas plegarias de auxilio a media voz que oyen unos seres celestiales antes de decidirse a socorrer a George Bailey (James Stewart) enviándole un ángel. El único disponible es Clarence Odbody (Henry Travers) que, a la tierna edad de 200 años, aún no se ha ganado sus alas. Conforme Clarence analiza la vida de George en retrospectiva, de la niñez a la edad adulta, Capra traza el retrato de un buen ciudadano que sacrifica sus sueños de viajar y hacer carrera para seguir los pasos paternos y ayudar a la comunidad local trabajando en un banco muy modesto de Bedford Falls (Nueva York). »

James Stewart Actor

James Stewart nació en 1908 en Indiana (Pensilvania). Tras un breve tiempo en Broadway, decidió trasladarse a Hollywood con su viejo amigo Henry Fonda. Su carrera finalmente despegó cuando Frank Capra lo eligió en 1938 para la comedia *Vive como quieras*. Un año más tarde volvió a triunfar con Capra en *Caballero sin espada*, por la que recibió una nominación al Oscar. Pese a que abandonó por un tiempo el cine para incorporarse al ejército, su popularidad no se vio mermada, y su primera película posterior

a la guerra, *¡Qué bello es vivir!*, le valió una tercera nominación al Oscar. Esta película realzaba el encanto de hombre sencillo de Stewart, una característica que recuperó en 1950 en *El invisible Harvey*. También rodó wésterns y trabajó con Alfred Hitchcock. Murió en 1997.

Películas principales

1938 *Vive como quieras.*
1939 *Caballero sin espada.*
1946 *¡Qué bello es vivir!*
1958 *Vértigo.*

Creía que un drama era cuando los actores lloraban. Pero el drama es cuando llora el público.
Frank Capra

George protege a la comunidad del codicioso director del banco y casero Henry F. Potter (Lionel Barrymore).

Drástico declive

La rápida transición de George de santo a ebrio suicida es tan drástica como verosímil, quizá inspirada en la lucha que libró el propio Capra contra la depresión con poco más de veinte años, cuando, como emigrante italiano, topó con grandes dificultades para encontrar trabajo. En la crisis de George subyacen años de sacrificio y decepción, y como retrato de la desesperanza, su descenso en picado resulta muy convincente.

George y el tío Billy (Thomas Mitchell, segundo por la dcha.) respiran aliviados tras una jornada en la que el banco está a punto de quebrar: tienen 2 dólares, pero siguen a flote.

Quizá la intervención divina incomode al público de hoy, pero en la película de Capra, más que realismo mágico, hay un realismo trágico: el ángel no aparece en el puente hasta el último cuarto del filme. Otro director quizá se habría centrado más en el drama que lleva a George a querer poner fin a su vida, pero Capra lo evita, no para que resulte misterioso, sino porque cuando lo descubrimos, hace aún más conmovedor a un hombre que procura hacer el bien.

Al borde del abismo

Potter es el malo de la película. En el momento en que George se da cuenta de que su tío Billy ha perdido 8000 dólares de los clientes del banco, acude a Potter (su viejo enemigo) para negociar un préstamo. George solo puede ofrecerle a cambio un seguro de vida, y Potter le espeta: «Vales más muerto que vivo». En este capcioso insulto radica uno de los principales dogmas de la película: una vida puede cambiar las cosas, pero también puede hacerlo su ausencia.

Desesperado, George se dirige al puente para poner fin a su vida tirándose al agua. La escena más famosa de la película es breve, pero tan terrible que se nos queda grabada en la memoria. Cuando George exclama: «¡Ojalá no hubiera nacido!», Clarence se lo lleva a una realidad paralela en la que aquel no ha llegado a existir, y Bedford Falls (que

Estrenada en 1946, la cinta fracasó en taquilla. En la posguerra, EE UU prefería el cine negro, y su moralidad dudosa, al sentimentalismo de una pequeña ciudad perdida.

se llama Pottersville) es muy diferente. «La vida de cada hombre afecta muchas vidas», dice Clarence. En el fondo, este es el mensaje de la película.

Si al final el filme es optimista, también cabría decir que pinta el mundo como un vaso medio vacío. Para Capra, George es un hombre capaz de cambiar la vida de la gente, no uno cualquiera, y en este sentido no nos refleja. La conclusión podría ser que no se puede meter en el mismo saco a todo el mundo: por suerte para quienes les rodean, algunas personas son menos egoístas que otras.

Clásico por accidente

Un hecho inesperado contribuyó a la ulterior popularidad del filme. En 1974, a causa de un error legal quedó libre de derechos, por lo que podía emitirse por televisión sin tener que pagar por las reposiciones. Posteriormente se subsanó el desliz, algo sobre lo que George habría tenido unas cuantas cosas que decir. ▪

Es una historia que habla de sentirse atrapado […] de ver cómo otros te adelantan y se alejan, de acumular tanta rabia que llegas a insultar a tus hijos, a su maestro y a tu opresivamente perfecta esposa.
Wendell Jamieson
The New York Times (2008)

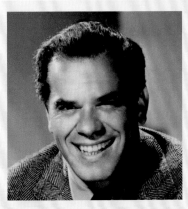

Frank Capra Director

En la cima de su carrera, Capra fue el director más prestigioso de Hollywood, el adalid de un cine de evasión en los difíciles años de la Depresión con una serie de comedias premiadas con el Oscar. Nacido en Sicilia, llegó a Los Ángeles en 1903, con solo cinco años de edad. Estudió ingeniería química, pero le costó encontrar empleo. Después de abrirse camino en unos estudios de San Francisco, consiguió trabajó en Hollywood dirigiendo cortometrajes mudos junto al productor de comedias Hal Roach y se adaptó al cine sonoro sin dificultad gracias a su formación como ingeniero. Alcanzó su máximo esplendor en la década de 1930, e inició su declive tras rodar películas propagandísticas durante la Segunda Guerra Mundial. Su obra más célebre, *¡Qué bello es vivir!*, no tuvo éxito comercial. Decepcionado con Hollywood, en la década de 1950 comenzó a dirigir películas didácticas sobre temas científicos. Murió en 1991.

Películas principales

1934 *Sucedió una noche.*
1938 *Vive como quieras.*
1939 *Caballero sin espada.*
1946 *¡Qué bello es vivir!*

94

UN POBRE 'DESGRACIAO' VA POR SU CAMINO Y LE MOLESTAN, ¡NO TE FASTIDIA!

LADRÓN DE BICICLETAS / 1948

EN CONTEXTO

GÉNERO
Neorrealismo italiano

DIRECCIÓN
Vittorio De Sica

GUION
Cesare Zavattini; Luigi Bartolini (novela)

REPARTO
Lamberto Maggiorani, Enzo Staiola, Lianella Carell, Vittorio Antonucci

ANTES
1935 Jean Renoir dirige *Toni*, filme precursor del estilo realista, con actores sin formación.

1943 Luchino Visconti dirige *Ossessione*, una de las primeras películas neorrealistas italianas.

DESPUÉS
1959 François Truffaut rueda *Los 400 golpes* en escenarios naturales, en París.

Vittorio De Sica rodó *Ladrón de bicicletas (Ladri di biciclette)* en las polvorientas calles de Roma con actores no profesionales. La trama apenas va más allá de la infructuosa búsqueda por un hombre y su hijo de una bicicleta robada. El estilo austero de esta película contrasta poderosamente con las producciones de Hollywood de la época, repletas de guiones sofisticados, suntuosos decorados, diálogos chispeantes y rutilantes estrellas.

Mientras que Hollywood trata a veces estos hechos por analogía, los italianos los tratan, y punto.
Arthur Miller
The New York Times (1950)

Sin embargo, *Ladrón de bicicletas* consigue transmitir tal carga emocional y se apodera del espectador con tanta fuerza de principio a fin, que se considera una de las obras maestras del cine posterior a la Segunda Guerra Mundial. Su influencia abarca generaciones de jóvenes realizadores cuya obra tiene por objeto captar la vida real, más que desarrollar una trama elaborada.

La bicicleta de la esperanza

Cesare Zavattini adaptó para la gran pantalla una novela de Luigi Bartolini. El guion gira en torno a un padre de familia sin un céntimo, Antonio (Lamberto Maggiorani), que encuentra trabajo tras un largo periodo desempleado. Para realizar su tarea, que consiste en pegar carteles por toda Roma, necesita una bicicleta, y se ha visto obligado a empeñar la suya. La esposa de Antonio (Lianella Carell) tiene que empeñar las únicas sábanas de la familia para rescatarla; pese a todo, la pareja se alegra ante la perspectiva de que él gane algo por fin. En su primer día de trabajo, mientras Antonio está subido

Filmografía adicional: *El chico* (1921) ▪ *Roma, ciudad abierta* (1945) ▪ *El limpiabotas* (1946) ▪ *La fuerza del destino* (1948) ▪ *Pather Panchali* (1955, pp. 132–133) ▪ *Kes* (1969) ▪ *Slumdog Millionaire* (2008, pp. 318–319) ▪ *El niño de la bicicleta* (2011)

en una escalera pegando un cartel, un joven le roba la bicicleta.

Tras el funesto acontecimiento, Antonio emprende la búsqueda de su vehículo junto a su hijo Bruno (Enzo Staiola). Con ayuda de unos amigos, rastrea el mercado de Porta Portese, donde se venden piezas de bicicletas estropeadas; finalmente, gracias a una conjunción de determinación y suerte, Antonio da con el ladrón y lo persigue hasta un burdel. Allí, los amigos y parientes del ladrón defienden con ímpetu la inocencia del acusado, y un policía reconoce que, sin pruebas, no puede hacer nada. Desesperado, Antonio roba una bicicleta a su vez, pero le pillan enseguida. Solo la bondad del propietario, conmovido al ver lo angustiado que está Bruno, salva a Antonio de la cárcel. La película termina con una de las secuencias más emotivas del cine, en la que el niño le da la mano al humillado padre.

Una historia universal

El argumento es de una sencillez brutal: *Ladrón de bicicletas* narra la aciaga jornada de un hombre, como tantas otras en el mundo. Aunque circunscrito a un lugar y un tiempo concretos, el mensaje es universal: para quienes luchan por salir adelante en un mundo injusto, un delito menor, como el robo de una bicicleta, adquiere terribles dimensiones. Para algunos críticos no es un filme político, pues, al igual que Chaplin en *Luces de la ciudad* (pp. 38–41), De Sica no propone soluciones, sino que transforma a una víctima en héroe trágico. Para otros se trataría de una película socialista porque muestra las devastadoras consecuencias »

Para Antonio, su bicicleta es un símbolo de pertenencia al mundo laboral, y un motivo de orgullo para su hijo Bruno.

de dejar a la gente que se hunda o salga a flote sola. Incluso antes de que a Antonio le roben la bicicleta, un mendigo presagia su posterior y complicada situación: «Un pobre 'desgraciao' va por su camino y le molestan», dice, «¡No te fastidia!».

Rumbo al realismo

Generalmente, *Ladrón de bicicletas* se considera el punto culminante del neorrealismo italiano. En el cine,

Bruno mira angustiado a su padre sentado en un bordillo, abatido y con todas sus esperanzas hechas añicos.

«**No sé** quién nos manda **estar aquí sufriendo**. ¿Quieres una **empanada**?»

Antonio Ricci / *Ladrón de bicicletas*

este movimiento fue una reacción contra las películas de la década de 1930 llamadas «de teléfono blanco», que describían la vida frívola de los ricos, en cuyos ostentosos hogares siempre se veían teléfonos blancos. Películas como *Te amaré siempre* (*T'amerò sempre*, 1933), si bien no eran abiertamente propagandísticas, daban una imagen de prosperi-

dad que respaldaba implícitamente al régimen de la Italia fascista.

No solo en Italia los cineastas trataron de desviar el foco de la alta sociedad. En Hollywood, Chaplin lo intentó en *Tiempos modernos* (1936), pero los neorrealistas italianos fueron más allá de enfocar a los pobres: se propusieron mostrar la vida de la gente tal como es.

El neorrealismo sacó la cámara del plató con el propósito de captar la vida real. En concreto, *Ladrón de bicicletas* debe parte de su genialidad a la sensación que logra transmitir de un mundo que prosigue fuera de plano, ya sea siguiendo pasajeramente incidentes ajenos a los personajes principales o incluyendo el transcurso de la vida real de fondo. Con el objetivo de deshacerse de la artificialidad de los estudios cinematográficos, los directores neorrealistas solían contar con actores no profesionales, tal como hizo Vittorio De Sica en su *Ladrón de bicicletas*. Enzo Staiola, el niño que interpreta a Bruno con una sinceridad tan conmovedora, fue elegido por el propio director entre la muchedumbre que se acercaba a verle rodar en exteriores.

Una huella perdurable

El neorrealismo italiano ya había dado sus frutos con directores de la talla de Luchino Visconti y su obra maestra de 1943 *Ossessione* (p. 78),

> Este el auténtico mal de la pobreza: la horrible y banal pérdida de la dignidad.
> **Peter Bradshaw**
> *The Guardian* (2008)

En Italia, la película fue acogida con cierta hostilidad dada la imagen negativa que daba del país. Sin embargo, obtuvo excelentes críticas en el resto del mundo.

pero lo que hace inolvidable la obra de De Sica es su magnífica realización. Los barridos, el diseño de producción y la fotografía en blanco y negro dan a la estéril búsqueda de Antonio y Bruno un matiz épico que absorbe al espectador. Directores posteriores como Ken Loach o Satyajit Ray reconocieron la influencia fundamental de esta película en su carrera. Fue tal su impacto que los realizadores más innovadores difícilmente podían concebir el cine fuera de las calles reales, como testimonio de la vida y retrato de la gente corriente. En los años siguientes, la *nouvelle vague* francesa y los dramas británicos *kitchen sink* orientaron la realización hacia este enfoque más natural y espontáneo. ∎

Vittorio De Sica
Actor y director

Nacido en 1901 en el seno de una familia pobre, Vittorio De Sica creció en Nápoles (Italia), donde trabajó de recadero para mantener a los suyos. Obtuvo su primer papel en el cine a los 17 años y, gracias a su apostura y fotogenia, no tardó en llegar a ser todo un ídolo. Tras conocer al escritor Cesare Zavattini, se convirtió en un director sobrio y en el máximo exponente del neorrealismo italiano con *El limpiabotas* (1946) o *Ladrón de bicicletas*, dos demoledores análisis acerca de la pobreza en la Italia de la posguerra que le valieron sendos Oscar especiales (todavía no existía la categoría de mejor película extranjera). Tras el fracaso en taquilla de *Umberto D.* (1952), de una desolación extrema, De Sica decidió regresar a un cine más amable, como la comedia romántica *Ayer, hoy y mañana* (1963), además de volver a la actuación. Murió en 1974.

Películas principales

1948 *Ladrón de bicicletas.*
1952 *Umberto D.*
1963 *Ayer, hoy y mañana.*

ES MUY DIFICIL MATAR LIMPIAMENTE A ALGUIEN QUE NO SE CONOCE
OCHO SENTENCIAS DE MUERTE / 1949

EN CONTEXTO

GÉNERO
Comedia

DIRECCIÓN
Robert Hamer

GUION
**Robert Hamer,
John Dighton**

REPARTO
**Alec Guinness, Dennis
Price, Joan Greenwood,
Valerie Hobson**

ANTES
1942 *Went the Day Well?* es
uno de los primeros filmes de
éxito de los estudios Ealing.

1947 Hamer dirige la primera
de sus tres películas con Ealing:
Siempre llueve en domingo.

DESPUÉS
1951 En *Oro en barras*, Alec
Guinness da vida a un retraído
empleado que se convierte en
genio del crimen.

1957 En *Barnacle Bill*, la última
comedia de Ealing, Guinness
interpreta varios papeles.

E l largometraje *Ocho sentencias de muerte* (*Kind Hearts
and Coronets*) pertenece a
la serie de comedias británicas que
salieron de los estudios Ealing londinenses entre 1947 y 1957. Protagonizada por Alec Guinness en los
papeles de los ocho miembros de la
familia D'Ascoyne, todos víctimas
de un caballeroso asesino, la película posee el encanto sofisticado y el
humor propio del estilo Ealing. La
trama gira en torno a Louis Mazzini (Dennis Price), que decide vengar a su madre por el trato ignomi-
nioso que recibió de los D'Ascoyne.
Su plan es liquidar, uno tras otro, a
todos los parientes que se interpo-
nen entre él y la fortuna y el título
ducal de la familia. Su ronda de crímenes empieza por el del arrogante
joven Ascoyne D'Ascoyne y termina
con el de lord Ascoyne.

Cómicos asesinatos
La estrella de este filme es Guinness. Sus absurdos personajes están
caracterizados con una agudeza magistral que hace reír al instante. Su
contrapunto es Price, «el bueno» de la
película, que encarna a Mazzini, un
dechado de educación cuyo aplomo
hace disfrutar al público cada vez
que se carga a un D'Ascoyne.

Alec Guinness Actor

Sir Alec Guinness destacó entre
los grandes actores británicos del
siglo pasado por su elegancia y
modales caballerosos. Nacido en
Londres en 1914, comenzó como
redactor publicitario antes de
pisar los escenarios, pero hacia
1950 ya era un reconocido actor
de la escena teatral londinense.
Inició su carrera cinematográfica
con una serie de comedias de los
estudios Ealing, antes de trabajar
a las órdenes del director David
Lean en cintas más dramáticas.

Guinness obtuvo un Oscar por su
interpretación en *El puente sobre
el río Kwai*, y su papel de Obi-Wan
Kenobi en la saga de *La guerra
de las galaxias* le dio una enorme
notoriedad en la década de 1980.
Murió en 2000, a los 86 años.

Películas principales

1949 *Ocho sentencias de muerte.*
1955 *El quinteto de la muerte.*
1957 *El puente sobre el río Kwai.*
1965 *Doctor Zhivago.*

Filmografía adicional: *Siempre llueve en domingo* (1947) ▪ *Pasaporte a Pimlico* (1949) ▪ *Whisky a gogó* (1949) ▪ *El hombre vestido de blanco* (1951) ▪ *Los apuros de un pequeño tren* (1953) ▪ *El quinteto de la muerte* (1955)

La encantadora y egoísta Sibella propone a Mazzini un trato matrimonial cuando este se encuentra en prisión. La rival de Sibella es Edith, viuda de una de las víctimas de Mazzini.

Su director, Robert Hamer, no pudo tener una idea mejor cuando decidió que Guinness diese vida a las ocho víctimas: puesto que los espectadores saben que cada vez que muera uno de sus personajes, otro ocupará su lugar, no sienten rechazo ante los asesinatos, sino que, cautivados por el encanto de Price, ansían ver cómo acaba con sus obstáculos para heredar el título. En una trama secundaria, Mazzini mantie-ne una complicada relación sentimental con su materialista novia de la infancia, Sibe-lla (Joan Greenwood), que cometió en su día un terrible error al re-chazarlo para casar-se con el rico e insul-so Lionel, sin saber que Mazzini llega-ría a convertirse en un duque fabulosa-mente rico, mien-tras que Lionel se arruinaría y se suicidaría. Una vez Mazzini se ha librado de los D'As-coyne, es condenado por matar a

El título original de la cinta se inspira en un conocido poema de Alfred Tennyson: «Los corazones nobles valen más que coronas, y la fe sencilla, más que sangre normanda».

Lionel, el único crimen del que es inocente. Su única esperanza de evi-tar la horca llega cuando Sibella le insinúa que po-dría «encontrar» la nota de suicidio de Lionel si le promete casarse con ella. Enton-ces la película da un nuevo giro y se saca de la manga un final sarcástico. Las producciones Ealing no eran tan ligeras e inocentes como suele pen-sarse: la prueba es la combinación de comicidad y crítica corrosiva del filme de Hamer. ▪

«Disparé una flecha al aire... Y se desplomó sobre la plaza Berkeley.»

Louis Mazzini / Ocho sentencias de muerte

EN EL MUNDO YA NO QUEDAN HEROES, SOLO EN TUS NOVELAS

EL TERCER HOMBRE / 1949

EN CONTEXTO

GÉNERO
Cine negro

DIRECCIÓN
Carol Reed

GUION
Graham Greene

REPARTO
Joseph Cotten, Alida Valli, Orson Welles, Trevor Howard

ANTES
1941 *El halcón maltés*, entre otros filmes estadounidenses, consagran el género negro.

1941 *Ciudadano Kane* implanta un elemento esencial del cine negro: la voz en *off* del narrador.

DESPUÉS
1951 Orson Welles recupera a su personaje de *El tercer hombre* para la radio en *Las aventuras de Harry Lime*.

Estrenado en 1949, el filme negro de Carol Reed *El tercer hombre (The Third Man)* refleja las fracturas de Europa tras la Segunda Guerra Mundial. Aunque no era lo habitual en la época, Reed rodó parte de la cinta en exteriores, en la Viena bombardeada. Los efectistas juegos de luz y sombra y los enfoques oblicuos convierten la ciudad en un siniestro decorado para la historia del estafador Harry Lime, interpretado por Orson Welles. En este marco de pesadilla resuena sin cesar la acuciante música de cítara

Toda la popularidad que la cinta logró en Gran Bretaña le faltó en Austria, para cuyo público era el triste recuerdo de un belicoso pasado.

de Anton Karas, a quien Reed descubrió mientras rodaba. El guion fue desarrollado por Graham Greene a partir de una de sus novelas. La idea se le ocurrió cuando: «Vi paseando por la calle a un hombre a cuyo funeral había ido hacía poco», lo cual le inspiró el relato de un hombre que finge su propia muerte.

El tercer hombre

El autor de novelas baratas Holly Martins (Joseph Cotten) llega a una Viena destrozada y dividida por la guerra invitado por su viejo amigo Harry Lime, pero descubre que este ha muerto atropellado solo unos días atrás. En el funeral, Martins conoce a los dos hombres que estaban con Lime cuando falleció. También ve a la novia de Lime, Anna (Alida Valli), de la que acabará enamorándose.

Tras el funeral, el comisario Calloway (Trevor Howard) aconseja a Martins que se vaya de la ciudad y le revela que Lime estaba involucrado en múltiples actividades criminales. Pero Martins no le cree y decide investigar por cuenta propia la muerte de su amigo. Sus pesquisas le llevan a una serie de incongruencias, como

¿Ha habido alguna película donde la música se ajustara mejor a la acción que en *El tercer hombre* de Carol Reed?
Roger Ebert
Chicago Sun-Times (1996)

la confesión del portero del edificio donde vivía Lime de que había un tercer desconocido presente en el instante fatal, testimonio que más tarde le costará la vida.

Cada vez más confundido, Martins vuelve a hablar con el comisario Calloway que, esta vez, le presenta las pruebas que inculpan a Lime en la venta de penicilina adulterada en el mercado negro. Apenado y algo borracho, decide visitar a Anna, la cual teme ser deportada al sector soviético de Viena porque la policía ha descubierto que su pasaporte es falso; al marcharse, distingue una silueta entre las sombras: es Lime.

Al día siguiente, Martins visita a los sombríos amigos de Lime y le da cita en una noria gigante de Viena llamada Riesenrad. Al ver hasta qué punto ha »

El frío y calculador

Harry Lime desprecia la visión moralista del mundo de Martins. En su cínica opinión, no existen héroes en el mundo real.

cambiado su amigo, Martins accede a ayudar a Calloway a detenerlo si Anna obtiene un salvoconducto para abandonar Viena. Cuando ella se niega a aceptar el trato con la policía, a Martins le asaltan las dudas sobre si debe traicionar a su amigo, pero Calloway lo lleva a un hospital infantil, donde le muestra los estragos causados por la penicilina adulterada de Lime, y le convence de que atrapar a este es un deber moral, tanto si Anna se salva como si no.

Mientras Martins aguarda nervioso la llegada de su amigo, Anna irrumpe a tiempo para avisar a Lime de la emboscada, y este intenta huir por las cloacas. Su persecución es una de las secuencias de acción más trepidantes de la historia del cine.

La apuesta Welles

Que el filme sea lo que es se debe en gran medida a la determinación de su director. El productor David O. Selznick quería que el refinado actor británico Noel Coward interpretara a Harry Lime, pero Reed insistió en que fuera Orson Welles. El filme lleva la impronta de Welles no solo por su interpretación, sino también por el estilo característico del cine negro de la puesta en escena, claramente inspirada en otras películas suyas como *Ciudadano Kane* (1941) o *La dama de Shanghai* (1947).

Algunas escenas de la persecución final se rodaron en escenarios reales y otras en plató. Reed hizo un brillante montaje de las largas galerías, con destellos en los húmedos ladrillos y súbitos haces de luz, el retumbar de los pasos y los primeros planos del rostro sudoroso de Lime cuya mirada salta de un lado a otro en busca de una salida. Mientras los policías, cada vez más numerosos,

Las sombras acentúan la sensación de peligro en las oscuras calles de una Viena devastada. Este estilo típico del cine negro bebe de las obras de Welles, aunque este negara su participación directa en la dirección o el montaje.

lo persiguen por las cloacas, solo se oye el rumor del agua y el eco de los gritos en alemán de los agentes. La sensación de pánico aumenta a medida que Lime huye como una rata.

Selznick y Greene deseaban un final optimista, pero Reed insistió en que fuera lúgubre. Greene acabó reconociendo su acierto.

Vacío moral

Cuando los aliados ocuparon Austria en la posguerra, Viena quedó dividida en cuatro zonas: americana, británica, francesa y soviética, con un distrito central de mando conjunto. *El tercer hombre* aprovecha las tensiones políticas y el potencial dramático del desplazamiento de personas entre sectores. Las que carecen de documentos, como Anna, evitan el sector soviético a toda costa, pues su destino allí sería incierto.

Por lo que respecta a Lime, esta situación ha creado un vacío moral donde hombres sin escrúpulos como él pueden prosperar, y lo hacen. En su opinión, Martins es un ingenuo al adentrarse en el mundo cínico de una Europa postrada por la guerra.

Frases improvisadas

El guion es tan tenso como cabría esperar de un autor como Greene, pero algunas de las frases más memorables de la película las improvisó Welles. Uno de los motivos por los que este filme es inolvidable es que logra conectar con éxito tres grandes talentos: Reed, Greene y Welles.

Desde lo alto de la noria, Lime mira a las personas como si fueran puntos a sus pies y pregunta a Mar-

> Todo lo inunda la melancolía y la belleza inerte de una ciudad en ruinas, pasiva en la superficie, pero en el fondo acuciada por la inquietud.
> *Vogue* (1949)

tins si sentiría compasión en el caso de que alguno de ellos dejara de moverse: «Si te ofreciera veinte mil dólares por cada puntito que se parara, ¿me dirías que me guardase mi dinero o empezarías a calcular los puntitos que serías capaz de parar?».

Ya en el suelo, Lime añade unas frases que Welles incluyó por una cuestión de sincronización: «Recuerda lo que dijo no sé quién: en Italia, en treinta años de dominación de los Borgia no hubo más que terror, guerras, matanzas… Pero surgieron Miguel Ángel, Leonardo da Vinci y el Renacimiento. En Suiza, por el contrario, tuvieron quinientos años de amor, democracia y paz. ¿Y cuál fue el resultado? El reloj de cuco». Según Welles, estas palabras procedían de una vieja obra húngara. En realidad, los suizos no inventaron el reloj de cuco y fueron muy beligerantes en tiempos de los Borgia, pero estas frases resumen a la perfección la visión amoral que Lime tiene del mundo. ∎

Carol Reed Director

Nacido en Londres en 1906, Carol Reed era hijo del actor y productor shakespeariano Herbert Beerbohm Tree y de su amante May Reed, cuyo apellido adoptó. Comenzó a actuar siendo muy joven y se incorporó a la compañía teatral del escritor de *thrillers* Edgar Wallace, de quien se convirtió en asistente personal. Así le llegó su primer trabajo como ayudante de director.

Pese a que el éxito de las primeras películas que dirigió, como *Midshipman Easy* (1935), resultó moderado, el novelista Graham Greene supo ver en él un gran potencial. En 1947, Reed realizó su primer filme importante, *Larga es la noche* (sobre un terrorista irlandés fugado). El productor de esta película, Alexander Korda, le presentó a Greene, con quien realizó dos grandes obras: *El ídolo caído* y *El tercer hombre*, ambas aclamadas por la crítica y éxitos de taquilla. Reed murió en Londres en 1976.

Películas principales

1947 *Larga es la noche.*
1948 *El ídolo caído.*
1949 *El tercer hombre.*
1968 *Oliver.*

❝ En Suiza […] tuvieron quinientos años de amor, democracia y paz. ¿Y cuál fue el resultado? El reloj de cuco. ❞

Harry Lime / El tercer hombre

TEMOR Y ASOM

1950–1959

BRO

Hollywood introduce la **pantalla panorámica** y trucos como el **3D** en respuesta al auge de la televisión.

1950

Billy Wilder dirige *El crepúsculo de los dioses*, controvertida sátira de Hollywood; **Bette Davies** interpreta su personaje más mordaz en *Eva al desnudo*.

1950

Un tranvía llamado deseo, dirigida por Elia Kazan, lanza al estrellato a un joven **Marlon Brando**.

1951

De aquí a la eternidad, de **Fred Zinnemann**, según una novela de James Jones sobre la vida militar, se lleva ocho Oscar.

1953

1950

Rashomon, de **Akira Kurosawa**, narra un crimen desde cuatro **puntos de vista**, un modelo que seguirán otras películas.

1951

Ultimátum a la tierra es la primera película de ciencia ficción que refleja el temor que inspira la **guerra fría**.

1952

Jueces estadounidenses decretan que el cine es una forma de **expresión libre**: *L'amore* de Roberto Rossellini no puede prohibirse por «sacrílega».

1953

Tras el éxito de *El salario del miedo*, el director **Henri-Georges Clouzot** es apodado «el Hitchcock francés».

E ste capítulo abarca el periodo más breve de los que trata este libro: tan solo una década, pero cargada de películas extraordinarias. Al igual que antes, muchas de estas películas son producciones de Hollywood, que para entonces ya tenía suficiente historia a sus espaldas como para inspirar la sátira *El crepúsculo de los dioses*; pero seguía haciéndose cine con mayúsculas en otras partes del mundo, y este empezó a tener reconocimiento en Occidente. Tras la Primera Guerra Mundial, Alemania estuvo a la cabeza de la innovación cinematográfica; después de la Segunda le llegó el turno a Japón.

El auge de Japón
En 1950 se estrenó *Rashomon*, de Akira Kurosawa, la brillante historia fragmentada de un asesinato en el antiguo Japón. Su impacto fue inmediato y de gran alcance: no solo consagró a Kurosawa como director, sino que despertó en Occidente una creciente curiosidad por el cine internacional. También de Japón llegaron los sutiles y aparentemente simples dramas de Yasujiro Ozu y, por supuesto, *Godzilla*, el descomunal monstruo que evocaba la experiencia de la bomba atómica, todavía muy viva en la memoria nacional.

Temor a la guerra fría
Muchas películas de la década de 1950 tenían ante todo el propósito de divertir al espectador (aún hoy es imposible ver *Cantando bajo la lluvia* sin una sonrisa en los labios), pero algunos de los filmes clave de la época reflejan también el temor que generaba la guerra fría y destilan angustia existencial. En *El salario del miedo* (1953), sobre un grupo de hombres desesperados que conducen camiones cargados de nitroglicerina poniendo en riesgo su vida, el director francés Henri-Georges Clouzot puso a prueba los nervios del público con una intensidad probablemente desconocida desde *El acorazado Potemkin* (1925). Este filme era también una crítica del imperialismo, el capitalismo y la avaricia.

En varios países, los directores trataron de ofrecer a la vez entretenimiento, estímulo intelectual y asombrosos despliegues técnicos. Así, Douglas Sirk realizó suntuosos melodramas sobre la vida en los barrios residenciales periféricos estadounidenses, como *Solo el cielo lo sabe* (1955), que fueron despreciados por *kitsch* en su tiempo y hoy

Se estrena *La strada* de **Federico Fellini** y recibe el primer Oscar a la mejor película extranjera. **François Truffaut** expone su teoría del autor.

1954

En Japón, los estudios Toho estrenan la **primera** película **de la saga** *Godzilla*. Kurosawa redefine el wéstern con *Los siete samuráis*.

1954

Pather Panchali, de Satyajit Ray, es la primera **película india** que obtiene reconocimiento internacional.

1955

Se estrenan los **clásicos de ciencia ficción** *Planeta prohibido* y *La invasión de los ladrones de cuerpos*.

1956

Hollywood **prohíbe epítetos raciales** en sus películas y admite alusiones a drogas, aborto y prostitución.

1956

Ingmar Bergman estrena *El séptimo sello* y *Fresas salvajes*, donde trata sus temas estrella: la vida y la muerte.

1957

Alfred Hitchcock estrena el *thriller* psicológico *Vértigo*. La crítica francesa lo **alaba** como un **verdadero autor**.

1958

El primer filme de Truffaut, *Los 400 golpes*, marca el punto álgido de la **nouvelle vague**.

1959

---

se reconocen como obras maestras profundas y sensibles. Mientras, en Francia, un grupo de jóvenes críticos de la revista *Cahiers du cinéma* proponían una nueva aproximación al cine. Para ellos, las películas merecían respeto y un análisis intelectual profundo, ya fueran obra de directores «serios», como Ingmar Bergman, o de los más populares y no menos brillantes, como Alfred Hitchcock. Los mejores directores, decían, vuelcan sus obsesiones personales en sus películas, y estas llevan su firma como una novela el de su escritor. Esta teoría del autor determinó durante décadas la percepción de las películas y de sus realizadores.

Grandes ambiciones

Fue esta la década cuando Hitchcock realizó una de sus mejores pe-

> Si una película es buena, el público se hará una idea perfectamente clara de lo que ocurre aunque le corten el sonido.
> **Alfred Hitchcock**

lículas. Años antes había tenido la intención de adaptar una novela de los franceses Pierre Boileau y Thomas Narcejac. Sin embargo, se le adelantó Henri-Georges Clouzot,

con quien mantenía una cordial rivalidad y que convirtió el libro en la terrorífica *Las diabólicas* (1955). Hitchcock se aseguró entonces de obtener los derechos de la siguiente obra que escribieran Boileau y Narcejac: el resultado fue el tenso *thriller* psicológico *Vértigo* (1958), que gira en torno a la memoria, el deseo y la pérdida, película que suele figurar en los primeros puestos de las listas de las mejores películas de la historia.

En 1959, uno de los jóvenes críticos franceses fundadores de la teoría del autor estrenó una película. Se llamaba François Truffaut, y su retrato de un sensible niño parisino se titulaba *Los 400 golpes*. Influido por Orson Welles pero dotado de energía propia, este filme señaló el fin de una década extraordinaria y el inicio de una nueva era del cine. ∎

LOS HOMBRES NOS OLVIDAMOS DE LO QUE NO NOS CONVIENE, CREEMOS EN NUESTRAS PROPIAS MENTIRAS

RASHOMON / 1950

EN CONTEXTO

GÉNERO
Intriga

DIRECCIÓN
Akira Kurosawa

GUION
Akira Kurosawa (guion); Ryunosuke Akutagawa (cuentos)

REPARTO
Toshiro Mifune, Machiko Kyo, Masayuki Mori, Takashi Shimura

ANTES
1943 Akira Kurosawa debuta como director con *La leyenda del gran judo*, drama histórico sobre la rivalidad entre adeptos al judo y al jiu-jitsu.

DESPUÉS
1954 *Los siete samuráis*, considerada la obra maestra de Kurosawa, está ambientada en un pueblo del siglo XVI que contrata a siete guerreros para que lo defiendan de unos bandidos.

*R*ashomon de Akira Kurosawa es un filme de intriga en torno a dos posibles delitos cometidos en el claro de un bosque: la violación de una mujer (Machiko Kyo) y la muerte violenta de su esposo, un samurái (Masayuki Mori). Sin embargo, la verdad es difícil de desentrañar entre la maraña creada por los relatos divergentes de cuatro testigos oculares. ¿Quién cree el público que dice la verdad? ¿La supuesta víctima de la violación? ¿El bandido acusado de cometer el crimen? ¿El espíritu del muerto? ¿El leñador que ha encontrado el cadáver? ¿Cuál de estas historias es *la* historia?

Bajo la puerta

La película comienza con un primer plano de la puerta en ruinas de Rashomon, en el Kioto medieval, a través de una cortina de lluvia torrencial. Refugiados bajo la puerta están un leñador (Takashi Shimura) y un sacerdote budista (Minoru Chiaki), a los que no tarda en unirse un ple-

El ser humano es incapaz de ser honesto consigo mismo sobre lo que le concierne. No puede hablar de sí mismo sin embellecerse. Este guion retrata a ese ser humano.
Akira Kurosawa

beyo (Kichijiro Ueda). El recién llegado entabla conversación con ellos y se entera del crimen y la posterior detención del bandido Tajomaru (Toshiro Mifune).

Mientras el leñador y el sacerdote desarrollan el relato, unos *flashbacks* muestran al bandido y a la

« No es lógico que una persona muerta no diga la verdad. »
El sacerdote / Rashomon

Akira Kurosawa Director

Nacido en 1910, Kurosawa fue el primer director japonés famoso en Occidente, donde su obra fue mejor acogida que en su país de origen. Sus películas *Rashomon*, *Los siete samuráis* y *Yojimbo* se versionaron como wésterns en *Cuatro confesiones* (1964), *Los siete magníficos* (1960) y *Por un puñado de dólares* (1964), respectivamente.

Hijo de un oficial del ejército, estudió arte antes de dedicarse al cine, donde desarrolló una

sensibilidad con cierta influencia occidental en los géneros del drama, el *thriller* y el cine negro con temas médicos y judiciales. Continuó realizando películas hasta su muerte, que tuvo lugar en 1998.

Películas principales

1950 *Rashomon*.
1954 *Los siete samuráis*.
1961 *Yojimbo*.
1985 *Ran*.

Filmografía adicional: *Amor que mata* (1947) ▪ *Pánico en la escena* (1950) ▪ *Vivir* (1952) ▪ *La fortaleza escondida* (1958) ▪ *Cuatro confesiones* (1964) ▪ *Barbarroja* (1965) ▪ *Rebelión* (1967) ▪ *Ran* (1985) ▪ *Sospechosos habituales* (1995)

esposa contando en el juzgado lo que han visto… o han creído ver; luego, una médium (Noriko Honma) contacta con el espíritu del difunto samurái, que da su propia versión de los hechos. Al final, el leñador les cuenta lo que él vio. Cada historia es completamente distinta, y cada uno barre para su casa. El bandido asegura haber matado al samurái en un heroico combate a espada; la mujer dice no recordar el momento, pero sugiere que apuñaló a su esposo al ver su expresión de rechazo tras la violación; el samurái

afirma haberse suicidado, y el leñador confiesa al final que presenció la lucha entre el bandido y el samurái, pero que fue una confusa refriega entre cobardes.

En apariencia, *Rashomon* es una película de intriga: presenta un miste-

La película dio
fama internacional a Kurosawa como director y convirtió en estrella a Toshiro Mifune (el bandido), que apareció en 16 filmes más de Kurosawa entre 1948 y 1964.

Tajomaru describe su lucha con el samurái como un combate entre dos maestros de la espada, pero el leñador dice que lo que él vio fue una pelea entre dos hombres aterrorizados.

rio, unos sospechosos y una investigación, pero deja al espectador que saque sus propias conclusiones. A Kurosawa no le interesa tanto la verdad como la naturaleza esquiva de esta, por lo que niega al público la versión definitiva de lo ocurrido en el claro.

Rodada en un estilo austero y directo, la película recurre a sutiles imágenes simbólicas para transmitir ideas sobre la memoria y la verdad. La cortina de lluvia, que se »

Cuatro versiones contradictorias de los hechos

La versión del bandido
- Él engaña al samurái y lo ata a un árbol.
- Seduce a la esposa tras su resistencia inicial.
- La esposa le convence para que luche con el samurái, al que él derrota honorablemente.

La versión del samurái
- El bandido viola a su esposa, que elige irse con aquel.
- El bandido le propone dejar ir a su esposa o matarla como castigo por su infidelidad.
- Su esposa huye, seguida por el bandido; él se da muerte.

La versión de la esposa
- El bandido la viola.
- Ella ruega a su esposo que la mate para salvar su honor.
- Se desmaya con el puñal en la mano y, al despertar, ve muerto a su esposo.

La versión del leñador
- El bandido pide a la esposa del samurái que se case con él, pero ella libera al samurái.
- La esposa alienta el duelo entre ambos.
- Se baten de manera vergonzosa, y el bandido gana.

Oscuros y alejados de la civilización, los bosques siempre han ocupado un lugar destacado en la imaginación humana. En el folclore tradicional de muchas culturas, el bosque es el escenario de sucesos mágicos y encuentros inexplicables. La película de Kurosawa se inspira en este folclore con su ambientación rural, sus personajes arquetípicos y el concepto de que son nuestros más hondos anhelos lo que da forma inconscientemente a cuanto vemos. Así, la narración japonesa más antigua que se conoce, *El cuento del cortador de bambú (Taketori monogatari)* es una fábula del siglo X en la que un anciano sin hijos encuentra a un bebé fantasmal en el fondo de un bosque. Al final de *Rashomon* aparece un niño abandonado al que el leñador se lleva a su casa mientras cesa la lluvia.

Adornar las historias

Según Kurosawa, los seres humanos no pueden evitar embellecer los relatos que hablan sobre ellos mismos, y eso es lo que ocurre en el claro

tiñó de negro para que pudiera verse en la pantalla, separa el presente del pasado, donde siempre luce el sol. La imponente puerta simboliza el umbral que cruza el espectador hacia el universo de la película, un reino en el que nada es lo que parece ni se puede confiar en nadie.

El claro también es simbólico. Primero lo vemos a través de los ojos del leñador, que se adentra en el bosque al comienzo del primer *flashback*. En esta bella secuencia sin diálogo, Kurosawa lleva al espectador lejos de la realidad, a la febril espesura del subconsciente: el claro del bosque es un espacio encantado donde el drama de la muerte del samurái se reproduce una y otra vez de un modo distinto.

« **Quédate con la versión** que te parezca **más creíble** y **no pienses más en ello**. »

El plebeyo / Rashomon

Minuto a minuto

00:07
El leñador afirma que él es quien descubrió el cadáver del samurái y encontró a Tajomaru.

00:17
En el juzgado, Tajomaru relata su versión de los hechos, según la cual la esposa le rogó que no se fuera y liberó al samurái para que ambos lucharan por su honor.

00:51
El samurái difunto da su versión a través de una médium: dice que su esposa y Tajomaru huyeron y que él mismo se apuñaló.

01:11
El leñador describe una lucha desesperada entre el samurái y el bandido en la que ambos tiemblan de miedo.

| 00:00 | 00:15 | 00:30 | 00:45 | 01:00 | 01:15 | 01:28 |

00:12
El sacerdote cuenta que vio al samurái antes de morir llevando una mujer a caballo por el bosque.

00:39
La esposa cuenta su historia: dice que se desmayó y, al volver en sí, vio el puñal en el pecho de su esposo. Luego intentó ahogarse.

01:03
En la puerta, el leñador dice que en realidad lo vio todo. Según él, el samurái no quería luchar, sino que deseaba que su esposa se matara.

01:20
Aparece un bebé abandonado en la puerta. El leñador se ofrece a llevárselo a su casa y cesa la lluvia.

de *Rashomon*. Los testigos de una cadena de sucesos los interpretan a través del filtro de su propia imaginación y cuentan historias distintas. Sin embargo, estas historias no son mentiras, sino artimañas de la mente. Lo que sugiere Kurosawa en *Rashomon* es que la verdad objetiva no existe.

Desde su estreno en 1950, son muchos los que han imitado o tomado elementos prestados del planteamiento narrativo de *Rashomon*, desde el *remake* estadounidense de 1964 *Cuatro confesiones*, protagonizado por Paul Newman, hasta las hábiles tramas comerciales de *Sospechosos habituales* (1995) o *Perdida* (2014). Con todo, rara vez se atreven los imitadores a escamotear al público una solución satisfactoria, como hace Kurosawa. Nunca llegamos a saber quién mató al samurái, ni qué ocurrió realmente entre la mujer y el bandido: solo vemos cómo evolucionan los personajes a medida que examinan sus propios recuerdos.

El efecto Rashomon

En la actualidad se usa la expresión «efecto Rashomon» para referirse a cualquier situación de ficción o de la vida real en la que la verdad permanece esquiva porque nadie se pone de acuerdo en lo que ha ocurrido. Lo cierto es que *Rashomon* fue uno de los filmes más influyentes del siglo XX. Batió récords de taquilla, aun siendo una película subtitulada, y abrió la puerta a los cinéfilos occidentales al mundo sugerente y desconocido del cine nipón, aunque probablemente cada espectador haya visto algo diferente. ∎

En el relato de la esposa, esta ofrece el puñal a su marido para que la mate al ver su expresión de repugnancia tras la violación.

YO ERA GRANDE. PERO EL CINE AHORA YA NO LO ES
EL CREPÚSCULO DE LOS DIOSES / 1950

EN CONTEXTO

GÉNERO
Drama

DIRECCIÓN
Billy Wilder

GUION
**Charles Brackett,
Billy Wilder**

REPARTO
**Gloria Swanson, William
Holden, Erich von
Stroheim, Nancy Olson**

ANTES
1928 Gloria Swanson alcanza
la cumbre de su carrera en el
cine mudo con *Sadie Thompson*,
ambientada en el Pacífico Sur.

1944 *Perdición* es un clásico
del cine negro de Billy Wilder
sobre dobles juegos en una
empresa de seguros.

DESPUÉS
1959 Wilder demuestra su
versatilidad con la comedia
Con faldas y a lo loco, en la que
Tony Curtis y Jack Lemmon se
travisten para huir de la mafia.

E n la película de Billy Wilder *El crepúsculo de los dioses (Sunset Boulevard)*, la estrella del cine mudo venida a menos Norma Desmond (Gloria Swanson) lanza una mirada al público y exclama con un destello de locura, miedo y pesar en los ojos: «No necesitábamos diálogo, teníamos expresión». La fragilidad mental de Norma y su pérdida de la cordura y de la fama se hacen patentes en ese primer plano único.

La película, un homenaje a la época muda de Hollywood en clave de humor negro, rebosa de rostros de aquellos días gloriosos, como un ajado Buster Keaton y el legendario director Cecil B. DeMille, ambos interpretándose a sí mismos en unos cameos áridos y autocríticos. Max, criado de Norma, lo interpreta Erich

Joe se pone frac y pajarita blanca para la fiesta de Fin de Año de Norma, pero se encuentra con que no hay ningún otro invitado y que ella intenta seducirlo.

Filmografía adicional: *Ha nacido una estrella* (1937) ▪ *Eva al desnudo* (1950, p. 332) ▪ *Con faldas y a lo loco* (1959, pp. 148–149) ▪ *¿Qué fue de Baby Jane?* (1962)

La película de Wilder

supuso el fugaz regreso a la pantalla de Gloria Swanson, que a continuación se retiró definitivamente.

El filme cuenta la historia de Joe Gillis (William Holden), un guionista que pasa una mala racha y al que la solitaria Norma pide una comedia para volver a la pantalla. La diva, ya mayor, está convencida de que sus millones de fans, «la gente que mira en la oscuridad», están esperando su regreso. A regañadientes, Joe se instala en la extraña mansión de la estrella en Sunset Boulevard, y ella se enamora del joven escritor, al que arrastra a su delirio. Al final, Joe intenta huir de Norma y salvar la poca dignidad que le queda, pero ya sabemos que terminará mal porque su historia se cuenta en retrospectiva: al principio de la película es un cadáver flotando en una piscina. «Pobre tipo… Siempre quiso una piscina», es su sarcástico comentario desde ultratumba.

von Stroheim, otro famoso director de la época muda. La propia Swanson había sido una gran estrella en sus viejos tiempos y, al meterse en la piel de la trastornada señorita Desmond, crea una grotesca parodia de sí misma.

Homenaje mudo

Las películas de Wilder son famosas por sus diálogos cínicos e incisivos. «Han hecho una cuerda con las palabras y han ahorcado al cine» es una de las frases memorables de Norma, pero *El crepúsculo de los dioses* también trasluce melancolía. Es evidente la veneración de Wilder por una época pasada. En último término y pese a su flagrante monstruosidad, la ilusa Norma es una figura trágica. Wilder sugiere que quizá esté en lo cierto respecto al cine: las películas perdieron parte de su magia cuando sus estrellas empezaron a hablar. ▪

Billy Wilder
Director

«Nadie es perfecto» es la última frase de *Con faldas y a lo loco*, de Billy Wilder. Todas sus películas se basan en esta sencilla verdad y presentan personajes cuyos defectos resultan fascinantes, desde el Walter Neff de Fred MacMurray en *Perdición* hasta el detective de Robert Stephens en *La vida privada de Sherlock Holmes* (1970). Sin embargo, como director, Wilder siempre buscó la perfección.

Nacido en Austria en 1909, Samuel «Billy» Wilder huyó de los nazis para debutar como director en París. En la década de 1930 llegó a Hollywood, donde escribió películas con Charles Brackett. *Perdición*, en colaboración con el novelista Raymond Chandler, se considera uno de los mayores hitos del cine negro. Sus películas posteriores fueron sobre todo cómicas, sin perder el tono cínico de sus primeras tragedias. Murió en 2002.

Películas principales

1944 *Perdición.*
1945 *Días sin huella.*
1950 *El crepúsculo de los dioses.*
1955 *La tentación vive arriba.*
1959 *Con faldas y a lo loco.*

SIEMPRE HE DEPENDIDO DE LA AMABILIDAD DE LOS DESCONOCIDOS
UN TRANVIA LLAMADO DESEO / 1951

EN CONTEXTO

GÉNERO
Drama

DIRECCIÓN
Elia Kazan

GUION
Tennessee Williams, Oscar Saul (guion); Tennesse Williams (obra teatral)

REPARTO
Marlon Brando, Vivien Leigh, Kim Hunter, Karl Malden

ANTES
1950 Tennessee Williams adapta para la pantalla *El zoo de cristal*, de temática pareja a la de *Un tranvía llamado deseo*.

DESPUÉS
1954 Elia Kazan vuelve a dirigir a Marlon Brando en *La ley del silencio*.

1958 Elizabeth Taylor y Paul Newman protagonizan *La gata sobre el tejado de zinc*, adaptación de otra obra de Williams.

L a amabilidad no abunda entre los personajes de *Un tranvía llamado deseo (A Streetcar Named Desire)*. «La crueldad deliberada es imperdonable», sostiene Blanche Dubois (Vivien Leigh), una mujer cuyo pasado le pasa factura una sofocante noche de verano en Nueva Orleans.

Cuando Blanche se instala en casa de su hermana pequeña Stella (Kim Hunter), cree estar huyendo de su anterior vida de maestra acosada por el escándalo, pero en realidad corre hacia un cataclismo destructivo y cruel propiciado por el vulgar marido de Stella, Stanley Kowalski (Marlon Brando). Blanche siente pavor a la cruda verdad, que tiene por costumbre disfrazar con ilusiones y vanas fantasías: «No digo la verdad. Solo digo lo que debería ser verdad». En cuanto Blanche pisa el apartamento de Stella, Stanley huele su miedo, y comienza entre ambos un juego del gato y el ratón. Él es un depredador al que irritan las críticas despectivas de su cuñada, y el juego termina con una violenta agresión sexual. Esta adaptación sin concesiones de la pieza teatral

Uno de los dos únicos filmes premiados con tres Oscar de interpretación, *Un tranvía llamado deseo* lanzó a la fama al hoy legendario Marlon Brando.

homónima de Tennessee Williams desató la indignación cuando su director, Elia Kazan, la proyectó por primera vez para los ejecutivos de los estudios Warner Bros, que exigieron la supresión de cinco minutos de la película para acceder a estrenarla.

Temas controvertidos
Aunque breves, estos cortes resultaron cruciales, pues concernían a los aspectos más sórdidos de la historia: la «ninfomanía» de Blanche, la homosexualidad secreta de su difunto marido, la lujuria de Stella por Stanley y la violación. De este modo

Filmografía adicional: *Un lugar en el sol* (1951) ▪ *Salvaje* (1953) ▪ *Rebelde sin causa* (1955, p. 131) ▪ *La rosa tatuada* (1955) ▪ *Baby Doll* (1956)

se reproducía involuntariamente el autoengaño propio de la locura de su personaje central. La película también fue criticada por su teatralidad, ya que Kazan se resiste a sacar la acción de las cuatro paredes del diminuto y destartalado nido de amor de Stella y Stanley. Sin embargo, es ese ambiente claustrofóbico lo que electriza el filme: los actores se mueven por él como animales enjaulados, inmiscuyéndose en territorio ajeno y pisando las marcas de los demás.

Esto es especialmente aplicable a Marlon Brando. Fiel al «método» de Strasberg, el actor se dedicó a descubrir la vida interior del bru-

tal Stanley para lograr una interpretación realmente volcánica. Su actuación lo convirtió en una estrella, pero no eclipsó el esplendor vacilante de Vivien Leigh en su papel de una mujer asediada por sus propios deseos. «Quienquiera que sea», dice Blanche al final con su acento de gran dama sureña, envolviendo delicadamente con sus palabras la triste verdad que yace en el fondo de su corazón, «siempre he dependido de la amabilidad de los desconocidos». ▪

Stanley, el marido de Stella, siente por Blanche una atracción animal que se transformará en agresión.

Elia Kazan
Director

El estadounidense de origen griego nacido en Turquía Elia Kazan fue uno de los más célebres partidarios del «método» interpretativo de Lee Strasberg, que alentaba a los actores a hurgar en sus experiencias personales para «convertirse» en los personajes que encarnaban. En la década de 1930 se incorporó al Group Theatre de Nueva York, una formación experimental, y triunfó en Broadway. En 1947 cofundó el Actors Studio y a mediados de la década de 1950 ya era una gran figura de Hollywood.

En 1952 testificó ante el Comité de Actividades Antiamericanas y, como exmiembro del Partido Comunista, denunció a ocho antiguos colegas. En sus películas posteriores se alejó de los temas polémicos para centrarse en alegorías históricas, como la adaptación de la novela *Al este del Edén* de John Steinbeck.

Películas principales

1951 *Un tranvía llamado deseo.*
1954 *La ley del silencio.*
1955 *Al este del Edén.*
1961 *Esplendor en la hierba.*

ESTE MUNDO NO ES PARA LOS NIÑOS

LA NOCHE DEL CAZADOR / 1955

EN CONTEXTO

GÉNERO
Thriller, terror

DIRECCIÓN
Charles Laughton

GUION
**James Agee (guion);
Davis Grubb (novela)**

REPARTO
**Robert Mitchum, Shelley
Winters, Lillian Gish**

ANTES
1933 Charles Laughton recibe
un Oscar por su papel en *La
vida privada de Enrique VIII*.

1947 Robert Mitchum se hace
un lugar en el cine negro con
Retorno al pasado.

DESPUÉS
1962 En *El cabo del miedo*,
Mitchum vuelve a encarnar
a un expresidiario que
aterroriza a una familia.

El fracaso de público y crítica de *La noche del cazador (The Night of the Hunter)* hizo que el actor convertido en director Charles Laughton no volviera a dirigir ninguna otra película. La cinta se presentó como un filme negro, cosa que parece corroborar el reparto encabezado por Robert Mitchum (la figura del antihéroe por excelencia del género), pero tiene más en común con el expresionismo alemán de la década de 1920 que con el cine negro

Al final, Charles respetó muy
poco a Agee [el guionista].
Y odiaba el guion, pero ese
odio fue su inspiración.
Elsa Lanchester
Esposa de Charles Laughton

puro y duro, como atestiguan los encuadres y los juegos de sombras que crean una sensación creciente de terror. Puede que fuera esa atribución lo que desconcertara al público de la época al crearle unas expectativas equivocadas. Con el tiempo la película se ha consolidado como una obra maestra del cine estadounidense, un cuento de hadas moderno que no teme revelar su oscuridad, en el sentido literal y metafórico.

Un lobo con piel de cordero
Harry Powell (Robert Mitchum) es un psicópata disfrazado de predicador, un expresidiario seductor y asesino de mujeres. La acción se desarrolla durante la Gran Depresión, que lleva al desesperado padre de familia Ben Harper a intentar robar un banco. Harper es detenido y condenado a la pena capital por la muerte de dos personas durante el atraco.

Powell, condenado por robo, comparte celda con Harper mientras este aguarda la ejecución y averigua que la familia del condenado esconde 10 000 dólares. Una vez libre, Powell se propone ganarse el favor de la

Filmografía adicional: *M, el vampiro de Düsseldorf* (1931, pp. 46–47) ▪ *Retorno al pasado* (1947, p. 332) ▪ *Cara de ángel* (1952) ▪ *Las diabólicas* (1955) ▪ *Sed de mal* (1958, p. 333) ▪ *El cabo del miedo* (1962)

viuda de Harper, Willa (Shelley Winters), y de sus dos hijos. Willa será la siguiente víctima del terrorífico y melifluo predicador.

Luces y sombras

Uno de los aspectos más sobresalientes de *La noche del cazador* es su capacidad de comunicación visual, por encima del diálogo. Así, la cercanía del peligro se expresa mediante un estilizado encuadre con la silueta yuxtapuesta de Powell en el horizonte cuando los niños se esconden en una granja, o mediante las sombras que inundan la habitación dejando solo la luz necesaria para crear el efecto de un altar cuando

Luces y sombras enmarcan las escenas cruciales. Cuando Powell contempla a Willa cuchillo en mano, las sombras transforman el dormitorio en un altar siniestro.

Powell se dispone a matar a Willa. La imagen de un altar corrupto refleja la condición de falso profeta del propio Powell, un hombre amoral que utiliza la palabra de Dios con fines perversos.

El fuerte contraste de la fotografía en blanco y negro contribuye a remarcar la divergencia entre el bien »

《 No volverá. Eso creo poder asegurárselo a ustedes.**》**

Harry Powell / La noche del cazador

y el mal. La música es otro medio de expresar el peligro y la intención de Powell. El himno religioso que este tararea para sí mientras persigue a los niños, Pearl y John, habla de la paz y la alegría que los creyentes hallan al amparo del Señor. En la pequeña localidad en que se infiltra, Powell pasa por un hombre de Dios en cuyo hombro puede llorar la desconsolada Willa la pérdida de su marido, y cuando esta desaparece, la comunidad le confía el cuidado de sus hijos. Parece la viva imagen de la caridad y una figura de autoridad fiable, cuando sus verdaderas intenciones son maltratar, explotar y robar.

Powell utiliza sus tatuajes para ilustrar su sermón sobre el amor y el odio, pero Rachel Cooper sabe ver lo que esconde.

Realismo mágico

Cuando John y Pearl huyen de Powell en un bote de remos río abajo, es también una canción, y no los diálogos, lo que expresa el peligro que entraña su viaje hacia lo desconocido. La canción que entona Pearl habla de una mosca que alza el vuelo hacia la luna, un ser minúsculo en un mundo inmenso y que ignora los peligros que le esperan, y aun así se aleja porque no existe otro camino. Esta canción acentúa el expresionismo de la película y crea una sensación de realismo mágico.

El terror en casa

En la década de 1970, películas como *Halloween* o *El exorcista*

"This morning we were married ...and now you think I'm going to kiss you, hold you, call you my wife!"

Willa, la viuda, es seducida por el encanto impostado del falso predicador, que introduce el horror en su hogar.

Charles Laughton
Director

fueron alabadas por haber sacado el terror de los manicomios y castillos abandonados para introducirlo en el hogar, cuando *La noche del cazador* ya lo había hecho 20 años antes. A lo largo del filme, el miedo aumenta a medida que Powell se inmiscuye en la familia de John y Pearl al seducir a la madre con su impostado fervor religioso. Una tras otra, el predicador infringe todas las normas domésticas que, en principio, han de proteger a los niños cuando quedan a su cargo: en vez de cuidarlos y alimentarlos como es debido, les hace pasar hambre para que confiesen dónde ocultan el dinero. La sensación de amenaza se hace casi insoportable cuando los lleva al sótano a la luz de una vela. Estas escenas aterrorizan al público porque despiertan el temor innato a la vio-

lación del hogar, el lugar donde todo el mundo debería estar seguro.

Final de cuento de hadas

Al final, acoge a los niños Rachel Copper (interpretada por la veterana del Hollywood de la época muda Lillian Gish), una bondadosa y sabia anciana que ya ha adoptado a varios niños víctimas de la Depresión. Como un hada, Rachel protege a Pearl y a John, pero Powell no se da por vencido, y los niños aún no están a salvo.

La noche del cazador es una película inclasificable, lo cual podría explicar por qué fue tan incomprendida cuando se estrenó. Se trata de una obra experimental con estrechos lazos estilísticos con el expresionismo alemán y que traspasa, escena tras escena, la línea entre sueño y pesadilla, entre lo real y lo irreal, pero ante todo es un cuento de hadas aterrador y a la vez lleno de esperanza, sincera en su descripción del malvado Powell e insistente en la posibilidad de que el mal sea vencido. Es un relato sobre el amor y el odio, las dos palabras que Powell lleva tatuadas en los dedos, dos fuerzas elementales que se enfrentan en una de las películas más mágicas que existen. ∎

Charles Laughton nació en el año 1899 en Scarborough (Inglaterra) y estudió en la RADA, la academia de arte dramático de Londres. Gracias a esta formación consiguió su primer trabajo como actor en los escenarios londinenses.

Su debut como actor de cine en Hollywood fue en *El caserón de las sombras* (1932), junto con Boris Karloff. Un año después interpretó su papel más emblemático al dar vida al monarca del título en *La vida privada de Enrique VIII*, que le valió el Oscar al mejor actor en 1933. Luego actuó en filmes como *La tragedia de la Bounty* (1935), *Posada Jamaica* (1939) y *Espartaco* (1960).

La noche del cazador supuso su única incursión en la dirección. A pesar de que esta película se ganó el reconocimiento de la crítica con el tiempo, su fracaso inicial lo desanimó y no volvió a dirigir. Murió en California en 1962.

Película principal

1955 *La noche del cazador.*

« La **salvación** es cosa del último minuto, muchacho. »

Harry Powell / La noche del cazador

¿QUE ES LO PRIMERO QUE APRENDE UN ARTISTA? ¡QUE LA FUNCION DEBE CONTINUAR!

CANTANDO BAJO LA LLUVIA / 1952

EN CONTEXTO

GÉNERO
Comedia musical

DIRECCIÓN
Gene Kelly, Stanley Donen

GUIÓN
**Betty Comden,
Adolph Green**

REPARTO
**Gene Kelley, Donald
O'Connor, Debbie Reynolds**

ANTES
1927 *El cantor de jazz* es el
primer largometraje «hablado».
Se mencionará en *Cantando
bajo la lluvia*.

1945 En *Levando anclas*,
Kelly tuvo carta blanca para
crear sus números de baile.

DESPUÉS
2011 *The Artist* rememora
el fin del cine mudo y el
comienzo del sonoro.

Desde *Ha nacido una estrella* en 1937 hasta 2011 con *The Artist*, el cine ha dado a menudo muestras de su propia obsesión narcisista. Son muchos los cineastas que han satirizado el mundo del cine a partir de sus experiencias: estudios que reprimen la creatividad, la nefasta influencia de la fama y el dinero, o las concesiones que les ha exigido su carrera. *Cantando bajo la lluvia (Singin' in the Rain)* aborda el tema de la industria cinematográfica con más cariño que otras. Considera a Hollywood, pese a su decadencia y sus excentricidades, un lugar donde el talento puede florecer, un optimismo justificado por la existencia de la propia película que, con más de 70 años a sus espaldas, conserva la capacidad de inspirar y entretener al público.

El fin de una era

Ambientada a finales de la década de 1920, a caballo entre la época muda y la sonora, *Cantando bajo la lluvia* trata de la necesidad de adaptación a los

Cantando bajo la lluvia,
amable sátira de Hollywood,
es uno de los musicales más
inolvidables de la historia
del cine.

Filmografía adicional: *Sombrero de copa* (1935) ▪ *Ha nacido una estrella* (1937) ▪ *Levando anclas* (1945) ▪ *Un día en Nueva York* (1949) ▪ *El crepúsculo de los dioses* (1950, pp. 114–115) ▪ *Un americano en París* (1951) ▪ *The Artist* (2011)

nuevos tiempos de un estudio y su estrella, Don Lockwood (Gene Kelly). A menos que aprenda a trabajar con el sonido sincronizado, Don está destinado a convertirse en «una pieza de museo», según sus propias palabras.

La situación del protagonista refleja en gran medida la del género musical en la época en que se estrenó la película. En 1952, el formato parecía haber vivido ya su apogeo. En una secuencia memorable, Don

está trabajando junto con su superficial compañera de reparto Lina Lamont (Jean Hagen) en la versión sonora de su película *El caballero danzarín*. Tanto técnicos como actores andan muy perdidos con la nueva tecnología, e incluso un artista de talento como Don pide que sustituyan el diálogo por un reiterado «te amo», sin darse cuenta de lo forzado que resultará en una película sonora. Su actitud evidencia su temor a

En uno de los momentos en *flashback* de su carrera, vemos a Don (Gene Kelly) como una gran estrella de Broadway en el número musical «Gotta Dance».

ser sustituido porque sus aptitudes y métodos se han vuelto redundantes, y esta angustia le hace cometer errores, pero también el declive del musical, eclipsado por otros géneros.

El camino a la creatividad

El trabajo indigno y humillante que las personas creativas están dispuestas a hacer con tal de subir peldaños en la industria del cine es uno de los temas principales de *Cantando bajo la lluvia*, desarrollado en tres historias a lo largo de la película. En la primera, Don rememora su »

« Si hemos brindado **algo de alegría** a la insipidez de sus vidas, **será la mayor 'satisfacción'**, ya que **nuestro esfuerzo** no fue hecho **en vano ni para nada**. **»**

Lina Lamont / Cantando bajo la lluvia

Cyd Charisse es una sensacional compañera de baile de Kelly en la secuencia «La melodía de Broadway».

ascenso a la gloria ante un periodista sobre la alfombra roja, antes de un estreno. Mientras da rienda suelta a su lírico entusiasmo, al espectador se le muestra un montaje que contradice sus palabras. Lo vemos empezando desde abajo, picando piedra como intérprete musical, cuando actuaba con su compañero Cosmo Brown (Donald O'Connor) en antros de mala muerte, siendo abucheado en el escenario y haciendo cola en la oficina de desempleo. La segunda historia se enmarca en la extensa secuencia «La melodía de Broadway», en la que Don llega a Broadway lleno de ilusiones y se deja corromper por la fama y la adulación hasta que redescubre qué fue lo que le llevó a cantar y bailar. La última historia es la de la propia película, en la que Don pasa de ser una estrella muda a vivir su verdadera vocación como actor de comedias musicales.

A través de estos relatos el filme analiza en qué consiste el éxito artístico. No se trata solo de alcanzar la gloria y hacerse rico, sino de hacer aquello que se desea, sin transigir. De entrada, Don se nos presenta como una estrella de cine, pero no sabe qué es el auténtico éxito hasta la última escena, cuando se halla en su elemento como estrella del musical y en compañía de la chica a la que ama, Kathy Selden (Debbie Reynolds), y no con la interesada Lina. La película apuesta por el optimismo al sugerir que el camino hacia el creador que uno lleva dentro de sí es largo y difícil, pero con talento y determinación, como en el caso de Don, al final se accede al lugar que corresponde.

Cantando bajo la lluvia brilla en el panteón del cine musical por varios motivos. Es crítica con su medio y contiene números emblemáticos (desde el del título, «Singin' in the Rain», hasta el cómico «Make'em Laugh»), pero si ha perdurado es sobre todo porque responde a una fascinación atemporal: la celebración y el poder del talento. Mientras que muchas películas reflejan la corrupción del talento y la creatividad, esta obra maestra rinde homenaje al talento genuino como una fuerza que prevalece siempre. ∎

Claro que [esta película] cuenta una historia de amor, como la mayoría de comedias musicales, pero también habla de la industria del cine en un periodo de peligrosa transición.
Roger Ebert
Chicago Sun-Times (1999)

Gene Kelly Actor

Nacido en 1912 en Pittsburgh (EE UU), Kelly fue profesor de baile antes de trasladarse a Broadway. La fama le llegó en 1940 con el papel principal en el espectáculo *Pal Joey* de Rodgers y Hart. *Levando anclas* le valió su única nominación al Oscar al mejor actor. *Un americano en París*, que Kelly protagonizó, recibió varias estatuillas, incluida la de mejor película. *Cantando bajo la lluvia* tuvo un éxito discreto cuando se estrenó, pero pronto se hizo muy popular. Kelly murió en 1966.

Películas principales

1945 *Levando anclas.*
1946 *Ziegfeld Follies.*
1951 *Un americano en París.*
1952 *Cantando bajo la lluvia.*
1960 *La herencia del viento.*

Don se siente al fin en su elemento siendo cantante y bailarín, en vez de estrella del cine mudo, cuando interpreta el número musical que da título a la película.

VOLVAMOS A CASA
CUENTOS DE TOKIO / 1953

EN CONTEXTO

GÉNERO
Drama

DIRECCIÓN
Yasujiro Ozu

GUION
Kogo Noda, Yasujiro Ozu

REPARTO
Chishu Ryu, Chieko Higashiyama, So Yamamura, Kuniko Miyaki

ANTES
1949 La primera gran película de la última etapa de Ozu, *Primavera tardía*, es un ejemplo de *shomin-geki*, un relato sobre la vida de la gente corriente en el Japón de posguerra.

1951 Ozu prolonga su interés por la familia japonesa en *Principios de verano*.

DESPUÉS
1959 En *La hierba errante* de Ozu, una compañía de teatro *kabuki* llega a una ciudad costera, donde el actor principal conoce a su hijo.

En *Cuentos de Tokio (Tokyo monogatari)*, realizada tras las décadas de militarismo en Japón que culminaron en la catastrófica derrota del país en la Segunda Guerra Mundial, resuenan ecos de este conflicto, pero a diferencia de muchas películas japonesas del periodo de la posguerra, la de Yasujiro Ozu mantiene la mesura a lo largo de todo su metraje. Los personajes llevan su vida adelante sin aspavientos, y la discreta tragedia final refleja la ló-

El filme describe Japón en un momento de grandes cambios, pero su historia de desintegración familiar halló eco en todo el mundo.

brega introspección de Japón por aquella época. Como el título sugiere, se trata de un sencillo relato, más bien una colección de momentos cuidadosamente seleccionados que un drama, que refleja las relaciones internas de una familia. Shukichi (Chishu Ryu) y Tomi (Chieko Higas-

Yasujiro Ozu Director

Considerado con frecuencia el cineasta más japonés, Yasujiro Ozu es el más accesible de los grandes directores del Japón de la posguerra. Su estilo simple le valió el calificativo de minimalista, pese a que sus filmes rebosan de elocuentes detalles de la vida y el drama humanos. Entre 1927 y 1962 dirigió más de 50 largometrajes, centrados de alguna manera en la evolución de la vida familiar en la era moderna. *Cuentos de Tokio* es la tercera obra de la «trilogía de Noriko», con Setsuko Hara en el papel de Noriko.

Películas principales

1949 *Primavera tardía*.
1951 *Principios de verano*.
1953 *Cuentos de Tokio*.

Filmografía adicional: *He nacido, pero...* (1932) ▪ *Había un padre* (1942) ▪ *Primavera tardía* (1949) ▪ *El sabor del té verde con arroz* (1952) ▪ *Flores de equinoccio* (1958) ▪ *Buenos días* (1959) ▪ *El otoño de la familia Kohayagawa* (1961)

Los hijos regresan a casa para el funeral de Tomi. Durante la cena, la conversación deriva en discusión sobre la herencia a una velocidad casi indecente.

hiyama) tienen cuatro hijos: Kyoko (Kyoko Kagawa), una hija soltera que vive con ellos; Keizo (Shiro Osaka), el hijo menor, que trabaja en Osaka; Koichi (So Yamamura), un médico que vive en Tokio con su esposa y sus dos hijos; y Shige (Haruko Sugimura), también tokiota, que regenta un salón de belleza. Otro de sus hijos murió en la Segunda Guerra Mundial.

Un viaje

Shukichi y Tomi deciden ir a Tokio a visitar a sus hijos y conocer a sus nietos, y emprenden un viaje en ferrocarril hacia el bullicio de la ciudad. Pese a que su comportamiento es de una cortesía extrema y absoluta, el espectador percibe la decepción de la pareja ante los caminos que han tomado sus vástagos. Ninguno de estos encuentra tiempo para sus padres en su apretada agenda; de hecho, da la impresión de que Noriko (Setsuko Hara), la viuda del hijo muerto en la guerra, es la única que se preocupa por ellos. En un momento dado, Koichi manda a sus padres a un balneario de la costa para poder celebrar una reunión en la habitación donde se alojan.

Observador estático

Ozu nos muestra esta odisea tragicómica con su estilo característico, a través de una cámara estática colocada muy abajo, a la altura de los ojos de una persona sentada en un tatami. Los personajes entran y salen del plano, pero Ozu lo ve todo como un observador silencioso e invisible plantado en cada escena. La posición de la cámara evoca la tradición, mientras que el relato que graba evoca la mutación de la vida familiar y de una antigua cultura durante la era moderna.

«Volvamos a casa», dice Shukichi a su esposa al cabo de unos días. «Sí, de acuerdo», responde Tomi. Con estas palabras expresan una aceptación conjunta, un reconocimiento de que su labor compartida como progenitores se ha vuelto superflua. Esta lacónica conversación es característica de su manera de comunicarse, con pocas palabras que dicen mucho, así como del estilo narrativo cinematográfico de Ozu: un instante breve y fugaz, pero cargado de significado.

El matrimonio está sentado en un rompeolas vestido con las batas del balneario, y al levantarse, Tomi siente un mareo. «Eso es porque anoche no dormiste bien. Seguro.», afirma su marido. No obstante, Shukichi comprende que su esposa volverá a casa para morir, cosa que ocurre pocos días después. Entonces les tocará a los hijos emprender un viaje a la casa familiar. ▪

« Este **sitio** es para **jóvenes**. »

Shukichi / Cuentos de Tokio

DE NIÑO VEIA MARCHAR A LOS HOMBRES A ESTOS TRABAJOS Y NO VOLVER
EL SALARIO DEL MIEDO / 1953

EN CONTEXTO

GÉNERO
Drama

DIRECCIÓN
Henri-Georges Clouzot

GUION
**Henri-Georges Clouzot,
Jérôme Géronimi (guion);
Georges Arnaud (novela)**

REPARTO
**Yves Montand, Charles
Vanel, Peter van Eyck,
Folco Lulli**

ANTES
1943 *El cuervo*, de Clouzot,
cuenta la historia de un
autor de cartas difamatorias
firmadas con ese pseudónimo.

1947 Tercer filme de Clouzot:
el policíaco *En legítima defensa
(Quai des Orfèvres)*, situado
en el París de posguerra.

DESPUÉS
1955 En *Las diabólicas*
de Clouzot, dos mujeres
se vengan de un sádico
director de colegio.

L a película de Clouzot *El salario del miedo (Le salaire de
la peur)* es un peso pesado
del suspense creado por la codicia y
la desesperación. Contemporáneo y
cordial enemigo de Hitchcock, Clouzot logra atrapar al espectador con
la historia de cuatro hombres. Mario
(Yves Montand), Jo (Charles Vanel),
Luigi (Folco Lulli) y Bimba (Peter van
Eyck) sueñan con huir
de la mísera vida en
un pueblo de América
Central de mala
muerte y creen

**Mario (Yves
Montand)**
trata de sacar
a Jo (Charles
Vanel) de un
charco de
petróleo.

haber hallado su oportunidad cuando los contrata una empresa petrolífera estadounidense sin escrúpulos.
Su misión consiste en conducir unos
camiones cargados de nitroglicerina
por una ruta erizada de trampas –ba-
ches, derrumbes y puentes desven-
cijados– para extinguir un incendio
en un pozo de petróleo. No se espera
que ninguno vuelva con vida.

La película ofrece una visión descarnada de las motivaciones humanas, y más aún del capitalismo
agresivo que explota a los hombres,
pero ante todo es una terrorífica
inyección de adrenalina. Desde
la traicionera carretera hasta las
llamas del pavoroso incendio
final, se suceden escenas de una
tensión casi insoportable. ∎

Filmografía adicional: *El cuervo* (1943) ▪ *Los ojos sin rostro* (1960) ▪ *L'enfer*
(1964) ▪ *El diablo sobre ruedas* (1971) ▪ *Carga maldita* (1977)

SI NO ACABAMOS CON GODZILLA, EL ACABARA CON NOSOTROS

GODZILLA, JAPON BAJO EL TERROR DEL MONSTRUO / 1954

EN CONTEXTO

GÉNERO
Ciencia ficción

DIRECCIÓN
Ishiro Honda

GUION
Takeo Murata, Ishiro Honda (guion); Shigeru Kayama (relato)

REPARTO
Akira Takarada, Momoko Koci, Akihiko Hirata, Takashi Shimura

ANTES
1949 Ishiro Honda trabaja como ayudante de dirección de su amigo Kurosawa en el filme negro *El perro rabioso*.

1953 En *Taiheiyo no washi*, de Honda, los efectos especiales son obra de Eiji Tsuburaya, que luego creará Godzilla.

DESPUÉS
1961 En el filme *Mosura*, de Honda, las pruebas nucleares despiertan a una polilla gigante que aterroriza Tokio.

E n *Godzilla, Japón bajo el terror del monstruo (Gojira)*, un lagarto gigante surge del Pacífico y ataca Tokio. Pese a la torpeza de los efectos especiales, el monstruo de este filme de bajo presupuesto causó una honda impresión.

La criatura permanece en gran parte en la sombra, como una amenaza indefinida, mientras que el grano de las imágenes en blanco y negro recuerda los noticiarios de agosto de 1945, cuando se lanzaron sobre Japón dos bombas atómicas a finales de la Segunda Guerra Mundial. A los japoneses, en particular, el concepto de nuevas amenazas de destrucción masiva no les resultaba ajeno. El director usa con audacia imáge-

Para Honda, *Godzilla* era un medio de asimilar el trauma de la bomba atómica en la cultura japonesa.

nes grabadas en la memoria reciente de su país: inmensas explosiones que iluminan la noche como si se hiciera de día, tokiotas agazapados en búnkeres de hormigón mientras el paisaje urbano se viene abajo… La única esperanza de vencer a Godzilla es un dispositivo llamado «eliminador de oxígeno», otra siniestra invención humana. Como amante de la naturaleza, Honda consideraba a ese rey lagarto una venganza de la Tierra por los estragos medioambientales provocados por la ciencia.

La película creó escuela en unas proporciones monstruosas. Sus secuelas van desde *Gojira no gyakushu* (*Godzilla contraataca*, 1955) hasta la producción estadounidense *Godzilla vs. Kong* de 2021, y el monstruo en sí se ha convertido en un icono *kitsch*. ∎

Filmografía adicional: *King Kong* (1933, p. 49) ▪ *La bestia de tiempos remotos* (1953) ▪ *Monsters* (2010) ▪ *Pacific Rim* (2013) ▪ *Godzilla vs. Kong* (2021)

ENCONTRARAS CAMBIADA A TU MADRE, JAMAS ESTUVÓ TAN RADIANTE

SOLO EL CIELO LO SABE / 1955

EN CONTEXTO

GÉNERO
Drama romántico

DIRECCIÓN
Douglas Sirk

GUION
Peg Fenwick (guion); Edna L. Lee, Harry Lee (relato)

REPARTO
Jane Wyman, Rock Hudson, Agnes Moorehead, Conrad Nagel

ANTES
1954 Sirk reúne a Hudson y Wyman en *Obsesión*, un melodrama sobre un osado mujeriego.

DESPUÉS
1956 Sirk dirige otra historia de amor, la película *Escrito sobre el viento*, con Hudson en el papel de obrero marginado.

1959 *Imitación a la vida*, de Sirk, aborda problemas de género e identidad racial.

D ouglas Sirk fue un director con un talento especial para conciliar lo convencional y lo subversivo. Con su desfile de estrellas de cine que salían en portadas de revistas, vestidas a la perfección, enamorándose y desenamorándose en el entorno idílico de los barrios residenciales de EE UU, sus melodramas de Hollywood causaron furor entre el público femenino de la década de 1950. No obstante, y pese a la destreza con que Sirk sabía disfrazarlos, eran unos filmes profundos y oscuros, y *Solo el cielo lo sabe* más que ninguno.

Una prisión dorada

A primera vista, el filme narra la historia de amor de un ama de casa viuda, Cary (Jane Wyman), y su jardinero, Ron (Rock Hudson). A Ron le da igual la diferencia de edad y de clase, pero a los demás no, y cuando los hijos universitarios de Cary se oponen, ella rompe la relación. Bajo esta tragedia subyace la crítica a los códigos morales de una pequeña ciudad de EE UU que pretende mantener a las mujeres en su lugar.

«La comunidad cuidaba de que lo hiciese», dice la hija de Cary al principio de la película a propósito de una antigua costumbre egipcia de sepultar vivas a las viudas en la tumba del marido. «Claro que eso ahora ya no sucede…». Pero Sirk demuestra al público que sí. Los brillantes colores con que retrata la jaula que es el barrio para Cary parodian la imagen ideal de este. Cada fotograma transmite la infelicidad de Cary, hasta el punto de que incluso su hija reconoce que quizá haya sido un error forzar la ruptura con Ron. ¿Hallará Cary el coraje para desafiar las convenciones que rigen su vida? Sirk sabía que su público estaría del lado de la protagonista. ∎

《 Para ti fue un pasatiempo, pero no amor de verdad. 》

Cary / Solo el cielo lo sabe

Filmografía adicional: *Escrito sobre el viento* (1956) ▪ *Imitación a la vida* (1959) ▪ *Todos nos llamamos Alí* (1974, pp. 222–223) ▪ *Lejos del cielo* (2002)

ES QUE YO NO QUIERO APRENDER DE ESA MANERA

REBELDE SIN CAUSA / 1955

EN CONTEXTO

GÉNERO
Drama

DIRECCIÓN
Nicholas Ray

GUION
Stewart Stern, Irving Shulman (guion); Nicholas Ray (relato)

REPARTO
James Dean, Natalie Wood, Sal Mineo, Jim Backus

ANTES
1948 *Los amantes de la noche* de Ray presenta a dos jóvenes amantes en fuga.

1955 *Al este del Edén* de Elia Kazan, la primera de las tres películas de James Dean, es una adaptación de la novela de John Steinbeck.

DESPUÉS
1956 La muerte de Dean en accidente de automóvil antes del estreno de *Gigante* rodea de una aureola trágica a esta película de George Stevens.

El título de la emblemática película sobre la adolescencia de Nicholas Ray *Rebelde sin causa (Rebel Without a Cause)* llama a engaño, pues la causa de la rebeldía de su protagonista no podría estar más clara: Jim Stark (James Dean), de 17 años, quiere que sus padres dejen de mentir. Cuando Jim empieza a ir a una nueva escuela en una nueva ciudad, su turbio pasado le pesa demasiado, y la vida en su hogar se deteriora. En las ínfulas de respetabilidad de su madre y en su débil e inútil padre solo ve hipocresía y fracaso. «Cuan-do seas mayor aprenderás», le dice el padre, pero Jim rechaza los sermones de sus padres y se mete en peleas y en carreras de coches para no ser tenido por un «gallina» y demostrar que no ha heredado su cobardía.

Esta película dio pie a muchas películas de adolescentes plagadas de sexo, drogas y rock and roll, pero en esta se oye por encima de todo un grito de desesperación. Ray no explota a sus jóvenes personajes; empatiza con ellos y logra una magistral actuación de Dean, erigido en símbolo de la angustia de toda una generación. ∎

Jim (James Dean) agrede a su padre, Frank (Jim Backus), por su cobardía. Jim está desequilibrado y es violento, pero no es un sociópata. Es una víctima, y su causa es la verdad.

Filmografía adicional: ▪ *En un lugar solitario* (1950) ▪ *Salvaje* (1953) ▪ *Más poderoso que la vida* (1956) ▪ *Easy Rider* (1969, pp. 196–197) ▪ *American Graffiti* (1973)

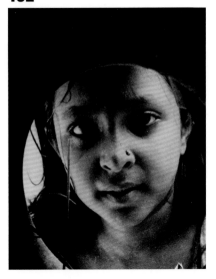

CUANDO PASE LA FIEBRE, IREMOS A VER EL TREN

PATHER PANCHALI
(LA CANCION DEL CAMINO) / 1955

EN CONTEXTO

GÉNERO
Drama

DIRECCIÓN
Satyajit Ray

GUION
**Satyajit Ray (guion);
Bibhutibhushan
Bandyopadhyay (novela)**

REPARTO
**Kanu Banerjee, Karuna
Banerjee, Subir Banerlee,
Chunibala Devi**

ANTES
1948 *Ladrón de bicicletas* de
Vittorio De Sica inspira a Ray
para su historia de Apu.

DESPUÉS
1956 *Aparajito*, la continuación
de *Pather Panchali*, retoma la
historia de Apu, que empieza
una nueva vida en Calcuta.

1959 El último filme de la
«trilogía de Apu», *Apur Sansar*,
sigue al Apu adulto en su viaje a
una ciudad de provincias que le
cambiará la vida para siempre.

L a película de Satyajit Ray *Pather Panchali (La canción del camino)* cuenta la historia de Apu (Subir Banerjee), un muchacho que vive con su madre, su padre, su hermana y su tía en un mísero pueblo de India y que descubre el mundo con ojos maravillados. La familia está cada vez más cerca de la ruina, pero Apu todavía ignora que la desesperación acecha su vida, y el director deja que el público comparta la inocencia del protagonista.

Apu no es el único en fase de aprendizaje. Era la primera vez que Ray escribía o dirigía una película, y tampoco los intérpretes habían actuado nunca, salvo Chunibala Devi. El fotógrafo Subrata Mitra, que supo captar la lánguida belleza de un verano indio, no había trabajado antes con imágenes en movimiento, e incluso el mundialmente famoso Ravi Shankar, autor de la banda sonora de sitar, era un principiante.

El primer día de rodaje Ray carecía

La familia cuida de la anciana Indir Thakrun, interpretada por Chunibala Devi, que murió antes del estreno de la película.

Filmografía adicional: *El río* (1951) ▪ *Jalsaghar* (1958) ▪ *Meghe Dhaka Tara* (1960) ▪ *Charulata* (1964) ▪ *Ashani Sanket* (1973) ▪ *Shatranj Ke Khilari* (1977)

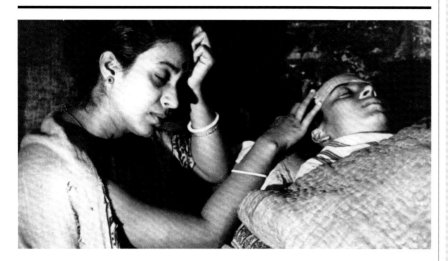

Impotente ante la fiebre mortal, Sarbojaya Ray (Karuna Banerjee) atiende a su hija enferma, Durga (Uma Das Gupta).

Satyajit Ray Director

de guion, pero ya tenía en la cabeza toda la historia de Apu, inspirada libremente en una novela de Bibhutibhushan Bandyopadhyay. La había visualizado gracias a una serie de ilustraciones para la novela, lo cual podría explicar que gran parte del poder de seducción de *Pather Panchali* radique en su imaginería: una luz incandescente que se abre camino en la espesura, las nubes que se agolpan durante el monzón, unos insectos pululando en un charco, un tren de vapor divisado en el horizonte…

Sin prisas

Apu y su hermana Durga (Uma Das Gupta) se divierten corriendo junto al tren, cuyo silbido vibra en los cables de las torres de alta tensión y puede oírse mucho antes de que aparezca la locomotora, el objeto que más rápido se mueve en la sosegada película de Ray. «Cuando pase la fiebre», dice Durga agonizante, «iremos a ver el tren». Es posible que tanto Durga como Apu crean que la niña se va a recuperar, pero los espectadores saben que no hay esperanza. La cámara se mueve mareante de acá para allá por el cuarto de la enferma sacudido por una tormenta siguiendo a la madre de Apu, Sarbojaya, que ve cómo se va su hija. Es una larga y dolorosa escena que Apu llevará consigo durante el resto de la película y en los otros dos filmes sobre su vida. ▪

Hermosa, a veces divertida, y llena de amor.
Pauline Kael
The New Yorker

«Nunca un hombre había tenido un impacto tan decisivo en el cine de su cultura», escribió el crítico estadounidense Roger Ebert a propósito de Satyajit Ray y su trilogía de Apu. Antes de Ray, las películas indias solían a ser comedias musicales, historias de amor y de espadachines. La trilogía de Apu supo captar la realidad de la vida en India, y así nació una nueva tradición cultural.

Ray fundó la primera asociación cinematográfica de Calcuta en 1947. Trabajaba en una agencia de publicidad cuando dirigió su primer largometraje, *Pather Panchali*, premiado en Cannes, Londres y Venecia. Tanto en este como en sus otros dos filmes sobre Apu buscó el realismo, pero después probó otros géneros, incluidos el fantástico y la ciencia ficción, sin perder el interés por los personajes. Murió en 1992, a los 70 años.

Películas principales

1955 *Pather Panchali.*
1956 *Aparajito (El invencible).*
1959 *Apur Sansar (El mundo de Apu).*
1964 *Charulata.*
1970 *Aranyer Din Ratri (Días y noches en los bosques).*

LLEVEME A ESA PARADA DE AUTOBUS Y OLVIDE QUE ME HA VISTO

EL BESO MORTAL / 1955

EN CONTEXTO

GÉNERO
Ciencia ficción, policíaco

DIRECCIÓN
Robert Aldrich

GUION
**A. I. Bezzerides (guion);
Mickey Spillane (novela)**

REPARTO
**Ralph Meeker, Albert
Dekker, Cloris Leachman,
Gaby Rodgers**

ANTES
1955 Robert Aldrich adapta la
obra teatral de Clifford Odets
de 1949 *La podadora*, sobre la
corrupción en Hollywood.

DESPUÉS
1962 *¿Qué fue de Baby Jane?*
es un complejo drama de
Aldrich con Bette Davies
y Joan Crawford.

1967 En el *thriller* de Aldrich
Doce del patíbulo, Lee Marvin,
John Cassavetes, Ernest
Borgnine y Charles Bronson
forman un comando suicida.

U na misteriosa rubia
con un terrible se-
creto, Christina Bai-
ley (Cloris Leachman), pide
al detective privado Mike
Hammer (Ralph Meeker) que
olvide que la ha visto. Para el
espectador, sin embargo, no
hay nada fácil de olvidar en *El
beso mortal (Kiss Me Deadly)*,
desde Christina corriendo de
noche por una carretera, des-
calza y con los ojos desorbitados por el terror, hasta el impactante desenlace.

Ciencia ficción
y cine negro

En este *thriller* policíaco basado en
una de las populares novelas sobre
las hazañas de Mike Hammer, un
detective vanidoso y amoral de Los
Ángeles, Aldrich explora los turbios
vericuetos del cine negro con un
toque de siniestra ciencia ficción.
La película empieza con la fuga de
Christina de una institución para
enfermos mentales para derivar en
la búsqueda de una misteriosa caja
que no hay que abrir jamás. El nihi-

La película
recurre al
formato
del drama
policíaco de
serie B para
explorar
el clima
de temor y
paranoia de
EE UU en
la década
de 1950.

lismo paranoico de la
ciencia ficción de la década de 1950
se entrelaza con el cine negro: en
vez de una joya o una estatuilla de
valor incalculable, en este caso los
ladrones se pelean por un arma apo-
calíptica. A pesar de su atmósfera
asfixiante, *El beso mortal* es una película muy entretenida, con afilados
diálogos en todas las escenas: «Em-
piezas por tirar de un hilo, hasta que
de ese hilo sacas un cordel, luego de
ese cordel te sale una soga», suelta
Velda (Maxine Cooper), «hasta que
terminas colgado de ella». ∎

Filmografía adicional: *El halcón maltés* (1941, p. 331) ▪ *Historia de un detective*
(1944) ▪ *El sueño eterno* (1946) ▪ *Sed de mal* (1958, p. 333) ▪ *Repo Man* (1984)

YA BASTA POR HOY

CENTAUROS DEL DESIERTO / 1956

EN CONTEXTO

GÉNERO
Wéstern

DIRECCIÓN
John Ford

GUION
**Frank S. Nugent (guion);
Alan Le May (novela)**

REPARTO
**John Wayne, Jeffrey
Hunter, Vera Miles**

ANTES
1940 Ford adapta para la gran
pantalla la novela sobre la Gran
Depresión *Las uvas de la ira*.

1952 Ford dirige a John Wayne
en *El hombre tranquilo*, una
tragicomedia rodada en Irlanda.

DESPUÉS
1959 En *Río Bravo*, Wayne
encarna a un *sheriff* que se
enfrenta a un poderoso ranchero.

1969 En *Valor de ley*, una
joven contrata a un veterano
agente federal (Wayne) para
que encuentre al asesino de
su padre.

C uando John Ford ofreció a
John Wayne su gran papel
en la película de 1939 *La diligencia (Stagecoach)*, nació una de las
parejas más emblemáticas del cine.
La combinación de la ruda masculi-
nidad de Wayne con las deslumbrantes secuencias de acción de Ford dio
como resultado una serie de películas
que elevaron al wéstern de la categoría de subgénero a la de género clásico de Hollywood por derecho propio.

*Centauros del desierto (The Sear-
chers)*, considerado por la crítica el
mejor filme del tándem Ford-Wayne,
narra la historia de Ethan Edwards
(Wayne) en busca de su sobrina (Vera
Miles), raptada por los indios en un
ataque en el que mataron a su familia.

Nueva visión del viejo Oeste

Muchos wésterns se beneficiaron del
revisionismo romántico –y también
contribuyeron a él–, que presentaba
al viejo Oeste como un lugar peligroso
donde unos héroes nobles forjaron los
valores estadounidense. Sin embargo,
en esta película el heroísmo queda
paliado por la dura realidad del lugar
y el momento. El filme preludia los

wésterns de la década de 1960, más
oscuros. Ford trata de plasmar las dificultades para sobrevivir en el Oeste,
con sus inviernos gélidos y su escasez de alimentos, y Edwards aparece
como un hombre implacable y cargado de prejuicios que preferiría matar a
su sobrina (la cual no se alegra de que
la rescaten) a verla crecer como una
india, y que en una escena dispara a
los ojos del cadáver de un indio para
que su espíritu no pueda ver en el
más allá. Así pues, no se trata de una
película más de indios y vaqueros. ∎

Creo que, en *Centauros
del desierto*, Ford trataba de
describir de manera imperfecta,
y hasta nerviosa, un racismo
que justificaba el genocidio.
Roger Ebert
Chicago Sun-Times **(1956)**

Filmografía adicional: *La diligencia* (1939) ▪ *Río Rojo* (1948) ▪ *Río Bravo* (1959)
▪ *El bueno, el feo y el malo* (1966) ▪ *Sin perdón* (1992)

HACE YA TIEMPO QUE CAMINO A TU LADO

EL SEPTIMO SELLO / 1957

EN CONTEXTO

GÉNERO
Drama

DIRECCIÓN
Ingmar Bergman

GUION
Ingmar Bergman (a partir de su obra _Trämalning_)

REPARTO
Max von Sydow, Gunnar Björnstrand, Bengt Ekerot, Nils Poppe, Bibi Andersson

ANTES
1955 _Sonrisas de una noche de verano_ es el primer éxito de Bergman.

DESPUÉS
1957 La siguiente película de Bergman es _Fresas salvajes_.

1966 En _Persona_, Bergman dirige una sombría fábula sobre la muerte, la enfermedad y la locura.

El filme de Bergman _El séptimo sello (Det sjunde inseglet)_ es una especie de misterio medieval, un tipo de representación teatral alegórica de tema religioso. Al regresar de la cruzada, un caballero halla su tierra natal devastada por la peste y va a confesarse a una iglesia rodeada de cadáveres. «Quiero que Dios me tienda su mano, vuelva su rostro hacia mí y me hable», dice a la figura encapuchada que le escucha al

El caballero Antonio Block reta a la Muerte a una partida de ajedrez para salvar su vida. La Muerte accede, y en más de una ocasión volverán al tablero, pero Block no puede ganar.

otro lado de la reja. «Clamo a él en las tinieblas y desde las tinieblas nadie contesta a mis clamores». Cuando la figura deja ver su rostro, resulta ser la Muerte, que viene siguiendo al caballero en su viaje desde Tierra Santa.

Filmografía adicional: *La muerte de vacaciones* (1934) ▪ *El manantial de la doncella* (1960) ▪ *Como en un espejo* (1961) ▪ *El silencio* (1963) ▪ *Los comulgantes* (1963) ▪ *La hora del lobo* (1968) ▪ *Gritos y susurros* (1972)

« ¿Qué va a ser de nosotros, los que queremos creer y no podemos?»

Antonio Block / *El séptimo sello*

Tras haber luchado por Dios en el desierto, el caballero Antonio Block (Max von Sydow) atraviesa una crisis de fe. Mientras que Dios se niega a revelarse, la Muerte (Bengt Ekerot) se muestra como una certeza, inclinada a las ocurrencias de humor macabro. «Era lo lógico, ¿no te parece?», comenta la Parca cuando el azar le asigna las piezas negras para jugar la partida de ajedrez que el caballero debe ganar si quiere seguir viviendo. Es Antonio quien ha propuesto esa lucha entre blancas y negras, entre la oscuridad y la luz, la muerte y la vida.

Una partida por la salvación

La imagen del caballero y la Muerte jugando al ajedrez es una de las más emblemáticas (e imitadas) de la historia del cine. Es una estampa rigurosamente monocroma, donde la ausencia de color simboliza la de Dios. El mundo de la película de Bergman está despojado de vida y de los símbolos de esta: el agua que lame la orilla del mar es gris pizarra; unas nubes oscuras ensucian el cielo; los rostros de los individuos abandonados por Dios son pétreos, exangües y circunspectos, mientras que el de la Muerte es tan blanco como la tiza y el de Block parece ya el de una estatua yacente tallada en piedra sobre la tumba de un cruzado.

En este deprimen-

te panorama brillan dos destellos de esperanza: José (Nils Poppe) y su esposa María (Bibi Andersson), una pareja de cómicos de la legua con un hijo pequeño, Miguel, que es su esperanza para el futuro. José y María son creadores tanto de arte como de vida y como tales, enemigos de la Muerte, que solo sabe destruir. Cuando el caballero se encuentra con ellos de camino a su castillo, con la Muerte siguiéndolo de cerca, las risas y el ansia de vivir de la pareja le reconfortan. De hecho, le recuerdan al José y la María bíblicos, ¿acaso esos comediantes son enviados de Dios?

¿Dónde está Dios?

El lúgubre y austero imaginario, y la obsesión por la alegoría bíblica de

El séptimo sello (título extraído del Apocalipsis) provienen de la infancia de Bergman. Hijo de un pastor luterano, el cineasta vivió rodeado de arte religioso desde muy niño, y el recuerdo de las crudas y gráficas representaciones de los episodios bíblicos que se veían en las tallas de madera de las iglesias y los hogares rurales nunca se borró de su memoria. Como director, consagró su carrera a plantear una y otra vez el mismo interrogante irresoluble: ¿Dónde está Dios? »

Squire Jöns (Gunnar Björnstrand), salva a una joven (Gunnel Lindblom) de un violador. Es un hombre justo cansado de la venalidad de los seres humanos.

Ingmar Bergmans

Det sjunde inseglet

GUNNAR BJÖRNSTRAND
BENGT EKEROT
NILS POPPE
MAX VON SYDOW
BIBI ANDERSSON
INGA LANDGRÉ
ÅKE FRIDELL

En el cartel original sueco de la película, aparece la Muerte impasible ante un tablero de ajedrez con los personajes humanos.

« En este último instante, **goza** al menos del **prodigio** de vivir en la **verdad tangible.** »

Juan, el escudero / El séptimo sello

El caballero busca sin encontrar nada. En un momento dado se topa con una chica (Maud Hansson) encerrada en una jaula a la que van a quemar en la hoguera, acusada de acostarse con el Diablo y de haber traído la peste. Antonio recupera la esperanza: si el Diablo existe, también existirá Dios. «Mírame a los ojos», le suplica la joven cuando le dice que el sacerdote no acudirá junto a ella. «Lo único que veo en tus ojos es el horror que paraliza tus pupilas», responde el caballero con tristeza. La chica acaba en la hoguera, y el escudero del caballero, Juan (Gunnar Björnstrand), no encuentra ningún

sentido a esa muerte. «Mira sus ojos», repite. «Se sumerge en el abismo de la nada». El escudero desdeña el miedo de la gente y la ignorancia que la lleva a quemar a la «bruja».

Autoflagelación

El séptimo sello trata con una solemne gravedad del alma y su condenación, de la relación masoquista del hombre con su Creador y del erial absoluto que nos espera a todos al final del camino. Bergman transmite estas ideas con las imágenes más sencillas y sobrecogedoras posibles. En una impresionante secuencia avanza hacia la cámara un grupo de flagelantes, algunos tambaleándose bajo el peso de una cruz y otros dándose latigazos: la peste, que consideran un castigo de Dios, les ha vuelto locos. A continuación Bergman muestra los rostros de José

y María contemplando este espectáculo desde su escenario de madera que, de pronto, parece un patíbulo. Estaban cantando una canción cómica sobre la muerte, pero se detienen al ver aparecer la procesión de penitentes. La muerte se extiende como el humo del incienso que esparcen los monjes, contaminando y transformando cuanto aparece en el encuadre. Muchos de los testigos caen de rodillas y juntan sus manos para rezar. Esta escena sin palabras es una potente metáfora de la condición

Sea o no creyente, sea o no cristiano, me gustaría interpretar mi papel en la construcción colectiva de la catedral.
Ingmar Bergman

humana de una lúgubre comicidad en su esperpéntico surrealismo.

A lo largo del filme se suceden toques de humor negro. Una de las últimas imágenes es una danza macabra: «Delante va la misma muerte, con su guadaña y su reloj de arena», dice José señalando al horizonte, donde la Parca guía a sus últimas víctimas (entre las que está el caballero) cogidas de las manos sobre un cielo gris. «Ya marchan todos hacia la oscuridad en una extraña danza. Ya marchan huyendo del amanecer mientras la lluvia lava sus rostros, surcados por la sal de las lágrimas». José queda hipnotizado mirando la cadena de danzantes muertos, pero María, que por algún motivo no puede ver a los fantasmas, le reprocha en tono cariñoso: «Tú siempre con tus visiones…» Sonríe, y los dos sacuden la cabeza, dan la espalda a la Muerte y vuelven a las ocupaciones de los vivos. ∎

La Muerte guía a los difuntos
en una danza que solo José puede ver. La escena se improvisó al final de una jornada de rodaje en la costa de Hovs Hallar con miembros del equipo y una pareja de turistas de paso.

Ingmar Bergman
Director

Nacido en Uppsala (Suecia) en 1918, Ingmar Bergman era hijo de un clérigo luterano y se crió en un ambiente estricto. Sus películas, invariablemente sombrías, tratan los grandes conflictos de la existencia humana: cordura frente a locura, la vida frente a la muerte, Dios frente a la nada. El espíritu humano rara vez triunfa en estas batallas. Tras *El séptimo sello*, rodó *Fresas salvajes* y una trilogía que exploraba los efectos del aislamiento humano: *Como en un espejo*, *Los comulgantes* y *El silencio*. Su aclamada *Persona* fue la primera de las películas inspiradas por Farö, una remota isla del mar Báltico. Murió en 2007.

Películas principales

1957 *El séptimo sello*.
1957 *Fresas salvajes*.
1961 *Como en un espejo*.
1966 *Persona*.

¿ME QUERRAS SI TE OBEDEZCO?

VERTIGO / 1958

EN CONTEXTO

GÉNERO
Thriller

DIRECCIÓN
Alfred Hitchcock

GUION
Alec Coppel, Samuel Taylor (guion); Pierre Boileau, Thomas Narcejac (novela)

REPARTO
James Stewart, Kim Novak, Barbara Bel Geddes

ANTES
1946 En *¡Qué bello es vivir!* James Stewart interpreta a un hombre corriente y solidario.

1948 Stewart rueda con Hitchcock su primer filme en tecnicolor, *La soga*.

DESPUÉS
1959 Eva Marie Saint, una nueva «rubia de Hitchcock», da la réplica a Cary Grant en *Con la muerte en los talones*.

1960 Hitchcock sorprende al público con *Psicosis*.

Alfred Hitchcock mantuvo un duelo con el público a lo largo de sus 50 años de carrera como director. Cuanto más creían los espectadores conocer su trabajo, más usaba él ese conocimiento contra ellos. Multiplicaba los recursos estructurales, giros narrativos y otras artimañas para ofrecer al público lo que nunca antes había visto. Mientras que otros directores intentaban comprender el significado del arte o la esencia de las relaciones humanas, Hitchcock era el gran embaucador. El público nunca podía estar seguro de lo que le esperaba.

Vértigo (De entre los muertos) sigue las mismas reglas de juego que el resto del catálogo de Hitchcock, pero destaca por su complejidad. El policía retirado John «Scottie» Ferguson (James Stewart) se ve arrastrado a una investigación sobre el misterioso comportamiento de Madeleine (Kim Novak), esposa de su viejo amigo Gavin Elster (Tom Helmore). La magia habitual de los filmes de Hitchcock gana intensidad emocional a medida que Ferguson se obsesiona con Madeleine.

La rubia de Hitchcock

Como director, Hitchcock recurrió a un tipo determinado de personaje

Mi gran suerte en la vida ha consistido en ser muy asustadizo. Soy afortunado por ser un cobarde, por sentir miedo con facilidad, porque un héroe no podría hacer una buena película de suspense.
Alfred Hitchcock

femenino con tanta frecuencia que este acabó recibiendo el apodo de «rubia de Hitchcock». Aunque se le acusó abiertamente de misoginia, lo cierto es que en sus películas hay más papeles protagonistas para mujeres que en muchas producciones de Hollywood. La rubia de Hitchcock es una mujer cultivada, elegante e inteligente, pero también glacial y, al principio, refractaria a los encantos del protagonista masculino. En el transcurso de la película, las barreras del personaje van cayendo y la mujer termina sucumbiendo ante el héroe, aun per-

Alfred Hitchcock Director

Hitchcock nació en Londres en 1899 y empezó en el cine como decorador. Sus primeras películas como director fueron *Number 13* (1922), que no llegó a terminar, y *El jardín de la alegría* (1925). Tras hacerse famoso con películas como *Alarma en el expreso* (1938), en 1940 se trasladó a Hollywood, donde David O. Selznick le encargó la dirección de una adaptación de la novela *Rebeca*, de Daphne Du Maurier. A lo largo de los 30 años de su carrera en

Hollywood dirigió clásicos como *La ventana indiscreta* (1954), *Con la muerte en los talones* (1959), *Psicosis* y *Los pájaros*. Murió en 1980, a los 81 años.

Películas principales

1929 *Chantaje*.
1951 *Extraños en un tren*.
1958 *Vértigo*.
1960 *Psicosis*.
1963 *Los pájaros*.

Filmografía adicional: *Laura* (1944, p. 79) ▪ *Recuerda* (1945) ▪ *La ventana indiscreta* (1954) ▪ *Con la muerte en los talones* (1959) ▪ *La jetée* (1962, p. 172) ▪ *Marnie, la ladrona* (1964) ▪ *La mala educación* (2004)

Las rubias de Hitchcock

Hitchcock prefería para sus películas las «rubias sofisticadas» y gélidas. «Nos interesa la verdadera dama que se convierte en puta en el dormitorio», dijo.

Tippi Hedren
Los pájaros

Grace Kelly
La ventana indiscreta

Ingrid Bergman
Recuerda

Kim Novak
Vértigo

Janet Leigh
Psicosis

Eva Marie Saint
Con la muerte en los talones

Marlene Dietrich
Pánico en la escena

diendo algo de su individualismo. El propio Hitchcock afirmó que las rubias eran ideales para crear suspense. «Las rubias son las mejores víctimas. Son como nieve virgen en la que resaltan las huellas sangrientas», declaró en una entrevista para la televisión en 1977.

En *Vértigo*, Scottie recrea a la dependienta Judy Barton (interpretada también por Kim Novak) a imagen y semejanza de Madeleine, eliminando todo aquello que constituye su personalidad para que se ajuste a su arquetipo visual, a un receptáculo sin vida apto para la objetivación sexual. Las exigencias de Scottie son extremadamente específicas: el traje de Judy debe tener el tono exacto de gris; le hace teñirse de rubio y no oculta su decepción cuando Judy vuelve a casa con un

Scottie (James Stewart) es un policía que sufre de vértigo desde que uno de sus compañeros cayó de un tejado cuando intentaba ayudarle durante una persecución.

peinado un poco distinto del elegido por él. El maltrato emocional que se lee entre líneas, junto con la idea de que se trata de un autoanálisis

de la manera en que trata el propio Hitchcock a las mujeres en sus películas, hace estas secuencias más inquietantes que si el director se hubiera limitado a enlazar imágenes sangrientas a propósito para crear tensión.

La estrella caída

Otro aspecto habitual en las películas de Hitchcock es la manipulación del concepto de estrella con el fin de sorprender a los espectadores. El ejemplo más famoso es *Psicosis*, donde la protagonista, Janet Leigh, es asesinada a los 30 minutos, contrariando así todos los supuestos del público respecto al desarrollo de las historias en las que una estrella interpreta el papel protagonista. Pero si en *Psicosis* el giro es evidente e ineludible, en *Vértigo* es sutil y lento, e implica al actor elegido para interpretar a Scottie. »

« No hizo nada, y la ley tiene poco que decir sobre **cosas no hechas**.»

El forense / Vértigo

La presencia de James Stewart afecta profundamente a la dirección y al impacto de la película, y añade una disonancia textual a la acción. Desde los comienzos de su carrera e incluso en anteriores películas de Hitchcock como *La ventana indiscreta* (1954) o *El hombre que sabía demasiado* (1956), la imagen del Stewart actor siempre había sido la de un hombre de la calle íntegro, bondadoso y amable en extremo. John «Scottie» Ferguson comienza siendo un buen hombre, el típico personaje de Stewart, pero termina abrumado por un frenesí sexual y enloquecido por la tragedia. Al someter a James Stewart a semejante transformación, Hitchcock no solo está deconstruyendo a un hombre, sino también a un mito de la pantalla. Todo lo que creíamos saber de Stewart contribuye a que la psicosis de Ferguson resulte aún más terrible y nos afecte todavía más. La representación visual de este proceso tiene lugar en una secuencia onírica en la que la cabeza de Stewart separada del cuerpo desciende en espiral hacia el abismo mientras un viento que le revuelve el pelo y altera su expresión distorsiona su impecable imagen habitual. Parece un hombre perdido.

Un *thriller* sorprendente

Vértigo es un *thriller* muy bien elaborado, pese a que desafía todas las expectativas del género: al malo le sale bien su plan criminal, la historia de amor está basada en mentiras y el héroe está destrozado tanto emocional como físicamente. Cabría decir que es la película más oscura de su director. Es un filme libre de las convenciones de Hollywood porque su autor buscaba algo más que espantar, repugnar o inquietar al público, quería desconcertar a los espectadores, tomar cuanto estos creían saber sobre su estilo de realización y alterarlo para mostrar así algo nuevo. En *Vértigo*, Alfred Hitchcock descubre un poco más su alma para poder hundir un poco más el cuchillo. ∎

Scottie y Madeleine (Kim Novak) se abrazan por primera vez. Transformada en Madeleine, Judy se ha enamorado de Scottie, lo que será su perdición.

Minuto a minuto

00:12
Scottie se encuentra con su viejo amigo Gavin Elster, que le pide que siga a su esposa Madeleine. Scottie la ve por primera vez cenando con Elster.

00:34
En una librería, Elster cuenta a Scottie y a su amiga Midge que Carlotta era la bisabuela de Madeleine y que se suicidó. Elster cree que Madeleine está poseída por ella.

01:16
Madeleine sube a lo alto de un campanario. Scottie es incapaz de seguirla y ve a una mujer caer y morir.

01:47
Scottie compra ropa a Judy y hace que se tiña el pelo para que tenga el mismo aspecto que Madeleine.

| 00:00 | 00:30 | 01:00 | 01:30 | 02:08 |

00:28
Scottie sigue a Madeleine hasta un hotel, donde está registrada con el nombre de Carlotta Valdez.

00:40
Madeleine salta a la bahía de San Francisco. Scottie la salva y se la lleva a su apartamento. Al parecer, ella no recuerda nada de lo ocurrido.

01:34
Scottie ve a Judy Barton y la invita a cenar. Cuando él ya se ha ido, ella empieza a escribir una nota que revela el plan urdido por Elster; decide quedarse.

01:58
Scottie reconoce un collar. Lleva a Judy al campanario y suben juntos. Él le revela que lo sabe todo; ella, presa del pánico, cae al vacío.

Este cartel muestra la espiral que aparece en la pesadilla de Scottie y que halla eco en la escalera de caracol y en el peinado de Madeleine.

¿QUE HICISTE DURANTE EL LEVANTAMIENTO?

CENIZAS Y DIAMANTES / 1958

EN CONTEXTO

GÉNERO
Drama bélico

DIRECCIÓN
Andrzej Wajda

GUION
Andrzej Wajda, Jerzy Andrzejewski (guion); Jerzy Andrzejewski (novela)

REPARTO
Zbigniew Cybulski, Waclaw Zastrzezynski, Adam Pawlikowski, Bogumil Kobiela

ANTES
1955 Wadja debuta como director con *Pokolenie*, sobre un adolescente que vive en la Varsovia ocupada por los nazis en la Segunda Guerra Mundial.

DESPUÉS
1969 Tras la muerte del actor Zbigniew Cybulski en un accidente, Wajda canaliza su dolor en la obra *Wszystko na sprzedaz*, que habla de una película dentro de otra.

E l título de este filme de Wajda procede de unos versos del poeta polaco del siglo XIX Cyprian Norwid: «Cuando el fuego brota de ti como de una antorcha, no podrás saber [...] Si solo quedará la ceniza y el caos o si de un lecho de cenizas surgirá un diamante resplandeciente. La semilla de la victoria eterna». Este interrogante caracteriza la obra de Wajda, buena parte de la cual recrea el horror y el sufrimiento de Polonia desde la ocupación nazi en la Segunda Guerra Mundial hasta el estalinismo que perduró hasta 1989, con el fin de hallarles algún sentido. Wajda hurga en los escombros de la

Maciek (Zbigniew Cybulski) se siente desgarrado por las dudas cuando conoce a Krystyna (Ewa Krzyzewska). Su crisis se desarrolla en la noche del 8 de mayo de 1945, el último día de la guerra, en una Polonia también profundamente dividida.

vida de las personas corrientes en busca de destellos de esperanza.

Wajda destacó como director en la década de 1950 con tres películas que trataban de la guerra: *Pokolenie* (1955) sigue a un grupo de hombres y mujeres que combaten en la Polonia ocupada; *Kanal* (1957) es una crónica de los trágicos hechos del Alzamien-

Andrzej Wajda Director

Nacido en Polonia en 1926, Andrzej Wajda ha sido uno de los directores de cine más elogiados de su país. La ocupación alemana de Europa marcó la mayor parte de su obra como guionista y director. Figura imprescindible de la «escuela polaca», aportó el aire fresco del neorrealismo a sus retratos de las personas que sufrieron la guerra. En sus filmes trata de arrojar luz sobre lo que le ocurrió a Polonia, y al mundo, en el siglo pasado.

Películas principales

1957 *Kanal.*
1958 *Cenizas y diamantes.*
1975 *La tierra de la gran promesa.*
1977 *El hombre de mármol.*

to de Varsovia de 1944, cuando la resistencia polaca fue aplastada por el ejército alemán; la tercera es *Cenizas y diamantes*, una rabiosa y melancólica obra ambientada en el caos posterior a la ocupación alemana, cuando la polvareda de la liberación empezaba a asentarse.

Cuestionar la causa

Cenizas y diamantes cuenta la historia de Maciek (Zbigniew Cybulski), un joven soldado del ejército nacionalista polaco (de derechas) que ha participado en el alzamiento contra los nazis para restablecer la soberanía polaca. Cuando la Unión Soviética toma el control del país, Maciek recibe la orden de asesinar a un nuevo funcionario comunista, pero él duda en librar una guerra condenada al fracaso contra la administración de izquierdas. La acción le sale mal, y mueren dos testigos.

Dividido entre su conciencia y la lealtad a la causa por la que ha luchado en la guerra, Maciek prepara un

Entre las ruinas de una iglesia bombardeada, Maciek reflexiona sobre sus maltrechos ideales. Es aquí donde Krystyna encuentra la inscripción del poema al que la película debe su título.

segundo intento de asesinato con la misma falta de entusiasmo. Esta vez le frena una mujer, Krystyna (Ewa Krzyzewska), empleada del hotel donde se aloja su objetivo y de la que se enamora. Ella le obliga a cuestionarse las creencias que le han impulsado

desde que tiene uso de razón. Maciek alza la vista al cielo y ve los fuegos artificiales que relucen como diamantes alzándose de las cenizas de Varsovia con motivo del anuncio de la rendición de Alemania y del final de la guerra. Sin embargo, se palpa en el aire la incertidumbre característica de Wajda: es el fin de una era para Polonia, pero ¿qué traerá el futuro?

Dudoso amanecer

La pregunta «¿Qué hiciste durante el levantamiento?» se dejó oír en el día a día de Polonia durante décadas una vez terminada la guerra. Al retratar la identidad fracturada de un hombre, Wajda llama constantemente nuestra atención hacia cristales rotos y edificios destrozados. Esta sensación de desgarro se extiende a todo el país y no puede ser ignorada. ▪

《No podrás saber si así conseguirás **la libertad.》**
Krystyna / Cenizas y diamantes

BUENO, NADIE ES PERFECTO
CON FALDAS Y A LO LOCO / 1959

EN CONTEXTO

GÉNERO
Comedia

DIRECCIÓN
Billy Wilder

GUION
**I. A. L. Diamond,
Billy Wilder**

REPARTO
**Marilyn Monroe, Jack
Lemmon, Tony Curtis**

ANTES
1953 La comedia musical de
Howard Hawks *Los caballeros
las prefieren rubias* es el primer
gran éxito de Marilyn Monroe.

1955 En *La tentación vive
arriba*, de Billy Wilder, Marilyn
aparece sobre una rejilla del
metro de la que sale aire que
le levanta la falda.

DESPUÉS
1960 *El apartamento* reúne
a Jack Lemmon y Billy Wilder.

1961 *Vidas rebeldes*, de John
Huston, es la última película
de Marilyn.

La última frase de *Con faldas y a lo loco (Some Like It Hot)*, «Bueno, nadie es perfecto», podría haber sido la divisa de su guionista y director, Billy Wilder, cuyas películas son un muestrario de lo más calamitoso y despreocupadamente cínico que ha dado el género humano: personajes movidos por el dinero, el sexo y poco más.

Ambientada al final de los «felices años veinte», *Con faldas y a lo loco* no es una excepción. Sus perso-

Este cartel hace alarde del glamur de sus tres protagonistas; en otras versiones aparecen los dos hombres travestidos.

najes principales son egoístas, deshonestos y avariciosos, capaces de todo para conseguir lo que quieren, pero la película de Wilder es también una animada comedia que irradia encanto, humor y amor.

Dinero y deseo
Tony Curtis y Jack Lemmon interpretan a Joe y Jerry, dos músicos de una orquesta de jazz de Chicago que se disfrazan de mujer para huir de la mafia tras haber presenciado un tiroteo entre gánsteres durante la célebre noche de San Valentín de 1929. De esta guisa se incorporan a una orquesta femenina de camino a Florida y conocen a la cantante Sugar Kane (Marilyn Monroe), que sueña con pescar un marido millonario. Joe, que cae rendido ante ella, se disfraza de nuevo, esta vez de conquistador, en un intento de acos-

De una inocencia hilarante, aunque siempre al borde del doble sentido más desastroso.
Pauline Kael
5001 Nights at the Movies (1982)

Filmografía adicional: *Ninotchka* (1939) ▪ *Cómo casarse con un millonario* (1953) ▪ *Sabrina* (1954) ▪ *El príncipe y la corista* (1957) ▪ *El apartamento* (1960) ▪ *Irma la dulce* (1963) • *En bandeja de plata* (1966) ▪ *Tootsie* (1982)

Como Josephine y Daphne, Joe y Jerry tratan de confundirse con las «chicas sincopadas» de la banda de Sweet Sue en un tren nocturno a Florida. Pero la que toca el ukelele es inconfundible.

tarse con la solista. Él busca sexo y ella busca dinero, pero se enamoran.

Mientras Joe retoza con Sugar en un yate (su parodia de Cary Grant es inolvidable), Jerry, que viste falda y baila el tango pero es indudablemente heterosexual, se compromete con un verdadero millonario ya mayor: Osgood (Joe E. Brown). «Tú no eres una mujer, eres un hombre. ¡Ni en broma puedes hacer eso!», le reprocha Joe cuando lo descubre. «¿Y el porvenir?», replica Jerry sin vacilar y con una expresión soñadora ante la perspectiva de poseer tanto dinero.

Al final, Jerry deja de fingir y confiesa a Osgood la verdad. «¡Soy un hombre!», reconoce con un gruñido, pero el otro responde sin inmutarse: «Bueno, nadie es perfecto», y sonríe. Jerry lanza una mirada a cáma-ra como diciendo: «¿Será posible?», mientras la película toca a su fin.

En *Con faldas y a lo loco*, donde todos están desesperados por echar mano a algo, Marilyn Monroe se erige en la estrella más deseada de la his-toria de Hollywood («me recuerda a la jalea de membrillo» dice Jerry al describir su cuerpo), pero su actua-ción también transmite algo mági-co. En una pausa de la acción canta «I Wanna Be Loved By You» mirando a cámara de un modo tan seductor, dulce y anhelante a la vez que consi-gue transformar el cinismo de Sugar en vulnerabilidad infantil. Cuando besa a Joe en el yate, también él se transforma de seductor en seducido.

Defectos y flaquezas

Se dice que en *Con faldas y a lo loco* hubo mucha tensión fuera de cá-mara. Al principio, Marilyn no es-taba conforme con que la filmaran en blanco y negro, como requería la época de la película, y al pare-cer Curtis comentó que besarla era «como besar a Hitler». Lo dijera o no, esta burla desmitificadora ilustra la gran preocupación de Wilder por los defectos y flaquezas humanos. Por lo visto, nadie es perfecto, ni siquiera la legendaria Marilyn Monroe. ▪

Jack Lemmon Actor

El oficio de actor, según Jack Lemmon (1925–2001) es algo mágico, tanto sobre las tablas como ante la cámara. Lemmon trabajó en televisión y espectáculos ligeros antes de triunfar en el cine por sus cualidades de hombre corriente. A menudo fue la mitad de un tándem: sus compañeros más destacados fueron el cómico Ernie Kovacs, el actor Walter Matthau y el director Billy Wilder.

Películas principales

1959 *Con faldas y a lo loco.*
1960 *El apartamento.*
1968 *La extraña pareja.*
1992 *Éxito a cualquier precio.*

TUS PADRES DICEN QUE MIENTES MAS QUE HABLAS

LOS 400 GOLPES / 1959

EN CONTEXTO

GÉNERO
Drama

DIRECCIÓN
François Truffaut

GUION
**François Truffaut,
Marcel Moussy**

REPARTO
**Jean-Pierre Léaud, Claire
Maurier, Albert Rémy,
Guy Decomble**

ANTES
1955 *Une visite,* el primer corto
de Truffaut, presenta un intento
de seducción fallido. Se proyecta
solo para unos cuantos amigos.

DESPUÉS
1960 Jean-Luc Godard sigue
los pasos de su colega Truffaut
con *Al final de la escapada.*

1962 *Jules y Jim*, de Truffaut,
trata de un triángulo amoroso
en tiempos de la Primera
Guerra Mundial.

1968 Jean-Pierre Léaud vuelve
a ser Antoine en *Besos robados.*

El filme de Truffaut *Los 400 golpes (Les quatre cents coups)* ha hecho correr ríos de tinta. De hecho, su director fue uno de los críticos de cine más conocidos de Francia antes de decidirse a mostrar al mundo cómo creía que debía hacerse una película. Para él, como para los demás realizadores que lideraron la *nouvelle vague* a finales de la década de 1950 y principios de la de 1960, el director de cine era equiparable al autor *(auteur),* y la cámara, a un bolígrafo *(caméra-stylo).*

Semiautobiografía

Los 400 golpes es en parte una dolorosa evocación de la infancia parisina de Truffaut, con algunos nombres y hechos cambiados, no para camuflar a las víctimas, sino para expresar algo más nuevo y auténtico. El joven Truffaut se transforma en Antoine Doinel (Jean-Pierre Léaud), un adolescente problemático al que de forma constante se acusa de tergiversar las cosas. «Tus padres dicen que mientes más que hablas», le dice la psicóloga que lo ha de evaluar. «Si les dijera algunas cosas que son verdad, no me creerían y prefiero mentir», replica Antoine.

Antoine lee novelas de Honoré de Balzac y cuando adapta una obra de su

> A una película le pido que exprese la alegría de hacer cine y la angustia de hacer cine, y no me interesa en absoluto nada intermedio.
> **François Truffaut**

adorado escritor para una redacción, empleando sus pensamientos y sentimientos para expresar sus propias emociones, el maestro le castiga. Su homenaje a Balzac es condenado como plagio, y la respuesta de Antoine es un acto de delincuencia: roba una máquina de escribir de la empresa donde trabaja su padrastro (Albert Rémy).

Recreación de la adolescencia

En el arte, la rebelión juvenil suele estar envuelta en romanticismo, pero *Los 400 golpes* no es una obra nos-

François Truffaut Director

Hay que ser un crítico de cine muy audaz para ponerse detrás de la cámara y dirigir una película propia como hizo François Truffaut. Su osadía valió la pena: *Los 400 golpes* se considera una obra maestra, y su autor dirigió más de 20 películas hasta su muerte, en 1984.

Como periodista de *Cahiers du cinéma,* Truffaut lideró la política de los autores, la teoría que identificaba al director con el autor de la película. Crítico

implacable de la mayoría de las películas francesas contemporáneas, se le llamó «enterrador del cine francés», un apodo desmentido por *Los 400 golpes* y su obra posterior.

Películas principales

1959 *Los 400 golpes.*
1962 *Jules y Jim.*
1966 *Fahrenheit 451.*
1973 *La noche americana.*

Filmografía adicional: *Al final de la escapada* (1960, pp. 166–167) ▪ *Tirad sobre el pianista* (1960) ▪ *Jules y Jim* (1962, p. 334) ▪ *El pequeño salvaje* (1970) ▪ *La noche americana* (1973) ▪ *Diario íntimo de Adela H.* (1975) ▪ *La piel dura* (1976)

Minuto a minuto

00:05
Antoine es castigado porque lo pillan en clase con un calendario con chicas desnudas. Al finalizar el día, jura que se vengará del profesor.

00:35
Los padres de Antoine aparecen en el colegio cuando el chico ha contado al profesor que su madre ha muerto. Su padrastro le abofetea. Él decide escaparse de casa.

01:07
Tras robar la máquina de escribir de la empresa del padrastro de Antoine, este y René intentan venderla, sin éxito.

01:24
Tras una discusión con el juez, la madre de Antoine accede a mandarlo a un centro de menores durante tres meses.

| 00:00 | 00:15 | 00:30 | 00:45 | 01:00 | 01:15 | 01:38 |

00:25
Cuando está haciendo novillos con su amigo René, ve a su madre besarse con un hombre en la calle.

00:54
En clase de lengua, Antoine es acusado de plagiar a Balzac. Le envían al despacho del director, pero él huye a esconderse en casa de René.

01:15
Antoine es encerrado en un calabozo después de que su padrastro lo entregue a la policía. Le toman las huellas dactilares y lo fotografían.

01:35
Mientras los demás chicos juegan al fútbol, Antoine se escapa del centro.

tálgica. No vuelve la vista atrás para observar la adolescencia desde el punto de vista del adulto, sino que la recrea en tiempo presente, tal como el protagonista la percibe, con todo su sufrimiento, su incertidumbre, sus alegrías y sus carencias afectivas. El título de la película procede de la expresión francesa *faire les quatre cents coups*, que podría traducirse como «ser un bala perdida», cosa que Antoine es. Él no roba la máquina de escribir para utilizarla, sino para venderla y pagarse así su huida de París. Truffaut no teme retratar a su protagonista como un interesado y a la vez como un amante de la literatura.

Antoine se echa atrás e intenta devolver la máquina de escribir, pero entonces lo pillan. Su padrastro decide entregarlo a la policía, y el chico pasa la noche en una celda entre prostitutas y ladrones. Cuando la policía le hace una foto, la película se congela en el instante de la captura de la imagen (y también de Antoine). «Aquí está prohibido fugarse», afirma un interno de la institución en la que termina el

chico, «¡Cualquiera diría que aquí se pasa muy bien!».

Truffaut recurre otra vez a la imagen congelada en la última toma. Antoine se escapa y huye hacia el mar, que no ha visto nunca, corriendo por caminos rurales hasta llegar

a la playa. La cámara le sigue en constante movimiento, pisándole los talones. Antoine corre hacia las olas, se moja los pies y da la espalda al océano para clavar la mirada en la cámara. Truffaut detiene la imagen y se acerca al rostro del chico. »

« [...] **lo mandamos** a los jesuitas, a ver si puedo **estar tranquila.»**
Gilberte Doinel / *Los 400 golpes*

Antoine es descubierto cuando trata de devolver la máquina de escribir robada a su padrastro.

El cartel para el estreno de *Los 400 golpes* muestra a su protagonista mirando de nuevo a tierra tras alcanzar la orilla del mar y ver que no puede huir más lejos.

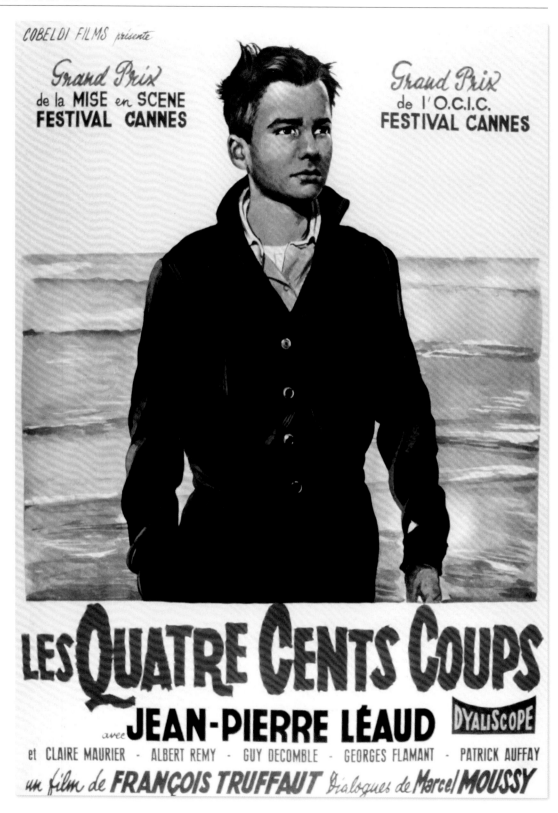

De esta manera pone un punto final tan brusco como ambiguo al primer capítulo de la vida de Antoine Doinel (que continuará en una serie de películas). Cuando llega a la orilla del mar, Antoine ya no puede huir más allá. Al dar media vuelta, la imagen detenida parece decirnos que, lejos de haberse escapado, permanecerá siempre atrapado. La esperanza se mezcla con una sensación de derrota.

El cine como evasión

Antoine encuentra otra manera de evadirse: el cine. Siempre que puede se cuela en un cine para perderse en la oscuridad de la platea y en las imágenes de la pantalla, como hacía Truffaut de pequeño.

Es aquí donde la vida del personaje se entrecruza con la de su creador. Da la sensación de que el director trata de explorar o exorcizar su propio pasado, redefiniéndolo con tomas y escenas extraídas de otras películas, como *Cero en conducta* (1933, pp. 50–51) y *El pequeño fugitivo* (1953), del mismo modo que Antoine extrae ideas de Balzac para comprenderse a sí mismo. La pasión por el cine no es el único

punto en común entre Antoine y Truffaut. El personaje ignora quién es su padre biológico y vive con un padrastro distante, como le ocurrió al director en su niñez, y se escapa de casa, como hizo Truffaut a los once años. En la película, el chico intenta convencer a su profesor de que su madre ha muerto (una de sus tremendas mentiras); el joven Truffaut afirmaba que su padre había sido detenido por los alemanes.

Las películas cuentan grandes mentiras y evocan mundos de ilusión ficticios habitados por personas que actúan como lo que no son, pero el debut cinematográfico de Truffaut demuestra que, si se conciben con un fin determinado y se cuentan de corazón, las mentiras pueden revelar y esclarecer la verdad como los simples hechos no pueden hacerlo. Fue esta verdad, así como la promesa de la huida, lo que espoleó a los realizadores franceses a sumergirse en la nueva ola. ∎

Cuando Antoine incendia sin querer su altar de Balzac, su escritor preferido, su padrastro lo amenaza con mandarlo a una academia militar.

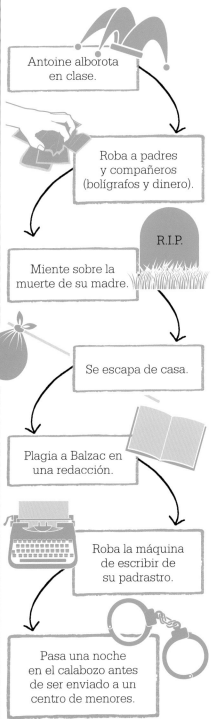

Los 400 golpes sigue el descenso de Antoine hacia la delincuencia, desde las bromas de clase hasta la prisión, ante el rechazo de los adultos.

Antoine alborota en clase.

Roba a padres y compañeros (bolígrafos y dinero).

Miente sobre la muerte de su madre.

R.I.P.

Se escapa de casa.

Plagia a Balzac en una redacción.

Roba la máquina de escribir de su padrastro.

Pasa una noche en el calabozo antes de ser enviado a un centro de menores.

REBEL
1960–1974

DES

La ***nouvelle vague*** insufla nueva vida al cine con *Al final de la escapada*, al igual que la nueva ola británica con *Sábado noche, domingo mañana*.

1960

La ***dolce vita* rompe la estructura narrativa convencional** al seguir por toda Roma a un hombre en busca del amor y la felicidad.

Se erige el muro de Berlín; la URSS lidera la **carrera espacial** al enviar al primer hombre al espacio, 60 años después de *Viaje a la Luna*.

1961

1962

Crisis de los misiles de Cuba; el debut en la pantalla de James Bond en *Agente 007 contra el Dr. No* pone de moda el cine de **espías**.

En EE UU, el movimiento por los **derechos civiles** combate el racismo, como Atticus Finch en *Matar a un ruiseñor*.

1962

1964

¿Teléfono rojo?, volamos hacia Moscú satiriza la **guerra fría** mientras la guerra de Vietnam se recrudece.

El **musical** aún fascina: *Sonrisas y lágrimas* rompe récords de taquilla internacionales.

1965

1966

La batalla de Argel denuncia en **estilo documental** la crudeza de la guerra de guerrillas en la era de la descolonización.

Estrenada a finales de la década de 1950, la película de François Truffaut *Los 400 golpes* tendió un puente hacia un nuevo decenio de sacudidas sísmicas en el cine y la sociedad. Desde los primeros años de la década de 1960, tanto el cine como el público se propusieron romper todas las normas.

La *nouvelle vague*

La onda expansiva partió de Europa, en especial de Francia, donde los colegas de Truffaut en la revista *Cahiers du cinéma* estaban creando un nuevo lenguaje cinematográfico. El osado y genial Jean-Luc Godard encarnó la era de la *nouvelle vague* (nueva ola). Su película de 1960 *Al final de la escapada* hizo que todo lo anterior pareciera irremediablemente anticuado.

> El cine de mañana será realizado por artistas para quienes filmar una película sea una aventura maravillosa y excitante.
> **François Truffaut**

Todo esto tenía lugar en un momento en que muchos observadores creían que el cine estaba condenado a morir ante la invasión de los hogares occidentales por la televisión en la década de 1950. La respuesta del cine fue fulminante. Muchas de las grandes películas de la época están inspiradas por un sentimiento de rebeldía. En EE UU, el joven genio Stanley Kubrick atacó la locura de la guerra fría con *¿Teléfono rojo?, volamos hacia Moscú*, donde Peter Sellers interpreta tres personajes en homenaje al polifacético Alec Guinness de *Ocho sentencias de muerte*. Más tarde, el italiano Gillo Pontecorvo influyó en toda una generación de directores con su incendiaria película *La batalla de Argel*.

La contracultura

Allí donde la cuestión política no se abordaba de una manera tan abierta, la inquietud y el rechazo del antiguo orden también se palpaban en el aire. En Gran Bretaña, otra nueva ola presentaba descarnados retratos de la vida de la clase obrera, como

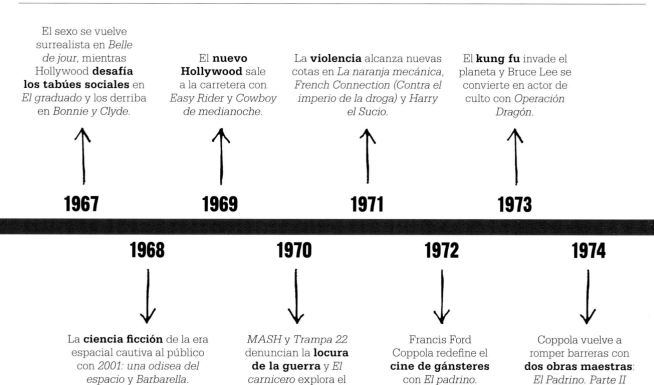

El sexo se vuelve surrealista en *Belle de jour*, mientras Hollywood **desafía los tabúes sociales** en *El graduado* y los derriba en *Bonnie y Clyde*.

El **nuevo Hollywood** sale a la carretera con *Easy Rider* y *Cowboy de medianoche*.

La **violencia** alcanza nuevas cotas en *La naranja mecánica*, *French Connection (Contra el imperio de la droga)* y *Harry el Sucio*.

El **kung fu** invade el planeta y Bruce Lee se convierte en actor de culto con *Operación Dragón*.

1967   **1969**   **1971**   **1973**

1968   **1970**   **1972**   **1974**

La **ciencia ficción** de la era espacial cautiva al público con *2001: una odisea del espacio* y *Barbarella*.

MASH y *Trampa 22* denuncian la **locura de la guerra** y *El carnicero* explora el instinto criminal.

Francis Ford Coppola redefine el **cine de gánsteres** con *El padrino*.

Coppola vuelve a romper barreras con **dos obras maestras**: *El Padrino. Parte II* y *La conversación*.

Sábado noche, domingo mañana. A medida que avanzaba la década, la pantalla mostraba la violencia con menos remilgos. En la estela de Godard e inspirándose en la historia de una pareja de jóvenes delincuentes durante la Gran Depresión, Arthur Penn rodó *Bonnie y Clyde*, una película de referencia de los baños de sangre estilizados.

Aunque el séptimo arte siguió fiel a su vocación de entretener a las masas, algunos cineastas se adscribieron a corrientes vanguardistas para cuestionar las ideas establecidas sobre lo que debía ser una película. Desde el viaje en el tiempo de *La jetée* (1962), compuesta casi en su totalidad por fotogramas fijos, hasta la desconcertante *El año pasado en Marienbad* (1961) o la pantalla partida de *Chelsea Girls* (1966), el cine estaba inmerso en una fiebre creativa.

No es de extrañar que Luis Buñuel estuviera en su salsa en esa atmósfera y rodara *El discreto encanto de la burguesía* en 1972, medio siglo después de *Un perro andaluz*.

El nuevo Hollywood

Temiendo que la televisión le arrebatara al público más joven, el mismo Hollywood que había controlado con mano de hierro a sus directores concedió cierto grado de libertad a una nueva generación de talentos singulares.

El resultado fueron unas películas dirigidas desde el cinismo y la irresolución. Aunque algunas apenas tienen otro valor que el de ser documentos históricos, otras son obras maestras atemporales. *La conversación*, de Francis Ford Coppola, es una película de espionaje donde se hace un sofisticado uso del soni-

do, mientras que *El padrino* es un filme de culto que sigue fascinando al público, al igual que *El padrino. Parte II*, que sigue a Vito Corleone desde el viejo continente hasta el Nuevo Mundo.

El colofón de una época que se inicia con las improvisaciones de Truffaut y Godard sobre temas hollywoodienses no podía ser otro que el incesante cruce de influencias entre Europa y América: en *El espíritu de la colmena*, el monstruo de Frankenstein aparece en plena posguerra civil española; en *Todos nos llamamos Alí*, Rainer Werner Fassbinder traspone un melodrama del director de origen alemán Douglas Sirk al Múnich de la década de 1970; y en *Aguirre, la cólera de Dios*, Werner Herzog presenta la aventura del conquistador español en la jungla sudamericana. ■

ERES LA PRIMERA MUJER DEL PRIMER DIA DE LA CREACION

LA DOLCE VITA / 1960

EN CONTEXTO

GÉNERO
Sátira

DIRECCIÓN
Federico Fellini

GUION
Federico Fellini, Ennio Flaiano, Tullio Pinelli, Brunello Rondi, Pier Paolo Pasolini

REPARTO
Marcello Mastroianni, Anita Ekberg, Anouk Aimée, Yvonne Furneaux

ANTES
1945 Fellini coescribe el drama *Roma, ciudad abierta*, de Roberto Rossellini, sobre la ocupación nazi.

1958 Marcello Mastroianni salta a la fama con la comedia policíaca *Rufufú*.

DESPUÉS
1963 En *8½* Mastroianni interpreta a un director de cine en plena crisis creativa.

En abril de 1953 se descubrió el cuerpo parcialmente desnudo de una joven en una playa cerca de Roma. ¿El ahogamiento de Wilma Montesi había sido un accidente, un suicidio o un crimen? La policía empezó a investigar, al igual que los voraces medios de comunicación italianos. Los rumores y las teorías proliferaron hasta convertir el caso en un escándalo de ámbito nacional, a medida que los flashes de los *paparazzi* iluminaban los bajos fondos hedonistas y corruptos de la Roma de la posguerra. Políticos, estrellas de cine, gánsteres, artistas, prostitutas y aristócratas en decadencia vivían la *dolce vita*, un torbellino de droga, orgías y depravación general que se había descontrolado con consecuencias trágicas.

La dolce vita se convirtió en el título de la sátira de Fellini de este turbio periodo de la historia de su amada Roma. La película contiene una referencia velada al escándalo Montesi en la escena final, cuando un grupo de personajes sale de una orgía en una casa de la playa y encuentra una mantarraya muerta sobre la arena, una referencia metafórica a Wilma Montesi. La imagen de la gente alrededor del cadáver a la

El cartel del filme muestra a Marcello Mastroianni como un *paparazzo* en la oscuridad de la noche romana que busca la luz en una Eva perfecta.

luz del amanecer, mientras el ojo del monstruo marino la mira acusador, es escalofriante y tan grotesca como triste: la última entrada del catálogo de almas perdidas de Fellini.

Los siete pecados capitales

La dolce vita se estrenó siete años después de la muerte de Wilma Montesi y transcurre en las siete colinas

---

Federico Fellini Director

Nacido en Rímini (Italia) en 1920, Federico Fellini se trasladó a Roma a los 19 años para estudiar derecho, pero se quedó para inmortalizar la ciudad con sus películas. Su trabajo como reportero y columnista de sociedad le dio acceso al mundo del espectáculo y en 1944 se convirtió en ayudante del famoso director Roberto Rossellini. En la década de 1950 empezó a dirigir sus propias películas y se consolidó como uno de los artistas italianos más controvertidos.

Sus trabajos retratan la vida cotidiana con un estilo barroco, recreándose con frecuencia en escenas de excesos. Muchas de sus últimas películas acusan su fascinación por los sueños y la memoria.

Películas principales

1952 *El jeque blanco*.
1954 *La strada*.
1960 *La dolce vita*.
1963 *8½*.

Filmografía adicional: *Ladrón de bicicletas* (1948, pp. 94 97) ▪ *La aventura* (1960) ▪ *Giulietta de los espíritus* (1965) ▪ *Amarcord* (1973) ▪ *Cinema Paradiso* (1988) ▪ *Lost in Translation* (2003) ▪ *La gran belleza* (2013)

> Todo el arte es autobiográfico.
> La perla es la autobiografía
> de la ostra.
> **Federico Fellini**
> *The Atlantic* **(1965)**

nes entre hombres y mujeres. Marcello pasa las noches en la via Veneto, la calle de los clubes nocturnos, los cafés al aire libre y el desenfreno en la Roma de la década de 1950, en busca de la felicidad en forma de un amor idealizado. Varias mujeres se disputan su corazón, como Emma, su prometida (Yvonne Furneaux),

Marcello (Marcello Mastroianni)
está loco por Sylvia, pero solo pasarán una noche juntos.

y la misteriosa Maddalena (Anouk Aimée), pero Marcello no vislumbra la perfección hasta la llegada de la Sylvia de Ekberg entre un torrente de adulación y publicidad. En la escena más famosa de la película, en la que Sylvia se mete en el estanque de la Fontana di Trevi tras una larga y carnavalesca noche en la ciudad »

de Roma a lo largo de siete días, siete noches y siete amaneceres. Si uno se fija lo suficiente, descubre que también contiene los siete pecados capitales, así como alusiones al relato bíblico de los siete días que Dios necesitó para crear el mundo. La religión es crucial en la obra de Fellini. Cuando el protagonista de la película, un periodista noctámbulo llamado Marcello Rubini (Marcello Mastroianni), se enamora de la bellísima estrella de cine Sylvia (Anita Ekberg), le declara: «Eres la primera mujer del primer día de la Creación. Eres la madre, la hermana, la amante, la amiga, el ángel, el demonio, la tierra, la casa».

Es el espectador quien debe decidir la importancia de las insinuaciones religiosas y de la aparente obsesión por el número siete de la película. Lo que sí queda claro es que la película aborda la naturaleza de las relacio-

y llama a Marcello para que la siga, el espectador la ve a través de los ojos de Marcello: la mujer ideal, casi sobrenatural, una visión llena de luz en la ciudad oscura. Entonces amanece, y el embrujo de la noche se rompe justo cuando Sylvia unge la cabeza de Marcello con el agua de la fuente. Al día siguiente, Sylvia abandona la ciudad y Marcello debe reanudar su búsqueda.

El caos de los paseos nocturnos de Marcello se refleja en la estructura episódica del filme. Sus aventuras lo llevan por toda la ciudad, desde un campo donde dos niños afirman haber visto a la Virgen María (el arquetipo de mujer idealizada e inalcanzable), hasta la felicidad doméstica del hogar de Steiner. Steiner (Alain Cuny) es el mejor amigo de Marcello y el epítome de todo lo que este envidia: está felizmente casado y es padre de dos hijos perfectos, además de gozar del equilibrio que proporcionan la seguridad material y la realización intelectual. Cuando Marcello visita a Steiner en su casa, asciende desde el oscuro inframundo de las calles, clubes y bares subterráneos a una especie de cielo.

Una felicidad ilusoria

Sin embargo, así como Sylvia y la Virgen María resultan ser meras ilusiones, también la felicidad domés-

La dolce vita **transcurre** a lo largo de siete días, siete noches y siete amaneceres. El día parece ofrecer esperanza a Marcello, la noche le sume en la depravación, y el amanecer le trae crudas revelaciones.

- Sigue a la estatua de Cristo en helicóptero.
- Sube a la cúpula de San Pedro con Sylvia.
- Informa sobre una visión de la Virgen.
- Ve a Steiner interpretando a Bach en una iglesia.
- Ve a Paola, la camarera angelical, junto al mar.
- Paola le llama desde la orilla del río, pero no la oye.

- Conoce a Maddalena y se acuesta con ella.
- Baila con Sylvia en las Termas de Caracalla.
- Observa a la gente en el lugar del falso milagro.
- Asiste a una reunión en casa de Steiner.
- Presenta una chica a su padre.
- Se acuesta con Jane en una fiesta.
- Discute con Emma.
- Organiza una orgía.

- Emma intenta suicidarse.
- Sylvia le «unge» en la Fontana di Trevi.
- Observa el duelo por un niño arrollado por la turba.
- Steiner mata a sus hijos y se suicida.
- Su padre sufre una crisis cardíaca.
- Espía a la matriarca en misa.
- Se reconcilia con Emma.
- Descubre el monstruo marino en la playa.

> **« Quien acepte vivir de ese modo, ¿comprendes?, es un hombre acabado. Ese es el gusano. »**
>
> **Marcello** / La dolce vita

tica de Steiner es falsa, como Marcello descubre cuando su amigo le dice: «No creas que la salvación se encuentra en un hogar. No hagas como yo». La ausencia de consuelo tanto en una vida doméstica intelectual y protegida como en la *dolce vita* hedonista es el problema exis-

tencial al que Marcello se enfrenta tras el suicidio de Steiner. Al cabo de un periodo de tiempo no especificado, vemos a Marcello en la casa de la playa de Fiumicino propiedad de su amigo Riccardo, donde una fiesta nocturna acaba convirtiéndose en un caos. Cuando se acerca la maña-

Minuto a minuto

00:17
Marcello y Maddalena hacen el amor en casa de una prostituta. Él vuelve a casa y encuentra a su novia inconsciente por una sobredosis.

00:50
Sylvia se baña en la Fontana di Trevi. Marcello la sigue y luego la acompaña al hotel. Allí, Robert, el prometido de Sylvia, la abofetea y luego ataca a Marcello.

01:33
Marcello presenta a su padre a Fanny, una bailarina. Esta se lleva a su casa al padre, donde este sufre un ataque cardíaco leve.

02:23
Marcello corre al apartamento de su amigo Steiner, donde ha sucedido una terrible tragedia.

| 00:00 | 00:30 | 01:00 | 01:30 | 02:00 | 02:30 | 02:54 |

00:33
Marcello está unos instantes a solas con Sylvia en la cúpula de San Pedro y luego se la lleva a bailar.

01:29
Mientras trabaja en su novela en un restaurante junto al mar, Marcello conoce a la angelical Paola.

02:02
Marcello se encuentra en una fiesta con Maddalena. Esta, borracha, le pide que se case con ella, pero enseguida se va con otro.

02:48
En la playa, las olas dejan una mantarraya muerta sobre la arena. Marcello ve a Paola a lo lejos, pero no la oye.

na, se descubre a sí mismo vagando por la playa, donde le aguarda la mirada acusadora de la mantarraya muerta.

La escena final de *La dolce vita* contiene una segunda alusión bíblica. El pescador que saca la mantarraya del mar dice que el leviatán hinchado y medio podrido lleva muerto tres días, el tiempo que Jesús pasó en la tumba. *La dolce vita* es un desfile de imaginería y símbolos católicos, la mayoría utilizados

Es una película extraordinaria, de contenido licencioso, pero moral y enormemente sofisticada en su actitud y su mensaje.
Bosley Crowther
New York Times (1960)

Marcello se siente muy atraído
por Maddalena (Anouk Aimée), pero su amor no puede llegar a nada. Maddalena le pide que se case con ella y acto seguido cae en brazos de otro hombre.

de forma controvertida. La secuencia inicial, en la que una estatua de Cristo sobrevuela un acueducto romano colgada de un helicóptero mientras Marcello lo sigue en un segundo helicóptero, provocó indignación cuando se estrenó la película.

Aunque dos figuras de Cristo (la estatua y la mantarraya) abren y cierran la película, no ofrecen ni esperanza ni salvación a ninguno de los personajes. De hecho, Fellini relaciona constantemente los mitos religiosos con la decepción. Marcello busca a su Eva, la primera mujer del primer día de la Creación, una figura angelical ajena a la corrupción de la *dolce vita* y a las experiencias terrenales. «¡Yo ya no soporto tu amor agresivo, viscoso, maternal!», grita a Emma durante su pelea eternamente recurrente. «Esto no es amor, ¡es basura!». Cuando regresa al caos de la noche romana, ya sabe que Eva no existe, tan solo intenta olvidar lo que sabe. ∎

Marcello Mastroianni
Actor

Después de trabajar durante un tiempo en el teatro, Marcello Mastroianni se hizo famoso por su papel en *Rufufú*. Federico Fellini tuvo que luchar para que fuera él quien interpretara el papel de Marcello Rubini en *La dolce vita*, ya que la producción prefería contratar a Paul Newman. Mastroianni trabajó en seis películas más de Fellini, encarnando con frecuencia una versión del director.

Elegante y atractivo, Mastroianni ha quedado asociado al glamur del cine italiano y sus estrellas. Compartió pantalla con la actriz Sophia Loren en once películas y obtuvo dos nominaciones al Oscar al mejor actor: por la comedia *Divorcio a la italiana* en 1961 y por *Una jornada particular* en 1977.

Películas principales

1958 *Rufufú.*
1960 *La dolce vita.*
1961 *Divorcio a la italiana.*
1963 *8 1/2.*

COMO DECIA EL VIEJO BUGATTI: CON LOS COCHES SE ANDA, NO SE PARA
AL FINAL DE LA ESCAPADA / 1960

EN CONTEXTO

GÉNERO
Comedia dramática

DIRECCIÓN
Jean-Luc Godard

GUION
Jean-Luc Godard, François Truffaut, Claude Chabrol

REPARTO
Jean-Paul Belmondo, Jean Seberg

ANTES
1941 Humphrey Bogart en *El halcón maltés* inspirará al personaje de Michel en *Al final de la escapada*.

DESPUÉS
1964 El estilo de *Qué noche la de aquel día*, el filme de Richard Lester sobre los Beatles, se inspira en *Al final de la escapada* e influirá a su vez en el cine británico.

1967 *Bonnie y Clyde*, de Arthur Penn, introduce el estilo de la *nouvelle vague* en el cine de EE UU.

El primer largometraje de Jean-Luc Godard, *Al final de la escapada (À bout de souffle)*, marcó un punto de inflexión en el cine. Los saltos de plano, el argumento libre y el desdén de la moral convencional de esta película no fueron del gusto de todos, pero incluso los críticos de Godard quedaron sorprendidos por su carácter innovador, y directores como Scorsese y Tarantino han reconocido su deuda con ella.

El filme narra las aventuras de un delincuente, Michel (Jean-Paul Belmondo), que mata a un policía y se oculta en el apartamento de una estudiante estadounidense, Patricia (Jean Seberg), que ignora lo sucedido.

Godard se ha pasado la vida abordando cuestiones cruciales para el futuro del cine.
Derek Malcolm
The Guardian (2000)

Al final, Patricia denuncia a Michel a la policía, que lo mata en la calle.

Antes de empezar a dirigir, Godard había sido crítico de cine de la radical revista de cine *Cahiers du cinéma* y en *Al final de la escapada* multiplica los homenajes al séptimo arte: por ejemplo, Michel idolatra a Humphrey Bogart y cuelga un enorme cartel suyo en la pared.

Pese a todas estas referencias, Godard y otros jóvenes directores de la *nouvelle vague* (nueva ola), como François Truffaut y Claude Chabrol, estaban decididos a acabar con el cine al que consideraban *cinéma de papa*, es decir, las producciones vinculadas a los estudios y que tenían poco o nada que ver con la vida moderna. Ellos no se consideraban directores, sino autores con la misión de crear un estilo de cine nuevo y personal, filmado en exteriores y que abordase cuestiones sociales complejas.

Una chica y una pistola
Godard estaba convencido de que las películas no necesitaban un argumento bien construido. «Lo único que hace falta para hacer una película es una chica y una pistola», afirmó. El argumento de *Al final de la escapada* se inspira libremente en la historia real de Michel Portail,

« **No sé** si estoy **triste** porque **no soy libre** o si **no soy libre** porque estoy **triste**. »

Patricia / Al final de la escapada

que mató de un disparo a un policía motorizado en 1952 y que, al igual que el Michel Poiccard de la película, tenía una novia estadounidense; sin embargo, Godard fue escribiendo el guion a medida que filmaba.

Deliberadamente caótico en su manera de filmar, improvisaba los diálogos y rodaba escenas sobre la marcha en calles parisinas llenas de gente, lo cual le obligaba a usar una cámara de mano y a trabajar en condiciones de luz escasa, lo cual explica en parte el aspecto monocromático y el fuerte contraste de la película. Esta manera de trabajar derivó en una nueva técnica cinematográfica: el salto de montaje.

Saltos de montaje

Antes, una película «bien hecha» tenía que dar la impresión de una perfecta continuidad entre escenas filmadas desde distintos ángulos o en días diferentes. Pero Godard no hizo el menor intento de lograr transiciones suaves entre escenas, sino que las empalmó en un montaje acelerado. En una escena en la que sigue a Patricia conduciendo un coche deportivo, el fondo salta de un lugar a otro en los puntos en que se unen distintos momentos de filmación. Aunque los saltos de montaje se han convertido en una técnica de realización básica, en aquel momento el crítico de cine Bosley Crowther los calificó de «cacofonía de imágenes».

Otro motivo de controversia fue la frialdad del filme. El desapego narcisista y el desdén por la autoridad del protagonista se convirtieron en características del cine de la nueva generación. Al principio de la década de 1960, tanto los directores como el público apostaron por la rebelión en lugar de por el heroísmo abnegado de las décadas anteriores. ▪

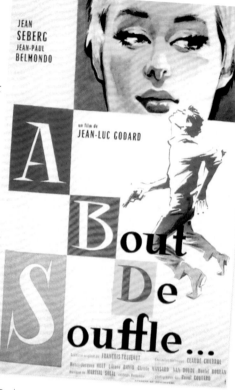

Al final de la escapada fue una de las primeras películas de la *nouvelle vague*. El atrevido estilo visual y la ruptura con el estilo clásico de estudio ya eran evidentes en el cartel.

Jean-Luc Godard Director

Nacido en París en 1930, Jean-Luc Godard se interesó por el cine muy joven y trabajó como crítico. Alentado por François Truffaut, otro joven crítico convertido en director, comenzó a dirigir él mismo. Su primera gran película, *Al final de la escapada*, triunfó en todo el mundo por su estilo innovador. Su obra se volvió aún más radical, tanto desde el punto de vista estético, con películas como *El desprecio* (1963), *Banda aparte* (1964) y *Alphaville* (1965), como político, con *Una mujer casada* (1964) y *Pierrot el loco* (1965). A finales de la década de 1960 rompió con el cine comercial, pero siguió dirigiendo películas que llevaban cada vez más lejos los límites del medio. Falleció en 2022.

Películas principales

1960 *Al final de la escapada*.
1963 *El desprecio*.
1965 *Alphaville*.

HACEN ESAS ESTUPIDAS LEYES PARA QUE TIPOS COMO YO NOS LAS SALTEMOS

SABADO NOCHE, DOMINGO MAÑANA / 1960

EN CONTEXTO

GÉNERO
Drama

DIRECCIÓN
Karel Reisz

GUION
Alan Sillitoe

REPARTO
Albert Finney, Shirley Anne Field, Rachel Roberts

ANTES
1947 *Siempre llueve en domingo*, de Robert Hamer, una historia del East End londinense, preludia los dramas realistas británicos.

1959 *Mirando hacia atrás con ira*, de Tony Richardson, basada en la obra teatral de John Osborne, es el primer drama «de fregadero» del cine.

DESPUÉS
1965 Ken Loach dirige varias películas sobre la clase obrera que combinan el drama con el documental. La primera fue el docudrama *Up the Junction*.

Con *Sábado noche, domingo mañana (Saturday Night and Sunday Morning)*, Reisz llevó a la clase obrera británica a la pantalla de un modo nunca visto. Basado en una novela semiautobiográfica de Alan Sillitoe, que también escribió el guion, el filme trata la historia de Arthur, joven que aspira a algo más que a trabajar en una fábrica. Esta fue una de las primeras películas británicas que presentaban a los obreros no como víctimas, sino como personas con sus aspiraciones y frustraciones. Reisz fue uno de los líderes de la nueva ola británica, paralela a la *nouvelle vague* francesa y que, como esta, buscaba enfocar de un modo más au-

Doreen y Arthur se ven en secreto. Se rebelan contra sus padres, a los que consideran «muertos por dentro», pero tendrán que afrontar la realidad cuando Arthur deje encinta a otra chica.

El estilo del cartel evoca el de la película francesa *Al final de la escapada*, estrenada el mismo año.

téntico la dirección cinematográfica saliendo del estudio para filmar en escenarios reales. Sin embargo, los directores británicos estaban menos interesados en la innovación que sus colegas franceses y buscaban ante todo el realismo: la vida personal de los obreros. El primero de los dramas *kitchen sink* (literalmente «de fregadero») fue *Mirando hacia atrás con ira* (1959), de Tony Richardson, adaptación de la obra teatral del mismo título de John Osborne, que inauguró el género cinematográfico de la década de 1960 protagonizado por «jóvenes airados» de clase modesta.

Mientras que *Mirando hacia atrás con ira* acusa su procedencia teatral, *Sábado noche, domingo mañana* es casi un documental por el modo en que aborda las complicadas vidas de los personajes, planteando sin ambages cuestiones como el adulterio, el aborto, el alcoholismo y la violencia, que forman parte de la cotidianidad. Cincuenta años después, este tipo de drama será la norma en las series de televisión británicas, pero en la década de 1960 era insólito. Arthur, al que Albert Finney interpreta magistralmente, está decidido a no dejarse amilanar por las limitaciones de su vida de tornero en una fábrica de bicicletas de Nottingham y se rebela contra el conformismo de su clase.

Un corte de mangas a las convenciones

Aunque Arthur declara: «Hacen esas estúpidas leyes para que tipos como yo nos las saltemos», no es un agitador político ni un delincuente. Se limita a no comportarse como quieren las convenciones al tener una aventura con Brenda (Rachel Roberts), la esposa de un compañero mayor que él, al mismo tiempo que mantiene relaciones con la joven Doreen (Shirley Field). Esta pequeña rebelión personal es aplastada por la realidad cuando Brenda queda embarazada y se ve obligada a abortar, y Arthur recibe una paliza por parte del marido y sus amigos soldados. Sin embargo, el espíritu de Arthur no ceja, y la película transmite optimismo pese a todo. ▪

> **《Solo me interesa pasarlo bien. Lo demás es propaganda.》**
>
> **Arthur Seaton /** Sábado noche, domingo mañana

Karel Reisz Director

Reisz, nacido en 1926 en Ostrava (Checoslovaquia), fue enviado a Gran Bretaña con 12 años, justo antes de que la Alemania nazi invadiera su país en 1939. Sus padres murieron en Auschwitz. Después de servir en la Segunda Guerra Mundial y estudiar química en Cambridge, se convirtió en crítico de cine.

Lideró el movimiento del *free cinema*, que promovía un cine británico menos clasista y con mayor conciencia política, y empezó a dirigir en 1960.

Películas principales

1960 *Sábado noche, domingo mañana*.
1964 *Night Must Fall*.
1981 *La mujer del teniente francés*.

NUNCA ME HE QUEDADO TANTO TIEMPO EN NINGUNA PARTE
EL AÑO PASADO EN MARIENBAD / 1961

EN CONTEXTO

GÉNERO
Experimental

DIRECCIÓN
Alain Resnais

GUION
Alain Robbe-Grillet

REPARTO
Delphine Seyrig, Giorgio Albertazzi, Sacha Pitoëff

ANTES
1955 En *Noche y niebla*, Resnais reflexiona sobre el recuerdo de los campos de concentración nazis.

1959 *Hiroshima mon amour*, el primer gran éxito de Resnais, aborda la memoria y el olvido tras la bomba atómica de Hiroshima.

DESPUÉS
1977 La película de Resnais *Providence*, sobre los recuerdos de un viejo escritor, es alabada por la crítica en Francia y denostada en EE UU.

F ilmada en blanco y negro y en pantalla panorámica, la película *El año pasado en Marienbad (L'Année dernière à Marienbad)* destila una frialdad glacial. Carente de estructura narrativa convencional, desafía deliberadamente todas las ideas preconcebidas sobre cómo debería ser una película y ha influido en toda una generación de directores, como Stanley Kubrick, David Lynch o Peter Greenaway.

La película está ambientada en un hotel palaciego en una zona rural de Europa central. Allí, un atractivo desconocido denominado X (Giorgio Albertazzi) insiste ante la bella huésped A (Delphine Seyrig) en que se conocieron y se enamoraron el año anterior en Marienbad, donde ella le prometió abandonar a su marido, M (Sacha Pitoëff), al año siguiente. A lo niega, pero X insiste entre partida y partida de nim, un juego matemático con el que se enfrenta a M y que siempre gana este.

Para Resnais, esta película es una exploración del tiempo y de la memoria. El guion, obra del novelista Alain Robbe-Grillet, figura señera del *nouveau roman*, fusiona el pasado y el presente en una serie de escenas surrealistas próximas a la pesadilla. Resnais transforma estas escenas en un mundo casi onírico en el que todo se reduce a apariencias y juegos de espejos. La vida sigue casi como un ritual, llena de

Alain Resnais Director

El cineasta francés Alain Resnais, nacido en Vannes (Bretaña) en 1922, aún divide a los críticos. Pese a que al final de su vida se inclinó hacia la farsa y la comedia, durante la primera mitad de su carrera trabajó con escritores eminentes como Alain Robbe-Grillet y Marguerite Duras para crear películas poéticas y enigmáticas sobre el tiempo y la memoria, que algunos celebran como obras maestras y otros califican de pretenciosas. Murió en 2014.

Películas principales

1959 *Hiroshima mon amour.*
1961 *El año pasado en Marienbad.*
1977 *Providence.*

Filmografía adicional: *Un perro andaluz* (1929, p. 330) ▪ *La aventura* (1960) ▪ *La dolce vita* (1960, pp. 160–615) ▪ *Pierrot el loco* (1965) ▪ *El resplandor* (1980, p. 339) ▪ *El contrato del dibujante* (1982) ▪ *Abre los ojos* (1997) ▪ *Flores de Shanghai* (1998)

Esta famosa escena en la que solo las personas proyectan sombras, ilustra el carácter irreal y casi onírico de *El año pasado en Marienbad* y, en general, de prácticamente toda la obra de Resnais.

《 Me hace usted **falta viva**. Viva como estaba usted antes, **cada noche**, durante **semanas**, durante **meses**. 》

X / El año pasado en Marienbad

alusiones y símbolos que sumen al espectador en un estado de inquietud permanente, ya que no sabe si todo está en la cabeza de X o en la de A. La película juega continuamente con la realidad y la ilusión. En una célebre escena filmada en un día nublado, las personas dispuestas con elegancia en una avenida proyectan largas sombras sobre el suelo, mientras que los árboles no tienen sombra. Para lograr este efecto, las sombras se pintaron a los pies de los actores.

Historia de una persuasión

Según Resnais, la película intentaba recrear el modo en que trabaja la mente. Robbe-Grillet insistía en que

los espectadores no debían buscar una narrativa lineal: «De hecho, toda la película es la historia de una persuasión», explicó, «Aborda una realidad que el protagonista crea a partir de su propia visión».

No existe noción del paso del tiempo ni da la sensación de que la historia avance. El ar-

Delphine Seyrig, que interpretó a A, lució modelos diseñados por todo un mito de la moda, Coco Chanel.

gumento es circular y repetitivo. Las campanadas de medianoche que abren la película vuelven a oírse al final, en un eco del círculo infinito de aceptación y rechazo de la película, en la que A rechaza a X, y viceversa. «Nunca me he quedado tanto tiempo en ninguna parte», dice A. Robbe-Grillet aclaró que «toda la historia de *Marienbad* no se desarrolla ni en dos años ni en tres días, sino exactamente en una hora y media», es decir, el tiempo que dura la película.

Desde la psicología jungiana y freudiana, y el análisis postestructuralista se han dado múltiples interpretaciones de *El año pasado en Marienbad*, cuyo significado sigue siendo objeto de controversia. Para muchos críticos de cine, esta película es la culminación de la fiebre experimental que llevó a la *nouvelle vague* a ampliar las posibilidades y los objetivos del cine. Aún hoy sigue siendo muy influyente. ▪

ESTA ES LA HISTORIA DE UN HOMBRE MARCADO POR UNA IMAGEN DE SU INFANCIA
LA JETEE / 1962

EN CONTEXTO

GÉNERO
Fantástico

DIRECCIÓN
Chris Marker

GUION
Chris Marker

REPARTO
Jean Négroni, Davos Hanich, Hélène Chatelain, Jacques Ledoux

ANTES
1953 Marker trabaja con Alain Resnais en el controvertido filme sobre el arte africano *Las estatuas también mueren*.

DESPUÉS
1977 En *Le fond de l'air est rouge*, Marker documenta el radicalismo político tras las revueltas de mayo de 1968.

1983 Marker amplía los límites del documental con *Sans soleil*, una reflexión sobre la historia del mundo y la incapacidad de la memoria para recuperar el contexto y los matices.

Dirigida por el enigmático Marker, *La jetée (El muelle)* es un clásico del género fantástico que conserva su capacidad de impresionar al espectador, pese a que el *remake* de Terry Gilliam, *12 monos* (1995), le haya hecho sombra. No obstante, las dos películas no podrían ser más diferentes.

Con menos de 30 minutos de duración y compuesta casi por completo por fotografías fijas, *La jetée* describe el viaje de un hombre al pasado, donde presencia un trágico acontecimiento que determina su vida desde la infancia.

Un sueño casi olvidado
El mundo postapocalíptico que presenta esta película nos desasosiega de manera sutil. La dulce voz del narrador introduce al espectador en la piel del protagonista, mientras oye los murmullos de los científicos amo-

rales que urden sus planes: este es él único diálogo de la película. El terror viene precisamente de este silencio y de la inmovilidad.

En este filme, el viaje en el tiempo sirve de pretexto para examinar la naturaleza de la memoria. El protagonista observa y vive momentos del pasado: una visita a un museo, una cita amorosa y, sobre todo, el suceso traumático que ha forjado su carácter. Sin embargo, el hecho de sea consciente de este suceso diluye su realidad. La película sugiere que lo que pertenece al pasado no existe más que como una breve imagen instantánea, como una fotografía: de ahí la utilización de imágenes fijas para estructurar la historia. El viaje emocional del protagonista queda compensado por la reflexión filosófica en uno de los finales del mundo más inimaginables que ha mostrado jamás el cine. ∎

« El sujeto no muere, no delira. Sufre. Se prosigue. »
El narrador / La jetée

Filmografía adicional: *El último hombre vivo* (1971) ▪ *Cuando el destino nos alcance* (1973) ▪ *Mad Max* (1979) ▪ *12 monos* (1995) ▪ *La carretera* (2009)

GUY, TE AMO.
HUELES A GASOLINA
LOS PARAGUAS DE CHERBURGO / 1964

EN CONTEXTO

GÉNERO
Musical

DIRECCIÓN
Jacques Demy

GUION
Jacques Demy

REPARTO
**Catherine Deneuve,
Nino Castelnuovo**

ANTES
1931 La trilogía *Marius,
Fanny* y *César* de Marcel
Pagnol, inspirará a Demy tres
filmes en ciudades portuarias.

1958 El musical *Gigi* de
Vincente Minnelli da una
imagen de Francia que Demy
parodiará en *Los paraguas de
Cherburgo*.

DESPUÉS
1967 *Las señoritas de Rochefort*,
de Demy, reúne a Catherine
Deneuve y Gene Kelly.

2001 Baz Luhrmann recrea
un mundo francés de fantasía
en *Moulin Rouge*.

Segunda entrega de una trilogía dirigida por Jacques Demy, *Los paraguas de Cherburgo* (*Les parapluies de Cherbourg*, 1964) es una película innovadora que combina la fantasía de un musical de Hollywood con el enfoque de lo cotidiano de la *nouvelle vague*.

Demy supo comprender que las personas corrientes que los directores de la *nouvelle vague* filmaban tenían aspiraciones y sueños tan románticos como el que más. Partió de una sencilla historia de amor frustrado en una ciudad de provincias y la convirtió en un musical que aborda temas característicos de la *nouvelle vague*, como el embarazo adolescente y la prostitución, pero con canciones y en escenarios edulcorados.

Catherine Deneuve interpreta a Geneviève, hija de la propietaria de una tienda de paraguas, que está enamorada de Guy (Nino Castelnuovo). Cuando este es llamado a filas y parte a la guerra de Argelia, el tema principal de la banda sonora magnifica la emoción de la larga despedida en la estación del tren. Sin embargo, se impone la realidad. Geneviè-

La bella Geneviève trabaja con su madre en la tienda de paraguas. Todos los diálogos son cantados, con música de Michel Legrand.

ve está embarazada, pero Guy no le escribe, y la convencen para que se case con un rico joyero para salvar a su madre de la ruina. Años después se encuentra por casualidad con Guy, casado y con un hijo. Ambos mantienen una conversación casi banal, y es la música la que expresa el dolor por lo que hubiera podido ser y no fue. ∎

Filmografía adicional: *Cantando bajo la lluvia* (1952, pp. 122–125) ▪ *Gigi* (1958) ▪ *Los 400 golpes* (1959, pp. 150–155) ▪ *Las señoritas de Rochefort* (1967)

DEL OTRO LADO HAY ORO EN EL MAR

DIOS Y EL DIABLO EN LA TIERRA DEL SOL / 1964

EN CONTEXTO

GÉNERO
Drama

DIRECCIÓN
Glauber Rocha

GUION
Glauber Rocha

REPARTO
Geraldo Del Rey, Yoná Magalhães, Maurício do Valle, Lidio Silva

ANTES
1962 En *Barravento*, primer largometraje de Rocha, un hombre lucha para liberar a su aldea del misticismo reaccionario que considera un factor de opresión.

DESPUÉS
1966 *Django*, del italiano Sergio Corbucci, un *spaghetti western* oscuro y salvaje, bebe directamente de Rocha.

1970 *El topo*, del chileno Alejandro Jodorowsky, narra la travesía del desierto de un pistolero que cambiará su vida.

G lauber Rocha, el director, afirmó: «Todos quieren matar a Glauber Rocha. No me perdonan que dirigiera *Dios y el diablo en la tierra del sol* a los 23 años». Sin embargo, lo que puso su vida en peligro fue algo más que su precocidad o su falta de humildad. Pionero y acérrimo defensor del realismo social, Rocha entendía el cine como una herramienta esencial al servicio de la lucha de clases. Poco antes del estreno de la película en su Brasil natal, un golpe de Estado impuso en el país un gobierno militar cuyas acciones le obligaron a exiliarse.

Cine comprometido

El desprecio que Rocha sentía por Hollywood resulta evidente: *Dios y el diablo en la tierra del sol (Desus e o diabo na terra do sol)* está a años luz de *Mary Poppins*, estrenada el mismo año. Al igual que *Barravento*, su primera película, se centra más en las ideas que en la acción o en los personajes y prosigue la exploración de la religión iniciada en la película anterior.

Esta película se inspira en las aventuras de Antonio das Mortes.

Sebastião (Lidio Silva) es un predicador que está reclutando seguidores entre los pobres del *sertão*, las tierras yermas del norte de Brasil. Manuel (Geraldo Del Rey), un humilde trabajador rural, cree que aquel es la encarnación de san Sebastián, pero su esposa Rosa (Yoná Magalhães) es más escéptica y cuestiona con frecuencia las creencias de su marido.

Manuel intenta mejorar su situación y la de su esposa vendiendo su ganado a su patrón; sin embargo, muchos de los animales mueren de camino al mercado y el patrón se niega a pagar por ellos. Encolerizado, Manuel lo mata a machetazos y huye con

Filmografía adicional: *Barravento* (1962) ▪ *Vidas secas* (1963) ▪ *Soy Cuba* (1964) ▪ *Tierra en trance* (1967) ▪ *Antonio das Mortes* (1969) ▪ *El topo* (1970) ▪ *Ciudad de Dios* (2002, pp. 304–309) ▪ *Carandiru* (2003)

Glauber Rocha Director

Nacido en Bahía (Brasil) en 1939, Glauber Rocha descubrió el cine, la política y el periodismo en la adolescencia. Con 20 años dejó la facultad de derecho para dedicarse al cine. Inspirándose en la *nouvelle vague*, lideró el *cinema novo* de Brasil en la década de 1960 y compitió en el festival de Cannes de 1964 con *Dios y el diablo en la tierra del sol*, el primer filme de una trilogía sobre la conciencia de clase que siguió con *Tierra en trance* y *Antonio das Mortes*. Rocha se exilió en la década de 1970, durante la cual filmó en España y en África. Aunque sus opiniones y estilo generaban controversia, en su país se le siguió considerando un héroe. Falleció un año después de estrenar *A idade da terra* (1980).

Películas principales

1964 *Dios y el diablo en la tierra del sol.*
1967 *Tierra en trance.*
1969 *Antonio das Mortes.*

Rosa siguiendo al carismático y cada vez más poderoso Sebastião, que promete la salvación y vaticina que un día «el *sertão* se hará mar, y el mar *sertão*». Rosa continúa cuestionando las afirmaciones del predicador, pero Manuel cree ciegamente en él y lleva a cabo acciones sin sentido y cada vez más brutales para satisfacer a su nuevo señor. La jerarquía eclesiástica, alarmada por Sebastião y por las masacres que asolan la región, recurre al mercenario Antonio das Mortes (Maurício do Valle) para eliminarlo.

Un giro hacia el absurdo
Sebastião es asesinado, y el matrimonio fugitivo sigue huyendo hasta que tropieza con un campamento dirigido por el cruel capitán Corisco (Othon Bastos), el «diablo» de la película, que rebautiza a Manuel como «Satanás» y lo incorpora a su caótico grupo de bandidos. A partir de aquí, el estilo de la película cambia drásticamente, y lo que había empezado como un drama neorrealista se transforma en algo más próximo al absurdo del dramaturgo Samuel Beckett que al compromiso político del teatro de Bertolt Brecht, que ejerció una gran influencia en Rocha. Cuando se acerca el final, Das Mortes abate al ya casi totalmente enajenado Corisco.

Un grito de guerra
Esta película no ha superado muy bien el paso del tiempo. La interpretación parece amanerada o, aún peor, propia de meros aficionados, mientras que la indudable pasión del director deriva en excesos melodramáticos subrayados por la banda sonora en ocasiones casi pretenciosa del compositor Heitor Villa-Lobos. Aun así, con sus extrañas composiciones, que incluyen *crash zooms* y saltos de montaje, Rocha lanza un grito de guerra en defensa de la tierra y la libertad, al mismo tiempo que denuncia la manipulación de los trabajadores por la Iglesia y el Estado.

«En esta tierra un hombre solo vale cuando toma las armas para cambiar el destino», dice Corisco, «No es con el rosario, no, Satanás. ¡Es con rifle y con puñal!». ▪

Manuel (Geraldo Del Rey) asciende el Monte Santo de rodillas y con una piedra sobre la cabeza, por orden del predicador Sebastião (Lidio Silva). La piedra está cargada de simbolismo.

CABALLEROS, NO PUEDEN PELEAR AQUI. ¡ESTE ES EL DEPARTAMENTO DE GUERRA!

¿TELEFONO ROJO?, VOLAMOS HACIA MOSCU / 1964

EN CONTEXTO

GÉNERO
Comedia satírica

DIRECCIÓN
Stanley Kubrick

GUION
Stanley Kubrick, Terry Southern (guion); Peter George (novela)

REPARTO
Peter Sellers, George C. Scott, Sterling Hayden, Slim Pickens

ANTES
1957 *Senderos de gloria*, de Kubrick, se desarrolla durante la Primera Guerra Mundial.

1962 Kubrick y Sellers colaboran en *Lolita*.

DESPUÉS
1987 Kubrick denuncia de nuevo lo absurdo de la guerra en *La chaqueta metálica*.

En 1963, Stanley Kubrick decidió rodar una película sobre la guerra fría, que en aquel momento estaba al rojo vivo. Occidente y sus enemigos del bloque del Este llevaban casi veinte años enzarzados en un duelo de miradas, y las grandes potencias se estaban poniendo nerviosas: si un bando se atrevía a pestañear, todos morirían en un holocausto termonuclear. La estrategia militar para la paz basada en la «destrucción mutua asegurada» empezaba a sonar como una tenebrosa promesa de aniquilación. Un año antes se había superado por los pelos la crisis de los misiles de Cuba, y parecía que el Apocalipsis estaba al caer.

Una sátira de la guerra fría

Cuando *¿Teléfono rojo?, volamos hacia Moscú (Dr. Strangelove)* se estrenó ante un público desprevenido en enero de 1964, Kubrick esperaba que todo el mundo riera a carcajadas al descubrir este apocalíptico escenario en la pantalla. Al principio, el director había pensado en realizar un *thriller* al uso, basado en la novela de Peter George *Red Alert* (1958), sobre un oficial de las fuerzas aéreas de EE UU que enloquece y ordena a sus aviones atacar a la URSS. Sin embargo, cuando empezó a trabajar con el guionista Terry Southern le pareció que la política de la guerra moderna era tan absurda que no resultaba adecuada para un drama y que solo una farsa podría transmitir la locura de una autodestrucción accidental.

Kubrick y Southern dieron un giro cómico al macabro argumento de *Red Alert*. El loco de la novela se transforma en Jack D. Ripper (Sterling Hayden), un general estadou-

« **Ojalá** tuviéramos una de **esas máquinas**… »

Turgidson / *¿Teléfono rojo?, volamos hacia Moscú*

Filmografía adicional: *Senderos de gloria* (1957) ▪ *La pantera rosa* (1963) ▪ *Punto límite* (1964) ▪ *La naranja mecánica* (1971, p. 337) ▪ *Bienvenido Mr. Chance* (1979) ▪ *El resplandor* (1980, p. 339) ▪ *The Atomic Café* (1982)

El Departamento de Guerra, vasto, impersonal y presidido por la ominosa mesa redonda con su lámpara circular flotante, fue diseñado por Ken Adam como un búnker subterráneo.

nidense que atribuye su impotencia sexual a un complot comunista para *fluorizar* el agua potable. Ripper envía una escuadra de bombarderos para destruir la URSS y se sienta a esperar el Juicio Final.

Metáforas sexuales

El filme, cuyo subtítulo en inglés es *Cómo aprendí a dejar de preocuparme y a estimar la bomba*, es una sátira política, pero también una comedia sobre la relación erótica entre los hombres y la guerra (el «extraño amor» al que alude el apellido del personaje del título en inglés). Empieza con la balada romántica «Try A Little Tenderness» y termina con la canción de Vera Lynn «We'll Meet Again» sobre un montaje orgásmico de explosiones atómicas desencadenadas por la bomba nuclear que cabalga a horcajadas el mayor «King» Kong (Slim Pickens) y que activa la «máquina del fin del mundo» de los soviéticos. La imaginería de Kubrick en un sobrio blanco y negro rebosa de símbolos fálicos, desde misiles nucleares, torretas ametralladoras y pistolas hasta el enorme puro del general Ripper, que exhala volutas de humo con forma de hongo atómico.

Se trata de un mundo de hombres a los que excita la destrucción masiva. El sombrío doctor Strangelove (también encarnado por Peter Sellers) blande un diminuto cigarrillo que quizá lo dice todo acerca de sus motivaciones. Antes conocido como Merkwürdigliebe, Strangelove es un científico alemán cuyos modelos fueron ingenieros nazis especializados en armamento nuclear que habían emigrado a EE UU, como Wernher von Braun, y posee un brazo con voluntad propia que se alza para hacer el saludo nazi cada vez que en una conversación se abordan los temas del asesinato en masa o la eugenesia. Strangelove tiene dificultades para mantener bajo control esta peculiar erección y cuando ve que el planeta está a punto de estallar, salta de su silla de ruedas con un grito de alegría: *«¡Mein Führer!»*, exclama, «¡Puedo andar!». Está **»**

El general «Buck» Turgidson (George G. Scott) imita a un B52 en vuelo rasante «friendo pollos en un corral».

El siniestro guante negro que lleva Strangelove en su díscola mano derecha era de Kubrick, que lo usaba para manipular los focos calientes durante el rodaje.

en erección físicamente y sexualmente, dispuesto a hacer realidad su plan de creación de una raza humana suprema, en la que habría diez mujeres para cada hombre.

El único personaje femenino de la película es la señorita Scott (Tracy Reed), secretaria y amante del general Turgidson y que también aparece como «Miss Asuntos Exteriores» en las páginas centrales del ejemplar de *Playboy* de junio de 1962 que el mayor Kong está leyendo al principio de la película. El número de *Foreign Affairs* que cubre las nalgas de la señorita Scott contiene un artículo titulado «Strains on the Alliance» de Henry Kissinger, una de las múltiples referencias «internas» de la película a la situación política. La mezcla de connotaciones eróticas y militares en el lenguaje que utilizan entre ellos la

señorita Scott y el general Turgidson es continua (y en muchos casos, obviada por el doblaje español).

Los nombres de muchos personajes aluden a la guerra, el sexo o la dominación, desde el de Jack D. Ripper (que en inglés suena igual que Jack *el Destripador*) hasta el del embajador Alexi de Sadesky (marqués de Sade). Los nombres de las bombas, «Hi There» y «Dear John», evocan en

¿Teléfono rojo?... indignó al Pentágono, aunque de forma no oficial se dijo que era casi un documental.
Frederic Raphael
The Guardian (2005)

inglés el principio y el final de una relación de pareja.

Egos superlativos

Además de a Mandrake y a Strangelove, el versátil Sellers interpreta a un tercer personaje: el presidente Merkin Muffley (otra connotación sexual), que intenta gestionar la crisis desde su Departamento de Guerra. En este gigantesco foro, el líder de EE UU se reúne con un elenco íntegramente masculino de diplomáticos, militares y asesores para decidir el futuro de la humanidad.

En la escena cómica central, Muffley telefonea a Kissoff, el primer ministro soviético, para advertirle del ataque inminente. Kissoff está borracho y en plena fiesta, y la conversación degenera en una discusión pueril. El monólogo de Sellers es hilarante, pero también aterrador porque el «teléfono rojo» acababa de hacerse realidad. La línea directa entre Washington y Moscú se instauró en 1963, y la película de Kubrick llevaba el concepto que la había inspirado a

« Señor presidente, **no digo** que con esas ideas se le **haya caído el cabello**, pero sí digo que no habría **más** de diez o veinte **millones** de soviéticos, dependiendo de la muerte.»

Turgidson / ¿Teléfono rojo?, volamos hacia Moscú

su conclusión lógica: una guerra fría reducida al ansia de poder de dos egos heridos. «Claro que es una llamada amistosa… Si no fuera una llamada amistosa, probablemente no te habría llamado», susurra Muffley. Estas bromas debieron de helar la sangre en las venas a los espectadores de la época y aún hoy siguen poniendo los pelos de punta.

Más adelante presenciamos una discusión menos sofisticada entre el gran aficionado al chicle que es el general «Buck» Turgidson (George C. Scott) y el embajador ruso (Peter Bull) que reduce la guerra fría a una pelea de patio de colegio. «Caballeros, no pueden pelear aquí», exclama Muffley horrorizado, «¡Este es el Departamento de Guerra». La película es absurda, inteligente y, en el fondo, está llena de ira. Es obvio que Kubrick detestaba a esta panda de payasos patéticos y delirantes. Primero pensó en concluir el filme con una pelea de tartas entre ellos y filmó la secuencia, pero luego cambió de opinión y sustituyó las tartas por cabezas nucleares para que nadie pudiera pensar que esos payasos eran inofensivos. ∎

El cartel de la película muestra a los presidentes de los dos países más poderosos del mundo, que discuten como niños por teléfono y son incapaces de evitar la catástrofe nuclear.

Stanley Kubrick
Director

Nacido en Nueva York en 1928, Kubrick empezó como fotógrafo y ajedrecista antes de iniciar su carrera en el cine como director, en 1953, con *Fear and Desire*. Trató varios géneros –histórico (*Espartaco* y *Barry Lydon*), comedia (*¿Teléfono rojo?, volamos hacia Moscú*), ciencia ficción *(2001: una odisea del espacio)* y terror (*El resplandor*)– con una mirada analítica bajo el denominador común de la fragilidad humana. Quizá le interesaran más las máquinas que las personas, no tanto como instrumentos del cine, sino sobre todo como objeto de la obsesión por el progreso tecnológico. En 2001, dos años después de su muerte, Steven Spielberg rodó *I. A. Inteligencia artificial*, el último proyecto de ciencia ficción que Kubrick no pudo filmar y con el que habría dicho su última palabra acerca del tema.

Películas principales

1964 *¿Teléfono rojo?, volamos hacia Moscú.*
1968 *2001: una odisea del espacio.*
1971 *La naranja mecánica.*
1980 *El resplandor.*

Peter Sellers · George C. Scott

In Stanley Kubrick's

Dr. Strangelove.

Or:
How
I Learned
To
Stop
Worrying
And
Love
The
Bomb

the hot line suspense comedy

YO NECESITO CANTAR DONDEQUIERA QUE ESTE

SONRISAS Y LAGRIMAS / 1965

EN CONTEXTO

GÉNERO
Musical

DIRECCIÓN
Robert Wise

GUION
**Ernest Lehman (guion);
Maria von Trapp (libro);
George Hurdalek, Howard
Lindsay, Russel Crouse
(libreto)**

REPARTO
**Julie Andrews, Christopher
Plummer, Eleanor Parker**

ANTES
1956 Ruth Leuwerik
protagoniza *La familia Trapp*,
adaptación alemana del libro
de Von Trapp.

1959 Se estrena en Broadway
el musical *The Sound of Music*
con música de Richard Rodgers
y letra de Oscar Hammerstein II.

DESPUÉS
1972 El musical *Cabaret* tiene
lugar en Berlín en la época del
ascenso de los nazis al poder.

Aún hoy, no es raro que el
público de los países an-
glosajones coree con nos-
talgia las archiconocidas canciones
de *Sonrisas y lágrimas (The Sound
of Music)* cada vez que se proyecta
esta película, una comedia musical
divertida, pero también profunda.

La historia de María, una novicia (Julie Andrews) que no acaba
de adaptarse a la vida del convento
y que la abandona por un tiempo
para trabajar como institutriz de los
siete traviesos vástagos de un estricto capitán viudo, Georg von Trapp
(Christopher Plummer), se desarrolla en un bucólico escenario, casi

de postal, de los Alpes austríacos.
El buen humor y las canciones de
María acaban por conquistar a los
niños y también el corazón del capitán. Situada en 1938 y basada en
una historia real, la película sigue
emocionando al público, quizá porque representa unos valores que casi
llegaron a extinguirse durante uno
de los periodos más oscuros de la
historia de Europa.

Inocencia vulnerable
La primera mitad de la película se
centra en la integración de María
en la familia Trapp y en el dilema al
que se enfrenta la novicia cuando el

Robert Wise Director

Nacido en 1914
en Winchester
(Indiana, EE UU),
Wise consiguió
un empleo como
montador de música y sonido en
los estudios RKO a los 19 años
y llegó a trabajar para Orson
Welles en filmes como *Ciudadano
Kane* (pp. 66–71). Su primera obra
como director fue *El regreso de
la mujer pantera* (1944), a la que
siguieron películas de género
como *Ultimátum a la Tierra* (1951)

y *La casa embrujada* (1963).
Luego realizó musicales, entre
los que destacan *West Side
Story* y *Sonrisas y lágrimas*.
Murió en 2005, a los 91 años
de edad.

Películas principales

1945 *El ladrón de cuerpos.*
1951 *Ultimátum a la Tierra.*
1961 *West Side Story.*
1965 *Sonrisas y lágrimas.*

Filmografía adicional: *Cantando bajo la lluvia* (1952, pp. 122–125) ▪ *De aquí a la eternidad* (1953) ▪ *Gigi* (1958) ▪ *West Side Story* (1961, p. 334) ▪ *La casa embrujada* (1963) ▪ *Mary Poppins* (1964) ▪ *Cabaret* (1972) ▪ *Los miserables* (2012)

El capitán Von Trapp descubre estupefacto a sus siete hijos empapados y vestidos con la ropa que María, la institutriz, ha confeccionado con las cortinas de su habitación.

capitán se enamora de ella, a pesar de su compromiso con una dama aristocrática, la baronesa Schraeder (Eleanor Parker). Consternada por la situación que ha creado, María huye y vuelve al convento, pero la abadesa le anima a regresar a su nuevo hogar. Para alegría de los niños, el capitán contrae matrimonio con ella. La película habría podido terminar con este final feliz; sin embargo, continúa en un tono muy distinto al trasladar el interés a la situación de la familia en el mundo que la rodea. Cuando la anexión de Austria por la Alemania nazi amenaza con destruir todo lo que aman, el destino de los personajes queda unido al del país.

Rolfe (Daniel Truhitte), un chico del pueblo que está enamorado de Liesl (Charmian Carr), la hija mayor del capitán, encarna el peligro de la manera más dolorosa. Un día sorprende a la familia y al público al aparecer vestido con el uniforme nazi, demostrando hasta qué punto la inocencia de la juventud puede ser utilizada para fines malvados. «En realidad, no perteneces a esos», le dice el capitán, pero Rolfe traiciona a la familia.

El bálsamo de la música

La mayoría de las canciones de *Sonrisas y lágrimas* hablan de la felicidad que proporcionan las cosas sencillas de la vida cotidiana y la naturaleza, pero en varias ocasiones se utilizan para superar el miedo o mantener alejado el peligro. María tranquiliza a los niños durante una tormenta cantando «Cosas tan bellas me gustan a mí» («My Favourite Things»), y al final de la película, la familia sube al escenario durante un festival para ganar tiempo cantando cuando el peligro estrecha su cerco: unos oficiales nazis observan desde la primera fila mientras que los soldados esperan en los pasillos para impedir que la familia huya y obligar al capitán Von Trapp a alistarse en cuanto termine el espectáculo.

El desbordante optimismo de la película no se debe solo a la música de ese «dulce cantar que susurra el monte», sino también a su mensaje, que nos recuerda que la honestidad y la bondad nos preservan del mal. Cuando el capitán Von Trapp invita al público del festival a cantar con él «Edelweiss», una canción sobre la blanca flor alpina que simboliza a Austria, afirma su lealtad a una tierra anexionada por una cruel potencia extranjera y defiende lo que considera decente y bueno.

En cierto sentido, María y el capitán no solo protegen a sus hijos, sino a todo un modo de vida, cuando finalmente huyen a Suiza a través de las montañas. ▪

《 Cuando el Señor **cierra una puerta**, en otro sitio **abre una ventana**. **》**

María / Sonrisas y lágrimas

COMENZAR UNA REVOLUCION ES DIFICIL

LA BATALLA DE ARGEL / 1966

EN CONTEXTO

GÉNERO
Bélico, político

DIRECCIÓN
Gillo Pontecorvo

GUION
**Gillo Pontecorvo,
Franco Solinas**

REPARTO
**Jean Martin, Brahim
Hadjadj, Yacef Saadi**

ANTES
1960 Pontecorvo rueda *Kapò*,
uno de los primeros intentos
de plasmar en la gran pantalla
los horrores del Holocausto.

DESPUÉS
1969 En el filme *Queimada*,
de Pontecorvo, Marlon Brando
es un agente secreto británico
en una isla caribeña donde se
han rebelado los esclavos.

2006 *El viento que agita la
cebada*, de Ken Loach, narra la
historia de unos combatientes
del IRA durante a guerra de la
independencia irlandesa.

entro de la fic-
ción cinemato-
gráfica, la gue-
rra y las luchas políticas
se pueden tratar de dis-
tintas maneras. La ma-
yoría de los cineastas se
decanta por una perspec-
tiva humanista y muestra
la vida de los civiles inmersos en el conflicto, o la
de los soldados, para analizar las crisis morales a las
que deben enfrentarse en
el cumplimiento del deber.

Sin embargo, en *La ba-
talla de Argel* (*La battaglia
di Algeri*), Gillo Pontecorvo
adopta un punto de vista
periodístico a fin de recons-
truir los acontecimientos de
la lucha que llevó a Argelia a
independizarse de Francia.
Aunque cuenta con varios
protagonistas, especialmente Alí
La Pointe, uno de los líderes de la resistencia argelina, esta película no
relata la historia de ninguna persona en particular, sino, como sugiere
el título, la historia de la batalla de
Argel. La cámara capta los hechos
que tienen lugar en las calles con un
distanciamiento objetivo, a la manera de un reportaje de prensa.

Gracias a un estilo de filmación casi
documental, las escenas multitudinarias
de esta película parecen extraídas de
un reportaje de actualidad.

El coste del terror

La batalla de Argel pone de relieve
toda una serie de cuestiones éticas
que no han perdido vigencia con el
paso del tiempo. Pontecorvo presenta a los dos bandos con una notable

Minuto a minuto

00:10
En 1954, estando en prisión,
el ladrón de baja estofa Alí La
Pointe presencia la ejecución de
un hombre que grita consignas
independentistas. Cinco meses
después se une al FLN.

00:36
En respuesta a
los asesinatos de
policías por el FLN,
el jefe de policía
pone una bomba en
la casba que mata
a varios niños.

00:55
El coronel Mathieu
llega a Argel para dirigir
las operaciones contra el
FLN. Planea la Operación
Champagne, que se llevará
a cabo durante la huelga
convocada por el FLN.

01:44
Djafar, el líder
del FLN, se rinde.
Alí La Pointe sigue
en libertad.

| 00:00 | 00:20 | 00:40 | 01:00 | 01:20 | 01:40 | 02:02 |

00:18
Es 1956, y el FLN
anuncia la prohibición
del alcohol, las drogas
y la prostitución dentro
de la casba.

00:41
Tras la explosión de la casba,
tres mujeres del FLN vestidas a la
occidental ponen bombas en un bar,
en una discoteca y en el aeropuerto.
Matan a mucha gente.

01:32
En una conferencia de
prensa, Mathieu elogia a
los combatientes del FLN,
inclusive al detenido Ben
M'Hidi, por la incorruptible
lealtad a su causa.

01:52
Alí La Pointe se niega a
rendirse. El coronel vuela
la casa en que se oculta y
declara: «Ahora la tenia
está sin cabeza».

« Deme sus **bombarderos** y nosotros le dejaremos **nuestros cestos**. »

Ben M'Hidi / La batalla de Argel

imparcialidad. Los combatientes por la independencia argelina, miembros del FLN (Frente de Liberación Nacional), carecen de medios materiales y humanos suficientes para enfrentarse a la policía militar francesa en un combate directo, por lo que recurren a la guerra de guerrillas y al terrorismo. Utilizan niños como mensajeros y obligan a mujeres musulmanas a vestirse a la occidental para poder acceder al barrio europeo y poner bombas. Sus objetivos no son militares, sino civiles, como cafeterías y aeropuertos frecuentados por europeos.

La secuencia en que las mujeres se preparan para los atentados es especialmente esclarecedora del precio de la lucha. Las vemos prescindir del hiyab, cortarse el pelo y eliminar todo rastro de su identidad cultural y religiosa en aras de lo que se considera un bien mayor. Matan al azar a europeos, en cuyos rostros la cámara se detiene antes de las explosiones, pero no hay rastro de triunfalismo en ellas. A sus ojos solo están haciendo un mal necesario.

A su vez, los militares franceses también se enfrentan a sus propias contradicciones morales. Utilizan la violencia y la tortura durante los interrogatorios con el objetivo de obtener la información que necesitan para acabar con el FLN. Al principio de la película vemos a un argelino salvajemente torturado, al que obligan a vestirse con un uniforme militar francés para mayor humillación. El coronel Mathieu, encargado de aplastar el movimiento de la resistencia, reprende a uno de los soldados que se burla del aspecto del prisionero. Este momento recuerda a otro posterior, en el que Mathieu declara que han renunciado a algo de sí mismos, el orgullo y el mérito moral, en aras de la victoria. Pontecorvo contempla a las víctimas de ambos bandos con el mismo dolor: la misma música fúnebre acompaña tanto las imágenes de civiles franceses víctimas de los atentados como las de argelinos muertos tras las redadas de los militares franceses. »

Djafar (Yacef Saadi, segundo por la izda.) recluta a Alí (Brahim Hadjadj, dcha.) para el FLN. El personaje de Djafar se basa parcialmente en Saadi, que perteneció al FLN.

> **❝**
> *La batalla de Argel* servíría para entrenar a la guerrilla urbana.
> **Jimmy Breslin**
> *New York Daily News* (1968)
> **❞**

Cómo ganar una batalla contra el terrorismo y perder la guerra de las ideas. Los niños disparan a los soldados [...] Las mujeres ponen bombas [...] Pronto, toda la población árabe se inflama. ¿Les suena?

Cartel para la proyección del filme en el Pentágono (2003)

El filme formula la misma pregunta a ambos bandos: ¿Qué es más importante en la guerra, vencer o conservar la dignidad?

El papel de los medios

La batalla de Argel también suscita numerosos interrogantes sobre el papel de los medios de comunicación en la guerra moderna. Los dos bandos acaban reconociendo que ganarse el corazón y la mente de los medios y, por lo tanto, del mundo, es tan importante como ganar batallas sobre el terreno. Tras perpetrar una serie de atentados terroristas, el FLN decide convocar una huelga general y exige a todos los activistas que depongan sus armas. Cuando el inquieto Alí cuestiona esta decisión, su superior le informa de que, para lograr la independencia que tanto anhelan, es preciso que el mundo entero deje de considerarlos terroristas y los vea como un pueblo que lucha por su libertad.

También Mathieu es consciente del enorme poder que ejercen los medios de comunicación. En una conferencia de prensa defiende sus métodos ante unos periodistas a los que echa en cara su actitud de nadar y guardar la ropa ante el conflicto. Desaprueban los métodos de Mathieu, pero creen que los france-

El coronel Mathieu (Jean Martin) es enviado a Argel con la misión de vencer al FLN después de la escalada de violencia en los dos bandos.

ses deben permanecer en Argelia, y sus métodos son la única manera de lograrlo. Teniendo en cuenta la estructura piramidal del FLN, únicamente la tortura de los sospechosos permitirá llegar hasta la cima de la organización, a la que compara con una tenia, un gusano al que es necesario decapitar.

El siglo XX vio cómo el mundo se convertía en una comunidad global donde la tecnología de las comunicaciones hace imposible que las guerras y los actos de violencia pasen desapercibidos. *La batalla de Argel* propone que, en los conflictos modernos, la victoria no depende necesariamente de la fuerza militar. Mathieu es mejor estratega que el FLN y consigue derrotar a este sobre el terreno, pero finalmente Argelia se independizará porque el FLN logra que prenda en la opinión pública la idea del derecho a la autodeterminación del país. Mathieu gana la batalla de Argel, pero Francia perderá la guerra.

La naturaleza de la guerra

La batalla de Argel trata de la lucha de Argelia por obtener su independencia, pero también de la naturaleza del conflicto, un tema universal. Las preguntas que plantea acerca

Principales atentados de la batalla de Argel

- Prisión Barberousse
- CASBA
- Escondite de Alí La Pointe
- Calle de Thèbes
- Milk Bar
- Estadio
- CIUDAD EUROPEA
- Cafetería
- Centro especial de interrogatorios (tortura)

CLAVE
- ✹ Atentado del FLN
- ✷ Atentado francés
- ■ Centros militares franceses

de las líneas que deben cruzar las personas en defensa de sus ideales siguen siendo tan pertinentes como difíciles de responder.

Es probable que esta sea la película bélica más ecuánime que se haya filmado jamás. Refleja fríamente la estrategia de los dos bandos sin dejarse arrastrar por las emociones ni demonizar abiertamente a ninguno. Aunque es evidente que reconoce el derecho de Argelia a su independencia, respeta la honestidad, la dignidad y la competencia de Mathieu, y al final, incluso le concede un momento de decencia, cuando ruega a Alí que deje partir a un adolescente de su grupo para salvarle la vida. Este momento define la película: en la guerra no solo cuenta la causa, sino también todo aquello que se hace en su nombre. ■

Gillo Pontecorvo Director

Gillo Pontecorvo nació en Pisa (Italia) en 1919. Aunque empezó a estudiar química, finalmente decidió trasladarse a París, donde se introdujo en el mundo del cine tras conocer a Joris Ivens, director de documentales holandés, cuya ideología marxista compartía y de quien acabó siendo ayudante.

En 1941, Pontecorvo se afilió al Partido Comunista Italiano y su fuerte compromiso político le llevó a rodar sobre todo documentales. De hecho, en *La batalla de Argel* —una de sus raras incursiones en el mundo de la ficción–, optó por seguir fiel a los principios del documental y contrató a actores no profesionales, como el antiguo líder del FLN Yacef Saadi. Murió en Roma en 2006.

Películas principales

1960 *Kapò*.
1966 *La batalla de Argel*.
1969 *Queimada*.
1979 *Operación Ogro*.

¿QUIEN QUIERE SER UN ÁNGEL?

CHELSEA GIRLS / 1966

EN CONTEXTO

GÉNERO
Experimental

DIRECCIÓN
**Andy Warhol,
Paul Morrissey**

GUION
**Andy Warhol,
Ronald Tavel**

REPARTO
**Nico, Brigid Berlin,
Ondine, Mary Woronov,
Gerard Malanga**

ANTES
1963 *Sleep*, uno de los primeros experimentos de «anticine» de Warhol, consiste en cinco horas de filmación de su amigo John Giorno durmiendo.

1964 Warhol rueda el filme de ocho horas *Empire*, en el que se ve el Empire State de noche.

DESPUÉS
1968 *Lonesome Cowboys*, de Warhol y Morrissey, es una atrevida versión wéstern de *Romeo y Julieta*.

En 1966, poco después del estreno de la película *Chelsea Girls* de Andy Warhol y Paul Morrissey, el crítico Roger Ebert escribió: «Warhol no tiene nada que decir y carece de técnica para decirlo». Sin embargo, pocas películas han reflejado mejor el momento en que fueron filmadas.

Chelsea Girls lanza una mirada provocadora a la contracultura neoyorquina de la época. Para realizar la película, Warhol y Morrissey decidieron filmar a sus propios amigos haciendo lo que hacían normalmente: hablar, criticar, drogarse, acostarse unos con otros, escuchar música… Entre los miembros de este excéntrico grupo, conocidos como las superestrellas de Warhol, estaban la cantante Nico, el fotógrafo Gerard Malanga y el actor Ondine. El título del filme procede del Hotel Chelsea de Manhattan donde solían reunirse. Otras localizaciones fueron la Factory, el estudio de Warhol y distintos apartamentos.

Mirada de *voyeur*

La cámara, deliberadamente importuna, graba sin ningún pudor la intimidad de los protagonistas. La mediocre calidad de la imagen recuerda que se les filma en todo momento, una técnica que Warhol denominaba «anticine». Warhol y Morrissey rodaron doce películas de 33 minutos, la mitad en blanco y negro y la otra mitad en color, y las ensamblaron en una sola cinta de pantalla partida. Al pasar su mirada de una pantalla a otra, el espectador refuerza su papel de *voyeur* de los que viven su momento estelar bajo los focos. ∎

Desde que se inventaron,
las películas han sido las que
han dirigido realmente las
cosas en América.
Andy Warhol

Filmografía adicional: *Scorpio Rising* (1963) ▪ *8½* (1963) ▪ *Blow-Up* (1966) ▪ *Performance* (1970) ▪ *Yo disparé a Andy Warhol* (1996) ▪ *Ciclo Cremaster* (2002)

¡VEAMOS LAS VISTAS!

PLAYTIME / 1967

EN CONTEXTO

GÉNERO
Comedia

DIRECCIÓN
Jacques Tati

GUION
Jacques Tati

REPARTO
Jacques Tati

ANTES
1949 *Día de fiesta*, primer gran éxito de Tati, narra la historia de un cartero rural que decide disfrutar de un día festivo.

1953 En *Las vacaciones del señor Hulot*, Tati presenta a Hulot, su divertido *alter ego*.

1958 *Mi tío*, primera película en color de Tati, obtiene el Oscar a la mejor película extranjera.

DESPUÉS
1971 *Tráfico* es el último filme de Tati protagonizado por Hulot.

2010 *El ilusionista*, película de Sylvain Chomet, se basa en un guion inédito de Tati.

El actor y director francés Jacques Tati destacó por su talento para el chiste visual y la comedia muda en unas películas excéntricas, únicas en su género, la mayoría de ellas protagonizadas por su cómico y entrañable personaje *monsieur* Hulot.

Playtime es la tercera película en que aparece Hulot y, en opinión de muchos, la obra maestra de Tati. La trama es mínima: se reduce a los encuentros de Hulot con un grupo de turistas americanos durante un día en París. Sin embargo, el París de la película es una creación del propio Tati, un gigantesco decorado futurista al que se llamó Tativille.

Perdido en Tativille

La ciudad ultramoderna de Tati es un laberinto de líneas rectas, cristal reluciente y espacios idénticos en el que el torpe Hulot se pierde continuamente. Se trata de una sátira de la deshumanización de la ciudad del futuro, pero también de un divertido homenaje al incontenible ingenio humano al que una chispa de excentricidad salva de la monotonía. La

En su momento, *Playtime* fue la película francesa más cara, sobre todo a causa del decorado que se construyó especialmente para ella.

escena en que Hulot observa desde arriba una enorme planta de oficinas con cubículos idénticos parece una pesadilla. Sin embargo, Tati usó película de 70 mm de alta definición para que se proyectara en una gran pantalla, y si uno se fija, descubrirá en algunos cubículos otros Hulots con su característico sombrero de fieltro. Hulot no está solo. ∎

Filmografía adicional: *El maquinista de la General* (1926) ▪ *Tiempos modernos* (1936) ▪ *Las vacaciones del señor Hulot* (1953) ▪ *Mi tío* (1958) ▪ *La terminal* (2004)

LA SEÑORITA BONNIE PARKER. YO SOY CLYDE BARROW. ATRACAMOS BANCOS

BONNIE Y CLYDE / 1967

EN CONTEXTO

GÉNERO
Thriller

DIRECCIÓN
Arthur Penn

GUION
David Newman, Robert Benton

REPARTO
Warren Beatty, Faye Dunaway, Gene Hackman

ANTES
1965 Primera colaboración de Arthur Penn y Warren Betty en *Así soy yo*, un *thriller* que transcurre en Chicago.

DESPUÉS
1970 Faye Dunaway protagoniza junto a Dustin Hoffman el wéstern de Penn *Pequeño gran hombre*.

1976 Penn dirige *Duelo de gigantes*, donde Marlon Brando es un despiadado mercenario que persigue a una banda de cuatreros liderada por Jack Nicholson.

B asada en una historia real, la película *Bonnie y Clyde* marca la irrupción de una nueva generación de directores estadounidenses cuyo estilo se alejó de las convenciones del Hollywood clásico. El fracaso de algunos filmes de altísimo presupuesto, como *Cleopatra*, llevó a la ruina a los viejos estudios, que tuvieron que aflojar su férreo control de la producción. Esta época de apuros económicos permitió una mayor libertad creativa. En *Bonnie y Clyde*, todo, de los inquietantes primeros planos al estilo de montaje, se concibió para romper el *statu quo* del cine tradicional.

Arthur Penn se inspira en la pareja de delincuentes Clyde Barrow y Bonnie Parker, que atracaron un banco tras otro e hicieron correr la sangre entre 1932 y 1934, y cuenta su historia con una violencia y un realismo nunca vistos antes en la gran pantalla. Al mismo tiempo dota a sus personajes de una ingenuidad y una naturalidad que despiertan simpatía, lo cual suponía una manera insólita de narrar historias sobre malhechores.

Estrellas mediáticas

El largometraje presenta a los protagonistas como estrellas mediáticas, al principio glamurosas y más tarde calumniadas. Al día siguiente de sus «hazañas», Bonnie (Faye Dunaway), Clyde (Warren Beatty)

Arthur Penn Director

Penn, nacido en Filadelfia en 1922, descubrió su interés por el teatro en Gran Bretaña, donde estuvo destinado en la Segunda Guerra Mundial. Su primera película fue *El zurdo*, protagonizada por Paul Newman, pero obtuvo su primer gran éxito con *El milagro de Ana Sullivan*, la adaptación cinematográfica de una obra que él mismo había dirigido años antes en el teatro. Vivió sus años más prolíficos a finales de la década de 1960. Falleció en 2010, el día de su 88 cumpleaños.

Películas principales

1966 *La jauría humana*.
1967 *Bonnie y Clyde*.
1970 *Pequeño gran hombre*.

Filmografía adicional: *Fugitivos* (1958) ▪ *Al final de la escapada* (1960, pp. 166–167) ▪ *Easy Rider* (1969, pp. 196–197) ▪ *Malas tierras* (1973) ▪ *Taxi Driver* (1976, pp. 234–239) ▪ *Amor a quemarropa* (1993) ▪ *Asesinos natos* (1994)

e incluso Buck (Gene Hackman), el hermano de Clyde, constatan hasta qué punto la prensa sensacionalista exagera al describir sus crímenes.

En un principio, a Clyde le divierte tanta atención. Él y Bonnie se fotografían con sus armas en poses seductoras para seguir el juego a la prensa y disfrutan de la fama. Sin embargo, a medida que la policía estrecha el cerco a su alrededor, su situación se vuelve desesperada, y la

sarta de mentiras que los periódicos cuentan sobre ellos empieza a hacer mella en Clyde. Cuando se publica un artículo que le atribuye falsamente el robo del Grand Prairie National Bank, se enfurece tanto que promete hacerlo de verdad.

La constante atención de la prensa acaba robando a ambos ladrones su identidad y los incapacita para mostrar su verdadera imagen ante el mundo. Solo cuando la película se

Bonnie y Clyde posan con su rehén, el capitán Frank Hamer (Denver Pyle). Sin embargo, en la vida real, Hamer no los conoció hasta el día en que él y su patrulla los mataron.

acerca a su sangriento final, un periódico publica un breve y emotivo poema escrito por Bonnie en el que esta proclama el orgullo que siente por haber conocido a un hombre como Clyde. Esta es la única vez que se publica su versión de la historia.

Como otras películas de la época, *Bonnie y Clyde* mueve al público a tomar partido por sus amorales protagonistas, y la manipulación que sufren por parte de los medios de comunicación hace que el espectador simpatice más con ellos que con las víctimas de sus fechorías. ▪

« **Caerán juntos** algún día / **juntos** los sepultarán / y aunque algunos lo lamenten / muchos lo **celebrarán** / pero para **Bonnie y Clyde** habrá llegado **el final**. »

Bonnie Parker / La historia de Bonnie y Clyde

LO SIENTO, DAVE, ESO NO ME ES POSIBLE

2001: UNA ODISEA DEL ESPACIO / 1968

EN CONTEXTO

GÉNERO
Ciencia ficción

DIRECCIÓN
Stanley Kubrick

GUION
**Arthur C. Clarke,
Stanley Kubrick**

REPARTO
**Keir Dullea, Gary
Lockwood, William
Sylvester, Douglas Rain**

ANTES
1964 La película de Kubrick
*¿Teléfono rojo?, volamos hacia
Moscú* muestra la naturaleza
autodestructiva del hombre.

1968 En *El planeta de los
simios*, Franklin J. Schaffner
envía a un astronauta al futuro.

DESPUÉS
1971 *La naranja mecánica*, de
Kubrick, imagina una sociedad
violenta en un futuro cercano.

1984 *2010*, la secuela de *2001*
de Peter Hyam, recupera el
enigma de los monolitos.

ocas películas de ciencia ficción se han aventurado tan
lejos en lo desconocido como
*2001: una odisea del espacio (2001:
A Space Odyssey)*. Para este viaje
por el Sistema Solar, Stanley Kubrick
y el coguionista Arthur C. Clarke reunieron elementos habituales de la
ciencia ficción (una misión peligrosa, un superordenador homicida o
el primer contacto de la humanidad
con una inteligencia extraterrestre);
sin embargo, Kubrick los dispuso
de una manera poco frecuente para
crear un filme único e inolvidable.

Terminada un año antes del primer
alunizaje y tres décadas antes de que
un ordenador derrotara al campeón
mundial de ajedrez, el largometraje de
Kubrick sigue resultando fascinante.

La película se articula en torno a
una serie de puntos de inflexión en
la evolución humana. A pesar de la
grandiosa fanfarria de cinco notas
de *Así habló Zaratustra*, de Richard
Strauss (el famoso tema principal de
la película), que suena al principio,
esos momentos no son reveladores,
sino que hacen aún mayor el miste-

« Su origen y su finalidad son todavía un misterio total. »

Base de control / *2001: una odisea del espacio*

Filmografía adicional: *Con destino a la Luna* (1950) ▪ *Ultimátum a la Tierra* (1951) ▪ *El planeta de los simios* (1968) ▪ *Encuentros en la tercera fase* (1977) ▪ *Alien* (1979, p. 243) ▪ *Gravity* (2013, p. 326) ▪ *Interstellar* (2014)

La película que los fans de la ciencia ficción de todas las edades y todos los rincones del mundo esperaban (a veces desesperadamente) que el cine les ofreciera algún día.
Charles Champlin
Los Angeles Times **(1970)**

Douglas Trumbull Director de efectos especiales

Trumbull llamó la atención de Kubrick gracias a su excelente trabajo en un documental sobre vuelos espaciales y, con 23 años de edad, comenzó a trabajar en *2001: una odisea del espacio*. Fue uno de los cuatro responsables de los efectos especiales de esta memorable película y el creador de la psicodélica secuencia del túnel interestelar. A lo largo de su carrera, recibió varios Oscar por su trabajo en *Encuentros en la tercera fase*, *Star Trek: la película* (1979) y *Blade Runner*.

Películas principales

1968 *2001: una odisea del espacio.*
1972 *Naves misteriosas.*
1977 *Encuentros en la tercera fase.*
1982 *Blade Runner.*

rio del papel que desempeña la humanidad en el universo.

En la primera parte del filme, una tribu de primates prehistóricos se enfrenta a otra por el agua y descubre un misterioso objeto, un monolito negro cuyo contacto desencadena un cambio cultural. Los primates comienzan entonces a utilizar huesos como herramientas (y como armas), y se inicia el largo viaje de la humanidad hacia las estrellas.

De primate a astronauta

Este lento periplo está simbolizado por la imagen hoy mítica que da paso a la siguiente escena: el hueso que un primate lanza al aire se convierte en una nave espacial que gira en el vacío. De pronto, la acción se traslada al futuro, donde los astronautas Bowman (Keir Dullea) y Poole (Gary Lockwood) viajan a Júpiter en la nave *Discovery*. Sus vidas están a cargo de HAL 9000, el superordenador de a bordo (al que Douglas Rain dio una voz escalofriante), que empieza a fallar y se rebela. En ese momento, la tripulación intenta des-

conectarlo, pero HAL contraataca. «Lo siento, Dave, eso no me es posible», responde a Bowman cuando este le da una orden. Aquí, Kubrick muestra otro punto de inflexión en la evolución humana: el momento en que las herramientas se rebelan contra los primates.

Misterio y significado

La misión de la *Discovery* va de mal en peor, y el monolito vuelve a aparecer. ¿Qué significa? ¿Es el emisario de una raza extraterrestre? ¿O la prueba de la existencia de Dios? Los científicos, al igual que los espectadores, no saben qué pensar, y el director se niega a dar una respuesta fácil: le interesa más el viaje que revelar su destino.

El episodio final rompe la narrativa convencional. Los espectadores siguen a Bowman a través de un túnel luminoso hasta una habitación sobrenatural, probablemente construida por seres extraterrestres, donde le aguarda el monolito. Allí

Bowman se ve a sí mismo envejecer y agonizar, y entonces se transforma en un extraño ser fetal que flota en el espacio. El largometraje termina con esta imagen a la vez enigmática y esclarecedora. No sabemos qué es este feto astral, ni de dónde viene ni a dónde va, pero sí qué significa: la esperanza y el inicio de un nuevo viaje de nuestra especie. ▪

Al final de la película, Bowman se queda solo dentro de la cápsula espacial. El tiempo parece entonces distorsionarse: envejece a ojos vistas y a continuación aparece el feto astral.

SEGUIREMOS TODOS JUNTOS, COMO SIEMPRE HEMOS HECHO

GRUPO SALVAJE / 1969

En la película *Grupo salvaje (The Wild Bunch)*, Sam Peckinpah deconstruye el espíritu del wéstern tradicional con una historia en la que la frontera entre buenos y malos queda diluida, y los personajes no siempre reciben recompensa por sus buenas acciones.

Ambientada en 1913, el filme aún contiene elementos del wéstern tradicional. Unos ladrones ya entrados en años (el «grupo») preparan un último atraco a un banco que, inevitablemente, acaba mal. Su antiguo compañero Deke Thornton (Robert Ryan) los persigue hasta México tras haber cambiado de bando a regañadientes para encabezar un grupo de torpes cazarrecompensas. El mundo del viejo Oeste está desapareciendo, como desvela la presencia de una ametralladora alemana en el tiroteo final, un presagio de la carnicería de la Primera Guerra Mundial.

Fascinación por la violencia

Cada vez que alguien es alcanzado por una bala, aunque sea levemente, el impacto se nos muestra a cámara lenta. Vemos en primer plano cómo sale la sangre a borbotones, mientras el cuerpo cae contorsionándose y el sonido se va apagando hasta que solo se oyen los estertores del personaje. No se utiliza la cámara lenta en ningún otro momento.

La violencia del viejo Oeste era harto conocida, pero *Grupo salvaje*

Sam Peckinpah Director

Peckinpah nació en California en 1925. Durante la Segunda Guerra Mundial, sirvió en la marina estadounidense, tras lo cual comenzó a trabajar como ayudante de Don Siegel en varios filmes, entre los que destaca *La invasión de los ultracuerpos* (1956) y, en 1961, dirigió *Compañeros mortales*, su primera película.

Célebre por sus problemas de alcoholismo y su comportamiento irascible en los rodajes, falleció a los 59 años de edad.

Películas principales

1962 *Duelo en la alta sierra.*
1969 *Grupo salvaje.*
1971 *Perros de paja.*
1974 *Quiero la cabeza de Alfredo García.*

Filmografía adicional: *Centauros del desierto* (1956, p. 135) ▪ *El bueno, el feo y el malo* (1966) ▪ *Bonnie y Clyde* (1967, pp. 190–191) ▪ *Hasta que llegó su hora* (1968, p. 336) ▪ *Quiero la cabeza de Alfredo García* (1974)

«**Tenemos que planear** las cosas mejor. Los tiempos han cambiado», observa uno de los bandidos. El filme demuestra que ha llegado la hora del ocaso para este grupo de inadaptados.

Este wéstern crepuscular cuestiona las motivaciones de la ley y al mismo tiempo empatiza con los forajidos por su espíritu independiente y su lealtad, mientras que muchos de los cazadores de recompensas son incompetentes y corruptos. El tiroteo final es consecuencia de la decisión del grupo de intentar rescatar a Ángel (Jaime Sánchez), que ha sido capturado. Al presentar a los malhechores como un producto de las circunstancias, la película se convierte en una reflexión sobre el precio que hay que pagar por vivir en tiempos amorales y muestra una compasión por estos personajes del todo ausente en los wésterns anteriores. ▪

fue la primera película que mostró tanta fascinación por ella. Empieza y acaba con escenas caóticas de una violencia inaudita con víctimas inocentes del fuego cruzado entre los bandos, que disparan casi sin apuntar. No se trata de un duelo entre el bien y el mal, sino de una lucha por la supervivencia. Quizá este retrato del Oeste sea más fiel que el moralista de la generación anterior, en el que el bien siempre gana al final.

Tector (Ben Johnson), Lyle (Warren Oates), Pike (William Holden) y Dutch (Ernest Borgnine) deciden rescatar a Ángel, unidos hasta el final.

« Buscamos hombres de verdad, y ojalá estuviera yo con ellos.»

Deke Thornton / Grupo salvaje

VEN A UN HOMBRE LIBRE Y SE CAGAN DE MIEDO
EASY RIDER / 1969

EN CONTEXTO

EN CONTEXTO

GÉNERO
Road movie

DIRECCIÓN
Dennis Hopper

GUION
Peter Fonda, Dennis Hopper, Terry Southern

REPARTO
Peter Fonda, Dennis Hopper, Jack Nicholson

ANTES
1953 Marlon Brando encarna al líder de una banda de moteros en *Salvaje*, primera película en que aparece el personaje del delincuente en moto.

1960 *Al final de la escapada*, de Jean-Luc Goddard, prefigura *Easy Rider* con la huida por carretera y con los saltos de montaje.

DESPUÉS
1976 *Easy Rider* inspira numerosas *road movies*, como *En el curso del tiempo*, de Wim Wenders.

S on pocas las películas que han reflejado mejor una época que *Easy Rider*, de Dennis Hopper y Peter Fonda, la quintaesencia de la *road movie* estadounidense, protagonizada por dos jóvenes, medio hippies, medio delincuentes, que, a lomos de sus Harley-Davidson, emprenden un viaje hacia la libertad.

El final de la década de 1960

La película no presenta un argumento real ni un viaje emocional. Su vago simbolismo puede parecer pasado de moda, pero su valor de testimonio de la cultura de su tiempo es innegable. Estrenada en 1969, cuando los jóvenes proclamaban su rechazo de los valores de la generación anterior dejándose el pelo largo y refugiándose en la música y las drogas, *Easy Rider* reflejó este estado de ánimo y fue aún más allá.

Peter Fonda, productor, coguionista y protagonista de la película, concibió el proyecto tras haber interpretado a un líder de una banda de moteros en *Los Ángeles del Infierno* (1966) y a un publicitario adic-

Easy Rider contribuyó al auge del nuevo Hollywood a principios de la década de 1970. Desde entonces, los directores adoptaron cada vez más el papel de autor, y se utilizaron técnicas publicitarias innovadoras.

to al LSD en *The Trip* (1967), dos filmes que tuvieron una entusiasta acogida entre los jóvenes. Parecía lógico que el siguiente paso fuera unir los dos temas, moteros y drogas, en una misma película.

Fonda escribió el guion con Terry Southern y Dennis Hopper, también coprotagonista y director. Al principio, la decisión de nombrar director a Hopper pareció nefasta, ya

que el rodaje amenazaba con estancarse entre atracones de drogas y peleas a gritos, y Fonda estuvo a punto de tirar la toalla. Pero quizá fuera esa misma anarquía la que hizo de *Easy Rider* un símbolo de su época. Hopper sentía que formaba parte de una revolución, y la naturaleza caótica del proyecto era un gesto de rebelión.

Se dice que el metraje final duraba unas tres horas. Hopper decidió cortar detalles de la historia hasta dejar una serie de imágenes y momentos más o menos conexos, unidos por una banda sonora atronadora.

De oeste a este

Los protagonistas parecen vaqueros modernos cabalgando en sus Harley-Davidson en busca de la libertad. Incluso sus nombres, Wyatt (Peter Fonda) y Billy (Dennis Hopper), recuerdan a los héroes del Oeste Wyatt Earp y Billy el Niño. En realidad, son traficantes de dro-

gas a la deriva que se dirigen al este porque el salvaje Oeste ya no existe. Sus alforjas están llenas del dinero que han ganado vendiendo droga, e incluso el abogado borracho (Jack Nicholson) que se les une por el camino acaba pareciendo mucho más rebelde que ellos. El título del filme evoca la imagen de unos motoristas rodando relajados, pero de hecho es una expresión en argot que designa a un hombre que vive de una prostituta.

La cruda violencia de *Easy Rider* hace que la película no sea un viaje hippy, sino una incoherente explosión de frustración, la expresión del fin del idealismo de la generación anterior. ▪

Wyatt y Billy se dirigen al carnaval de Nueva Orleans tras esconder el dinero obtenido vendiendo droga en el depósito pintado con las barras y estrellas de la bandera de EE UU.

Dennis Hopper
Actor y director

Actor, escritor, director y fotógrafo, Dennis Hopper fue una de las figuras más polifacéticas e impredecibles de Hollywood. Nacido en 1936 en Dodge City (Kansas), demostró muy pronto sus dotes artísticas y estudió en el Actors Studio de Nueva York con el legendario Lee Strasberg. Hopper comenzó trabajando en televisión, pero no se hizo famoso hasta que dirigió y protagonizó *Easy Rider*. Posteriormente, el consumo de alcohol y drogas frenó su ascenso, aunque dirigió y protagonizó el excelente drama *punk Caído del cielo*. Al final, tras someterse a un programa de rehabilitación en 1983, su carrera volvió a despegar gracias a su magnífica interpretación en filmes como *Terciopelo azul* (pp. 256–257) y en varios papeles de malo. Falleció en 2010.

Películas principales

1969 *Easy Rider.*
1979 *Apocalypse Now.*
1980 *Caído del cielo.*
1986 *Terciopelo azul.*

¿LE GUSTA A USTED LA CARNE?

EL CARNICERO / 1970

EN CONTEXTO

GÉNERO
Thriller

DIRECCIÓN
Claude Chabrol

GUION
Claude Chabrol

REPARTO
**Jean Yanne,
Stéphane Audran**

ANTES
1943 *La sombra de una duda*, de Hitchcock, narra la historia de una joven que descubre un horrible secreto.

1968 En *Las ciervas*, de Chabrol, Stéphane Audran y Jacqueline Sassard encarnan a dos mujeres que mantienen una relación lésbica antes de enamorarse del mismo hombre.

DESPUÉS
1970 En *La ruptura*, la siguiente película de Chabrol, Audran es una mujer víctima de las maquinaciones de la familia de su marido.

Ya desde el título, evocador de un cruel derramamiento de sangre, la película *El carnicero (Le boucher)* del director francés Claude Chabrol provoca un escalofrío en el público. Interpretado por Jean Yanne, el carnicero es Popaul, un veterano de las guerras coloniales francesas de Indochina y Argelia extrañamente simpático que trabaja en la carnicería de un pueblo de Périgord. En el matrimonio de un amigo, conoce a Hélène (Stéphane Audran), una maestra solitaria que se siente curiosamente atraída por él. Popaul no duda en revelarle su doloroso pasado y le habla de la violencia de su padre y de la crueldad de la guerra.

Hélène (Stéphane Audran) y Popaul (Jean Yanne, a su izquierda) se conocen en una boda y entablan una estrecha relación que no pasará de platónica pese a los torpes intentos de seducción del carnicero.

Cuando aparece en el bosque una mujer asesinada a cuchilladas, Hélène empieza a mirar a Popaul con otros ojos, entre otras cosas porque el arma del crimen es una herramienta propia del oficio de carnicero. Después, una de sus alumnas descubre un segundo cadáver durante una excursión y Hélène halla junto a él un mechero que ella misma había regalado a Popaul. Sin embargo, en vez de entregárselo a la policía, se lo queda.

Filmografía adicional: *El cuervo* (1943) ▪ *La sombra de una duda* (1943) ▪ *Las ciervas* (1968) ▪ *La mujer infiel* (1969) ▪ *La ruptura* (1970) ▪ *Al anochecer* (1971) ▪ *Relaciones sangrientas* (1973) ▪ *L'enfer* (1994)

Claude Chabrol Director

Nacido en París en 1930, Claude Chabrol se crió en Sardent (Creuse), donde de niño creó un cineclub. Antes de dirigir sus propias películas trabajó como crítico en *Cahiers du cinéma*. Como otros directores de la *nouvelle vague* surgidos de esta influyente publicación, admiraba a Alfred Hitchcock, pero fue el único de ellos que se decantó por el suspense. Chabrol dirigió varias películas policíacas hasta su muerte, en 2010.

Películas principales

1970 *El carnicero.*
1971 *Al anochecer.*
1994 *L'enfer.*

Poco después respira aliviada al ver a Popaul encender su Gauloise con el que podría ser el mechero original.

¿Por qué no tiene miedo Hélène? Este es el hilo que Chabrol elige seguir en una película que, más que la historia de una mujer en peligro, parece una versión moderna de *La bella y la bestia*. También podría compararse con *La sombra de una duda* (1943), de Hitchcock, en la que una joven descubre que su tío se dedica a asesinar ancianas.

Pura violencia

El escenario del segundo crimen explica las imágenes de fondo de los créditos iniciales, que muestran las pinturas del Paleolítico Superior de las cuevas de Cougnac. Hélène lleva a sus alumnos a visitarlas y señala que la pintura fue el primer paso que dio el hombre hacia la civilización. «¿Sabéis cómo se llaman los deseos cuando tienden hacia lo salvaje? Las aspiraciones…», responde ella misma. El respeto que parece sentir por el hombre de Cromañón y su pura violencia podría explicar su fascinación por Popaul.

En el último acto asistimos a un intenso cara a cara que pone en evidencia tanto las similitudes como las diferencias de la pareja. El final nos deja con más preguntas que respuestas. La película acaba del mismo modo en que empezó, con un plano del río Dordoña. «Adoro la simetría», dijo una vez Chabrol. «Pero no la simetría simple. La simetría no consiste en poner un candelabro a la derecha y otro a la izquierda». Mientras desfilan los créditos finales nos quedamos reflexionando sobre la naturaleza de la lealtad, sobre los deseos que sorprenden a quienes los experimentan y sobre el misterio que encierra la atracción entre dos seres. ∎

Hélène se siente atraída por Popaul y sus torpes atenciones aun conociendo su pasado violento, o tal vez por ello precisamente.

El carnicero nos hace pensar constantemente. ¿Qué saben, qué piensan, qué quieren?
Roger Ebert

ALGUN DIA,

Y ESE DIA PUEDE QUE NO LLEGUE,

ACUDIRE A TI

Y TENDRAS QUE SERVIRME

EL PADRINO / 1972

EN CONTEXTO

GÉNERO
Cine de gánsteres

DIRECCIÓN
Francis Ford Coppola

GUION
Francis Ford Coppola (guion);
Mario Puzo (novela y guion)

REPARTO
Marlon Brando, Al Pacino,
James Caan, Robert Duvall,
Diane Keaton

ANTES
1931–1932 *Hampa dorada*
(1931), *El enemigo público* (1931)
y *Scarface, el terror del hampa*
(1932) despiertan el apetito del
público por las películas de
gánsteres.

DESPUÉS
1974 *El padrino. Parte II*
describe la evolución de Michael
Corleone (Al Pacino) hasta
convertirse en el nuevo padrino.

1990 *El padrino. Parte III* tuvo
menos éxito que las anteriores
y cerró la saga de los Corleone.

El padrino, bajo la dirección de Francis Ford Coppola, transformó por completo el género de las películas de gánsteres al presentar a estos enfrentándose a complejos dilemas existenciales en lugar de como simples matones sin profundidad psicológica. Hasta entonces, las historias de gánsteres se contaban desde una perspectiva externa, y sus protagonistas casi nunca se retrataban bajo una luz comprensiva que inspirara simpatía.

El padrino también fue la primera película que mostraba una organización mafiosa desde dentro. Su amplio retrato de la familia Corleone y sus desgracias adquiere la grandeza y la profundidad de una tragedia griega. La motivación principal de los personajes no es el ánimo criminal, sino el honor, el deber y la lealtad a la familia.

Contexto histórico

El padrino se basa en la novela homónima del escritor italoestadounidense Mario Puzo publicada en 1969. Menos de un año después, Paramount Pictures encargó a Puzo la confección de un guion cinematográfico.

Contratado como director y también brillante guionista, Coppola

Rebosante de vida
y de todas las grandes
emociones y jugos vitales
de la existencia, inclusive
y sobre todo la sangre.
Kenneth Turan
Los Angeles Times (1997)

tenía sus propias ideas sobre el guion y colaboró con Puzo en la redacción final. La genialidad de Coppola consistió en comprender que la película debía centrarse en la historia de Michael Corleone (Al Pacino), un joven respetable, íntegro y héroe de guerra condecorado que se transforma en cabeza de una familia criminal cuando toma el relevo del padrino, Don Vito Corleone (Marlon Brando). Para Coppola, esta historia también era una metáfora del capitalismo liberal estadounidense. Los Corleone aspiran a hacer realidad el sueño americano y luchan para afianzar su lugar en el mundo. Pocas películas

Minuto a minuto

00:01
En la boda de su hija
Connie con Carlo, Don Corleone recibe a varios hombres que le piden favores. Su hijo Michael ha ido con Kay, a la que presenta a la familia.

00:45
Después de negarse
a ayudar a una banda de narcotraficantes, Don Corleone es tiroteado en la calle. Es alcanzado cinco veces, pero sobrevive.

01:54
Carlo da una paliza a Connie, que está embarazada. Esta habla con su hermano Sonny, que acude a verla, pero es asesinado a tiros en un peaje.

02:32
Don Corleone muere mientras juega con su nieto en el jardín. Justo antes de morir, advierte a Michael de que le traicionarán.

| 00:00 | 00:30 | 01:00 | 01:30 | 02:00 | 02:30 | 02:58 |

00:33
Jack Woltz, director de un estudio de cine, encuentra la cabeza de su caballo en su cama. Entonces contrata a Johnny Fontane, como le había pedido el *consigliere* Tom Hagen.

01:29
Michael mata a tiros al narcotraficante Sollozzo y al policía corrupto McCluskey, y huye a Sicilia.

02:04
Apollonia, la esposa siciliana de Michael, muere en un atentado con coche bomba. Michael ha sido traicionado por su guardaespaldas, Fabrizio.

02:38
Mientras Michael asiste al bautizo de su ahijado, sus rivales son asesinados al otro lado de la ciudad. Ordena que maten a Carlo.

Los Corleone quieren parecer una respetable familia americana. Dan una fiesta suntuosa con motivo de la boda de Connie, la hija de Don Corleone, pero los senadores y jueces invitados no acuden.

han tratado con tanta claridad las contradicciones morales que entraña este objetivo.

Justicia y lealtad

La primera escena se desarrolla durante la fiesta de la boda de Connie (Talia Shire), la hija de Don Corleone. Bonasera, director de una funeraria que colabora con la familia, solicita una audiencia privada con Don Corleone para pedirle que vengue la violación de su hija por unos hombres que han evadido la justicia gracias a que tienen dinero y están bien relacionados. «Creo en América», afirma Bonasera. «América hizo mi fortuna, y he dado a mi hija una educación americana». Ha creído en el sueño americano, pero América le ha traicionado. Corresponde a Don Corleone hacer justicia, fuera de la ley, a Bonasera y su hija. No es casual que la película empiece con

una reunión familiar. Los Corleone son una familia que debe permanecer unida para sobrevivir en el mundo. La lealtad lo es todo. Más adelante, Michael advierte a su hermano Fredo: «Nunca te pongas del lado de nadie que vaya contra la familia. Nunca». Las conversaciones como esta son fundamentales para entender a la familia Corleone.

Hay muchas más escenas en las que aparece la familia sentada a la mesa que de tiroteos. Los hombres llaman «negocios» a lo que hacen y lo mantienen estrictamente separado de la vida familiar. «Esto es un negocio. Nada personal», insisten. Solo se dedican a hacer su trabajo.

Coppola cuida de no mostrar a las víctimas de las actividades de la »

Marlon Brando Actor

Marlon Brando, famoso por su aspecto taciturno y su defensa del «método» de Lee Strasberg, nació en 1924 en Omaha (Nebraska). Tras ser expulsado de la academia militar, se matriculó en el Actor's Studio de Nueva York, donde se formó con Stella Adler. En 1947 causó sensación en la obra teatral *Un tranvía llamado deseo* de Tennessee Williams y cuatro años después repitió papel y éxito en la película del mismo título. Recibió su primer Oscar por su papel de

estibador en *La ley del silencio*. Su carrera, en horas bajas durante la década de 1960, se revitalizó en 1972 con *El padrino* y *El último tango en París*. Murió en 2004.

Películas principales

1951 *Un tranvía llamado deseo.*
1954 *La ley del silencio.*
1972 *El padrino.*
1972 *El último tango en París.*

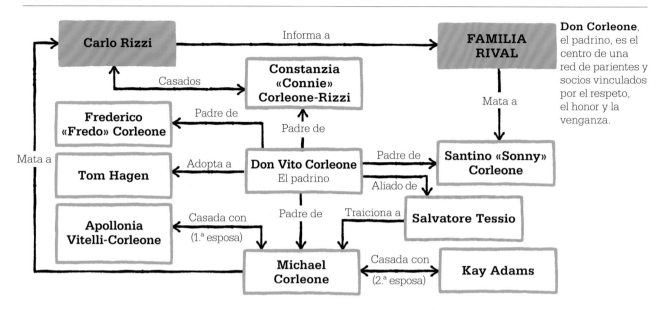

Carlo Rizzi — Informa a → **FAMILIA RIVAL**

Carlo Rizzi — Casados → **Constanzia «Connie» Corleone-Rizzi**

Don Corleone, el padrino, es el centro de una red de parientes y socios vinculados por el respeto, el honor y la venganza.

FAMILIA RIVAL — Mata a → **Santino «Sonny» Corleone**

Constanzia «Connie» Corleone-Rizzi — Padre de → **Don Vito Corleone**

Don Vito Corleone El padrino — Padre de → **Frederico «Fredo» Corleone**

Don Vito Corleone — Adopta a → **Tom Hagen**

Don Vito Corleone — Padre de → **Santino «Sonny» Corleone**

Don Vito Corleone — Aliado de → **Salvatore Tessio**

Don Vito Corleone — Padre de → **Michael Corleone**

Salvatore Tessio — Traiciona a → **Michael Corleone**

Apollonia Vitelli-Corleone — Casada con (1.ª esposa) → **Michael Corleone**

Michael Corleone — Casada con (2.ª esposa) → **Kay Adams**

Mata a → **Carlo Rizzi**

Brando llevaba relleno en los carrillos para parecer más viejo. Solo tenía 48 años cuando rodó la película.

familia: drogadictos, prostitutas, familias arruinadas. Las únicas víctimas de los Corleone que ve el espectador son los miembros de bandas rivales que suponen una amenaza, por lo tanto, ve a los Corleone como ellos se ven a sí mismos: como una familia casi respetable que lucha por mantener su posición privilegiada en un mundo peligroso, y no como una banda de malhechores. Se rigen por un código de honor, y cuando Don Corleone muere mientras juega con su nieto en el jardín, asistimos a la caída de un gigante, el triste fin de un titán. La espléndida banda sonora de Nino Rota refuerza este efecto y otorga a la película una atmósfera heroica y trágica a la vez.

Un reparto excepcional
Todos los miembros del reparto realizaron una interpretación extraordinaria. Marlon Brando convirtió a Don Corleone en un mito. Cuando se estrenó la película, hubo críticos que consideraron afectada la voz áspera que utilizó, pero otros afirmaron que plasmaba a la perfección el cansancio de un hombre abruma-

do por el poder y por sus obligaciones. Para Puzo, Brando era «el único actor que podía interpretar al padrino». Al principio, los estudios desconfiaban de Brando por su fama de actor difícil y temían que no resultara atractivo para el público. No obstante, su interpretación le valió un Oscar al mejor actor.

Si Brando es el rostro de la película, el Michael de Al Pacino es el alma de la historia. Al principio de la película es un universitario recién licenciado prometido a Kay (Diane Keaton) y parece albergar la

El padrino me cambió la vida para lo mejor y para lo peor. [...] me hizo desarrollar una carrera de viejo cineasta.
Francis Ford Coppola

« Le haré **una oferta** que **no rechazará**. »

Don Vito Corleone / El padrino

esperanza de llevar una vida ajena al crimen y hacer realidad el sueño americano. Pacino, entonces casi un desconocido, consiguió una nominación al Oscar al mejor actor secundario.

El destino de la familia

Michael se ve arrastrado inexorablemente al mundo mafioso de la familia Corleone. Al final, promete a su padre que yace en la cama del hospital: «Yo cuidaré de ti. Estoy contigo. Contigo». Cuando su hermano Sonny (James Caan) es asesinado, Michael se convierte en el nuevo heredero. La renuncia a sus esperanzas constituye la gran tragedia de la película. Como él, el espectador entiende que no tiene elección. Don Corleone había soñado que Michael fuera senador o gobernador, pero ese tipo de honor siempre estará fuera del alcance de la familia. Aunque los Corleone tengan a senadores en sus manos, estos siempre les darán la espalda en público.

La secuela

El padrino. Parte II vuelve a la familia Corleone cuando Michael ya ha tomado las riendas. A pesar de su reticencia inicial a ocupar el lugar de su padre, Michael no tarda en perder tanto sus principios morales como las aspiraciones de respetabilidad de la familia. A diferencia de su progenitor, no se siente ligado a Sicilia ni a su código de honor, y tampoco comparte con él la fe en el Nuevo Mundo. Al final será un padrino más violento que Don Vito Corleone. ∎

Sonny (James Caan, izda.), el primogénito de Don Corleone, da una paliza en plena calle a su cuñado Carlo (Gianni Russo) cuando se entera de que este maltrata a Connie.

Francis Ford Coppola
Director

Francis Ford Coppola nació en 1939 en Detroit, en el seno de una familia de origen italiano. Su padre, Carmine, era compositor y trabajó en la banda sonora de El padrino. Parte II y Apocalypse Now. A los veintipocos años ingresó en la escuela de cine de la Universidad de California de Los Ángeles (UCLA) y pronto empezó a escribir guiones para Hollywood. Sus primeras películas se enmarcan en la tendencia del nuevo Hollywood, que aspiraba a abordar temas nuevos con estilos innovadores. El padrino fue el primer filme importante que dirigió y uno de los más taquilleros de la historia, seguida de una serie de éxitos en la década de 1970. Aunque sus últimas películas no han conseguido la misma aceptación, a Coppola se le considera uno de los directores estadounidenses más enérgicos e imprevisibles.

Películas principales

1972 El padrino.
1974 La conversación.
1974 El padrino. Parte II.
1979 Apocalypse Now.

ME SOBREPASA UNA CABEZA EN ESTATURA... ESO TIENE SOLUCION

AGUIRRE, LA COLERA DE DIOS / 1972

EN CONTEXTO

GÉNERO
Aventuras

DIRECCIÓN
Werner Herzog

GUION
Werner Herzog

REPARTO
Klaus Kinski, Helena Rojo, Ray Guerra, Del Negro

ANTES
1968 En *Signos de vida*, Herzog trata de la locura causada por el aislamiento, tema al que volverá en *Aguirre, la cólera de Dios*.

DESPUÉS
1979 *Apocalypse Now*, de Coppola, homenajea a Aguirre con «citas visuales».

1982 Klaus Kinski protagoniza *Fitzcarraldo*, segunda película de Herzog, sobre un europeo atrapado en la Amazonia.

1987 *Cobra Verde* es la última película de Herzog con Kinski en el papel de un enajenado perdido para la civilización.

Inspirada en la malograda expedición del conquistador español Lope de Aguirre, que partió en 1561 en busca de El Dorado, la mítica ciudad de oro oculta en la selva amazónica, la película *Aguirre, la cólera de Dios (Aguirre, der Zorn Gottes)* es una de las películas más insólitas que se han rodado jamás. Herzog convierte la historia en una búsqueda obsesiva que se torna en locura, gracias a la hipnótica interpretación de Klaus Kinski en el papel de Aguirre.

Condiciones extremas

El rodaje de la película, realizado en la selva peruana en unas semanas, se convirtió en una leyenda. Tanto los actores como los técnicos tuvieron que soportar muchas de las penalidades que padeció la expedición de Aguirre: escalar montañas, salvar rápidos en frágiles balsas y abrirse paso a machetazos en la selva. Kinski superó los límites de lo temperamental y se desequilibró por completo. Sufrió ataques de furia contra Herzog, el equipo y los extras locales, a uno de los cuales le rebanó la yema de un dedo.

Si la película pudo terminarse fue gracias a la capacidad del director para sacar partido de todas las posibilidades sobre la marcha. Decidía el diálogo a medida que rodaban y a menudo incorporaba al filme incidentes que sucedían entre los extras.

Werner Herzog Director

Werner Herzog es un director alemán con una visión del cine muy personal. Nacido en 1942, creció en un pueblo bávaro. Alumno rebelde, con 14 años leyó un artículo en una enciclopedia que despertó su interés por el cine y, según confesó, robó una cámara de 35 mm en la Escuela de Cine de Múnich. Rodó su primer filme, *Señales de vida*, en 1968. Con *Aguirre, la cólera de Dios* alcanzó fama internacional. También ha dirigido varios documentales.

Películas principales

1972 *Aguirre, la cólera de Dios.*
1979 *Nosferatu, vampiro de la noche.*
1982 *Fitzcarraldo.*

Filmografía adicional: *La reina de África* (1951) ▪ *Defensa* (1972) ▪ *Apocalypse Now* (1979, p. 338) ▪ *Fitzcarraldo* (1982) ▪ *La costa de los mosquitos* (1986) ▪ *El Dorado* (1988) ▪ *El Nuevo Mundo* (2005) ▪ *Apocalypto* (2006) ▪ *Z. La ciudad perdida* (2017)

Thomas Mauch, director de fotografía, creó una película asombrosa que un crítico alemán de la época describió como una pintura en movimiento inundada de color y de violencia. La fotografía, combinada con una solemne banda sonora, otorga a la película una cualidad casi mítica.

Derribar tabúes

Aguirre es un personaje monstruoso, dominado por una ambición insana, que carece de piedad o compasión y desdeña todas las normas sociales. Solo en la selva, piensa en mantener relaciones incestuosas con su hija adolescente. «Yo, la cólera de Dios, me casaré con mi propia hija y con

ella fundaré la dinastía más pura que jamás haya existido en la tierra». No permite que nada se interponga en su camino. Cuando uno de sus hombres sugiere dar media vuelta, dice: «Me sobrepasa una cabeza en estatura… Eso tiene solución», y lo decapita sin dejar de hablar. La brutalidad y la fortaleza de Aguirre son tan impresionantes que llega a parecer casi heroico.

Sin embargo, Herzog no deja lugar a dudas acerca de lo vano y destructivo de la ambición de Aguirre. En la última escena nos muestra a Aguirre sobre una balsa con centenares de monos por toda compañía. Agarra a uno y su patética de-

El señor Herzog […] es un poeta que nos sorprende con yuxtaposiciones inesperadas […] Es una obra espléndida y obsesiva.
Vincent Canby
The New York Times **(1977)**

claración «¡Yo soy la cólera de Dios! ¿Quién está conmigo?» se dirige a ellos. Es un hombre ridículo que merece compasión, un demente cuya locura solo ha traído destrucción. ∎

« ¡Yo soy la cólera de Dios! La tierra sobre la que camino me ve y tiembla. »
Aguirre / *Aguirre, la cólera de Dios*

Desde el principio de la expedición, en los ojos de Aguirre brilla la locura. La película advierte del peligro de los mitos para la psique humana.

LOS INVITADOS HAN LLEGADO, SEÑOR

EL DISCRETO ENCANTO DE LA BURGUESIA / 1972

EN CONTEXTO

GÉNERO
Comedia

DIRECCIÓN
Luis Buñuel

GUION
**Luis Buñuel,
Jean-Claude Carrière**

REPARTO
**Fernando Rey, Paul
Frankeur, Delphine Seyrig,
Bulle Ogier, Stéphane
Audran, Jean-Pierre Cassel**

ANTES
1929 *Un perro andaluz*, la
primera película de Buñuel, es
un corto surrealista realizado
con Salvador Dalí.

1962 En *El ángel exterminador*,
de Buñuel, unos invitados no
pueden salir de la casa.

DESPUÉS
1977 La última película de
Buñuel, *Ese oscuro objeto del
deseo*, trata del deseo frustrado
de un hombre mayor por una
joven.

Cuando rodó la película *El
discreto encanto de la burguesía (Le charme discret
de la bourgeoisie)*, Luis Buñuel llevaba casi medio siglo dirigiendo
cine y era considerado un maestro
de la sátira social y el surrealismo.
La idea de la película se la dio una
anécdota que le contó su productor,
Serge Silberman: en cierta ocasión
olvidó decir a su esposa que había
invitado a unos amigos a cenar y,
cuando estos llegaron, se la encontraron en bata y sin nada de comer
preparado.

En una película anterior de Buñuel, *El ángel exterminador* (1962),
los invitados a una cena permanecen en la casa durante semanas, sin
que ni ellos ni el espectador conoz-
can el motivo por el que no pueden
marcharse. En *El discreto encanto
de la burguesía*, Buñuel plantea
una variante cómica: seis amigos
adinerados intentan comer juntos,
pero son interrumpidos constantemente por una serie de sucesos
delirantes.

Al principio, los problemas son
banales: simplemente, sus anfitrio-
nes los esperaban un día después.
Luego, la presencia de un cadáver
les impedirá comer en un restaurante y después, un irreprimible
apetito sexual y unas maniobras
militares serán otros tantos obstáculos. Aunque la situación es cada
vez más surrealista, los protagonis-

Luis Buñuel Director

Célebre por
sus películas
surrealistas, su
mordaz sátira
social y su crítica del fanatismo
religioso, Luis Buñuel nació
en Calanda (Teruel) en 1900.
Estudió con los jesuitas antes
de conocer a Federico García
Lorca y a Salvador Dalí, con
quien realizó sus primeras
películas, *Un perro andaluz*

y *La edad de oro* (1930). Tras
la Guerra Civil española se
trasladó a EE UU, después a
México y finalmente a Francia,
en 1955. Murió en 1983.

Películas principales

1929 *Un perro andaluz*.
1967 *Belle de jour*.
1972 *El discreto encanto
de la burguesía*.

Filmografía adicional: *La regla del juego* (1939, pp. 60-61) ▪ *Divorcio a la italiana* (1961) ▪ *El ángel exterminador* (1962) ▪ *Pierrot el loco* (1965) ▪ *Belle de jour* (1967, p. 336) ▪ *La clase dirigente* (1972) ▪ *Amarcord* (1973)

tas no parecen pensar que suceda nada raro.

A Buñuel no le preocupan lo más mínimo las convenciones narrativas. Entre los intentos frustrados por organizar la comida intercala secuencias oníricas que surgen de la cabeza de los protagonistas y que a veces se solapan, así como parodias y *flash-backs*. En medio de todo, el embajador de la República de Miranda (un país latinoamericano ficticio) se ve arrastrado a un excéntrico complot terrorista.

Clases y convenciones sociales

Para las élites sociales, una comida es una oportunidad de exhibir sus gustos, su refinamiento y su riqueza. Ocupa un lugar simbólico de primer orden en su vida. La película

se burla continuamente del esnobismo y la superficialidad de esos personajes, que primero echan al obispo porque lo confunden con un jardinero y lo reciben con reverencia cuando vuelve ataviado con las vestiduras episcopales.

Camino a ninguna parte

Aunque se hunda el mundo a su alrededor, los seis amigos están decididos a comer, sin permitir que ningún obstáculo, por absurdo que sea, se lo impida. A lo largo de la película los vemos en repetidas ocasiones caminando decididos por una carretera aparentemente infinita en medio del

SERGE SILBERMAN présente

le charme discret de la bourgeoisie

mis en scène
LUIS BUÑUEL
avec
FERNANDO REY
PAUL FRANKEUR
DELPHINE SEYRIG
STÉPHANE AUDRAN
BULLE OGIER
JEAN-PIERRE CASSEL
JULIEN BERTHEAU
MILENA VUKOTIC
MARIA GABRIELLA MAIONE
CLAUDE PIÉPLU

scénario de LUIS BUÑUEL et JEAN-CLAUDE CARRIÈRE

UN FILM DE LUIS BUÑUEL

El cartel refleja el surrealismo de la película con un diseño inspirado en el estilo del pintor belga René Magritte.

campo, una metáfora de su vacua obsesión por el estatus.

Buñuel recibió el Oscar a la mejor película extranjera por esta obra, de la que muchos directores se han reconocido deudores. En la actualidad, su crítica del narcisismo de los ricos continúa siendo relevante, al igual que la mirada inteligente y divertida de Buñuel. ∎

« Estás mejor hecha para el amor que para jugar a la guerra. »

Rafael Acosta /
El discreto encanto de la burguesía

En una de las digresiones de la película, un soldado cuenta que envenenó a su padrastro en presencia de los fantasmas de sus padres biológicos.

¿LA HA VISTO REALMENTE?

AMENAZA EN LA SOMBRA / 1973

EN CONTEXTO

GÉNERO
Thriller fantástico

DIRECCIÓN
Nicolas Roeg

GUION
Allan Scott, Chris Bryant (guion); Daphne du Maurier (relato)

REPARTO
Donald Sutherland, Julie Christie

ANTES
1970 En *Performance*, de Roeg, Mick Jagger encarna a una huraña estrella de rock.

DESPUÉS
1976 David Bowie encarna a un extraterrestre en *El hombre que cayó a la Tierra*, de Roeg.

1977 Julie Christie es atacada por un ordenador en *Engendro mecánico*, de Donald Cammell.

A pesar de que empieza con la muerte de una niña, el filme *Amenaza en la sombra (Don't Look Now)* trata de lo que les pasa a sus padres, John (Donald Sutherland) y Laura Baxter (Julie Christie). La pareja deja Gran Bretaña para instalarse en una Venecia invernal, donde John trabaja en la restauración de una iglesia. Cuando Laura traba amistad con dos hermanas ancianas (una de las cuales es una vidente ciega), su marido empieza a ver una figura que se parece a su hija muerta. ¿Tiene John alucinaciones? ¿Es posible que Christine haya vuelto de la tumba?

El cartel de la película alude al desenlace sin revelar nada. Al igual que John, los espectadores no descubrirán el misterio de la «amenaza en la sombra» hasta el final.

¿Qué es visible y qué no lo es? Este es el enigma en torno al cual

Al principio de la película John saca de un lago el cuerpo sin vida de su hija Christine. Esta escena a cámara lenta presenta numerosos elementos clave de la película, como el agua y el color rojo.

gira esta estremecedora película, cuyo título original parece una advertencia al espectador para que aparte la mirada. En realidad, lo que Roeg pretende es que el espectador preste mucha atención, sobre todo a su extraña y caleidoscópica disposición de las imágenes.

En filmes anteriores, como *Performance* (1970) y *Walkabout* (1971), Roeg ya había realizado montajes paralelos complejos. En *Amenaza en la sombra* utiliza las mismas técnicas para transmitir tanto la sensación de peligro como la fractura psicológica de los dos protagonistas. En momentos angustiosos aparecen imágenes recurrentes de ondulaciones en el agua, el color rojo, cristales rotos o gárgolas y estatuas que el espectador vislumbra fugazmente, al igual que la silueta con abrigo rojo que John entrevé con el rabillo del ojo. Su acumulación crea una atmósfera de creciente paranoia.

Una escena de amor
Probablemente la secuencia que mejor ilustra este montaje fragmentado es aquella en que John y Laura hacen el amor por primera vez tras la muerte de Christine.

Mediante la rápida alternancia de planos inconexos, Roeg muestra a la pareja en la cama y vistiéndose para salir a cenar. Intensa, emotiva, melancólica, divertida, y tan realista que muchos espectadores de la época pensaron que los actores no fingían, es una escena de sexo única. La película nos obliga sin cesar a mirar de nuevo y preguntarnos: «¿Lo he visto realmente?». John es incapaz de ver lo que tiene delante: que posee el don de la videncia. No cree en los médiums, y cuando Laura le dice que la ciega ha «visto» a su hija en Venecia, se emborracha y se enfada. Incluso después de haber visto el reflejo de Christine en el agua del canal se niega a creer en la existencia de los espíritus. En *Amenaza en la sombra* no se trata de ver para creer, sino de creer para ver.

《Una de ellas es vidente, aunque es ciega.》
Laura Baxter / Amenaza en la sombra

Roeg y los guionistas Allan Scott y Chris Bryant subrayan con ironía la «ceguera» voluntaria de John. De esta manera, cuando este se pierde en el dédalo de Venecia, se detiene bajo la enseña de una óptica formada por unas gafas gigantescas que parecen gritarle: «¡Mira!». Pero él no hace caso y se va. Más tarde le confunden con un *voyeur* cuando busca la casa de las peculiares hermanas. Mientras que otros personajes no tienen el menor problema para orientarse en la ciudad,

John sigue a una silueta vestida de rojo desde la calle di Mezzo hasta las puertas del Palazzo Grimani, donde tiene lugar el macabro desenlace.

John parece andar siempre perdido y acaba volviendo al lugar de donde salió. En su cabeza, el tiempo y el espacio parecen haberse enredado y comprimido, como en el montaje de Roeg.

El escenario ideal

Venecia es el decorado ideal para una película de misterio y fantasmas. Cada esquina de la ciudad es un recordatorio de muerte y decadencia, y muchos puentes y canales parecen iguales. Rodada en la ciudad y sus alrededores, *Amenaza en la sombra* evita las trampas para turistas. La plaza de San Marcos solo aparece una vez y puede pasar desapercibida. La película prefiere

los rincones secundarios y crea una trampa propia a partir del lúgubre laberinto de pasajes, iglesias y hoteles vacíos.

Buena parte de la Venecia de Roeg es invisible: se oyen gritos en la noche, las notas de un piano cercano, ecos de pasos… «Mi hermana la detesta», afirma la vidente ciega, «Dice que es como una ciudad de gelatina, las sobras de una fiesta. Y todos los invitados están muertos. Le da miedo. Demasiadas sombras». La cámara se detiene en muebles cubiertos con sábanas y ventanas cerradas para sugerir lo que no se ve.

La sensación de peligro se intensifica cuando el espectador des-

El enigma más elegante y cuidadosamente montado llevado a la pantalla.
Pauline Kael
5001 Nights at the Movies (1982)

cubre que un asesino en serie anda suelto por la ciudad. Esto se sabe muy tarde, pero Roeg va dejando pistas: en las primeras escenas vemos al asesino en una de las diapositivas de John, oculto a plena vista, y luego un inspector de policía esboza un rostro psicótico mientras se entrevista con John en la comisaría. «¿A qué le tiene miedo?» le pregunta.

La trama secundaria del asesino añade otra faceta al caleidoscopio de la película y obliga al espectador a cuestionarse todo lo que ha visto hasta entonces. ¿Christine es un fantasma o algo aún más siniestro? ¿Saben las hermanas más de lo que

dan a entender? Al final, Roeg se centra en el destino y en un desenlace realmente macabro, en el que el caleidoscopio se resuelve en una imagen de puro terror gótico.

Un montaje ingenioso
Para Roeg, esta película fue un «ejercicio de gramática cinematográfica». Esto se evidencia claramente en la secuencia final, que empieza con una sesión de espiritismo y acaba con un funeral. *Amenaza en la sombra* obliga a John a mirar a la muerte a la cara. Finalmente, en una

El peligro de caída es constante. Laura acaba en el hospital tras caerse en un restaurante, John casi se mata al caer de un andamio y Christina se ahogó tras caer al lago.

capilla veneciana llena de niebla, los recuerdos afloran y la verdad surge como un relámpago de horror y tragedia. Roeg cierra la película con un montaje vertiginoso de momentos, imágenes y pistas pasadas por alto durante los anteriores 108 minutos. Por fin, y demasiado tarde, el espectador lo ve todo. ∎

Nicolas Roeg Director

Nicolas Roeg fue director de fotografía de clásicos de culto como *La máscara de la muerte roja* (1964), de Corman, o *Fahrenheit 451* (1966), de François Truffaut. En 1970 colaboró con el cineasta y pintor Donald Cammell en *Performance*, una película de gánsteres protagonizada por Mick Jagger en el papel de una huraña estrella de rock. En sus dos filmes siguientes, *Walkabout* (1971) y *Amenaza en la sombra* (1973), continuó explorando los temas

del sexo, la muerte y la relación entre el espacio y el tiempo. Después de *Amenaza en la sombra* dirigió otras películas fascinantes, como *El hombre que cayó a la Tierra*. Falleció en 2018.

Películas principales

1970 *Performance*.
1971 *Walkabout*.
1973 *Amenaza en la sombra*.
1976 *El hombre que cayó a la Tierra*.

PUEDES HABLAR CON EL CUANDO QUIERAS. CIERRAS LOS OJOS Y LE LLAMAS

EL ESPIRITU DE LA COLMENA / 1973

EN CONTEXTO

GÉNERO
Drama

DIRECCIÓN
Víctor Erice

GUION
Víctor Erice, Ángel Fernández Santos, Francisco J. Querejeta

REPARTO
Fernando Fernán Gómez, Teresa Gimpera, Ana Torrent, Isabel Tellería

ANTES
1961 En la película británica *Cuando el viento silba*, una niña encuentra a un fugitivo en un pajar y cree que es Jesús.

DESPUÉS
1976 En *Cría cuervos*, dirigida por Carlos Saura, Ana Torrent vuelve a encarnar a una niña que tiene visiones.

1983 *El sur*, segundo filme de Erice, trata de una chica atraída por los secretos que su padre dejó en el sur de España.

Pese a que estaba perdiendo la vista, el director de fotografía Luis Cuadrado filmó todas las escenas de *El espíritu de la colmena* en tonos terrosos y ambarinos que evocan el dorado de la miel, con texturas ricas y profundos matices. Sin embargo, la verdadera belleza del filme reside en la habilidad de su director, Víctor Erice, para sumergirnos en la imaginación de una niña de seis años que descubre el mundo con sus inolvidables ojos llenos de curiosidad e inocencia.

La acción se sitúa en un pueblo castellano en 1940, un año después del fin de la Guerra Civil con la victoria de Franco. La posguerra fue un periodo de represalias sangrientas del que en 1973 aún no se podía hablar abiertamente. Franco seguía en el poder, y la censura suprimía la menor crítica al régimen. La historia de Erice no solo reflejaba un periodo controvertido, sino que contenía mensajes en clave sobre la si-tuación del país y aun así pasó intacta la censura, tal vez porque los censores creyeron que era tan lenta y enigmática que no tendría éxito.

Encuentro con el monstruo
La película comienza con la llegada al pueblo de un cine ambulante, que proyecta el filme de James Whale *El doctor Frankenstein* (1931). La pequeña Ana, fascinada por el monstruo, no entiende por qué aparentemente mata a la niña (debido a un corte realizado por la censura para distribuir la cinta con fines propagandísticos, equiparando al monstruo con el socialismo).

Ana (Ana Torrent) lleva una manzana al fugitivo que descubre en el cobertizo y al que toma por el monstruo.

Filmografía adicional: *El doctor Frankenstein* (1931) ▪ *Cuando el viento silba* (1961) ▪ *Cría cuervos* (1976) ▪ *Fanny y Alexander* (1982) ▪ *El laberinto del fauno* (2006)

Víctor Erice   Director

Pese a su escasa producción, muchos consideran a Erice uno de los mejores directores del cine español. Tal prestigio se basa en tres películas repletas de poesía: *El espíritu de la colmena* y *El sur,* en las que evoca la infancia pasada en un entorno rural, y *El sol de membrillo*, bello documental acerca del pintor Antonio López García.

Erice nació en Carranza (Vizcaya) en 1940, el mismo año en que se desarrolla la historia de *El espíritu de la colmena*. Tras estudiar economía, derecho y ciencias políticas en Madrid, en 1961 ingresó en una escuela de cine de la misma ciudad. Durante casi una década trabajó como crítico de cine y comenzó a dirigir sus primeros cortometrajes.

El espíritu de la colmena fue su primera película en solitario. Casi diez años después dirigió *El sur,* y al cabo de otros diez realizó *El sol de membrillo.* Aunque ha colaborado en otras obras, estos tres han sido sus únicos largometrajes.

Ana regresa a casa obsesionada con el monstruo, al que no teme. En el caserón familiar, de oscuras habitaciones y ventanas con vidrieras semejantes a las celdas de un panal, su padre, Fernando (Fernando Fernán Gómez), un erudito apicultor, y su madre, Teresa (Teresa Gimpera), mucho más joven que él, parecen irremediablemente distantes. Ella escribe tristes cartas a un joven desconocido.

Isabel, su hermana mayor, alienta las visiones de Ana diciéndole que invoque al monstruo como si fuera un espíritu. Cuando la pequeña se queda sola, cierra los ojos y dice: «Soy Ana», encuentra en un cobertizo en medio del campo a un joven muy demacrado, probablemente un republicano fugitivo, y cree que

Ana e Isabel hablan con su padre, un apicultor que escribe acerca de la vida gregaria de las abejas, una alusión a la España franquista.

se trata del monstruo. Entre ellos se establece una tierna relación, pero la guardia civil no anda lejos. Ana tendrá más visiones del monstruo; no obstante, el médico asegura a su madre que las alucinaciones remitirán con el tiempo.

Alegoría política

El último plano muestra a Ana en la ventana con los ojos cerrados de nuevo. En 1973, cuando se estrenó la película, el régimen franquista empezaba a tambalearse y este final estaba cargado de sentido. *El espíritu de la colmena* hablaba del pasado, pero también permitía vislumbrar un futuro distinto. ▪

Películas principales

1973 *El espíritu de la colmena.*
1983 *El sur.*
1992 *El sol de membrillo.*

«**Salvo las paredes**, apenas queda nada de **la casa que tú conociste**.»

Teresa / *El espíritu de la colmena*

¿SABES LO QUE LES PASA A LOS QUE METEN LA NARIZ DONDE NO DEBEN?

CHINATOWN / 1974

EN CONTEXTO

GÉNERO
Thriller neonegro

DIRECCIÓN
Roman Polanski

GUION
Robert Towne

REPARTO
Jack Nicholson, Faye Dunaway, John Huston

ANTES
1941 Estreno del filme negro *El halcón maltés*, dirigida por John Huston, que Polanski estudia ávidamente antes de embarcarse en *Chinatown*.

1968 *La semilla del diablo* es una aclamada película de terror de Polanski sobre una joven (Mia Farrow) a quien el diablo deja embarazada.

DESPUÉS
1990 Jack Nicholson dirige y protagoniza *Los dos Jakes*, la esperada secuela de *Chinatown*. Escrita también por Robert Towne, no es ningún éxito.

*C*hinatown es un fascinante *thriller* cuyo desenlace resulta tan sorprendente como despiadado. Jack Nicholson interpreta a Jake Gittes, un detective privado de poca monta que, en la década de 1930, investiga una conspiración en torno al suministro de agua de Los Ángeles y acaba descubriendo una inquietante tragedia personal cuando entra en su vida Evelyn Mulwray (Faye Dunaway), la esposa del ingeniero jefe del Servicio de Aguas.

Un guion excelente

La película debe su fuerza al oscarizado guion de Robert Towne, considerado uno de los mejores de la historia de Hollywood. Está inspirado parcialmente en la historia real de William Mulholland, ingeniero jefe del Servicio de Aguas de Los Ángeles, que el 12 de marzo de 1928 declaró que la presa St. Francis era segura unas horas antes de que esta se derrumbara y provocara una inundación que mató al menos a 600 personas. En el guion de Towne, Mulholland se convierte en Hollis Mulwray, y la historia de la rotura de la presa

El tiempo ha mitigado nuestra sensación de que esta superlativa película de 1974 no es más que un *pastiche* de los clásicos filmes de detectives de la década de 1930. Ahora parece un clásico en sí mismo.
Peter Bradshaw
The Guardian (2013)

en una trama ficticia de corrupción e intrigas en torno al abastecimiento de agua potable de Los Ángeles.

Towne escribió el guion pensando en Nicholson para el personaje de Gittes, el detective que, sin pretenderlo, acaba implicado en las actividades ilegales de los socios de Mulwray. Se dice que Nicholson fue el responsable de la contratación de Polanski, famoso por los *thrillers*

« ¡**Él es el amo** de la policía! »
Evelyn Mulwray / Chinatown

Jack Nicholson Actor

Nacido en Neptune City (Nueva Jersey) en 1937, Nicholson es uno de los actores más destacados del cine estadounidense de los últimos 50 años, célebre por sus personajes marginales que nos desarman con su encanto y sentido del humor. Sin embargo, su carrera en Hollywood despegó con lentitud, y al principio tuvo más éxito como guionista. La primera gran oportunidad ante las cámaras le llegó con la memorable *Easy Rider* (1969), del también actor Dennis Hopper, y un año después

confirmó su talento en *Mi vida es mi vida*. Ambos largometrajes le valieron sendas nominaciones al Oscar, pero recibió su primera estatuilla por *Alguien voló sobre el nido del cuco*.

Películas principales

1970 *Mi vida es mi vida.*
1974 *Chinatown.*
1975 *Alguien voló sobre el nido del cuco.*
1980 *El resplandor.*

Gittes está a punto de perder la nariz cuando se acerca demasiado a la verdad de los manejos en torno a las reservas de agua de Los Ángeles. Le avisan de que si sigue husmeando, se la cercenarán.

les salgan bien), Gittes parece condenado al fracaso desde el principio, ya que no hace más que pasar de una conclusión equivocada a otra. Al principio de la película, por ejemplo, la esposa de Hollis Mulwray lo contrata para que encuentre pruebas que demuestren la infidelidad de su marido. Gittes le entrega enseguida unas fotografías aparentemente incriminatorias, pero resulta que se ha equivocado por partida doble. En primer lugar, la mujer que lo ha contratado no es la esposa de Mulwray, sino una impostora, y en segundo lugar, la joven con quien ha fotografiado a Mulwray no es su amante, tal y como acabará descubriendo »

psicológicos *Repulsión* (1965) y *La semilla del diablo* (1968). Por entonces, Polanski vivía en Europa, tras haber abandonado EE UU a raíz del asesinato de su esposa en 1969. La calidad del guion de Towne logró que regresara, si bien guionista y director tuvieron muchas diferencias en relación con la versión final.

El director impuso dos cambios importantes: quiso que el final fuera trágico y perturbador, y se negó a utilizar la voz en *off* del narrador, un recurso habitual hasta el momento en muchas películas de detectives. Prefería que el espectador descubriera cada nueva revelación al mismo tiempo que Jake Gittes: de ese modo, tanto el público como el protagonista avanzan a ciegas, de sorpresa en sorpresa.

Un detective incompetente
La dificultad de Gittes para entender lo que ocurre a su alrededor lo convierte en un detective privado muy distinto de los que Humphrey Bogart había interpretado una generación antes en películas como *El halcón maltés*. Mientras que los detectives de Bogart al menos parecen competentes (aunque las cosas no siempre

Convenciones del cine negro subvertidas

Convención del género		En *Chinatown*
La protagonista suele ser una «mujer fatal».	↷	Evelyn resulta ser una víctima.
El protagonista es un investigador privado curtido.	↷	Gittes es un incompetente. No ve las pistas y se equivoca.
El culpable es castigado.	↷	Noah Cross queda libre y sigue delinquiendo.
El protagonista logra resolver el caso.	↷	Gittes abandona la ciudad tras fracasar.
Final cerrado.	↷	Sin conclusión.

(y descubriremos) mucho después. Más adelante, Gittes supone erróneamente que la verdadera Evelyn Mulwray ha asesinado a su marido.

En este punto de la historia, el espectador, acostumbrado a las mujeres fatales de las películas de cine

negro anteriores, también concluye que Evelyn debe ser la asesina. Sin embargo, la señora Mulwray acaba siendo una pobre víctima, y cuando finalmente Gittes descubre la verdad, esta resulta tan perturbadora que apenas es capaz de digerirla.

El auténtico malo de la película es el aparentemente respetable y apacible anciano Noah Cross, padre de Evelyn. Cross es el acaudalado hombre cuya decisión de utilizar el agua potable de la ciudad en beneficio propio acaba conduciéndole a asesinar a su antiguo socio y yerno, Hollis Mulwray, el marido de Evelyn.

Un giro inesperado

El final de *Chinatown* da un giro inesperado que la hace inquietantemente distinta de otras películas del género y consigue que continuemos pensando en ella mucho tiempo después de que haya terminado. En la mayoría de los largometrajes sobre el poder y la corrupción, el detective descubre y denuncia a los

Gittes trata de confundir a la señora Mulwray diciéndole que cree que ha matado a su marido. En realidad, no tiene la menor idea de lo que sucede.

Minuto a minuto

00:19
Evelyn Mulwray revela a Jake Gittes, detective privado, que lo han engañado como parte de un complot para desacreditar a su marido.

00:42
Después de casi morir ahogado en un canal, Gittes es amenazado a punta de navaja y le rajan la nariz.

01:30
Gittes sigue a la señora Mulwray hasta la casa de la «amante» de su marido. La señora Mulwray le dice que, en realidad, es su hermana.

01:57
Gittes ayuda a la señora Mulwray y su hermana a huir de Chinatown e intenta hacer confesar a Noah Cross.

| 00:00 | 00:15 | 00:30 | 00:45 | 01:00 | 01:15 | 01:30 | 01:45 | 02:10 |

00:31
Gittes se presenta
en la presa justo cuando la policía está sacando del agua el cuerpo de Mulwray.

01:15
Gittes y la señora Mulwray
siguen la pista de las ventas de propiedades, que los lleva a una residencia de ancianos. Disparan a Gittes, que escapa por los pelos.

01:45
Tras hallar muerta a la mujer que se hacía pasar por la señora Mulwray, Gittes va a la casa de los Mulwray y encuentra unas gafas en el estanque. Se enfrenta a la señora Mulwray, que le revela la verdad.

responsables del crimen y de su encubrimiento. Sin embargo, en el momento crucial de *Chinatown*, la atención se aleja de manera repentina de los esfuerzos de Cross por controlar el agua para enfrentar al espectador a una revelación sorprendente que parece haber salido de la nada. Justo al final de la película, el director nos muestra la perturbadora imagen de Cross, que parece haber salido indemne, intentando consolar a su nieta.

Dominio masculino

Este largometraje también aborda la cuestión del poder masculino. En un momento dado, Gittes pregunta a Cross por qué anhela poseer todavía más riqueza: «¿Puede comer mejor de lo que come? ¿Qué más puede comprar que no haya comprado ya?». «El futuro, señor Gittes», responde

Cross. Las mujeres y el agua son las fuentes que Cross quiere controlar. A su manera, Gittes también aspira al control y por eso indaga y mete las narices donde nadie le manda.

Su investigación desemboca en una de las escenas de *Chinatown* más desagradables y difíciles de olvidar. Un matón, interpretado por Polanski, le raja la nariz. «¿Sabes lo que les pasa a los que meten la nariz donde no deben? [...] Pues que la pierden». Se trata de una castración simbólica, y la determinación inamovible de Gittes a resolver el misterio refleja su necesidad de recuperar el control.

El problema de Gittes es que, metafóricamente, continúa viviendo en Chinatown, un lugar del que guarda malos recuerdos que se remontan a su época de policía. Sin embargo, será él mismo quien escoja Chinatown, un mundo sin ley, para el trágico desenlace de la historia. Intentar hacer lo correcto no sirve de nada. En la última frase de tan memorable película, su antiguo compañero en la policía le dice: «Olvídalo todo. Es el barrio chino». ∎

UNA PRODUZIONE ROBERT EVANS
UN FILM DI ROMAN POLANSKI

JACK NICHOLSON **FAYE DUNAWAY**

"CHINATOWN"

Con JOHN HILLERMAN
PERRY LOPEZ · BURT YOUNG Sceneggiatura di JOHN HUSTON Scenografie RICHARD SYLBERT Produttore Associato C.O.ERICKSON Colonna sonora di JERRY GOLDSMITH
Scritto da ROBERT TOWNE Prodotto da ROBERT EVANS Regia di ROMAN POLANSKI TECHNICOLOR® PANAVISION®

UNA PRESENTAZIONE PARAMOUNT

El cartel de *Chinatown*, con sus imágenes de una mujer fatal y un detective fumador empedernido, remite claramente al cine negro más clásico, pero la película juega con las expectativas del público al trastocar los códigos que definen el género.

Roman Polanski
Director

De padres polacos, Polanski nació en 1933 en París, pero se crió en Polonia. Durante la Segunda Guerra Mundial, sus padres fueron enviados a un campo de concentración, donde murió su madre. Él sobrevivió ocultándose en los campos y estudió cine después de la guerra. Tras el éxito que obtuvo su primer largometraje, *El cuchillo en el agua* (1962), se trasladó a RU, donde dirigió la estremecedora *Repulsión,* entre otras cintas. En 1968 contrajo matrimonio con la actriz Sharon Tate y se instalaron en EE UU para rodar *La semilla del diablo.* Un año después, tras el trágico asesinato de Tate a manos del grupo llamado Familia Manson, Polanski abandonó EE UU, pero luego regresó para dirigir *Chinatown*. En 1978, Polanski se declaró culpable de haber mantenido relaciones sexuales con una menor en EEUU y huyó a Francia para evitar la prisión. Desde entonces ha seguido realizando películas en Europa, entre ellas la aclamada *El pianista* (2001), drama sobre el Holocausto. Posteriormente han surgido nuevas alegaciones sobre sus antiguos abusos, lo cual ha empañado su legado cinematográfico, envuelto en la controversia.

Películas principales

1965 *Repulsión.*
1968 *La semilla del diablo.*
1974 *Chinatown.*
1979 *Tess.*
1988 *Frenético.*
2001 *El pianista.*

Y NOS COMPRAREMOS UN PEDACITO DE CIELO

TODOS NOS LLAMAMOS ALI / 1974

EN CONTEXTO

GÉNERO
Drama

DIRECCIÓN
Rainer Werner Fassbinder

GUION
Rainer Werner Fassbinder

REPARTO
Brigitte Mira, El Hedi ben Salem, Barbara Valentin, Irm Hermann

ANTES
1955 El melodrama romántico *Solo el cielo lo sabe*, de Douglas Sirk, inspirará el filme *Todos nos llamamos Alí* de Fassbinder.

1972 Fassbinder se consagra como director provocador tras rodar *Las amargas lágrimas de Petra von Kant*.

DESPUÉS
1979 *El matrimonio de María Braun* es el mayor éxito de la carrera de Fassbinder.

1980 La miniserie de TV *Berlin Alexanderplatz* de Fassbinder se convierte en un clásico de culto.

A través de la historia del tierno pero improbable idilio entre una madura limpiadora alemana y un joven trabajador árabe inmigrante que se enfrentan a las burlas y críticas de familiares y amigos, *Todos nos llamamos Alí (Angst essen Seele auf)*, dirigida por Rainer Werner Fassbinder, traza un retrato implacable de la Alemania de la década de 1970. Al centrarse en la relación amorosa entre una alemana blanca y un inmigrante, y situar su historia en el duro corazón urbano de Múnich, Fassbinder combina la emotividad del melodrama y la críti-

Fassbinder interpreta a Eugen, el yerno de la limpiadora alemana Emmi (centro). Tanto él como su esposa Krista (Irm Hermann) se ríen cuando Emmi les confiesa que se ha enamorado de un marroquí mucho más joven que ella.

ca de las tensiones subyacentes en la cultura alemana.

Perteneciente a la generación del conocido como nuevo cine alemán, Fassbinder compagina la modernidad y el realismo de las nuevas olas francesa y británica con la fuerza narrativa de Hollywood para crear un estilo claramente germánico. *Todos*

Filmografía adicional: *Solo el cielo lo sabe* (1955, p. 130) ▪ *Lola Montes* (1955) ▪ *La caída de los dioses* (1969) ▪
Las amargas lágrimas de Petra von Kant (1972) ▪ *El matrimonio de María Braun* (1979) ▪ *El tambor de hojalata* (1979)

« La felicidad no siempre divierte. »
Epígrafe / Todos nos llamamos Alí

BRIGITTE MIRA · EL HEDI SALEM · BARBARA VALENTIN in:

Angst essen Seele auf

Ein Film von
Rainer Werner Fassbinder
im Filmverlag

nos llamamos Alí también puede entenderse como un sentido homenaje a uno de sus mitos cinematográficos, el alemán emigrado a EE UU Douglas Sirk, cuya película de 1955 *Solo el cielo lo sabe* narra la historia de amor entre una viuda acaudalada y su joven jardinero.

Aunque Fassbinder siempre trabajaba con gran rapidez, realizó esta cinta en un tiempo excepcionalmente breve –menos de dos semanas–, entre otros dos rodajes. El resultado es una obra austera, directa y reducida a lo esencial.

Tensiones raciales
La limpiadora alemana es Emmi Kurowski (Brigitte Mira), de 60 años de edad, y el inmigrante es Alí (El Hedi ben Salem), de 40. Se conocen cuando Emmi entra en un bar donde suena música árabe para refugiarse de la lluvia de camino a su casa al salir del trabajo. Alí decide sacarla a bailar y, a pesar de que él apenas chapurrea el alemán, enseguida entablan una tierna relación.

En sus películas, Fassbinder presenta a la sociedad alemana un retrato inmisericorde de sus lacras. El amor de Emmi por Alí no logrará impedir que el racismo haga enfermar a su marido.

Ambos se van a vivir juntos y deciden casarse. Sin embargo, el matrimonio no tarda en convertirse en blanco de los prejuicios y cotilleos de todo su entorno. La franca hostilidad de tenderos, vecinos y parientes solo se ve frenada por la hipócrita necesidad de no perder clientes y favores. Cuando la presión empieza a erosionar su relación, Alí busca consuelo en brazos de la camarera que solía cocinar cuscús para él (Barbara Valentin, p. anterior, foto de la izda.) y la pareja parece estar condenada al fracaso. Pero el amor siempre prevalece.

En muchas de sus películas, Fassbinder muestra una actitud dura y burlona hacia sus personajes. En *Todos nos llamamos Alí* denuncia la crueldad de las personas que rodean a Emmi y a Alí, mientras presenta la relación entre estos con una emocionante sinceridad.

En un final del todo inesperado, Alí cae retorciéndose de dolor y es llevado al hospital, donde el médico dice que la úlcera gástrica que padece es habitual entre los inmigrantes a causa de la tensión continua que sufren. Como dice Alí, «miedo come el alma». Emmi le promete hacer todo lo que pueda para aliviar su estrés y propone una solución de una sencillez casi banal: «Cuando estamos juntos, debemos ser amables el uno con el otro». ▪

Rainer Werner Fassbinder Director

Fassbinder fue el mascarón de proa del nuevo cine alemán. En solo 16 años, este prolífico autor escribió 24 obras de teatro y dirigió más de 40 filmes, así como numerosas series de TV. Nacido en Baviera (Alemania) en 1945, Fassbinder tuvo una infancia solitaria durante la cual vio miles de películas. A los 21 años de edad ya dirigía una compañía teatral, y

escribía y dirigía obra tras obra a un ritmo frenético. En 1969 rodó su primer largometraje y alcanzó fama internacional rápidamente. Su vida privada fue accidentada y murió, víctima de una sobredosis, en 1982, a los 37 años.

Películas principales

1974 *Todos nos llamamos Alí.*
1979 *El matrimonio de María Braun.*

ANGELE
Y MONS
1975–1991

S
TRUOS

Tiburón, de Steven Spielberg, inaugura la **era de las superproducciones** con su gran éxito de recaudación.

Taxi Driver y *Todos los hombres del presidente* muestran las cicatrices psicológicas dejadas por la **guerra de Vietnam** y el escándalo **Watergate**.

La guerra de las galaxias lleva la **ciencia ficción** y la **franquicia** comercial a otra dimensión, mientras Spielberg vuelve a fascinar con *Encuentros en la tercera fase*.

Dos actores míticos abren la década de 1980: Jack Nicholson, en el filme de **terror psicológico** *El resplandor* y Robert De Niro en el **filme biográfico** *Toro salvaje*.

1975 **1976** **1977** **1980**

1975 **1977** **1979** **1981**

El vídeo se generaliza cuando los formatos Betamax y (un año después) VHS permiten grabar y reproducir películas en casa.

John Travolta presume de sus dotes de bailarín en *Fiebre del sábado noche* y, un año después, en el musical *Grease*, ambientado en la década de 1950.

La ciencia ficción pasa del **mundo de pesadilla** de *Stalker* y *Mad Max* al terror de *Alien*; entretanto, *Apocalypse Now* revela los horrores de la guerra.

En busca del arca perdida lanza la saga de **Indiana Jones**; un submarino alemán persigue a su presa en *Das Boot (El submarino)*.

Después de que la década de 1960 pusiera patas arriba las convenciones del cine, la siguiente fue testigo de una nueva revolución. Tras las sacudidas que habían sufrido sus cimientos, los grandes estudios de Hollywood continuaban en pie, pero en la pantalla se veía otro tipo de cine.

Como muchos de sus colegas, el entonces joven director Steven Spielberg era un gran cinéfilo y un virtuoso de la cámara, pero en el fondo, también un cineasta a la antigua usanza. Siguiendo la tradición hollywoodiense de catástrofes con final feliz y triunfos inverosímiles, la producción de *Tiburón* tuvo que lidiar con un tiburón devorador de hombres que a Spielberg le parecía tan ridículamente poco realista que le costó dejar que saliera en pantalla. Sin embargo, el éxito arrollador de la cinta transformó el cine y situó a un nuevo tipo de superproducción en la cima de la cadena alimentaria.

Dos años después, George Lucas encandiló al público con *La guerra de las galaxias* y la industria del cine sufrió otra transformación. Entrar en el mundo de los Jedi y los *wookies* se convirtió en un rito de iniciación para cada nueva generación de amantes del cine, pero el éxito de Lucas también hizo que Hollywood se planteara dejar de producir meras películas para convertirlas en franquicias mediáticas.

No obstante, algunos eminentes cineastas realizaron sus filmes más audaces y memorables en esta época. A mediados de la década de 1970, Martin Scorsese ya había dado muestras de su talento como director, pero *Taxi Driver* (protagonizada por Robert De Niro en el papel del taxista exmarine Travis Bickle) fue la primera de sus obras maestras, una instantánea de la paranoia y de la decadencia urbana.

Más allá de Hollywood
Fuera de EE UU, la ambigüedad caracterizó a una serie de filmes difíciles de olvidar. En Australia, el mismo año en que el tiburón de Spielberg aterrorizaba al público, el director Peter Weir dirigió *Picnic en Hanging Rock*, un drama no menos angustioso sobre la desaparición de unas estudiantes en el desierto australiano. Mientras, en una zona industrial de Estonia, el gran director ruso Andréi Tarkovski rodaba *Stalker*, a medio camino entre la ciencia ficción y la filosofía. Hoy, todas estas películas siguen siendo indescifrables.

El director británico Ridley Scott plasmó visiones del futuro no menos

E. T. El extraterrestre, de Spielberg, **emociona a pequeños y grandes**; no así *Blade Runner*, de Ridley Scott, una **visión neonegra** de una futura Los Ángeles.

La **visión subversiva y surrealista** de David Lynch sobre EE UU otorga a *Terciopelo azul* el estatus de filme de culto al instante.

Mujeres al borde de un ataque de nervios catapulta a **Pedro Almodóvar** a la fama mundial.

Ambientada en la China de la década de 1920, *La linterna roja* seduce al mundo por su **fuerza visual y emocional**.

1982   **1986**   **1988**   **1991**

1985   **1987**   **1989**   **1992**

El **Instituto Sundance** celebra su primer festival en Utah (EE UU) a favor del cine independiente e internacional.

Dos años antes de la caída del muro de Berlín, **unos ángeles sobrevuelan** la ciudad en *El cielo sobre Berlín*, de Wim Wenders.

El cine *indie* triunfa con *Sexo, mentiras y cintas de vídeo*, producida por Miramax y dirigida por el novel Steven Soderbergh.

La bella y la bestia de Disney es el **primer filme de dibujos animados** nominado para el Oscar a la mejor película.

---

perturbadoras. En 1979, su *Alien* mostró al público un terrorífico monstruo espacial y una heroína lo bastante dura como para enfrentarse a él. Tres años después, en *Blade Runner*, presentó a Harrison Ford, de *Star Wars*, como a una especie de Philip Marlow de ciencia ficción que intentaba distinguir entre androides y seres humanos en un sugestivo LA futuro que resultaba tan extraño como escalofriantemente familiar.

Nueva década, nuevas voces
Por entonces, los agentes de bolsa de Wall Street y las películas comerciales eran el súmmum de la elegancia, pero fuera de los senderos trillados, algunos directores seguían ahondando en lo que había tras la fachada. Tal vez nada lo refleje mejor que el hecho de que David Cronenberg, cuyo gusto por lo morboso resulta menos pertur-

Ahora más que nunca hemos de escucharnos unos a otros y entender cómo vemos el mundo, y el cine es el mejor medio para lograrlo.
Martin Scorsese

bador que la psicología de sus personajes, rehusara rodar la optimista y hoy mítica *Top Gun* (1986). Por su parte, las películas de David Lynch, como antes las de Hitchcock, son tan

originales que constituyen un género por sí mismas. En ellas tiene un papel importante el inconsciente, y resultan tan surrealistas, divertidas e inquietantes como los sueños.

A finales de la década de 1980 comenzaron a oírse otras voces. El cine *indie* estaba en ascenso, desde Spike Lee y su brutal retrato de las tensiones raciales en Brooklyn hasta Steven Soderbergh, que enfocó su cámara hacia la sexualidad y a las relaciones personales. En China, el bellísimo drama histórico *La linterna roja* iluminó el camino hacia el futuro global que se avecinaba.

Entretanto, el cine sobrevivió a una nueva embestida: tras el televisor, llegó el reproductor de vídeo doméstico. En la batalla entre el vídeo y el cine hubo un claro vencedor: los nuevos formatos van y vienen, pero las películas permanecen. ∎

NECESITARÁ OTRO BARCO MAS GRANDE

TIBURON / 1975

EN CONTEXTO

GÉNERO
Acción, aventuras

DIRECCIÓN
Steven Spielberg

GUION
Peter Benchley, Carl Gottlieb (guion); Peter Benchley (novela)

REPARTO
Roy Scheider, Richard Dreyfuss, Robert Shaw, Lorraine Gary

ANTES
1971 Spielberg dirige el filme para TV *El diablo sobre ruedas*.

DESPUÉS
1977 *Encuentros en la tercera fase* es un ambicioso drama de ciencia ficción de Spielberg.

1993 En el taquillazo *Parque jurásico*, Spielberg resucita a los dinosaurios.

Aunque en *Tiburón (Jaws)* abundan las frases memorables, seguramente la mayoría del público recordará con un escalofrío las palabras «Necesitará otro barco más grande», que pronuncia Brody, el jefe de policía de Amity, tras haber visto por primera vez a su enemigo, el gran tiburón blanco que surge del agua con la boca abierta y se abalanza hacia la cámara.

La primera víctima del tiburón es Chrissie (Susan Backlinie), que nada sola y desnuda. El atacante no se ve, cosa que lo hace aún más aterrador.

> Esta película trata de un miedo primitivo, y es lo que se le da mejor.
> **Gene Siskel**
> *Chicago Tribune* (1975)

El escualo solo es un artilugio mecánico instalado en una grúa hidráulica, pero no importa, porque *Tiburón* tiene tanto de película como de atracción de feria que lleva al público de sobresalto en sobresalto.

El estreno de esta «monstruosa» película, en junio de 1975, dejó la sensación de que algo nuevo había llegado. Adaptada de una novela de Peter Benchley acerca de un tiburón que aterroriza a una pequeña localidad turística, vendió 25 millones de entradas en 38 días. Empezó a lo grande y creció hasta adquirir proporciones colosales. Los ejecutivos del estudio enseguida se percataron de que habían dado con un filón y pusieron en marcha la producción de *Tiburón 2*, que se estrenó en 1978. Spielberg acababa de inventar la «película del verano», un cine de acción trepidante para espectadores de vacaciones que se convirtió en la gran obsesión de Hollywood durante las décadas siguientes.

Puro entretenimiento

Tiburón transformó el cine en EE UU que, durante la primera mitad de la década de 1970, había estado fascinado por películas de corte europeo con personajes deliberadamente complejos y códigos morales ambiguos. La historia del gran escualo suponía la vuelta a los orígenes de las imágenes en movimiento como espectáculo: era entretenimiento en estado puro, una montaña rusa que prometía momentos de terror y a la vez diversión. En ella estaban todos los elementos característicos de los posteriores espectáculos de Spielberg: efectos especiales ambiciosos, un argumento basado en premisas simples, jóvenes atractivos, un héroe de una ciudad de provincias e infinitas oportunidades de márketing.

Brody (Roy Scheider, centro) quiere cerrar la playa, pero el alcalde (Murray Hamilton, izda.) se opone temiendo que los rumores sobre ataques de tiburones arruinen la temporada turística.

Después de *Tiburón* llegaron *La guerra de las galaxias*, la saga de Indiana Jones de Spielberg, *Regreso al futuro* y, más adelante, las megafranquicias de superhéroes del siglo XXI. Sin embargo, visto con perspectiva, el filme que abrió las puertas a estos colosos fue muy distinta. En comparación, *Tiburón* es una aventura relativamente modesta, y su principal atracción es un tiburón de goma »

《 Esto **no** es un **accidente** de navegación. **》**
Hooper / *Tiburón*

tan poco convincente que Spielberg se esforzó todo lo que pudo en mantenerlo fuera de escena. En lugar de las espectaculares composiciones orquestales que luego le hicieron famoso, John Williams creó una banda sonora minimalista para anunciar la aproximación del escualo, una especie de latido cardíaco en estado de pánico, pero que resultó el sonido más aterrador del cine desde los chirridos que acompañaron al apuñalamiento en la ducha de *Psicosis*, de Alfred Hitchcock, en 1960.

Claustrofobia

Cuando la película se acerca al desenlace, el enfrentamiento definitivo con el «gran blanco», el trío de héroes se hace al mar. Sin embargo, Spielberg se centra en el *Orca*, el diminuto barco que los lleva, y la historia se reduce a un drama humano.

Entre fauces de tiburones, cabezas cortadas flotando hacia la pantalla y explosiones de bombonas de gas, una de las escenas que más impresionan al público es tan poco espectacular como la conversación entre el jefe Brody, el experto en tiburones Hooper (Richard Dreyfuss) y el lobo de mar Quint (Robert Shaw), mientras beben juntos bajo cubierta. Comparan sus cicatrices, cantan y,

al final, Quint narra el escalofriante relato del acorazado estadounidense *Indianapolis* en la Segunda Guerra Mundial: «De aquellos mil cien hombres que cayeron al agua solo quedamos trescientos dieciséis. El resto lo devoraron los tiburones…».

Calma antes de la tormenta

La conversación sobre el *Indianapolis* es un momento de tranquilidad calculado para que cuando el tiburón mecánico emerja del agua lo veamos como quiere el director: un

Cuando el *Orca* se hunde y el tiburón está a punto de devorarlo, Brody idea un último plan desesperado para matar al monstruo en un final espectacular.

monstruo que causa un terror incontrolable. Spielberg, un maestro del espectáculo, sabe que en las montañas rusas siempre se frena antes de caer en picado. Que *Tiburón* tenga más frenadas que caídas y que, aun así, se la recuerde porque consigue que nos agarremos a la butaca, es una prueba de su genialidad. ∎

Steven Spielberg Director

Nacido en Cincinnati (Ohio) en 1946, Spielberg es famoso desde hace más de 40 años. Este narrador genuinamente americano con cierta visión europea ha dirigido algunas de las películas más taquilleras de la historia. *Tiburón* fue su primer éxito comercial. Su pasión por el cine clásico le llevó a rodar la saga de Indiana Jones, un homenaje a las películas de aventuras de la década de 1930, y en *E. T. El extraterrestre* demostró ser un maestro del drama emocional. En 1993, sorprendió al

público con *La lista de Schindler*, una heroica historia real en medio del Holocausto. Desde entonces, Spielberg ha alternado dramas históricos con espectáculos de efectos especiales.

Películas principales

1975 *Tiburón*.
1978 *Encuentros en la tercera fase*.
1982 *E. T. El extraterrestre*.
1993 *La lista de Schindler*.

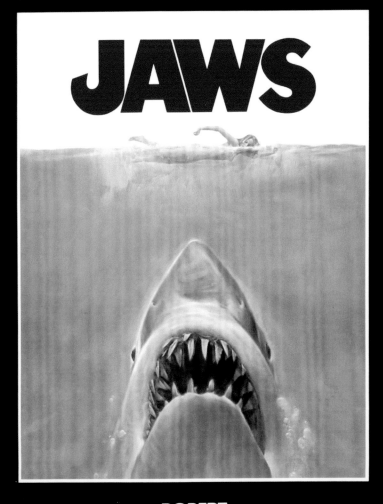

Este cartel es sin duda uno de los más icónicos de toda la historia del cine. Al igual que la mayoría de filmes de Steven Spielberg, *Tiburón* generó un sinfín de juguetes y productos derivados. De hecho, resulta curioso que hasta 15 años más tarde no se abriera, con gran éxito, un parque temático de *Tiburón* en Florida.

ALGUNAS PREGUNTAS TIENEN RESPUESTAS Y OTRAS NO

PICNIC EN HANGING ROCK / 1975

EN CONTEXTO

GÉNERO
Misterio

DIRECCIÓN
Peter Weir

GUION
Cliff Green (guion); Joan Lindsay (novela)

REPARTO
Anne-Louise Lambert, Rachel Roberts, Vivean Gray, Helen Morse

ANTES
1974 En su primer filme, *Los coches que devoraron París*, Weir plantea su característico tema de sucesos macabros en una pequeña comunidad.

DESPUÉS
1981 *Gallipoli*, el drama de Weir sobre la Primera Guerra Mundial, capta con precisión la Australia eduardiana.

1989 La historia sobre una tragedia en una escuela de *El club de los poetas muertos*, evoca *Picnic en Hanging Rock*.

Antes siquiera de que empiece la película, el texto inicial de *Picnic en Hanging Rock (Picnic at Hanging Rock)* explica que el 14 de febrero de 1900 un grupo de chicas fueron de picnic a Hanging Rock, cerca de Mount Macedon, en el estado australiano de Victoria, y concluye con estas palabras: «Durante la tarde, varios miembros del grupo desaparecieron sin dejar rastro». Semejante apertura da a entender al espectador que la historia que va a ver está basada en hechos reales, pero no es así. La película, realizada en 1975 por Peter Weir, es absolutamente ficticia.

Un filme compuesto casi íntegramente de pistas, que nos obliga a hacer trabajar la imaginación.
Vincent Canby
The New York Times (1979)

Entonces, ¿por qué esa introducción? ¿Se trata de un engaño, una pista, o ambas cosas? Este es el primero de los múltiples misterios que envuelven la inquietante excursión al desierto australiano el señalado día de San Valentín.

Sin solución
La escritora australiana Joan Lindsay fue la primera en narrar los extraños sucesos de Hanging Rock en una novela de 1967 que también dejaba en el aire la pregunta de si el caso de las chicas desaparecidas era real o no. Cuando Weir decidió adaptarla para la gran pantalla, se enfrentó a un reto poco habitual. Las tres chicas y su profesora desaparecen sin más, sin que se sugiera ni a dónde han ido ni por qué. ¿Cómo mantener en vilo al público durante una película de misterio de dos horas de duración sin que se le dé una respuesta? La solución de Weir consistió en explotar las ausencias. En la película no solo desaparecen las chicas y su profesora, la señorita McCraw, sino que tampoco se encuentran claves o soluciones para las preguntas que se plantean. Otro profesor, el señor Whitehead (Frank Gunnell) es el primero en aceptar que nunca se aclarará lo sucedido:

Filmografía adicional: *El rapto de Bunny Lake* (1965) ▪ *Despertar en el infierno* (1971) ▪ *Walkabout* (1971, p. 337) ▪ *El año que vivimos peligrosamente* (1982) ▪ *El proyecto de la bruja de Blair* (1999) ▪ *Las vírgenes suicidas* (1999) ▪ *Camino a la libertad* (2010)

Irma, Marion y Miranda comparten un momento idílico justo antes de subir a Hanging Rock. Irma aparecerá luego sin su corsé. Las otras dos jóvenes, junto con la señorita McCraw, desaparecen sin dejar el menor rastro.

«Algunas preguntas tienen respuestas y otras no», dice simplemente. En *Picnic en Hanging Rock*, Weir pide al espectador que respete el misterio en sí. Parece que ha sucedido algo sobrenatural, algo que carece de contexto y, por lo tanto, estremece. Weir expone su drama en medio del asfixiante verano australiano, un ambiente hostil tan amenazante para los personajes como un paisaje extraterrestre. En 1900, la época en que está ambientada la película, los colonos europeos todavía eran extranjeros en una tierra antigua que no entendían del todo y Weir logra reflejar con maestría la atmósfera de aquel momento.

Una posible pista
Parece existir una sugerencia velada a que la sexualidad tenga algo que ver con las desapariciones. Cuando una de las chicas «regresa», incapaz de explicar con palabras lo sucedido, ¿a dónde ha ido a parar su corsé? ¿Es significativo que la desaparición haya tenido lugar el día de San Valentín? ¿O que la roca se encuentre sobre un volcán apagado, un posible símbolo del deseo reprimido? Resulta imposible saberlo. Cualquier esclarecimiento del enigma se evapora en el calor seco del desierto. En *Picnic en Hanging Rock* lo que permanece es únicamente el misterio, no la explicación. ▪

Peter Weir Director

Peter Weir nació en Sídney en 1944 y comenzó su carrera realizando documentales para la Commonwealth Film Unit de Australia. Asociado a la «nueva ola australiana», integrada por actores y directores reconocidos a escala internacional durante las décadas de 1970 y 1980, se sintió atraído por las historias sobre comunidades sometidas a presión. Después del rotundo éxito del drama bélico *Gallipoli*, cuya acción transcurre durante la Primera Guerra Mundial, las películas de Weir han lanzado al estrellato a diversos actores, con frecuencia interpretando a un individuo común que lucha contra una sociedad cerrada, como es el caso del John Book al que Harrison Ford da vida en la inolvidable *Único testigo* (1985), ambientada en una comunidad amish.

Películas principales

1975 *Picnic en Hanging Rock.*
1981 *Gallipoli.*
1989 *El club de los poetas muertos.*
1998 *El show de Truman.*

《 Estaremos **enseguida de vuelta**. 》
Miranda / Picnic en Hanging Rock

ALGUN DIA LLEGARA UNA VERDADERA LLUVIA

TAXI DRIVER / 1976

EN CONTEXTO

GÉNERO
Thriller psicológico

DIRECCIÓN
Martin Scorsese

GUION
Paul Schrader

REPARTO
Robert De Niro, Jodie Foster, Cybill Shepherd, Harvey Keitel

ANTES
1973 Martin Scorsese, Harvey Keitel y Robert De Niro trabajan juntos por primera vez en *Malas calles*, la historia de un gánster de poca monta de Nueva York.

1974 De Niro salta a la fama en *El padrino. Parte II*, como Vito Corleone joven.

DESPUÉS
1982 Scorsese dirige a De Niro en el filme *El rey de la comedia*, una comedia negra sobre otro perdedor neoyorquino.

1990 Scorsese regresa al mundo de la mafia con una de sus películas más populares, la aclamada *Uno de los nuestros*.

Estamos en 1976. La ciudad de Nueva York tiene aproximadamente 7,8 millones de habitantes a los que Travis Bickle (Robert De Niro) observa a través de la ventanilla de su taxi. Dondequiera que mire, las aceras están llenas de personas que para él son como personajes de un filme. El taxista de la película de Martin Scorsese es un marginal, enajenado y airado que contempla el mundo desde el interior de un coche mientras rueda por la ciudad en una especie de sueño febril.

Lluvia purificadora

Taxi driver es un espectáculo sórdido, no como las películas porno de los antros de la calle 42 que le gusta frecuentar a su protagonista, sino por su retrato de una ciudad repleta de mugre. Scorsese rodó la película durante el verano de 1975, cuando a la ola de calor se sumó una huelga de basureros que dejó Manhattan cubierta de montañas de basura. «Gracias, Señor, por la lluvia que ha limpiado de basura las calles», dice Travis. «Algún día llegará una verdadera lluvia que limpiará las calles de esta escoria.»

En el mundo de Travis, lo único limpio son su conciencia y su carnet de conducir. A sus ojos, todo lo demás es asqueroso, inclusive el resto de neoyorquinos. Considera a

La respuesta inmediata suele ser muy visceral y airada. Pero si esta película no fuera controvertida, algo iría muy mal en el país.
Paul Schrader
Entrevista con Roger Ebert,
Chicago Sun-Times (1976)

estos unos degenerados y despotrica contra la prostitución, la homosexualidad y la drogadicción. Cuando habla de la lluvia que limpiará las calles, lo hace en un sentido bíblico y apocalíptico; sin embargo, no es un fanático religioso: sencillamente, necesita tener un propósito en la vida. Su Dios tan solo existe para darle la orden de matar, como su comandante en la guerra de Vietnam.

Un alma perdida

Travis es un perdedor en numerosos aspectos. Combatió en el bando perdedor en el Sudeste Asiático y

Minuto a minuto

00:19
Travis se apunta como voluntario para la campaña del senador Palatine para poder hablar con Betsy, su ayudante.

00:32
Travis lleva a Betsy a un cine porno y ella se va, asqueada. Él le llama por teléfono y le envía flores, pero la chica lo rechaza.

01:05
Atracan una tienda a punta de pistola mientras Travis está comprando. Travis mata al ladrón. El propietario lo encubre, ya que Travis no tiene permiso de armas.

01:30
En un mitin de Palatine, un guardia de seguridad ve a Travis acercarse al senador a punto de sacar una pistola. Travis se va sin disparar.

| 00:00 | 00:15 | 00:30 | 00:45 | 01:00 | 01:15 | 01:30 | 01:53 |

00:27
Palatine sube al taxi de Travis, que le dice que la ciudad necesita una limpieza. Más tarde se sube Iris, una prostituta preadolescente, pero su chulo, Sport, la saca a rastras.

00:51
Después de casi atropellar a Iris, Travis decide comprar varias pistolas. Comienza a entrenarse con intensidad y hace prácticas de tiro.

01:21
Un día después de haber pagado por estar con ella, Travis desayuna con Iris y le dice que le dará dinero para que pueda dejar a Sport.

01:34
Travis mata a tiros a Sport, al propietario de un hotel y al cliente que estaba con Iris. Intenta suicidarse, pero ya no le quedan balas.

ahora también ha perdido la fe en el país por el que combatió. Incluso ha perdido el sueño, pero por encima de todo, ha perdido su objetivo en la vida. «En realidad, lo que he necesitado siempre es una meta que alcanzar», murmura, medio dormido, medio despierto, mientras se desliza en la noche llevando en su taxi a otras personas a su destino. El espectador ve los ojos de Travis en el retrovisor como si fuera un pasajero,

Travis decide rescatar a Iris (Jodie Foster), una prostituta de 12 años, de las garras de su chulo, sin tener en cuenta su opinión. Así, Travis será la lluvia que limpia las calles.

pero al igual que el conductor, no sabe a dónde se dirige.

Viaje por el infierno
Desde los primeros momentos de *Taxi driver*, Scorsese invita al público a entrar en la mente atormentada de este antihéroe, cuya inestabilidad sugiere mediante imágenes y ángulos de cámara caóticos.

En la primera escena, una nube de vapor brota de los conductos del subsuelo de la ciudad, teñida de rojo por una luz de neón, semejante a un chorro de azufre surgido del infierno. Entre la neblina aparece súbitamente el taxi de Travis, que parece viajar por el inframundo, y atraviesa »

Martin Scorsese
Director

«Toda mi vida ha consistido en cine y religión. Nada más», dijo Scorsese en una ocasión. Nacido en Queens (Nueva York) en 1942, y de padres católicos, el director estadounidense ha hecho del cine una religión, un arte al que reverenciar.

Tras estudiar cine en la Universidad de Nueva York, en 1967 dirigió *¿Quién llama a mi puerta?*, su primer largometraje. Desde entonces ha realizado películas muy diversas, desde duros *thrillers* urbanos hasta dramas históricos que rinden homenaje a clásicos de la gran pantalla.

La religión tiene cabida en casi todas sus películas, sobre todo en *La última tentación de Cristo* (1988) y *Kundun* (1997). Su otra gran pasión es la ciudad de Nueva York, protagonista de gran parte de su obra, desde su primer gran éxito, *Malas calles,* hasta *Gangs of New York*.

Películas principales

1973 *Malas calles.*
1976 *Taxi Driver.*
1980 *Toro salvaje.*
1990 *Uno de los nuestros.*
2006 *Infiltrados.*
2019 *El irlandés.*

la pantalla lentamente. Da la impresión de que vaya a detenerse para que los espectadores puedan subir. A su vez, el volumen de la música de la banda sonora va en aumento. Scorsese recrea una atmósfera inquietante con objeto de hacer saber al espectador-pasajero hacia dónde se dirige.

«¡Sepa usted que está en un infierno y va a morir en ese infierno, como todos los demás!», espeta el inestable taxista a Betsy (Cybill Shepherd), una voluntaria de una campaña política de la que se ha enamorado. Un infierno es precisamente lo que Travis ve cuando mira a su alrededor, y quiere salvar a Betsy de las llamas. La joven es una activista que defiende la «política limpia»: en cierto modo, está pidiendo una lluvia purificadora, al igual que Travis. Esta idea no podía dejar indiferente al público de 1976, cuando aún estaba fresco el recuerdo del escándalo Watergate, que costó el cargo al presidente Nixon por mentir. Muchos habían perdido la fe en la política y sentían que se habían quedado sin líderes.

En busca de una causa

Betsy, una rubia guapa y segura de sí misma, rechaza a Travis cuando este la lleva a ver una película porno en la primera cita. Él reacciona mal y luego comienza a enviarle flores y acosarla en el trabajo, pero enseguida vuelca su atención en otra causa: Iris (Jodie

> No conozco a nadie que me sorprenda en la pantalla como De Niro [...] y que transmita tanta energía y emoción.
> **Martin Scorsese**

Foster), una prostituta de 12 años tan segura de sí misma como Betsy y tan poco interesada como ella en que Travis la salve. Sin embargo, Travis no le da opción.

Travis es testigo de un atraco en una tienda y mata de un tiro al ladrón. Agradecido, el propietario lo encubre y le dice que se vaya, porque no tiene licencia de armas. Viendo que su primer acto de «limpieza» es recibido con gratitud, Travis se

Solo en su apartamento, Travis se prepara para su gran día de acción. Fabrica con meticulosidad pistoleras para sus armas y se imagina hablando con sus víctimas ante el espejo.

La transformación de Travis Bickle

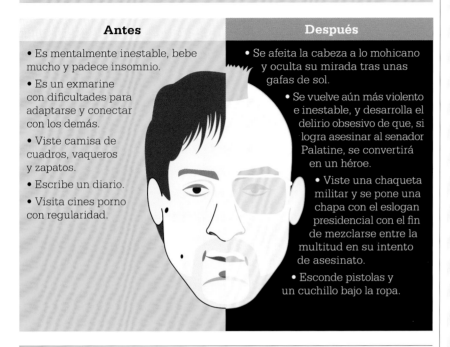

Antes

- Es mentalmente inestable, bebe mucho y padece insomnio.
- Es un exmarine con dificultades para adaptarse y conectar con los demás.
- Viste camisa de cuadros, vaqueros y zapatos.
- Escribe un diario.
- Visita cines porno con regularidad.

Después

- Se afeita la cabeza a lo mohicano y oculta su mirada tras unas gafas de sol.
- Se vuelve aún más violento e inestable, y desarrolla el delirio obsesivo de que, si logra asesinar al senador Palatine, se convertirá en un héroe.
- Viste una chaqueta militar y se pone una chapa con el eslogan presidencial con el fin de mezclarse entre la multitud en su intento de asesinato.
- Esconde pistolas y un cuchillo bajo la ropa.

Robert De Niro Actor

Nacido en Nueva York en 1943, Robert De Niro ha rodado bajo las órdenes de Scorsese nueve de las más de 90 películas que ha protagonizado. Saltó a la fama gracias a su interpretación del joven Vito Corleone en el aclamado filme de Francis Ford Coppola, *El padrino. Parte II*, y es célebre por la minuciosidad y la dedicación con que prepara sus personajes (para interpretar al boxeador Jake LaMotta en el filme biográfico *Toro salvaje*, de Scorsese, ganó 27 kilos).

En sus primeros 30 años de carrera, se especializó en la interpretación de personajes marginales e inadaptados, con un carácter tan impredecible como violento, desde Corleone y Travis Bickle hasta Al Capone en *Los intocables de Eliot Ness* (1987), dirigida por Brian De Palma, o Max Cady en *El cabo del miedo* (1991), de Scorsese. Recientemente ha encarnado personajes más amables y ha trabajado en comedias.

viste con ropa de combate, se rapa el pelo a lo mohicano y se dispone a vengarse del proxeneta de Iris (Harvey Keitel). Su misión acabará en un terrible baño de sangre.

En la cabeza de Travis ha estallado la tormenta. Por fin ha llegado la verdadera lluvia.

Un mundo de pesadilla

La furia que poco a poco consume a Travis se nos muestra por medio de contrastes cromáticos y encuadres desconcertantes, como si también la película descendiera al plano de la irrealidad. En el momento de máxi-ma tensión, el largometraje recupera la atmósfera de pesadilla de la escena inicial, cuando el taxi aparece entre el vapor. Scorsese solía afirmar que las películas existen en la intersección de los sueños y la realidad, y es justamente allí adonde conduce al espectador.

El epílogo onírico en el que Travis consigue sobrevivir a la matanza para convertirse en un héroe de la prensa amarilla ha sido interpretado como el delirio de un moribundo. Real o imaginario, se trata del momento de gloria que Travis tanto anhelaba. El guionista Paul Schrader devuelve al espectador al principio de la película: Travis se aleja al volante de su taxi, pero ni él ni el mundo están limpios. ∎

《¿Hablas conmigo? […] Entonces, ¿**a quién** demonios le hablas **si no** es **a mí**?**》**

Travis Bickle / Taxi Driver

Películas principales

1973 *Malas calles.*
1974 *El padrino. Parte II.*
1976 *Taxi Driver.*
1978 *El cazador.*
1980 *Toro salvaje.*

TE ADORO, TE ADOORO, TE ADOOORO...

ANNIE HALL / 1977

EN CONTEXTO

GÉNERO
Comedia

DIRECCIÓN
Woody Allen

GUION
**Woody Allen,
Marshall Brickman**

REPARTO
**Woody Allen, Diane
Keaton, Tony Roberts**

ANTES
1933 Los hermanos Marx, que
ejercerán una enorme influencia
sobre Allen, estrenan *Sopa de
ganso* (p. 48). Allen incluirá una
escena de este filme en *Hannah
y sus hermanas*.

1973 Ingmar Bergman muestra
los altibajos de una pareja de un
modo hiperrealista en *Secretos
de un matrimonio*.

DESPUÉS
1993 Allen y Keaton se reúnen
ante la pantalla por última vez
para rodar *Misterioso asesinato
en Manhattan*.

En la sobresaliente
comedia neoyor-
quina de Woody
Allen *Annie Hall*, el director interpreta a uno de
los protagonistas, el có-
mico Alvy Singer, mien-
tras que Diane Keaton, por
entonces pareja de Allen,
encarna al personaje que
da título al filme, la atractiva Annie Hall. La película destila el característico
humor neurótico de Allen y posiblemente refleja los altibajos de su relación con Keaton en la vida real.

Annie Hall es también un brillante testimonio de un tiempo y
un lugar: el sofisticado mundo de
la *intelligentsia* de Manhattan a finales de la década de 1970. Alvy se
burla y a la vez disfruta, de sus pro-
lijas disquisiciones sobre arte, cine

Annie Hall arrebató
el Oscar a la mejor
película a *La guerra
de las galaxias*. Rara
vez un modesto filme
intelectual deja atrás
a una superproducción
en tan ansiado premio.

y literatura. Como
buen neoyorquino
desdeña a Los Án-
geles, pues tan solo
ve en ella un desierto cultural. Cuando Annie observa que allí todo está
muy limpio, contesta: «Es que no
tiran la basura a la calle, la convierten en programas de televisión», y el
hecho de que Annie desee ir a Los
Ángeles le parece un defecto. Sin
embargo, al mismo tiempo reconoce
que está atrapado por el personaje
en que lo ha convertido Nueva York.

« Las relaciones son **como un tiburón**,
tienen que **moverse hacia delante**
constantemente **o se mueren**. Y me
parece que lo que tenemos entre manos
es **un tiburón muerto**. »
Alvy Singer / *Annie Hall*

Filmografía adicional: *8½* (1963) ▪ *Mi noche con Maud* (1969) ▪ *Secretos de un matrimonio* (1973) ▪ *El dormilón* (1973) ▪ *Hannah y sus hermanas* (1986) ▪ *Desmontando a Harry* (1997) ▪ *Blue Jasmine* (2013)

El egocentrismo de Nueva York es crucial en *Annie Hall*, y Alvy es su epítome. En muchos aspectos, el filme es una evolución de los monólogos cómicos de Allen, en los que reflexiona acerca de sus propias inseguridades y preocupaciones. Al principio de la película, Alvy resume ante la cámara sus problemas con las mujeres citando la famosa frase de Groucho Marx: «Jamás pertenecería a un club que tuviese a alguien como yo de socio». De su primera esposa, Allison, dice más adelante: «¿Por qué rechacé a Alison Portchnik? Era una chica preciosa, estaba dispuesta, era inteligente… ¿Será el viejo chiste de Groucho Marx?».

«Necesitamos los huevos»

A lo largo de toda la película, Alvy se pregunta por qué unas relaciones tienen éxito y otras no, e incluso se lo pregunta a desconocidos por la calle. Sin embargo, su búsqueda parece inútil, pues solamente halla relaciones efímeras y respuestas sin sentido. Incluso da con una pareja que atribuye su felicidad a su propia superficialidad y a

Woody Allen Actor y director

El origen judío de Allen, nacido en Brooklyn (Nueva York) en 1935, ha tenido una enorme influencia en todas sus películas. Comenzó su carrera escribiendo chistes para prensa y televisión antes de ganarse la vida como monologuista cómico a principios de la década de 1960, perfilando su personaje del intelectual cargado de inseguridades. En 1965 saltó a la dirección cinematográfica con comedias de astracanada y, posteriormente, influidas por el cine europeo de arte y ensayo.

Desde finales de la década de 1970, Allen ha producido casi una película por año. Sin embargo, una acusación de abuso sexual relativa a una hija adoptiva de su expareja Mia Farrow, en la década de 1990 (y que Allen niega), ha empañado su reputación.

Películas principales

1977 *Annie Hall*.
1979 *Manhattan*.
1986 *Hannah y sus hermanas*.

que ninguno de los dos tienen ideas ni cosas interesantes que decir.

Al final, se ve obligado a admitir que las relaciones «son totalmente irracionales y locas y absurdas, pero supongo que continuamos manteniéndolas porque la mayoría necesitamos los huevos». Esta réplica alude al chiste del hombre que va al psiquiatra y le explica que su hermano cree ser una gallina. «El doctor responde: ¿Por qué no lo mete en un manicomio? Y el tipo le dice: Lo haría, pero necesito los huevos.» En

el caso de Alvy, los huevos son el amor, y el amor de su vida es Annie. Así pues, en *Annie Hall*, Allen analiza por qué se acaba el amor… y se rompen los huevos. ▪

Alvy (Woody Allen) se siente atraído por Annie (Diane Keaton), pero sus relaciones parecen estar condenadas al fracaso.

QUE LA FUERZA TE ACOMPAÑE

LA GUERRA DE LAS GALAXIAS / 1977

Así como un cuento de hadas empieza diciendo: «Érase una vez…», *La guerra de las galaxias (Star Wars)* comienza con un texto que reza: «Hace mucho tiempo, en una galaxia muy, muy lejana…». Estas palabras transportan al espectador a un universo fantástico poblado de jóvenes campesinos heroicos, caballeros que se baten en duelo, cómicos sirvientes, señores oscuros, rebeldes oprimidos y princesas prisioneras en profundos calabozos. George Lucas combina todos estos elementos en una ambiciosa fábula americana. Obi-Wan Kenobi, el viejo maestro Jedi (interpretado por Alec Guinness), es una mezcla de mago, guerrero y guía espiritual, y «la Fuerza» que da energía y poder al individuo es una expresión mágica del sueño americano.

Mezcla de géneros

Para disfrute de todos, el filme ofrece una insólita mezcla de géneros: es un cuento infantil, una aventura de ciencia ficción, un western, un filme bélico, una epopeya de samuráis, una comedia e incluso una tragedia shakespeariana, en definitiva, una suma de las infinitas posibilidades de la imagen en movimiento que ha conquistado a todos públicos. ∎

Luke Skywalker (Mark Hamill) se une a la princesa Leia (Carrie Fisher) en la lucha contra el Imperio. Ambos forjan una relación muy íntima, pero les aguarda una gran sorpresa.

Filmografía adicional: *La fortaleza escondida* (1958) ▪ *Lawrence de Arabia* (1962) ▪ *El Imperio contraataca* (1980) ▪ *El despertar de la Fuerza* (2015)

AUN NO HABEIS COMPRENDIDO A QUE OS ENFRENTAIS

ALIEN / 1979

EN CONTEXTO

GÉNERO
Ciencia ficción, terror

DIRECCIÓN
Ridley Scott

GUION
**Dan O'Bannon,
Ronald Shusett**

REPARTO
**Sigourney Weaver,
Tom Skerritt, John Hurt,
Ian Holm**

ANTES
1974 La idea de *Alien* surge de
la película de estudiante de Dan
O'Bannon *Estrella oscura*.

1975 Steven Spielberg aterroriza
al público de *Tiburón* con solo
breves apariciones del escualo.

DESPUÉS
1986 *Aliens*, la secuela de
James Cameron, cuenta
con varios monstruos.

1992 En *Alien 3*, Ripley se
estrella en un planeta-cárcel,
donde los *aliens* provocan el
caos entre los prisioneros.

Estrenada en 1979,
solo dos años después de *La guerra
de las galaxias*, la película
Alien, el octavo pasajero
también mostraba naves
espaciales, planetas remotos y un sinfín de efectos especiales innovadores, pero al contrario que
aquella, ponía los pelos
de punta. Se trataba de
una pesadilla nihilista
en torno al alienígena más terrorífico
de la historia del cine.

En origen, el proyecto se titulaba
Star Beast y se basaba en un guion
de serie B sobre un alienígena que
viaja de polizón en una nave espacial que transporta seres humanos.
A partir de esta idea en apariencia
banal, el director Ridley Scott creó
una siniestra película de terror llena
de sangre, muertes violentas y metáforas sexuales que revolucionó el
género de la ciencia ficción. Scott
dio un realismo insólito a la nave,
confió al artista surrealista suizo
H. R. Giger el diseño del *alien* y dio
el papel protagonista a una mujer:

El cartel de *Alien*
fue diseñado con el
fin de no dar pistas
sobre el aspecto del
alienígena, que se
revela poco a poco
para intensificar la
tensión.

Sigourney Weaver,
que interpretó a la
inquebrantable teniente Ripley. Quienes fueran al cine esperando asistir
a un espectáculo de pistolas láser
y divertidos robots se llevarían una
gran sorpresa.

El terror de lo invisible

La verdadera estrella de esta historia es el alienígena, a pesar de que
Scott lo mantiene oculto durante la
mayor parte de la película. Solo se ve
su garra, su baba colgante y el brillo
negro de su cráneo: la imaginación
del espectador hace el resto. El terror
procede de los insoportables silencios y de la certeza de que, como advierte el cartel, «en el espacio nadie
puede oír tus gritos». ∎

Filmografía adicional: *El terror del más allá* (1958) ▪ *Tiburón* (1975, pp. 228–231)
▪ *La cosa* (1982) ▪ *Aliens* (1986) ▪ *Prometheus* (2012)

¡QUE SILENCIO! ESTE ES EL LUGAR MAS SILENCIOSO DEL MUNDO

STALKER / 1979

EN CONTEXTO

GÉNERO
Ciencia ficción

DIRECCIÓN
Andréi Tarkovski

GUION
Arkadi Strugatski y Borís Strugatski (guion y novela)

REPARTO
Alisa Freindlij, Aleksandr Kaidanovski, Anatoli Solonitsin

ANTES
1966 Anatoli Solonitsin es el protagonista de la película *Andréi Rubliov* de Tarkovski.

1972 *Solaris* inaugura un periodo prolífico de Tarkovski.

DESPUÉS
1986 En *Sacrificio*, la última cinta de Tarkovski, un hombre hace un trato con Dios para salvar a la humanidad.

A pesar de que desde su estreno el significado de esta película ha sido polémico y objeto de debate, Tarkovski nunca quiso explicarlo.

Para el director ruso Andréi Tarkovski, el proceso creativo de su obra carecía de interés. De hecho, en una ocasión, afirmó: «La idea de una película siempre se me ocurre de una manera muy ordinaria y casi aburrida, poco a poco, en fases bastante banales. Explicarlo sería una pérdida de tiempo. No tiene nada de fascinante ni de poético».

También resulta sorprendente su visión pesimista sobre el mundo del arte en general. «Es evidente que el arte no puede enseñar nada a nadie, puesto que en 4000 años la humanidad no ha aprendido lo más mínimo», aseguraba.

Merece la pena mencionar ambas posturas, dado que en parte ayudan a explicar la actitud del director respecto a sus propias creaciones, tema que Tarkovski aborda ampliamente en su libro, publicado en 1986, *Esculpir en el tiempo*. Este título es una metáfora perfecta de su técnica cinematográfica. En cierta manera, las películas de Tarkovski recuerdan a las esculturas del artista británico Henry Moore: las abstracciones dicen tanto como la realidad, y lo que se pasa por alto

Filmografía adicional: *2001: una odisea del espacio* (1968, pp. 192–193) ▪ *Sayat Nova. El color de la granada* (1969) ▪ *Solaris* (1972) ▪ *Armonías de Werckmeister* (2000)

« Cuando **un hombre** piensa en el **pasado**, se vuelve **más benévolo**. »

El Stalker / Stalker

es tan significativo como lo que queda.

Como muchas otras películas de Tarkovski, *Stalker* fue adaptada de una obra preexistente, en este caso la novela *Stalker: pícnic extraterrestre* (1971), de Arkadi y Borís Strugatski, que describe las consecuencias de una serie de incursiones de extraterrestres en seis zonas del planeta.

En el libro, los residuos que dejan esos visitantes invisibles se comparan con la basura que suele quedar después de un pícnic: corazones de manzana, papeles de caramelo, las brasas de una hoguera, latas, botellas, un pañuelo, una navaja olvidada, periódicos arrugados, flores marchitas recogidas en otro prado… Al igual que los restos del pícnic

desconciertan –y amenazan– a los animales que merodean por allí, los extraños fenómenos que se producen tras el paso de los visitantes dejan perplejos a los seres humanos.

Lo inexplicado

De una manera poco habitual en la ciencia ficción de la época, la visita en sí carece de importancia tanto en la novela como en la película. Aunque el interés de Tarkovski por la ciencia ficción engendró su otra obra maestra, *Solaris*, el director utiliza el género para sus fines »

El Escritor (Anatoli Solonitsin) se pone una corona de espinas mientras los tres hombres aguardan en una sala de la Zona. Esta es una de las muchas imágenes enigmáticas de la película.

Andréi Tarkovski
Director

Nacido en 1932 en Zavrazie, en la Rusia soviética y en el seno de una familia de escritores y poetas, Andréi Tarkovski estudió en el Instituto Estatal de Cinematografía de Moscú, donde también se formó Serguéi Eisenstein, y en 1956 dirigió su primer corto, *Asesinos*, basado en un cuento de Ernest Hemingway. Su primer largometraje, *La infancia de Iván*, inauguró una prestigiosa carrera de director con un estilo muy personal y sugerente. Tras un lento despegue (solo rodó dos largometrajes en la década de 1960, uno de ellos *Andréi Rubliov*, sobre un pintor de iconos medieval), recuperó el tiempo perdido en la década de 1970 a partir de *Solaris*. Sus filmes, caracterizados por secuencias largas y un oscuro simbolismo, plantean profundos interrogantes sobre la vida y su sentido. Murió en París en 1986.

Películas principales

1962 *La infancia de Iván.*
1966 *Andréi Rubliov.*
1972 *Solaris.*
1979 *Stalker.*

artísticos particulares. En la lenta secuencia inicial de *Stalker* ni siquiera intenta explicar cómo se ha formado el misterioso lugar llamado «la Zona». Se ignora su origen, su finalidad o su naturaleza. Solo se sabe que lo que entra en ella no vuelve a salir, que las autoridades la han sellado y que la policía militar impide el acceso.

Tarkovski no desea revelar qué hay en la Zona. Como sugiere en *Esculpir en el tiempo*, lo único que le interesa es el tiempo, y lo utiliza en abundancia, ya que su película dura cerca de tres horas. El filme empieza cuando el Stalker, el personaje que le da título y que interpreta Aleksandr Kaidanovski, se prepara para ir a trabajar. En este mundo de un futuro cercano, un *stalker* (en inglés, «acechador») es tanto un ladrón que intenta sacar objetos de la Zona como un guía dispuesto a llevar a otros hasta allí.

Entrada en la Zona

El mundo en ruinas en que vive el Stalker se refleja en el tono sepia uti-

lizado en la primera parte de la película. Temiendo por su seguridad, su esposa le ruega que no vaya a la Zona, pero él desoye sus súplicas y se reúne con dos clientes, a los que conocemos como el Escritor y el Profesor. Estos desean entrar en la Zona porque han oído que posee poderes extraños, tal vez mágicos.

> La Zona es el espacio de Tarkovski por excelencia, un lugar al que se va para ver los deseos más profundos. Eso es el cine.
> **Robert Bird**
> *Andréi Tarkovski: Elements of Cinema* (2008)

El Stalker yace herido cuando los tres hombres entran en la Zona. Mientras se aventuran en lo desconocido, con el único sonido de fondo del goteo del agua, el Stalker la describe como «el lugar más silencioso del mundo».

Cuando los tres hombres llegan a la Zona, la película pasa súbitamente del sepia al color. «Estamos en casa», afirma el Stalker. Sin embargo, aún no han alcanzado su destino final. En la Zona, que se rige por sus propias leyes y donde tienen lugar fenómenos extraños e inexplicables, hay un lugar llamado «la Habitación». Cuando lo descubren, el Stalker declara con entusiasmo y fascinación: «Aquí se cumple su deseo más recóndito. El más sincero. El más sufrido».

No obstante, Tarkovski se interesa menos por la Habitación que por el camino de los personajes hasta su umbral. ¿Qué buscan en realidad? ¿Qué encontrarán dentro? A partir de este momento, *Stalker* pasa del suspense al drama existencial postapocalíptico. Los tres protagonis-

> « **Mi conciencia** desea la victoria del **vegetarianismo** en todo el mundo. **Mi subconsciencia** anhela un pedazo de **carne fresca**. ¿Y **qué quiero yo**? »

El Stalker / Stalker

tas hablan de su vida y su destino en una conversación que evoca *Esperando a Godot* (1953) de Samuel Beckett.

¿Y ahora, qué?

La última parte del filme se centra en la esposa y la hija del Stalker, y termina con un primer plano de la cara de la niña, que apoya la cabeza sobre una mesa y fija sus ojos en tres vasos que parecen moverse bajo su mirada mientras se oye pasar un tren. Como muchas otras imágenes de la película, esta queda sin explicación. ¿Cabría entender *Stalker* como una respuesta soviética al interrogante sobre el futuro del mundo que plantea *2001: una odisea del espacio*, de Kubrick? No se sabe si Tarkovski hablaba de la vida en la Unión Soviética o de la vida en la Tierra.

Para él, una verdadera obra de arte no debería reducirse a sus elementos para ser interpretada de un modo simplista. «No nos juzgan por lo que hemos hecho o queríamos hacer», dijo en una entrevista, «sino que nos juzgan personas que no quieren entender la obra como un todo, o ni siquiera mirarla. Por el contrario, aíslan fragmentos y detalles, se aferran a ellos e intentan demostrar que tienen un significado especial e importante. Es un delirio».

Para filmar la austera y sombría *Stalker*, Tarkovski buscó una localización igualmente desolada, y la encontró en Estonia, en una antigua central hidroeléctrica y una fábrica que vertía sustancias químicas tóxicas a un río aguas arriba. Él, su esposa y el actor Anatoli Solonitsin murieron de cáncer, posiblemente causado por la contaminación del lugar del rodaje. ∎

Después de echarlo a suertes, el Escritor es el elegido para entrar el primero en un túnel de metal de la Zona que conduce a la misteriosa Habitación.

TENGO UNA BUENA TRIPULACION. MUY BUENA

DAS BOOT (EL SUBMARINO) / 1981

EN CONTEXTO

GÉNERO
Bélico, acción

DIRECCIÓN
Wolfgang Petersen

GUION
Wolfgang Petersen (guion); Lothar-Günther Buchheim (novela)

REPARTO
Jürgen Prochnow, Herbert Grönemeyer, Klaus Wenneman

ANTES
1953 *Mar cruel*, dirigida por Charles Frends, narra la historia de un convoy de submarinos alemanes protegidos por una corbeta británica e inaugura las películas bélicas navales sobre la Segunda Guerra Mundial.

DESPUÉS
2009 La crítica compara el filme de Samuel Maoz *Lebanon*, largometraje bélico enteramente rodado desde el interior de un tanque israelí, con *Das Boot*.

La acción de la película bélica *Das Boot*, ambientada en la Segunda Guerra Mundial y dirigida por Wolfgang Petersen, se desarrolla casi por completo en el espacio más exiguo y claustrofóbico imaginable: un submarino. Los miedos de la tripulación se apoderan del espectador, que se siente igualmente confinado en esa prisión de acero sumergida.

Tras una breve escena en que los marineros alemanes se divierten en un bar antes de embarcarse en una misión que parece inspirarles (como al público) un mal presentimiento, el U-96 zarpa del puerto francés de La Rochelle hacia el Atlántico Norte, donde intercepta convoyes aliados. Gravemente dañado tras un ataque con cargas de profundidad, hace un peligroso intento de entrar en el Mediterráneo sin ser detectado.

La película también se emitió por televisión como una miniserie con escenas añadidas. Hasta 1997 no se estrenó la versión del director, de 209 minutos.

Los personajes de *Das Boot* no son héroes, sino hombres de carne y hueso obligados a depender unos de otros para salvar su vida. «Tengo una buena tripulación», dice el capitán, un oficial apolítico y curtido en el combate, «Muy buena».

¿Un filme bélico pacifista?
Para Lothar-Günther Buchheim, el autor de la novela, la película era demasiado trepidante para transmitir su mensaje antibélico. Este punto de vista recuerda al del director francés François Truffaut, que afirmaba la imposibilidad de crear una película genuinamente antibélica, porque es inevitable que el cine haga de la

《 Nosotros no nos hundiremos, Heinrich. El submarino es el barco más seguro. 》
Capitán Lehmann-Willenbrock / Das Boot

Con los nervios en tensión, los mecánicos intentan desesperadamente hallar el modo de reflotar el submarino antes de que la presión lo aplaste.

guerra algo atractivo. Sin embargo, no todos los críticos estaban de acuerdo con Buchheim. El público salía del cine física y emocionalmente agotado. El filme de Petersen no se compone solo de secuencias de acción trepidante, sino que oscila entre los momentos de peligro y las semanas de tedio y de persecución infructuosa, durante las cuales las relaciones entre los miembros de la tripulación se complican. La película nos atrapa por su penetración psicológica más que por sus escenas de acción. Como decía su eslogan en alemán, se trata de «un viaje a los confines de la mente».

Todos a bordo

La fuerza de *Das Boot* reside en el alto grado de realismo buscado por el director. Los espectadores descubren la vida en un submarino en tiempo de guerra: las reparaciones de urgencia, la falta de tiempo y de oxígeno. La película se filmó casi íntegramente en un auténtico submarino alemán (en tierra firme), que podía inclinarse hasta 45 grados para simular una brusca inmersión. Dos técnicas contribuyeron a reforzar el realismo. La primera fue un empleo innovador del sonido: cuando los destructores merodean sobre el submarino, solo se oyen en el silencio las emisiones del sónar que reverberan en el casco, o los chasquidos del hierro y los remaches al alcanzar profundidades peligrosas. La segunda es la fotografía de Jost Vacano, que filmó con una cámara de mano para crear sensación de intimidad, saltando obstáculos y corriendo por los estrechos pasillos. Dichos efectos fueron imitados por toda una generación de películas. ▪

Wolfgang Petersen Director

Nacido en Emden (Alemania) en 1941, Wolfgang Petersen estudió teatro en Berlín y Hamburgo antes de ingresar en la Academia de Cine y Televisión de Berlín. Comenzó dirigiendo películas para televisión. En 1974 rodó su primer largometraje, *Einer von uns beiden (Uno de nosotros dos)*, y en 1977, *La consecuencia*, sobre el amor homosexual. La fama le vino con *Das Boot,* a la que siguió su primer filme en inglés, el drama fantástico *La historia interminable* (1984).

Estos éxitos le abrieron las puertas de Hollywood para dirigir *thrillers* como *En la línea de fuego*, con Clint Eastwood; *Estallido* (1995), con Dustin Hoffman, y *Air Force One*, con Harrison Ford.

Películas principales

1981 *Das Boot (El submarino)*.
1993 *En la línea de fuego*.
1997 *Air Force One (El avión del presidente)*.

YO HE VISTO COSAS QUE VOSOTROS NO CREERIAIS

BLADE RUNNER / 1982

EN CONTEXTO

GÉNERO
Ciencia ficción, *thriller*

DIRECCIÓN
Ridley Scott

GUION
Hampton Fancher, David Webb Peoples (guion); Philip K. Dick (novela: *¿Sueñan los androides con ovejas eléctricas?*)

REPARTO
Harrison Ford, Rutger Hauer, Sean Young, Daryl Hannah

ANTES
1979 La terrorífica *Alien* (p. 243) es la primera incursión de Scott en la ciencia ficción.

DESPUÉS
2006 Basado en otra novela de Philip K. Dick, el *thriller* en parte animado *Una mirada a la oscuridad* imagina una guerra de narcotraficantes en el futuro.

2017 Ford retoma su papel en la esperada secuela *Blade Runner 2049*, dirigida por Denis Villeneuve.

Hacia el final de *Blade Runner*, que transcurre en Los Ángeles en un futuro próximo, el fugitivo Roy Batty (Rutger Hauer) pronuncia ante un expolicía, Deckard (Harrison Ford), sus últimas palabras: «Yo he visto cosas que vosotros no creeríais. Atacar naves en llamas más allá de Orión… He visto rayos C brillar en la oscuridad cerca de la puerta de Tannhäuser. Todos esos momentos se perderán en el tiempo como lágrimas en la lluvia. Es hora de morir».

Roy Batty no es un hombre: es un «replicante», un androide creado por científicos de la todopoderosa Corporación Tyrell. Los replicantes son máquinas, pero tanto el deseo de vivir como la naturaleza inquisitiva de Batty demuestran que tiene conciencia de sí mismo. Esto supone un dilema moral para Deckard, que es un *blade runner*, un detective especialmente entrenado cuyo trabajo consiste en cazar y liquidar replicantes fugados. Si Batty es capaz de sentir tristeza y nostalgia, ¿en qué se diferencia de sus creadores?

Una cuestión en el aire

Con frecuencia, el cine de ciencia ficción nos ha dejado imágenes inolvidables, desde el nacimiento de la robot María en *Metrópolis* (1927), de Fritz Lang, hasta el misterioso

Tan conmovedora como cualquier película de ciencia ficción […] un filme negro que deriva en tragedia.
David Thomson
Have You Seen…? (2008)

obelisco negro de *2001: una odisea del espacio* (1968), de Kubrick. Aunque *Blade Runner* rebosa de poesía visual, es el lamento de Batty, unas cuantas líneas casi improvisadas, lo que realmente ha situado a la película en el lugar que ocupa en la historia del cine. Esas palabras suscitan un interrogante que planea sobre la enigmática obra maestra de Scott: ¿Qué significa ser humano?

Blade Runner está ambientada en 2019, una fecha lejana para el público que hizo cola para verla por primera vez en 1982. Presentaba un futuro extraño y a la vez conocido: edificios corporativos similares a zigurats babilónicos, mercados nocturnos tan abarrotados como los de Tokio en la década de 1980, calles

---

Minuto a minuto

00:07
Leon mata al *blade runner* Holden, que le ha puesto a prueba para ver si es un replicante.

00:31
Rachael visita a Deckard en su apartamento. Él le habla de sus recuerdos para demostrarle que es una replicante.

01:02
Para salvar a Deckard, Rachael acaba con la vida de Leon. Vuelven a casa de Deckard y hacen el amor.

01:44
Tras una persecución por los tejados, Roy salva a Deckard de caer al vacío. Luego se sienta y muere.

| 00:00 | 00:15 | 00:30 | 00:45 | 01:00 | 01:15 | 01:30 | 02:00 |

00:17
Tras poner a prueba a Rachael, Deckard descubre que es una replicante. Pero Tyrell le dice que ella no sabe que lo es.

00:50
Deckard sigue a Zhora hasta un bar donde esta actúa con una serpiente. La persigue y le dispara en la cabeza.

01:22
Gracias a Sebastian, Roy habla con Tyrell para pedirle que le alargue la vida. Tyrell le contesta que no es posible.

01:52
Al salir de su casa, Deckard recoge un unicornio de papel que ha dejado Gaff. ¿Conoce este sus sueños? ¿Quiere eso decir que es un replicante?

Filmografía adicional: *Metrópolis* (1927, pp. 32–33) ▪ *Brazil* (1985, p. 340) ▪ *Ghost in the Shell* (1995) ▪ *Gattaca* (1997) ▪ *Blade Runner 2049* (2017)

El genetista J. F. Sebastian (William Sanderson, izda.) ayuda a Pris (Daryl Hannah) a llegar a Tyrell. Su enfermedad provoca envejecimiento prematuro, y los replicantes empatizan con él.

peligrosas dignas de la ficción policíaca de posguerra y la arquitectura del siglo XIX en ruinas. Los coches voladores son un elemento futurista, pero los pilotan policías, un símbolo de temor más que de progreso.

Una visión pesimista

Para el público acostumbrado a la evasión de la realidad de *La guerra de las galaxias* (1977), la visión de un futuro cercano tan complejo resulta desconcertante, sobre todo por lo que respecta a la relación entre el hombre y las nuevas tecnologías.

En el mundo de *Blade Runner* es casi imposible distinguir entre seres humanos y máquinas. La robótica, los sistemas informáticos activados por voz, los implantes biónicos, la inteligencia artificial y la ingeniería genética forman parte de la cultura y están controlados íntegramente por megaempresas sin rostro. En esta era deshumanizada, todo el mundo está obligado a pasar una prueba, llamada de Voight-Kampff, para demostrar que son seres humanos.

Los replicantes son el último producto de esta sociedad humana tan tristemente mecanizada. Tienen aspecto de personas y actúan como las personas, pero no son personas. Su esperanza de vida es limitada (cuatro años en el caso de Batty), se fabrican fuera del planeta y tienen prohibido visitar la Tierra. Deckard cree que esas desdichadas criaturas no son más que autómatas… hasta que se enamora de Rachael mientras persigue a Batty y a sus tres compañeros, que han venido a la Tierra en busca de respuestas. Rachael (Sean Young) es una »

Ridley Scott Director

El director de cine británico Ridley Scott, nacido en 1937, es todo un experto a la hora de combinar una estética brillante con el dinamismo y la atractiva osadía Hollywoodiense. Tras estudiar en el Royal College of Art, se dio a conocer gracias a su primer filme, *Los duelistas*, al que siguieron dos clásicos del cine contemporáneo: la película de ciencia ficción y terror *Alien*, y la futurista *Blade Runner*. En la década de 1980, Scott siguió trabajando, aunque no volvió a alcanzar un éxito similar hasta 1991, año en que dirigió *Thelma y Louise*, la vibrante *road movie* femenina que rompió todos los moldes. Una década después consiguió otro clamoroso éxito con una película de romanos, *Gladiator*. En 2001 dirigió el largometraje bélico *Black Hawk derribado*, basado en el ataque estadounidense a Mogadiscio. En 2012 decidió regresar a la ciencia ficción con *Prometheus*, la precuela de *Alien*.

Películas principales

1977 *Los duelistas*.
1979 *Alien*.
1982 *Blade Runner*.
1991 *Thelma y Louise*.
2000 *Gladiator*.

« **No es** cosa **fácil** conocer a **tu creador**. »
Roy Batty / **Blade Runner**

Roy salva la vida a Deckard en el último momento y se sienta frente a él para morir. Sabe que su tiempo está a punto de acabar y abandona el deseo de seguir adelante.

«Eso es lo que significa ser esclavo». Batty y sus compañeros replicantes se han rebelado y han obligado a sus creadores a verlos como seres con un alma que necesita ser liberada. Hasta entonces les han considerado inhumanos, y el jefe de policía Bryant (M. Emmet Walsh) los llama despectivamente «pellejudos». No los matan, sino que los «retiran», y la sociedad los trata en consecuencia.

Blade Runner prevé un mundo invadido por la tecnología, con ciudades tentaculares en las que las máquinas son extensiones del ser humano. Conforme esta visión del futuro se acerca, las preguntas que plantea el filme se hacen cada vez más acuciantes. ¿Cuánto tardarán nuestros inventos en pensar y sentir como nosotros? ¿Cómo reaccionaremos ante ese despertar de conciencia? Cuando se refieran a nosotros con ese amargo «vosotros», ¿seremos capaces de mirarles a los ojos o tendremos demasiado miedo de ver en ellos nuestro propio reflejo? ∎

empleada de Tyrell que ignora que es una replicante porque tiene recuerdos de infancia, pero Deckard le revela que esos recuerdos son falsos: pertenecen a la sobrina de su creador y le han sido implantados. Sin embargo, no consigue disipar sus propias dudas. Como Batty y todos los replicantes, Rachael es un ser vivo. Cuando la interroga, Deckard siente aflorar en su interior esta dolorosa verdad, pero también el temor de que sus propios recuerdos sean una ilusión. ¿Es Deckard un replicante? ¿Cómo podría saberlo?

Crisis de identidad humana
El director retrata una humanidad sumida en una crisis de identidad, pero *Blade Runner* también aborda la inhumanidad. «Es toda una experiencia vivir con miedo, ¿verdad?», dice Batty mirando a Deckard que cuelga de la viga de un tejado,

---

¿Es Deckard un replicante?

Muchos fans de *Blade Runner* especulan sobre la identidad de Deckard. ¿Es humano o es un replicante? Existen indicios de ambas posibilidades.

Humano
• Los replicantes no tienen derecho a vivir en la Tierra. ¿Por qué permitiría Tyrell a Deckard actuar independientemente y por qué contrataría la policía a un replicante?

• Deckard no reacciona ante el unicornio de papel que Gaff deja ante su puerta, insinuando que es un replicante.

• La novela de Philip K. Dick dice explícitamente que Deckard es humano.

• Harrison Ford apoya esta tesis.

Replicante
• En algunas escenas, los ojos de Deckard tienen un brillo anaranjado, como los de los replicantes.

• Cuando Rachael le pregunta si ha pasado la prueba de Voight-Kampff, Deckard no responde.

• Deckard sueña con un unicornio; Gaff, otro *blade runner*, deja delante de su puerta un unicornio de papel plegado que sugiere que los recuerdos de Deckard son implantados.

• El propio Ridley Scott afirma que Deckard es un replicante.

MAN HAS MADE HIS MATCH
...NOW IT'S HIS PROBLEM

HARRISON FORD IS
BLADE RUNNER

JERRY PERENCHIO AND BUD YORKIN PRESENT
A MICHAEL DEELEY-RIDLEY SCOTT PRODUCTION
STARRING HARRISON FORD
IN BLADE RUNNER WITH RUTGER HAUER SEAN YOUNG
EDWARD JAMES OLMOS SCREENPLAY BY HAMPTON FANCHER AND DAVID PEOPLES
EXECUTIVE PRODUCERS BRIAN KELLY AND HAMPTON FANCHER VISUAL EFFECTS BY DOUGLAS TRUMBULL
ORIGINAL MUSIC COMPOSED BY VANGELIS ASSOCIATE PRODUCER IVOR POWELL PRODUCED BY MICHAEL DEELEY DIRECTED BY RIDLEY SCOTT
ORIGINAL SOUNDTRACK ALBUM AVAILABLE ON POLYDOR RECORDS PANAVISION® TECHNICOLOR® ☐☐ DOLBY STEREO° IN SELECTED THEATRES
A LADD COMPANY RELEASE IN ASSOCIATION WITH SIR RUN RUN SHAW
THRU WARNER BROS A WARNER COMMUNICATIONS COMPANY
© 1982 The Ladd Company. All Rights Reserved.
RESTRICTED
UNDER 17 REQUIRES ACCOMPANYING
PARENT OR ADULT GUARDIAN

En la primera versión de la película, la voz en *off* de Deckard narraba la acción y la conclusión era optimista. Pero en el «montaje final», estrenado en 2007, ambas cosas fueron eliminadas a petición de Scott.

NO SE SI ERES UN DETECTIVE O UN PERVERTIDO

TERCIOPELO AZUL / 1986

EN CONTEXTO

GÉNERO
Thriller, misterio

DIRECCIÓN
David Lynch

GUION
David Lynch

REPARTO
Kyle MacLachlan, Isabella Rossellini, Dennis Hopper, Laura Dern

ANTES
1957 Alfred Hitchcock explora el tema del voyeurismo en el filme *La ventana indiscreta*.

1977 *Cabeza borradora*, una cinta de terror surrealista en blanco y negro, es la primera película de Lynch.

DESPUÉS
1990 *Corazón salvaje*, de Lynch, presenta a Laura Dern y Nicolas Cage como criminales a la fuga.

2001 El filme neonegro de Lynch *Mulholland Drive* narra la historia de una aspirante a actriz en Los Ángeles.

Sofisticada, obsesiva y subversiva, *Terciopelo azul (Blue Velvet)*, narra el relato de un universitario que descubre la cara oscura de su ciudad natal tras hallar una oreja humana en un campo.

Desde su extraordinario debut en el mundo del cine en 1977 con *Cabeza borradora*, David Lynch ha combinado de manera magistral el horror, la comicidad y el surrealismo en filmes que se han convertido en un género en sí mismos, visiones salidas directamente del inconsciente, sueños (o pesadillas) cinematográficas. *Terciopelo azul* es quizá una de sus cintas más simples. Lejos de la

Jeffrey (Kyle MacLachlan) se oculta en el armario de Dorothy cuando llega Frank y contempla impotente lo que sucede.

compleja estructura narrativa de su obra maestra posterior, *Mulholland Drive*, Lynch sigue aquí el modelo del cine negro clásico. El curioso y conservador universitario Jeffrey (Kyle MacLachlan) se enamora de Sandy (Laura Dern), la típica buena chica, pero también se siente atraído por la bella cantante de un club nocturno, Dorothy (Isabella Rossellini), que está prisionera en una relación sadomasoquista abusiva con el psicópata Frank (Dennis Hopper).

Filmografía adicional: *El fotógrafo del pánico* (1960, p. 334) ▪ *Cabeza borradora* (1977, p. 338) ▪ *Carretera perdida* (1997) ▪ *Mulholland Drive* (2001, p. 342)

Semejante dinámica supone un evidente regreso al cine negro de la década de 1950, al que Lynch aporta una visión moderna de la desviación sexual y el voyeurismo. El gusto de Lynch por los tópicos del cine negro acentúa la repulsión que nos inspira la perversión de Frank, porque sentimos que el director está pervirtiendo algo que conocemos bien.

El horror oculto

Uno de los temas favoritos de Lynch es la artificialidad del modo de vida americano de la posguerra y la oscuridad que ocultaba. La primera escena del filme nos muestra un jardín suburbano ideal, con vallas de madera inmaculadas y flores deslumbrantes, cuyo dueño sufre un ataque mientras riega las plantas. El perro de la familia corre a beber el agua de la manguera caída, mientras la cámara se adentra en el césped, donde vemos una colonia de hormigas cargando alimentos sin cesar. Bajo un fino barniz de felicidad se esconden la violencia, la bajeza y la lucha por la supervivencia.

Este tema tiene eco en la utilización de la música. Desde el *Blue velvet* de Bobby Vinton, que da título a la película, hasta *In Dreams*, de Roy Orbison, Lynch asocia inocentes baladas románicas a la sexualidad desviada de Frank, que llega a citar las letras mientras pega a Jeffrey. Es como si la inocencia de la música fuera tan falsa como la aparente perfección del jardín del comienzo.

Terciopelo azul aborda el terror de un nuevo modo al asociarlo no solo a las pistolas y la sangre, sino al sexo como expresión de los peores aspectos de la humanidad. El protagonista, Jeffrey, se esconde en un armario para espiar a Dorothy como un *voyeur*. El aspecto de Frank resulta temible, pero es su sadomasoquismo lo que lo hace aterrador. La escena en que estamos en el armario junto a Jeffrey mientras Frank viola a Dorothy es una de las más perturbadoras jamás filmadas sobre la depravación sexual, el momento en que Lynch plasma a la perfección sus temas, tonos y oscuridad distintivos. ▪

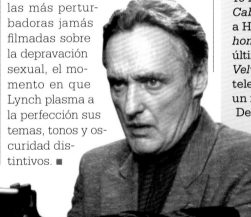

<< Te queda **un segundo de vida**, amiguito. >>

Frank Booth /
Terciopelo azul

David Lynch Director

Lynch nació en Missoula, una pequeña ciudad de Montana (EE UU) semejante a las que aparecen en sus películas, en 1946. Su primer largometraje, *Cabeza borradora*, lo catapultó a Hollywood, donde dirigió *El hombre elefante* y *Dune*. Esta última fue un fracaso, pero *Blue Velvet* y la surrealista serie de televisión *Twin Peaks* dieron un nuevo impulso a su carrera. Desde entonces ha seguido fiel a su estilo con películas que solo él habría podido filmar.

Películas principales

1977 *Cabeza borradora.*
1986 *Terciopelo azul.*
1990 *Corazón salvaje.*
2001 *Mulholland Drive.*
2006 *Inland Empire.*

El terciopelo azul del título alude a la bata que Frank obliga a Dorothy a llevar cuando la viola. La utilización de algo bello con fines perversos es típica de Lynch.

¿POR QUE YO SOY YO Y NO SOY TU?

EL CIELO SOBRE BERLIN / 1987

Inspirada en la poesía visionaria de Rainer Maria Rilke y guionizada por el dramaturgo Peter Handke, *El cielo sobre Berlín (Der Himmel über Berlin)* de Wim Wenders es a la vez una conmovedora alegoría de Berlín (solo dos años antes de la caída del muro) y una profunda reflexión sobre la necesidad de amor y la condición humana.

Narra la historia de un ángel cansado de su vida inmortal de protector de la humanidad que se enamora de una trapecista y la de otro, interpretado por Peter Falk, que ya ha pasado al lado de los mortales.

Los dos ángeles, Damiel (Bruno Ganz) y Cassiel (Otto Sander), son una presencia invisible en la vida de las personas.

Filmografía adicional: *La bella y la bestia* (1946, pp. 84–85) ▪ *¡Qué bello es vivir!* (1946, pp. 88–93) ▪ *Andréi Rubliov* (1966) ▪ *Alicia en las ciudades* (1974) ▪ *El amigo americano* (1977) ▪ *El matrimonio de María Braun* (1979)

> El cine es un medio muy, muy poderoso. Puede confirmar la idea de que las cosas son maravillosas tal como son, o reforzar la idea de que pueden cambiarse.
> **Wim Wenders**

El cartel de *El cielo sobre Berlín* muestra al ángel Damiel posado en la estatua berlinesa de la Victoria. Los soberbios barridos aéreos ofrecen una bella panorámica de la capital alemana a vista de ángel.

Desde las alturas

Al principio de la película, los ángeles Damiel (Bruno Ganz) y Cassiel (Otto Sander) sobrevuelan Berlín o se posan sobre los grandes monumentos de la ciudad para escuchar y observar, como llevan haciendo desde siglos antes de que se construyera la ciudad. Su función es proporcionar esperanza a las personas, o la sensación de que no están solas, pero no pueden intervenir directamente y son incapaces de experimentar nada físico.

La película avanza a un ritmo pausado. Pacientemente, ambos ángeles escuchan los pensamientos, temores y sueños de las personas como si escucharan retazos de distintos programas de radio girando el dial: unos padres preocupados por su hijo, los tristes recuerdos de una víctima del Holocausto… En ocasiones, los seres humanos llegan a percibir su presencia, pero solo los niños pueden verlos.

> **« Enfrentarnos a todos los demonios** de la Tierra que se cruzan con las personas. **Pelearnos y echarlos** de este mundo. **Ser salvajes**. »
>
> **Cassiel** / *El cielo sobre Berlín*

¿Por qué estoy aquí?

La película comienza con un poema, escrito por Handke, que explica por qué. «Cuando el niño era niño, él no sabía que era un niño, todo él era alegría y todas las almas, una.» Más adelante, continúa: «Cuando el niño era niño, era el momento de hacerse esta pregunta: ¿por qué yo soy yo y no soy tú? ¿Por qué estoy aquí y no estoy allí?».

Los ángeles, que conocen las respuestas a estas preguntas, se sienten un poco desamparados. Aunque lo saben y lo ven todo cuando observan desde el cielo, como muestra »

La película explora la dualidad en los planos físico y metafísico. La reflexiva y solitaria Marion es el equivalente terrenal del ángel Damiel.

amor físico con la mujer que ama. El espectador llega a creer que seguirá los pasos de Peter Falk, un ángel que cruzó la línea hace tiempo y es la viva imagen de la satisfacción. Al cambiar de campo, no perdió su faceta espiritual, sino que la unió a la material, unió al niño con el adulto. Aún puede sentir la presencia de los ángeles y le dice: «No te veo pero sé que estás ahí».

Refinamiento y espontaneidad
Los diálogos de Damiel y Cassiel fueron escritos por Peter Handke porque Wenders quería que los ángeles utilizaran un lenguaje elevado, pero el papel que interpreta Peter Falk fue casi totalmente improvisado. En la película, Falk encarna una versión de sí mismo, un actor estadounidense que

el largometraje con vertiginosos planos aéreos, no conocen los placeres sensuales que entraña la condición humana ni las alegrías terrestres. La diferencia entre ellos y los seres humanos se refleja en la fotografía, pues el director tuvo la feliz idea de rodar en blanco y negro todas las escenas en que aparecen ángeles. En una escena improvisada, Peter Falk se prueba varios sombreros con una

directora de vestuario, un simple acto que capta el placer de jugar con la identidad que está fuera del alcance de los ángeles.

Separaciones
Tanto la dualidad como la división resultan omnipresentes en *El cielo sobre Berlín*, filmada en una ciudad artificialmente dividida mediante un muro. Lo espiritual y lo sensual están separados, al igual que lo celestial de lo terrenal, los hombres de las mujeres, los adultos de los niños… Sobre todo, la película nos muestra cuán separados estamos unos de otros de todos y transmite una profunda sensación de soledad.

Cuando el ángel Damiel empieza a enamorarse de la hermosa y solitaria trapecista Marion (Solveig Dommartin), el público desea que acaben juntos. Al final de un lento proceso, Damiel se ve obligado a escoger entre renunciar, o no, a su inmortalidad para experimentar el

se encuentra en Berlín para rodar una película sobre la Alemania nazi. En la calle, los niños le llaman Colombo, el nombre del detective de la serie de televisión que le hizo famoso.

Un día, Wenders vio a Falk esbozando unos retratos de los figurantes y decidió integrar esta escena en la película. Filmó las imágenes y pidió a Falk que improvisara unas frases en *off*, que ganan relevancia por su espontaneidad: «Esta gente son extras. Gente extra. ¡Qué paciencia tienen los extras!», dice Falk. El contraste entre el guion refinado de los ángeles y la banalidad de los

Esta película es como una melodía o un paisaje. Despeja un espacio en mi mente en el que puedo reflexionar.
Roger Ebert
Chicago Sun-Times (1998)

Marion es trapecista en un circo en crisis. Vive en una caravana y lleva una existencia solitaria. Baila sola y deambula por las calles de Berlín.

Wim Wenders Director

Nacido en 1945, en Düsseldorf (Alemania), Wim Wenders es conocido gracias a la riqueza y el lirismo de su estilo. Aunque empezó a estudiar medicina y filosofía, terminó abandonando la universidad para trasladarse a París y dedicarse a la pintura. Fue en la capital francesa donde descubrió su pasión por el cine, lo que le llevó a matricularse en la escuela de televisión y cine (HFF) de Múnich en 1967.

Ya convertido en uno de los líderes del nuevo cine alemán, Wenders se hizo famoso con su largometraje *El miedo del portero ante el penalti*, basado en la novela homónima de Peter Handke, con quien volvería a colaborar en varias ocasiones. La aclamada *París, Texas*, con guion de Sam Shepard, le dio prestigio internacional.

Wenders también ha rodado varios documentales, entre los que destaca *Buena Vista Social Club*, el encantador retrato de una banda de viejos músicos de La Habana (Cuba).

Películas principales

1972 *El miedo del portero ante el penalti.*
1984 *París, Texas.*
1987 *El cielo sobre Berlín.*
1999 *Buena Vista Social Club.*

comentarios de Falk representa las dos mitades de la vida humana que necesitan unirse.

Wenders dedicó su película a tres «ángeles del cine», los directores que le inspiraron. El primero, Yasujiro Ozu, supo plasmar la desesperación muda de la vida cotidiana. El segundo, François Truffaut, filmó la realidad de la infancia con profundidad. El tercero, Andréi Tarkovski, nos legó lentas reflexiones y aspiraciones espirituales. Rainer Maria Rilke escribió que «el placer físico es una gran experiencia infinita que se nos concede, un conocimiento del mundo, la plenitud y la gloria de todo el conocimiento». El placer de Falk al tomar un café es plenamente espiritual y transmite la idea de que cualquier experiencia es una maravilla que nos ofrece la vida. ∎

« Toda la plaza está **repleta de gente** que **desea lo mismo** que nosotros. **»**

Marion / El cielo sobre Berlín

CREIA QUE ESO SOLO PASABA EN LAS PELICULAS

MUJERES AL BORDE DE UN ATAQUE DE NERVIOS / 1988

EN CONTEXTO

GÉNERO
Tragicomedia

DIRECCIÓN
Pedro Almodóvar

GUION
Pedro Almodóvar

REPARTO
Carmen Maura, Antonio Banderas, Julieta Serrano, María Barranco

ANTES
1980 Almodóvar debuta como director con *Pepi, Luci, Bom y otras chicas del montón*, una película de bajo presupuesto traviesamente escandalosa.

DESPUÉS
1999 En la conmovedora y aclamada película *Todo sobre mi madre*, Almodóvar reúne sus temas preferidos.

2002 *Hable con ella* es un intenso drama romántico de Almodóvar que narra la historia de dos hombres que cuidan a dos mujeres en coma.

L a delirante comedia *Mujeres al borde de un ataque de nervios* cuenta las tribulaciones de Pepa (Carmen Maura), una actriz que trabaja en un estudio de doblaje junto con su novio Iván (Fernando Guillén), que le es infiel y la abandona. Su historia de amor se convierte rápidamente en un vodevil.

Velocidad de vértigo
Almodóvar empezó a trabajar en el filme como una adaptación de la obra de teatro *La voz humana* de Cocteau (proyecto que realizó en 2020), y acabó transformándola en una de sus comedias más puras, que mantiene un ritmo vertiginoso inspirado en las comedias de enredo hollywoodienses de la década de

1940. Aunque el filme rinde homenaje al pasado, su comicidad resulta muy contemporánea. En esta comedia situada en el Madrid postfranquista, Almodóvar intercala tramas secundarias en las que están implicados unos terroristas chiítas, un taxista loco por el mambo y un gazpacho cargado de somníferos, todo presentado con la humanidad que caracteriza a su director. ∎

En el ático
de Pepa, Carlos (Antonio Banderas) trata de distraer a Candela (María Barranco) que se quiere suicidar.

Filmografía adicional: *¡Átame!* (1989) ▪ *Tacones lejanos* (1991) ▪ *Carne trémula* (1997) ▪ *Todo sobre mi madre* (1999) ▪ *Volver* (2006) ▪ *Dolor y gloria* (2019)

NO CREO QUE SER FELIZ SEA TAN MARAVILLOSO

SEXO, MENTIRAS Y CINTAS DE VIDEO / 1989

EN CONTEXTO

GÉNERO
Drama

DIRECCIÓN
Steven Soderbergh

GUION
Steven Soderbergh

REPARTO
James Spader, Andie MacDowell, Laura San Giacomo, Peter Gallagher

ANTES
1974 John Cassavetes hipoteca su casa para rodar *Una mujer bajo la influencia*, que obtiene una nominación al Oscar.

DESPUÉS
1991 Richard Linklater filma, en *Slacker*, la vida cotidiana de Austin (Texas). La película fue acogida con entusiasmo y relanzó el interés por los nuevos directores estadounidenses.

1998 Soderbergh logra un gran éxito comercial con *Un romance muy peligroso*, protagonizada por George Clooney.

Graham (James Spader), el protagonista de *Sexo, mentiras y cintas de vídeo (Sex, Lies and Videotape)* es joven, inteligente, guapo… e impotente. Solo alcanza la satisfacción sexual cuando ve los vídeos en los que ha grabado a sus amigas hablando de sus fantasías sexuales. Ann (Andie Mac-

Dowell) está casada con John (Peter Gallagher), un viejo amigo de Graham, que le es infiel con su propia hermana. Ann y John ya no mantienen relaciones sexuales, y Ann cree que el sexo está sobrevalorado. Al principio horrorizada por las insólitas preferencias de Graham, de las que este habla con una naturalidad desarmante, Ann no tarda en sincerarse ante la cámara y entonces descubre que no es exactamente quien creía ser.

El filme lanzó la carrera del director Steven Soderbergh, uno de los talentos más impredecibles del cine estadounidense, y contribuyó a impulsar una nueva ola de cine independiente en EE UU. Tras obtener la Palma de Oro en Cannes con esta cinta, el éxito de Soderbergh allanó el camino para creadores como Spike Lee, Richard Linklater y Quentin Tarantino, que trabajan fuera del sistema de estudios. ∎

Escrita en una semana y rodada con bajo presupuesto, *Sexo, mentiras y cintas de vídeo* se convirtió en un gran éxito de taquilla.

Filmografía adicional: *Haz lo que debas* (1989, p. 264) ▪ *Slacker* (1991) ▪ *Reservoir Dogs* (1992, p. 340) ▪ *Safe* (1995) ▪ *En compañía de hombres* (1997)

HOY LA TEMPERATURA VA A PASAR DE LOS 38 GRADOS
HAZ LO QUE DEBAS / 1989

EN CONTEXTO

GÉNERO
Drama

DIRECCIÓN
Spike Lee

GUION
Spike Lee

REPARTO
Spike Lee, Danny Aiello, Ossie Davis, John Turturro

ANTES
1965 En *La colina*, Sidney Lumet describe las tensiones raciales entre los soldados en el desierto de Libia.

1986 En la comedia *Nola Darling*, Lee narra la historia de una chica de Brooklyn que duda entre tres pretendientes.

DESPUÉS
1992 Lee dirige *Malcolm X*, un filme biográfico aclamado por la crítica.

2006 *Plan oculto*, con Denzel Washington, es un gran éxito de Lee acerca de un robo en Wall Street.

Pocas películas han captado el drama de la vida urbana con tanto éxito como *Haz lo que debas (Do the Right Thing)* de Spike Lee. Aunque parte de la indignación por la discriminación racial, este largometraje transmite su mensaje con una energía electrizante y sin caer en soluciones fáciles. La incomodidad física es una metáfora del malestar social desde la primera escena, en la que un locutor de radio anuncia la ola de calor que agobia a sus oyentes. La historia tiene lugar en Nueva York, en el multicultural barrio de Bedford-Stuyvesant (Brooklyn), donde la tensión racial siempre está a flor de piel. A medida que sube la temperatura, el barniz de civismo empieza a resquebrajarse, y vemos a un variopinto grupo de personajes gritar insultos racistas directamente a cámara con el rostro desfigurado por el odio.

Mookie, interpretado por el propio Lee, es un repartidor de pizzas que trabaja para Sal (Danny Aiello). Si bien al principio se muestra como un hombre tolerante, Sal lanza su propia diatriba cuando un grupo de jóvenes negros comienza a protestar tras una discusión porque en su restaurante solo hay fotografías de italoamericanos, cuando la mayoría de los clientes son negros. La cólera va en aumento y estalla la violencia. Cuando llega la policía, todo el barrio está al borde del caos.

Haz lo que debas es una película llena de vitalidad, pero no exenta de ambivalencia. La tolerancia tiene un límite preocupante incluso en comunidades con gran diversidad racial. ∎

Haz lo que debas no nos pide que tomemos partido. Es escrupulosamente justa con ambas partes en una historia donde la injusta es nuestra propia sociedad.
Roger Ebert
Chicago Sun-Times **(1989)**

Filmografía adicional: *Fiebre salvaje* (1991) ▪ *Malcolm X* (1992) ▪ *La última noche* (2002) ▪ *Plan oculto* (2006) ▪ *Selma* (2014) ▪ *Infiltrado en el KKKlan* (2018)

TIENE CARA DE BUDA, PERO UN CORAZON DE ESCORPION

LA LINTERNA ROJA / 1991

EN CONTEXTO

GÉNERO
Drama histórico

DIRECCIÓN
Zhang Yimou

GUION
Ni Zhen (guion); Su Tong (novela)

REPARTO
Gong Li, He Saifei, Cao Cuifen, Jingwu Ma

ANTES
1984 Zhang es el director de fotografía del drama histórico *Tierra amarilla*, de Chen Kaige.

1987 *Sorgo rojo*, dirigida por Zhang, logra el primer premio en el Festival de Berlín de 1988.

1990 El drama rural *Semilla de crisantemo*, de Zhang, es el primer filme chino nominado al Oscar a la mejor película de habla no inglesa.

DESPUÉS
2002 *Hero*, un filme *wuxia* de artes marciales dirigido por Zhang, es un éxito mundial.

C on su retrato de las tradiciones del pasado, *La linterna roja (Da Hong Denglong Gaogao Gua)* parece más antigua de lo que es. Adaptación de la novela de Su Tong *Esposas y concubinas* (1990), está ambientada en la China de los señores feudales anterior a la guerra civil de 1927.

Songlian (Gong Li), una joven instruida pero pobre, se convierte en la cuarta concubina del señor Chen. Las cuatro mujeres conviven en una tregua inestable, pero Songlian pronto descubre que es el objetivo de una conspiración secreta. Las cuatro concubinas rivalizan entre sí para ganarse el favor de su señor, con trágicos resultados. Traicionada por sus rivales y por una criada celosa, Songlian enloquece. Cambia sus ricos vestidos por su blusa blanca e ignora las linternas rojas que se encienden para señalar a la elegida del señor cada noche.

Si sus detractores vieron el filme como una pintura edulcorada de la historia china, sus admiradores lo interpretaron como una parábola feminista. Sin embargo, el director Zhang Yimou insiste en que no es ni lo uno ni lo otro. ■

Para estas mujeres, las linternas rojas simbolizan la triste esperanza de convertirse en la concubina preferida de su opulento señor.

Filmografía adicional: *Yi ge he ba ge* (1983) ▪ *Tierra amarilla* (1984) ▪ *Lao jing* (1986) ▪ *Sorgo rojo* (1987) ▪ *Semilla de crisantemo* (1990)

UN MUN
GLOBA
1992–PRESEN

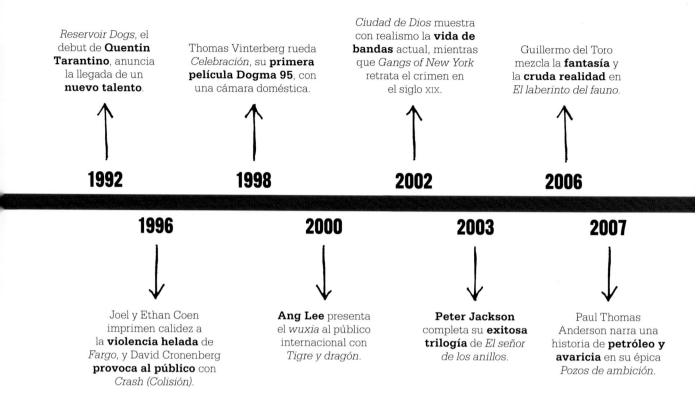

Reservoir Dogs, el debut de **Quentin Tarantino**, anuncia la llegada de un **nuevo talento**.

Thomas Vinterberg rueda *Celebración*, su **primera película Dogma 95**, con una cámara doméstica.

Ciudad de Dios muestra con realismo la **vida de bandas** actual, mientras que *Gangs of New York* retrata el crimen en el siglo XIX.

Guillermo del Toro mezcla la **fantasía** y la **cruda realidad** en *El laberinto del fauno*.

1992　　**1998**　　**2002**　　**2006**

1996　　**2000**　　**2003**　　**2007**

Joel y Ethan Coen imprimen calidez a la **violencia helada** de *Fargo*, y David Cronenberg **provoca al público** con *Crash (Colisión)*.

Ang Lee presenta el *wuxia* al público internacional con *Tigre y dragón*.

Peter Jackson completa su **exitosa trilogía** de *El señor de los anillos*.

Paul Thomas Anderson narra una historia de **petróleo y avaricia** en su épica *Pozos de ambición*.

Nos acercamos al final de esta historia del cine, por lo que ha llegado la hora de presentar a Quentin Tarantino. A inicios de la década de 1990, los cineastas ya contaban con un siglo de cine al que versionar. Tarantino, cinéfilo empedernido que llena sus películas de referencias al pasado, fue una figura controvertida en cuanto se estrenó su primera cinta, *Reservoir Dogs*. Por muchas críticas que recibiera, nadie pudo negar que su obra era trepidante.

Más allá de Hollywood

A partir de la década de 1990, Hollywood fue convirtiéndose en solo parte de un fenómeno global. Un público curioso abrió sus ojos al mundo: cada vez más cinéfilos disfrutaban con películas del Sudeste asiático, Turquía, India y Latinoamérica. El resultado de este choque de culturas

Cuando me preguntan si estudié cine, contesto «no, fui al cine».
Quentin Tarantino

fue apasionante: *Tigre y dragón (Wò hǔ cáng lóng)* fue una extravagancia de artes marciales que bebía de la tradición china del género *wuxia*, pero que fue adaptada por el director chino-estadounidense Ang Lee para hacerla accesible a todo el mundo.

Revolución digital

A finales del siglo XX surgió otra revolución algo más imprevista. Desde los orígenes del cine, el término «película» no solo designaba un arte; también la cinta de celuloide que había en cámaras y proyectores. En 1998, el drama familiar danés *Celebración (Festen)*, que seguía las normas del manifiesto Dogma 95, se convirtió en la primera película de gran repercusión filmada en vídeo digital, un formato que hasta entonces se había usado sobre todo en cámaras domésticas baratas. Nada volvió a ser igual. Sin ir más lejos, los directores disponían de cámaras tan pequeñas y ligeras que podían moverse por los escenarios con una agilidad ilimitada. Para algunos (Tarantino entre ellos), la pérdida del celuloide fue una tragedia. Para otros, el formato digital puso la dirección al alcance de personas

Kathryn Bigelow obtiene un Oscar con *En tierra hostil*. Danny Boyle añade un **toque de Bollywood** a *Slumdog Millionaire*.

En *Érase una vez en Anatolia*, el director turco Nuri Bilge Ceylan presenta la dura realidad de un **equipo de homicidios**.

Moonlight, de Barry Jenkins, es la primera **película LGBTQ+** y la primera película con un **elenco íntegramente negro** en ganar un Oscar a la mejor película.

Parásitos, de Corea del Sur, es la primera **película de habla no inglesa** en ganar un Oscar a la mejor película.

2008   **2011**   **2016**   **2019**

2010   **2012**   **2018**   **2020**

Christopher Nolan nos vuelve locos con *Origen*, un *thriller* de ciencia ficción.

El Hobbit: Un viaje inesperado, de Jackson, es el **primer largometraje de amplia difusión** rodado en **tasa alta de fotogramas**: 48 fotogramas por segundo.

Netflix irrita a los propietarios de las salas de cine cuando estrena simultáneamente *Roma*, del mexicano Alfonso Cuarón, en su plataforma de *streaming*.

Chloé Zhao, nacida en China, es la **segunda mujer** en ganar un Oscar a la mejor dirección, por *Nomadland*.

---

que, de otro modo, jamás hubieran podido llevar sus ideas a la pantalla.

La revolución digital no solo transformó el rodaje de las películas, sino también la experiencia del visionado, ahora que la silenciosa proyección digital había sustituido al clásico zumbido de los 35 mm. Al mismo tiempo, las descargas digitales y los servicios de streaming como Netflix empezaron a obviar a la gran pantalla y llevaron grandes estrenos directamente al hogar de los espectadores, una tendencia que se intensificó cuando la COVID-19 obligó a las salas de proyección a bajar la persiana.

Aún cayeron más barreras. En 2008, Kathryn Bigelow fue la primera mujer en ganar un Oscar a la mejor dirección con *En tierra hostil (The Hurt Locker)*, un drama sobre la guerra de Iraq. Sin embargo, por si hacía falta demostrar que Hollywood se-

guía dominado por el «club de los chicos», la prueba llegó con el escándalo de Harvey Weinstein, que desveló décadas de abusos sexuales perpetrados por el productor, entre otros, tanto contra empleadas femeninas como contra estrellas de cine. Las campañas #MeToo, #TimesUp y #OscarsSoWhite en las redes sociales se rebelaron contra el acoso y contra la falta de diversidad en la industria y obligaron a Hollywood a mirarse al espejo.

Nuevas voces

Aunque aún queda mucho por hacer, se ha avanzado en algunos aspectos. Ahora son más las películas centradas en las mujeres, en razas distintas a la blanca y en la comunidad LGBTQ+ que han recibido premios, como Moonlight (2016) y Parásitos (2019), la primera película de habla no

inglesa en ganar un Oscar a la mejor película. Un grupo más diverso de directores tiene ahora la oportunidad de modelar proyectos importantes, algunos de los cuales han llegado en forma de adaptaciones de cómics, como *Black Panther*, *Wonder Woman* o *Spider-Man: Un nuevo universo (Spider-Man: Into the Spider-Verse)*, que han aportado la dosis justa de familiaridad y de espectáculo digital épico para conseguir que el público siga acudiendo a las salas de cine.

Eso no quiere decir que el cine haya renunciado a mostrar la vida real de maneras nuevas. Así, por ejemplo, *Boyhood (Momentos de una vida)* se rodó durante unos cuantos días al año durante más de una década para narrar el trayecto de un niño por la vida. Su gran potencia narrativa nos recordaba qué es ser humano. ¿Qué mejor lema para el cine? ∎

TU ERES EL DEBIL Y YO SOY LA TIRANIA DE LOS HOMBRES MALOS

PULP FICTION / 1994

EN CONTEXTO

GÉNERO
Cine negro, *thriller*

DIRECCIÓN
Quentin Tarantino

GUION
Quentin Tarantino, Roger Avary (historia); Quentin Tarantino (guion)

REPARTO
John Travolta, Samuel L. Jackson, Uma Thurman, Bruce Willis

ANTES
1955 En el *thriller* policíaco *El beso mortal* aparece una maleta brillante, que se cree que inspiró la de *Pulp Fiction*.

DESPUÉS
1997 Al igual que hizo en *Pulp Fiction*, Tarantino reúne en *Jackie Brown* a un amplio reparto y diversos elementos argumentales.

2003 En *Kill Bill*, de Tarantino, Uma Thurman asume el papel de vengadora sangrienta.

A principios de la década de 1990, Quentin Tarantino, cinéfilo que trabajaba como dependiente en un videoclub, desencadenó un terremoto en el cine estadounidense. Aunque directores como Richard Linklater y Spike Lee habían aportado nuevas ideas, hacía mucho que el cine de EE UU no arriesgaba. Tarantino llegó al sur de California y su debut como director en *Reservoir Dogs* fue, en efecto, muy arriesgado: una historia policíaca malhablada y empapada en sangre que, además, era increíblemente divertida. Dos años después, Tarantino presentó *Pulp Fiction*, que

mantenía el impacto verbal de su predecesora al mismo tiempo que introducía una estructura rompedora protagonizada por un gran elenco.

El estilo libre y soez de Tarantino fue una inyección de adrenalina directa al corazón (como se veía en una de las escenas de *Pulp Fiction*). En gran medida, la novedad estribaba en su peculiar aproximación al género. Al igual que *Reservoir Dogs* reinterpretó los filmes de atracos, *Pulp Fiction* partió de las convenciones de las películas de serie B (una trifulca entre mafiosos, un boxeador que amaña combates y un asesino en busca de redención) y las reformuló de un modo tan nuevo como ingenioso. El resultado tiene la carga estilística de una película de género sin dejar de ofrecer una experiencia cinematográfica fresca y original.

Cambio estructural

Un elemento icónico de *Pulp Fiction* es el uso de la narrativa no lineal. Al romper el hilo argumental, Tarantino no permite que el espectador se acomode en el ritmo tradicional del »

Vincent Vega (John Travolta) y Mia Wallace (Uma Thurman) salen a la pista de Jack Rabbit Slim para realizar un baile estereotipado de lo más cómico.

Minuto a minuto

00:20
Jules y Vincent disparan por orden de Marsellus Wallace a unos hombres que le habían robado una maleta.

00:54
De vuelta a casa, Mia sufre accidentalmente una sobredosis con la heroína de Vincent, que la lleva a casa de su camello para que le inyecte adrenalina.

01:43
Butch logra escapar, pero decide regresar con una katana para liberar a Marsellus. Entonces huye con la moto de Zed.

02:13
Jules y Vincent llegan a la cafetería donde van a desayunar. Jules habla de su milagro y anuncia que abandona el trabajo.

00:00 — 00:30 — 01:00 — 01:30 — 02:00 — 02:34

00:24
En el club de Marsellus, Butch accede a dejarse ganar. Cuando se va, llegan Vincent y Jules, vestidos con pantalones cortos y camiseta.

01:29
Butch regresa a su apartamento en busca de su reloj. Encuentra una pistola y dispara a Vincent cuando este sale del lavabo.

02:01
El Sr. Lobo arregla el desaguisado después de que Vincent haya disparado sin querer a Marvin mientras este estaba junto a Vincent y Jules en el asiento trasero.

02:22
Pumpkin agarra la cartera de Jules y le pide el maletín. Al final, Jules deja que se marche con la cartera, pero sin el maletín.

Filmografía adicional: *El beso mortal* (1955, p. 134) ▪ *Banda aparte* (1964) ▪ *Sangre fácil* (1984, p. 339) ▪ *Reservoir Dogs* (1992, p. 340) ▪ *Amor a quemarropa* (1993) ▪ *Jackie Brown* (1997) ▪ *Viviendo sin límites* (1999) ▪ *Érase una vez en... Hollywood* (2019)

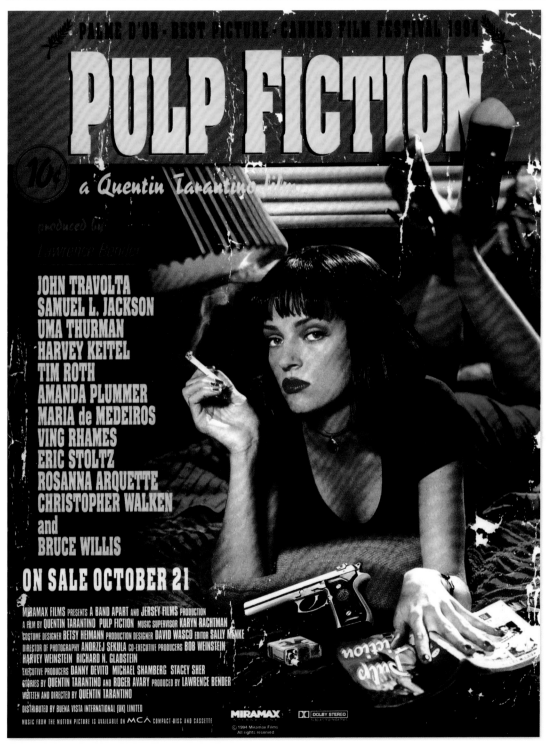

El icónico cartel de *Pulp Fiction* imita con todo detalle las cubiertas del tipo de novela policíaca barata que le da título, con el precio de 10 centavos y un aspecto manoseado.

género policíaco. En lugar de una introducción, un desarrollo y un desenlace claramente identificables, la cinta presenta una estructura fragmentada en la que se narran tres historias independientes. El director se asegura de que todos los segmentos parezcan integrados en un mismo mundo y conecta las diversas tramas mediante personajes secundarios: por ejemplo, el jefe mafioso, Marsellus Wallace, desempeña un

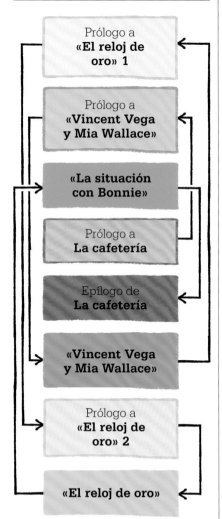

La narrativa no lineal de *Pulp Fiction* empieza por la mitad. Si ordenamos los segmentos cronológicamente, ¿parece menos abierto el final?

Diagrama:
- Prólogo a **«El reloj de oro» 1**
- Prólogo a **«Vincent Vega y Mia Wallace»**
- **«La situación con Bonnie»**
- Prólogo a **La cafetería**
- Epílogo de **La cafetería**
- **«Vincent Vega y Mia Wallace»**
- Prólogo a **«El reloj de oro» 2**
- **«El reloj de oro»**

« Nadie le hará daño a nadie, ¿vale? Los tres vamos a ser como Fonzie, ¿eh? ¿Y cómo era Fonzie? ¡Di! »

Jules / Pulp Fiction

papel clave en todas, y los protagonistas de una historia hacen apariciones fugaces en las otras. Vincent Vega (John Travolta) es el centro de casi toda la primera hora del filme, pero se va convirtiendo en un personaje secundario conforme avanza la trama. Aparece en un desdichado cameo en el argumento de «El reloj de oro», protagonizado por Butch Coolidge (Bruce Willis), un boxeador venido a menos, y luego acompaña a su compañero Jules Winnfield (Samuel L. Jackson) en el segmento final, en el que Winnfield experimenta un despertar espiritual.

El resultado de esta estructura inconexa es que *Pulp Fiction* no trata de un personaje ni de una historia, sino que es una *mood piece*, diseñada para evocar la atmósfera de Los Ángeles y los personajes elegantes y sórdidos que la habitan. Al final de cada segmento, el argumento se interrumpe abruptamente y el filme se reanuda en otro lugar, con otros personajes y en un punto temporal indeterminado.

Una moralidad amoral
Los *thrillers* de gánsteres no se caracterizan precisamente por incluir personajes bondadosos de férrea moral; sin embargo, y pese a contar con héroes y villanos claramente identificables, la mayoría de ellos suelen tener una noción muy clara de la diferencia entre el bien y el mal, aunque dicha idea no

siempre coincida con lo estipulado por la ley. Por el contrario, en *Pulp Fiction* Tarantino evita de forma deliberada proyectar en los personajes su concepto personal sobre el bien y el mal. Vemos el ejemplo más claro en una de las primeras secuencias de la película, cuando conocemos a Vincent y Jules. Primero, los vemos manteniendo una conversación banal sobre comida rápida, en la que parecen ser personajes carismáticos y divertidos con los que uno podría pasar un buen rato. Sin embargo, son asesinos profesionales de camino a un trabajo y, después de la conversación, los vemos cometiendo un crimen monstruoso, algo que podríamos calificar de execrable. Esta

presentación de los personajes obliga al espectador a aceptar la postura neutra de *Pulp Fiction* y lo condiciona para que adopte la mejor manera de ver la película, que es limitarse a rendirse y a seguir la corriente.

Es posible que *Pulp Fiction* y su ensalzamiento de lo obsceno sean uno de los mejores ejemplos de cómo la originalidad y la osadía salen victoriosos en el cine. Hubo serios desencuentros entre los críticos y la película, ya fuera por su lenguaje y su violencia o por el argumento en sí (de hecho, *Forrest Gump*, el mucho más convencional filme de Robert Zemeckis, le arrebató el Oscar a la mejor película en 1995, lo que provocó una gran controversia), pero su popularidad imperecedera demuestra el talento indiscutible de Tarantino, pues la estructura fragmentada le permite brillar en escenas sobresalientes

Te embriaga [...] al redescubrir el placer que puede proporcionar una película. No estoy seguro de haber conocido a ningún director que combinara la disciplina y el control con la alegría salvaje tal y como lo hace Tarantino.
Owen Gleiberman
Entertainment Weekly **(1994)**

que encajan a la perfección en el conjunto. Si busca algo novedoso y fascinante en el manido territorio del mundo criminal, pocas cosas encontrará mejores que *Pulp Fiction*. ∎

Quentin Tarantino
Director

Quentin Tarantino nació en Knoxville (Tennessee) en 1963. A los 15 años de edad, decidió abandonar el instituto con la intención de convertirse en actor, pero empezó a escribir guiones después de conocer al productor Lawrence Bender. Consiguió fama internacional gracias a su primera película, *Reservoir Dogs*. Su siguiente largometraje, *Pulp Fiction*, le valió la Palma de Oro y un Oscar al mejor guion original. Desde entonces, Tarantino ha dirigido películas de géneros muy diversos, desde *thrillers* de venganza como *Kill Bill* hasta películas bélicas como *Malditos bastardos* (2009) o wésterns como *Django desencadenado*. Hoy, su trabajo sigue siendo aclamado tanto por el público como por la crítica.

Películas principales

1992 *Reservoir Dogs*.
1994 *Pulp Fiction*.
2003 *Kill Bill: volumen 1*.
2019 *Érase una vez en... Hollywood*.

Aunque lo esté encañonando con un arma, Pumpkin (Tim Roth) está a punto de presenciar el momento de iluminación en el que Jules promete que cambiará de vida.

TENGO LA IMPRESION DE QUE A MI ALREDEDOR ESTA PASANDO ALGO IMPORTANTE, Y ESO ME ASUSTA
TRES COLORES: ROJO / 1994

EN CONTEXTO

GÉNERO
Drama

DIRECCIÓN
Krzysztof Kieślowski

GUION
**Krzysztof Kieślowski,
Krzysztof Piesiewicz**

REPARTO
**Irène Jacob, Jean-Louis
Trintignant**

ANTES
1987 En *El azar*, Kieślowski
explora la importancia de la
casualidad y la elección en tres
historias alternativas sobre un
hombre que toma un tren.

1991 Kieślowski trabaja por
primera vez con Irène Jacob
en *La doble vida de Verónica*.

DESPUÉS
2002 Tom Twyker dirige la
película *Heaven*, protagonizada
por Cate Blanchett y con guion
de Kieślowski, que lo concibió
como la primera entrega de una
nueva trilogía.

Con *Tres colores: Rojo (Trois Couleurs: Rouge)*, Krzysztof Kieślowski puso fin a su célebre trilogía basada en los colores de la bandera francesa: rojo, blanco y azul. Cada película versa sobre uno de los tres ideales de la Revolución Francesa: libertad en *Azul (Bleu*, 1993), igualdad en *Blanco (Blanc*, 1994) y fraternidad en *Rojo*. Esta última es la más cálida y compasiva de las tres y la interpretación de Irène Jacob, en el personaje de Valentine, resulta conmovedora.

Ubicada en Ginebra (Suiza), el largometraje, empapado de un simbólico color rojo, narra la historia de lo que al principio parecen vidas separadas; luego aparecerán conexiones más profundas. La historia principal es la de Valentine, una joven modelo que atropella sin querer a un perro. Se

Valentine
descubre que
la perra a la que
ha atropellado
está preñada.
Kern le regala
la perra cuando
Valentine se la
devuelve.

lo lleva a su propietario, Joseph Kern (Jean-Louis Trintignant), un juez jubilado y solitario con el que entabla una relación extraña y tan estrecha que, si no fuera porque los separaran cuarenta años, podrían haberse enamorado.

Un observador solitario
Kern ha decidido renunciar a su carrera, cansado de juzgar a los demás, y ahora solo quiere ser un mero

Filmografía adicional: *Cenizas y diamantes* (1958, pp. 146–147) ▪ *No amarás* (1988) ▪ *Europa, Europa* (1990) ▪ *La doble vida de Verónica* (1991)

Krzysztof Kieślowski
Director

El director polaco Krzysztof Kieślowski, conocido por sus conmovedoras meditaciones sobre el alma humana, nació en Varsovia en 1941. Vivió una infancia nómada debido a que su padre padecía tuberculosis y la familia se trasladaba de un sanatorio a otro. Al cumplir los 16 años, intentó formarse como bombero y luego como técnico de teatro, antes de matricularse en la reputada escuela de cine de Łódź. Durante la década de 1960 dirigió documentales en los que hábilmente transmitía ideas y mensajes subversivos que pasaban desapercibidos a las autoridades. Su primer éxito fue *La doble vida de Verónica*, donde exploró las emociones humanas a través de la vida de dos mujeres idénticas, una polaca y la otra francesa. Luego le siguió su aclamada trilogía *Tres colores*, antes de anunciar por sorpresa que se retiraba. Murió repentinamente en 1996, a los 54 años de edad.

Películas principales

1988 *No matarás.*
1989 *El decálogo.*
1991 *La doble vida de Verónica.*
1994 *Tres colores: Rojo.*

espectador. Observa la vida desde la ventana y espía las conversaciones telefónicas de sus vecinos. Al final averiguamos que una de las personas a las que espía es un juez joven, Auguste, vecino de Valentine, aunque no se han visto nunca. En un eco sorprendente del pasado del propio Kern, Karin, la novia meteoróloga de Auguste, le está siendo infiel.

Kern convence a Valentine para que intente recomponer la relación con su novio, que está en Inglaterra. Ella sigue su consejo, pero finalmente el destino tiene otros planes para ella y la acaba acercando a su vecino.

Kern reevalúa su pasado al conocer a Valentine, pero debe solucionar su propia vida antes de aconsejarla en lo que cree que ella necesita.

El tema que hilvana toda la película es la fraternidad de las almas humanas, independientemente de su sexo y del tiempo. Estos vínculos pueden perderse fácilmente a causa de conexiones falsas (como las líneas telefónicas que parecen unir a Valentine y a su amante y como las ventanas por las que el juez espía a sus vecinos), que dan la ilusión de contacto pero que impiden conectar de verdad. Solo es posible recuperar el vínculo real, la conexión verdadera entre personas, una vez se rompe la barrera de cristal.

Sin embargo, los dos protagonistas logran conectar de un modo que enriquece la vida de ambos, y esta verdad sencilla añade un tono cálido al enigmático final de la película. No hay un significado obvio ni un mensaje claro cuando aparecen los créditos del final. Solo nos queda una reflexión impresionista sobre las vidas que hemos estado espiando durante un breve periodo de tiempo. ▪

EMPEÑARSE EN VIVIR O EMPEÑARSE EN MORIR

CADENA PERPETUA / 1994

EN CONTEXTO

GÉNERO
Drama

DIRECCIÓN
Frank Darabont

GUION
Frank Darabont (guion); Stephen King (cuento)

REPARTO
Tim Robbins, Morgan Freeman, Bob Gunton

ANTES
1979 *Fuga de Alcatraz*, con Clint Eastwood, narra la historia real de la fuga de un preso.

1983 El cortometraje dirigido por Darabont *The Woman in the Room* se basa en un relato de Stephen King.

DESPUÉS
1995 Tim Robbins dirige *Pena de muerte*, sobre un preso en el corredor de la muerte.

1999 Darabont dirige *La milla verde*, otra historia de King sobre una cárcel en la década de 1930.

L as películas que tratan del triunfo de la constancia ante la adversidad deben mantener un delicado equilibrio. Si no calibran bien la proporción entre la dignidad y el sufrimiento, el triunfo puede parecer vacío o no merecedor del esfuerzo, tanto para el protagonista como para el público.

Frank Darabont consigue un equilibrio perfecto en *Cadena perpetua (The Shawshank Redemption)*, el relato de un hombre injustamente condenado a cadena perpetua en una prisión dirigida por un alcaide corrupto. El filme ensalza la dignidad humana sobre la brutalidad y se ha convertido en una de las películas sobre el poder de la fe en uno mismo más populares de la historia.

Un preso nada convencional
Su protagonista es Andy Dufresne (Tim Robbins), la antítesis de los tipos duros que habían protagonizado películas de presidiarios como *La leyenda del indomable* (*Cool Hand Luke*, 1967) o *Fuga de Alcatraz* (*Escape from Alcatraz*, 1979). Andy, un

A pesar de su fracaso inicial en taquilla, fue compensada rápidamente por las siete nominaciones a los Oscar y un duradero crédito entre el público.

exbanquero condenado por asesinar a su esposa y a su amante en 1947, es un hombre reflexivo, cuya fuerza procede de su creencia en el derecho inviolable de la persona a la justicia y a un trato digno, lo que le permite mantener la integridad incluso en situaciones desesperadas.

Pese a que Andy se ve atrapado en un sistema que pretende anularlo e institucionalizarlo, el público tiene la impresión de que es más libre que muchos de los que viven fuera de una celda. Jamás pierde la esperanza de que la vida pueda mejorar, tanto si se esfuerza por conseguir una biblioteca mejor para la cárcel como si logra un pacto con uno de

Filmografía adicional: *La leyenda del indomable* (1967) ▪ *El expreso de medianoche* (1978) ▪ *Fuga de Alcatraz* (1979) ▪
Brubaker (1980) ▪ *Los hijos de la calle* (1996) ▪ *La milla verde* (1999) ▪ *The Majestic* (2001) ▪ *La niebla* (2007) ▪ *Un profeta* (2009)

los guardias más brutales del penal para obtener unas cervezas para sus compañeros tras un día de trabajo.

Esta esperanza es la que le lleva a enfrentarse a su manera al brutal director Norton (Bob Gunton), que se aprovecha de sus habilidades contables para blanquear dinero. Cada noche, Andy escarba en la pared de su celda en un plan de fuga que dura veinte años. Su tesón también inspira a su amigo Red (Morgan Freeman) a encontrar su propia redención.

Frente a la adversidad

Por el contrario, otro preso, Brooks Hatlen (James Whitmore), depende tanto de las certidumbres de la vida en la cárcel que teme su puesta en libertad. Cuando le conceden la libertad provisional en 1954, vemos cómo intenta cruzar una carretera, asustado por la velocidad del tráfico y abrumado por la inmensidad del mundo. No es débil ni cobarde, pero ya no sabe cómo debe afrontar la libertad.

Frank Darabont Director

Darabont, hijo de inmigrantes húngaros, nació en un campo de refugiados en Montbéliard (Francia) en 1959, aunque su familia se trasladó a EE UU cuando aún era un bebé. Empezó con diversos trabajos en estudios de rodaje, por ejemplo, como ayudante de producción en el largometraje de terror *Noche infernal* (1981). *Cadena perpetua*, adaptación cinematográfica de un cuento de Stephen King, fue su primera película como director y le procuró fama mundial y una nominación a los Oscar.

Posteriormente, dirigió otras adaptaciones de la obra de King en *La milla verde* y en *La niebla*, antes de comenzar a trabajar en la serie de televisión *The Walking Dead* entre 2010 y 2011.

Películas principales

1994 *Cadena perpetua.*
1999 *La milla verde.*
2007 *La niebla.*

La cárcel puede cambiar a las personas, a menudo para peor, y eso es lo que hace tan milagrosa la fortaleza de Andy. *Cadena perpetua* sugiere que se puede conservar la autoestima incluso en las peores circunstancias y mantener la fe en la humanidad pese a sufrir el trato más inhumano posible. ▪

Red, también condenado a cadena perpetua, se siente atraído por la determinación de Andy. La voz profunda y mesurada de Red narra la historia e intensifica su sombría dignidad.

© Disney·Pixar

HASTA EL INFINITO... ¡Y MAS ALLA!

TOY STORY / 1995

EN CONTEXTO

GÉNERO
Animación, aventuras

DIRECCIÓN
John Lasseter

GUION
John Lasseter, Pete Docter, Andrew Stanton, Joe Ranft (historia original); Andrew Stanton, Joss Whedon, Joel Cohen, Alec Sokolow (guion)

REPARTO
Tom Hanks, Tim Allen

ANTES
1991 Disney usa animaciones digitales en *La bella y la bestia*.

DESPUÉS
1998 La animación digital sigue en *Bichos*, de Lasseter, sobre una colonia de hormigas.

1999 *Toy Story 2* es todo un éxito. Le siguen *Toy Story 3* (2010) y *4* (2019).

2007 *Ratatouille* combina la animación digital con un argumento original y atrevido.

P elícula pionera en su género, *Toy Story* fue la primera en usar exclusivamente animaciones por ordenador en lugar de las tradicionales dibujadas a mano. Para convencer al público de las posibilidades de la animación digital, Pixar, el nuevo estudio tras esta cinta, no solo recurrió a la innovación tecnológica. La película debe gran parte de

© Disney·Pixar

su atractivo a la originalidad de sus personajes y a su entrañable historia de amistad impregnada de humor.

Pixar quiso ser original desde el inicio y decidió no inspirarse en leyendas o cuentos de hadas, la base de las películas animadas de Disney. Así pues, el guion de *Toy Story* trata de lo nuevo frente a lo viejo. Un niño, Andy, desecha a Woody, un vaquero del Oeste que hasta entonces había sido su juguete preferido, cuando le regalan a Buzz Lightyear, un astronauta futurista. Los críticos han sugerido que la reticencia de Woody a aceptar al nuevo juguete, con sus aparatitos y su láser, junto a su actitud gruñona, refleja el temor por que la animación por ordenador pudiera sustituir a la animación clásica. La película demuestra que Woody y Buzz pueden coexistir. La nostalgia puede convivir con el progreso, sobre todo cuando viene en un envoltorio de la calidad de *Toy Story*. ■

Woody observa con envidia cómo el nuevo juguete encandila a los demás. Buzz no sabe que es un juguete y esta es una de las tramas del argumento.

Filmografía adicional: *Toy Story 2* (1999) ▪ *Monstruos, S. A.* (2001) ▪ *Los increíbles* (2004) ▪ *Ratatouille* (2007) ▪ *WALL·E* (2008) ▪ *Del revés* (2015)

LO IMPORTANTE NO ES LA CAIDA, ES EL ATERRIZAJE

EL ODIO / 1995

EN CONTEXTO

GÉNERO
Drama

DIRECCIÓN
Mathieu Kassovitz

GUION
Mathieu Kassovitz

REPARTO
Vincent Cassel, Hubert Koundé, Saïd Taghmaoui

ANTES
1993 *Café au Lait*, el primer filme de Kassovitz, está influido por *Nola Darling* de Spike Lee.

DESPUÉS
2001 Kassovitz coprotagoniza la exitosa película *Amélie*.

2011 *L'Ordre et la Morale*, un *thriller* que transcurre en Nueva Caledonia, es un gran éxito de Kassovitz, donde aparece parte de la ira que alimentó *El odio*.

2014 En *Bande de filles*, la directora francesa Céline Sciamma narra otro drama sobre las *banlieues* desde el punto de vista de una chica.

El sobrecogedor filme *El odio* (*La Haine*) se nutre de la ira de tres jóvenes que viven en un suburbio de París asolado por las revueltas. Con ella, Kassovitz ganó el premio al mejor director en el Festival de Cannes, pero la violencia y las críticas a la policía que contiene generaron mucha controversia.

Sus protagonistas son hijos de inmigrantes: Hubert (Hubert Koundé) es negro, Vinz (Vincent Cassel) es judío y Saïd (Saïd Taghmaoui), árabe. La ira del filme se origina en la marginalización de las minorías y el paso a la acción es consecuencia de una *bavure* (error) de la policía, que golpea a Abdel, un amigo del trío, hasta dejarlo en coma.

Una espiral de violencia

En la época, esto sucedía con una frecuencia perturbadora en las comisarías francesas, y Kassovitz dice que empezó a escribir la película el 6 de abril de 1993, el día en que un joven de Zaire, Makome M'Bowole, murió tiroteado estando bajo custodia policial. En la película, Vinz, que se inspira en el Travis Bickle de *Taxi*

Todos los jóvenes tienen los mismos problemas, ya estén en Londres, Nueva York o París.
Mathieu Kassovitz

Driver, quiere vengarse de la policía. Sin embargo, cuando se percata de que no es un asesino, los tres amigos ya están envueltos en una espiral de violencia en la que participan policías y matones racistas.

La dura fotografía en blanco y negro, rodada en su mayoría en las *banlieues*, y la intensidad de las interpretaciones, sobre todo la de Cassel, otorgan al filme crudeza y realismo. Pocas películas han capturado la división entre poderosos y marginados de un modo tan crudo. ∎

Filmografía adicional: *Los 400 golpes* (1959, pp. 150–155) ▪ *Haz lo que debas* (1989, p. 264) ▪ *Amélie* (2001, pp. 298–299) ▪ *Ciudad de Dios* (2002, pp. 304–309)

282

ME PARECE QUE ANDAS UN POCO DESENCAMINADO EN TU INVESTIGACION...
FARGO / 1996

EN CONTEXTO

GÉNERO
Drama policíaco, comedia

DIRECCIÓN
Joel Coen, Ethan Coen

GUION
Joel Coen, Ethan Coen

REPARTO
Frances McDormand, William H. Macy, Steve Buscemi, Peter Stormare

ANTES
1984 En *Sangre fácil*, primera película de los hermanos Coen, un grupo personas corrientes se autodestruyen por su avaricia.

DESPUÉS
2013 *A propósito de Llewyn Davis* es otra historia invernal de los hermanos Coen sobre la vida de un cantautor sin suerte en Nueva York.

2014 En *Kumiko, la cazadora de tesoros*, de David Zellner, una mujer japonesa cree que *Fargo* es una historia real y empieza a buscar un tesoro en Minnesota.

Esta farsa trágica que avanza al ritmo lento y constante de un glaciar empieza con un vendedor de coches llamado Jerry Lundegaard (William H. Macy) que necesita desesperadamente dinero para evitar la bancarrota. Entonces contrata a dos inútiles, Grimsrud y Showalter, para que secuestren a su mujer (Kristin Rudrüd), y les promete compartir el rescate con ellos una vez terminado el trabajo. Es un plan sencillo pero, al igual que la mayoría de cosas en la vida de Jerry, se tuerce con consecuencias catastróficas.

El crimen de Jerry transcurre en la blancura cegadora del crudo invierno de Minnesota y Dakota del

Tanto Grimsrud (Peter Stormare) como Showalter (Steve Buscemi) son un par de tontos desventurados. Todo lo que hacen aumenta sus problemas.

Norte, entre las pequeñas ciudades de Fargo y Brainerd y en la desierta carretera que las une. Durante el secuestro, Grimsrud mata por accidente a los ocupantes de un vehículo, y él y Showalter pronto descubren lo difícil que es deshacerse de cadáveres cuando hace tanto frío que es imposible cavar tumbas y la carne se congela. A Grimsrud se le ocurre una solución innovadora en la audaz escena final de la película, pero no antes de que la policía de Brainerd

Filmografía adicional: *Sangre fácil* (1984, p. 339) ▪ *Muerte entre las flores* (1990) ▪ *El gran salto* (1994) ▪ *El gran Lebowski* (1998) ▪ *El hombre que nunca estuvo allí* (2001) ▪ *Valor de ley* (2010) ▪ *¡Ave, César!* (2016) ▪ *Nomadland* (2020)

Joel y Ethan Coen Directores

Los hermanos Joel y Ethan Coen han rodado juntos casi una veintena de películas. Tras la primera, el elegante *thriller Sangre fácil*, sorprendieron a su público con *Arizona Baby*, una comedia romántica negra, y, desde entonces, no han dejado de confundir a los espectadores con una mezcolanza de sombras y risas. Suelen servirse de otros géneros y filmes como punto de partida para crear la atmósfera divertida, aterradora y alocada que les caracteriza.

Películas principales

1984 *Sangre fácil.*
1991 *Barton Fink.*
1996 *Fargo.*
2007 *No es país para viejos.*

Sus directores son expertos a la hora de equilibrar risas y escalofríos y, gracias al paisaje invernal sumado a los elementos policíacos, *Fargo* consigue ser una de sus obras más estremecedoras. El tono queda claro desde la primera escena, cuando la cámara apunta a un coche (el de Jerry) que avanza en medio de una tormenta de nieve. Empieza a sonar una banda sonora lúgubre y no hay nada que sugiera una comedia: ya desde el principio se siente el horror.

Marge es el corazón del relato. Su embarazo es un símbolo de esperanza en el blanco desierto de traición y truculencia. Aunque nunca corre verdadero peligro, hay una sensación constante de amenaza que nos hace temer que acabe sucumbiendo a la violencia del filme. Sin embargo, los hermanos Coen mantienen un equilibrio magnífico entre toda la carnicería; así, el nihilismo de los villanos queda contrarrestado con la profunda honestidad de Marge. ▪

encuentre a las víctimas junto a la carretera. La jefa de policía es Marge Gunderson (Frances McDormand), posiblemente la única detective en avanzado estado de gestación de la historia del cine.

Una detective poco común

Aunque, como todos los habitantes de Brainerd y Fargo, Marge tiene un característico acento escandinavo-americano que sugiere que es algo paleta, sabe perfectamente lo que se hace. Siguiendo la pista de desatinos localiza a Jerry, que no soporta bien la presión y cuyo estrés (visible en el primer plano en la página opuesta) es tan divertido como inquietante, transformando el folclórico acento regional en un ritmo de desesperación.

Marge examina el cuerpo de un policía estatal. Tras su deje provinciano, se oculta una gran inteligencia.

« Hay cosas más **importantes** en la vida **que el dinero**, **¿sabes?** ¿No lo sabías?»

Marge Gunderson / *Fargo*

TODOS HEMOS PERDIDO A NUESTROS HIJOS
EL DULCE PORVENIR / 1997

EN CONTEXTO

GÉNERO
Drama

DIRECCIÓN
Atom Egoyan

GUION
**Atom Egoyan (guion);
Russell Banks (novela)**

REPARTO
**Ian Holm, Sarah Polley,
Caerthan Banks**

ANTES
1994 *Exótica*, sobre un club de *striptease* en Toronto, atrae la atención internacional sobre el trabajo de Atom Egoyan.

DESPUÉS
2002 Aunque la crítica aclama *Ararat*, drama de Egoyan sobre el genocidio de los armenios en 1915, las presiones políticas de Turquía, que niega el genocidio, dificultan su distribución.

2009 Egoyan logra un éxito comercial con *Chloe*, un *thriller* erótico protagonizado por Liam Neeson y Julianne Moore.

Muy pocos dramas empiezan después de que la tragedia haya sucedido. La película del canadiense Atom Egoyan trata sobre las consecuencias de dos tragedias, que entreteje en una sutil meditación sobre el sentimiento de culpa de los supervivientes.

En una ciudad de Columbia Británica, 14 niños mueren cuando el autobús en el que viajaban cae a un lago. El abogado Mitchell Stevens (Ian Holm) cree que ha habido negligencia y trata de imputar a la empresa de autobuses y a su conductora, la horrorizada e inofensiva Dolores (Gabrielle Rose). El intento de Stevens de persuadir a los habitantes para que busquen compensación es un reflejo de su propia desolación, pues intenta asimilar la pérdida de su hija, víctima del abuso de drogas.

Stevens encuentra la horma de su zapato en Nicole, una joven que sobrevivió al accidente. Al contrario que a Stevens, a Nicole no la domina la rabia, sino que se siente abandonada en una ciudad fantasma y rota por el dolor. La recompensa de esta persuasiva película es ver cómo ella sabotea el caso con su declaración en el juicio. Por qué lo hace es algo a lo que deberán responder tanto Stevens como el espectador. ∎

Aunque Nicole (Sarah Polley) logra salir con vida del accidente, queda parapléjica. Como ella, la pequeña ciudad destrozada por la pérdida de los niños también queda paralizada.

Filmografía adicional: *Vidas cruzadas* (1993) ▪ *Exótica* (1994) ▪ *Rompiendo las olas* (1996) ▪ *Ararat* (2002) ▪ *Mystic River* (2003) ▪ *21 gramos* (2003)

ECHO DE MENOS A MI PADRE

ESTACION CENTRAL DE BRASIL / 1998

EN CONTEXTO

GÉNERO
Drama

DIRECCIÓN
Walter Salles

GUION
**Marcos Bernstein,
João Emanuel Carneiro,
Walter Salles**

REPARTO
**Fernanda Montenegro,
Vinícius de Oliveira**

ANTES
1995 *Tierra extranjera* es la primera película notable de Salles y se proyecta en más de cuarenta festivales de cine de todo el mundo.

DESPUÉS
2004 *Diarios de motocicleta*, que narra la juventud del Che Guevara, se convierte en otro éxito internacional de Salles.

2012 Salles fracasa en taquilla con el filme *En la carretera*, una adaptación de la famosa novela de Jack Kerouac.

El estreno de esta película, nominada al Oscar a la mejor película de habla no inglesa, dio a Salles fama internacional. La historia de un huérfano en busca de su padre puede resonar al Hollywood más sentimentaloide, pero el director la transforma en una mirada desnuda, y a menudo oscura, a la pobreza de una gran ciudad. Y aún resulta más auténtica porque su protagonista, Vinícius de Oliveira, limpiaba zapatos en las calles de Río de Janeiro cuando Salles lo descubrió.

Un viaje
Aunque es Josué (De Oliveira) –un niño que se queda solo en Río tras la muerte de su madre– quien se ha perdido, *Estación central de Brasil (Central do Brasil)* dirige su atención al viaje emocional de Dora (Fernanda Montenegro), que lo cuida a regañadientes. Dora trabaja en la estación que da nombre al filme, donde escribe cartas para gente analfabeta que no suelen llegar al buzón, pues Dora carece de conciencia. Cuando vende a Josué a una agencia de adopción ilegal y su amiga se escandaliza, ella responde: «Estará mejor allí». Que Dora acabe encontrando su conciencia no es una sorpresa, pero lo que destaca en esta película es la naturalidad con que avanza la historia. Cuando el intento de Dora de reunir al niño con su padre fracasa, acaricia la idea de formar una familia con Josué, aunque al final se limita a asumir su papel: antaño una mensajera reticente, ahora se asegura de que el paquete llegue a su destino. ∎

No es una película entrañable sobre una mujer que intenta ayudar a un triste huérfano, sino una película dura sobre una mujer que solo piensa en sí misma.
Roger Ebert
Chicago Sun-Times (1998)

Filmografía adicional: *Tierra extranjera* (1995) ▪ *Ciudad de Dios* (2002, pp. 304–309) ▪ *Carandiru* (2003) ▪ *Slumdog Millionaire* (2008, pp. 318–319)

POR EL ASESINO DE MI HERMANA
CELEBRACION / 1998

EN CONTEXTO

GÉNERO
Drama

DIRECCIÓN
Thomas Vinterberg

GUION
Thomas Vinterberg, Mogens Rukov

REPARTO
Ulrich Thomsen, Henning Moritzen, Thomas Bo Larsen

ANTES
1960 El director francés Jean-Luc Godard inaugura un estilo nuevo y radical con *Al final de la escapada*.

DESPUÉS
1998 La segunda película Dogma 95 lleva por título *Los idiotas*, donde un grupo de amigos se hacen pasar por discapacitados para divertirse.

1999 La estadounidense Harmony Korine dirige la primera película Dogma 95 no europea, *Julien Donkey-Boy*.

El 13 de marzo de 1995, varios directores de cine daneses se reunieron para elaborar un manifiesto artístico. Aunque el documento contenía muchas normas, la idea nuclear del movimiento Dogma 95 era purificar el cine con historias sencillas y eliminando cualquier muleta creativa, desde la música hasta los tropos dramáticos superficiales, como el asesinato.

Celebración (Festen) fue la primera película del movimiento y la aportación de Thomas Vinterberg al mismo. Siguiendo las normas del Dogma 95, el filme transcurre en un único lugar, un hotel familiar, durante la cena de celebración del sesenta cumpleaños del patriarca. Los tres hijos regresan a casa para la ocasión y, entonces, se revelan toda suerte de oscuros secretos. La claustrofobia y el intenso realismo del estilo de rodaje intensifican la presión, que va en aumento con el transcurso de los acontecimientos.

El discurso

Celebración subvierte toda convención social, sobre todo por el uso de un discurso formal para exponer las verdades que se esconden bajo el barniz de los buenos modales familiares. Tradicionalmente, los discur-

Thomas Vinterberg Director

Vinterberg nació en Copenhague (Dinamarca) en 1969. Después de licenciarse en la Escuela Nacional de Cine de Dinamarca, en 1993 debutó con *De største helte*, una *road movie* recibida con entusiasmo en su país natal. Posteriormente, formó junto con Lars von Trier, Kristian Levring y Søren Kragh-Jacobsen el hoy célebre movimiento Dogma 95, cuyo principal fin era depurar el cine mediante la supresión de todo artificio. *Celebración* fue la primera película del movimiento, además de la de más éxito, y fue aclamada internacionalmente. Ganó el premio del jurado en el Festival de Cannes.

Películas principales

1996 *De største helte*.
1998 *Celebración*.
2012 *La caza*.
2020 *Otra ronda*.

sos suelen ser conversaciones artificiosas que se usan para ocultar las verdaderas intenciones o para mantener la paz: se prestan a la deshonestidad. Pero en *Celebración*, el discurso permite a los personajes ser más sinceros que nunca. En cuanto golpean la copa de vino con el tenedor, se desnudan ante los demás.

En su primer discurso, Christian, el hijo mayor de Helge (Henning Moritzen), el patriarca, acusa a su padre de haber cometido un crimen terrible contra sus hijos que desembocó en la muerte de su hermana gemela. Aunque entonces Christian no teme a nada, apenas unos momentos después su padre habla con él en privado y vuelve a ponerse la máscara: Christian se disculpa y se desdice. La celebración, y los discursos, prosiguen. Al tratarse de una familia cuyas conver-

Christian (Ulrich Thomsen, centro) acusa a su propio padre de algo terrible y Michael (Thomas Bo Larsen, izda.), su hermano pequeño, lo expulsa de la cena de cumpleaños.

***Celebración* eliminó el artificio** y fue un filme deliberadamente «pequeño», en la tradición de la *nouvelle vague*. Costó poco más de un millón de dólares.

saciones se han basado en la mentira desde hace tiempo, parece natural que el artificio estructural de los discursos se convierta en el vehículo para la honestidad.

La anarquía y el orden
El principio del Dogma 95 supuso una muy necesaria eliminación de la cursilería en forma de broma pesada y liberó al cine de artificios ya demasiado conocidos para poder llegar al alma de la obra. *Celebración* fue una de las primeras películas que utilizó cámaras digitales, lo que proporciona una sensación de vídeo familiar sin paliativos y pone al espectador en el centro de la tormenta emocional. El público acaba olvidando que está viendo una «película». No hay música que diga cuándo debemos entristecernos y no asistimos a heroicas escenas de venganza. La cinta muestra la desintegración de una familia con la mínima intervención del director, por lo que el público es libre de decidir qué siente, cuándo se horroriza y cuándo se sorprende. Y al otorgarnos esa confianza, *Celebración* deja en nosotros una duradera huella emocional. ▪

« No te atrevas a **hablar** de **mi familia**. »
Michael / *Celebración*

LA GENTE SIENTE ANSIEDAD Y SURGEN LOS RUMORES
EL CIRCULO / 1998

EN CONTEXTO

GÉNERO
Terror

DIRECCIÓN
Hideo Nakata

GUION
Hiroshi Takahashi (guion); Kôji Suzuki (novela)

REPARTO
Nanako Matsushima, Hioyuki Sanada, Rikiya Ôtaka, Yôichi Numata, Miki Nakatani

ANTES
1996 *Joyû-rei*, el primer filme de Nakata, no es un éxito de taquilla, pero le da el prestigio necesario para dirigir *El círculo*.

DESPUÉS
1999 Nakata completa esta terrible historia con *El círculo 2*.

2002 Nakata dirige *Dark Water*, también basada en una novela de Kôji Suzuki y que, como sus dos películas anteriores, fue versionada por Hollywood.

Al igual que un sinfín de películas de terror occidentales, como *Poltergeist* (1982) o *El proyecto de la bruja de Blair* (*The Blair Witch Project*, 1999), *El círculo (Ringu)* de Hideo Nakata bebe del folclore y de las leyendas tradicionales: en este caso, traslada una antigua leyenda samurái al Japón urbano actual. El filme se basa en la exitosa novela homónima de Kôji Suzuki (1991) que, a su vez, se inspiró en un conocido cuento de fantasmas del siglo XVIII sobre una sirvienta, Okiku, que muere a manos de su señor.

El círculo añade un componente clave de los filmes de terror estadounidenses en los que varios jóvenes se sienten atraídos por objetos o lugares prohibidos. Aquí, se trata de una cinta de vídeo que pasa de una

El círculo inspiró un nuevo género de terror japonés que Hollywood versionó en varias ocasiones. Se trata de un terror menos explícito, que no depende tanto de hacernos saltar en la butaca como de nuestra propia imaginación.

escuela provincial a otra. La grabación apenas dura unos segundos y contiene imágenes extrañas. Un círculo de luz, una mujer que se cepilla el cabello, un hombre con la cabeza tapada, un pictograma en un primer plano de un ojo… y todo reproducido con los chasquidos de la estática de una cinta en mal estado y reproducida múltiples veces. Cada vez que alguien ve el vídeo, recibe una llamada telefónica en la que se le dice que morirá al cabo

《 No pertenece **a este mundo**. Es todo el **odio de Sadako** lo que está grabado… **》**

Ryuji Takayama / El círculo

Filmografía adicional: *El más allá* (1964) ▪ *Poltergeist* (1982) ▪ *Joyû-rei* (1996) ▪ *Rasen* (1998) ▪ *Pulse (Kairo)* (2001) ▪ *Dark Water* (2002) ▪ *La maldición (The Grudge)* (2002) ▪ *Llamada perdida* (2003) ▪ *Pulse (Conexión)* (2006) ▪ *It follows* (2014)

La periodista Reiko mira fijamente la estática que marca el final de la cinta mortal. En unos segundos, una llamada misteriosa le comunicará su destino.

de siete días. Una semana después aparece muerto, con el rostro contraído por un terror inimaginable.

El elemento adolescente inicial es engañoso, pues *El círculo* se convierte rápidamente en una película de detectives cuando la periodista Reiko (Nanako Matsushima) se interesa por el caso tras descubrir que su sobrina ha sido una de las víctimas. Reiko rehace los últimos pasos de la chica, halla el vídeo y lo mira. Entonces tiene siete días para impedir su propia muerte, en una carrera contra el tiempo para descifrar las misteriosas imágenes. Su hijo adolescente también ve el vídeo, lo que incrementa aún más la presión.

Fantasmas del pasado

A medida que Reiko se acerca a la solución del misterio, parece que Nakata vaya a abandonar el elemento de terror: Reiko reconstruye la historia de una médium famosa que perdió sus poderes al nacer su hija

Sadako (Rie Inô). Durante un tiempo, la película regresa al pasado para descubrir los terribles secretos que han empezado a afectar al presente.

Al igual que otras películas de terror niponas que luego se inspiraron en ella, *El círculo* ofrece una posibilidad de redención. Aunque Sadako (y Okiku en el cuento original) es un espíritu malvado, su historia inspi-

ra compasión, por lo que el foco se desplaza de las terribles muertes de los adolescentes a un intento de corregir la injusticia que sufrió Sadako y acabar así con la maldición. Y, sin embargo, hay escenas de un terror tan virtuosista que pone los pelos de punta y persigue al espectador mucho después de haber visto la película. En 2002, Hollywood produjo un *remake* que de ningún modo logró transmitir el mismo miedo.

La figura de Sadako se convirtió en un icono al instante e influyó en todo el género. Su imagen se inspira en los fantasmas *yurei* japoneses: tiene el rostro pálido y una cabellera larga y despeinada, lo que sugiere que el cadáver no se enterró según los ritos tradicionales (se enterraba a las mujeres japonesas con el cabello recogido). Así, el filme explora el choque entre las leyendas populares tradicionales y el Japón moderno, con un fantasma que usa algo tan prosaico como una cinta de vídeo como instrumento de su maldición. ▪

Hideo Nakata Director

Hideo Nakata nació en 1961 en Okayama, y trabajó durante siete años como ayudante de dirección antes de debutar en 1996 con la película de terror *Joyû-rei*. En *El círculo*, que le aseguró una reputación internacional, Nakata cambió el sexo del periodista de la novela. Esta película inauguró un nuevo género de terror en Japón, en el que protagonistas femeninas son perseguidas por los fantasmas de chicas jóvenes. En *Dark Water*, también basada en una historia de Kôji Suzuki, Nakata siguió la misma fórmula.

Películas principales

1996 *Joyû-rei*.
1998 *El círculo*.
1999 *El círculo 2*.
2002 *Dark Water*.

LA ESPADA SOLO COBRA VIDA SI SE USA, Y SU ARTE ES EL ARTE DEL HOMBRE

TIGRE Y DRAGON / 2000

EN CONTEXTO

GÉNERO
Wuxia (artes marciales)

DIRECCIÓN
Ang Lee

GUION
Hui-Ling Wang, James Schamus, Tsai Kuo-Jung (guion); Wang Dulu (historia)

REPARTO
Chow Yun-fat, Michelle Yeoh, Zhang Ziyi, Chang Chen

ANTES
1991 Jet Li protagoniza *Érase una vez en China* y se inicia la fiebre por el cine *wuxia* en Asia.

1993 *El banquete de boda*, de Ang Lee, es nominada al Oscar a la mejor película de habla no inglesa.

DESPUÉS
2004 Visualmente excepcional, el filme *wuxia* de Zhang Yimou *La casa de las dagas voladoras* apunta a un público occidental.

Películas como *Sentido y sensibilidad* (*Sense and Sensibility*, 1995), *La tormenta de hielo* (*The Ice Storm*, 1995) y *Cabalga con el diablo* (*Ride with the Devil*, 1999) habían propulsado a Ang Lee a la lista de los directores más notables de Hollywood. Por eso, que su siguiente proyecto fuera una película de artes marciales ubicada en la China antigua y con diálogo íntegramente en chino mandarín fue una decisión muy valiente. Sin embargo, *Tigre y dragón* (*Wò hǔ cáng lóng*) hizo que el riesgo mereciera la pena.

La película se basa en la cuarta novela de la *Pentalogía de hierro*, obra *wuxia* publicada en la década de 1930 por el escritor chino Wang

> Es un buen examen. Narrar una historia con un significado global.
> **Ang Lee**

Dulu. El filme se convirtió de inmediato en un éxito de público y crítica en EE UU y en Europa, y ganó el Oscar a la mejor película extranjera.

Los críticos dijeron que presentaba una China idealizada que, tal y como admitió el propio Lee, jamás existió. Sin embargo, la combinación de auténticas coreografías de artes marciales, romance y una fotografía poética redundó en un filme con el que el público occidental conectó al instante. Por el contrario, en China la respuesta inicial fue menos positiva y los méritos del filme no se apreciaron hasta bastante después.

Las películas *wuxia* más conocidas en Occidente son las de la serie *Érase una vez en China* (*Huáng Fēi Hóng*), y para muchos también son las mejores del género. Pese a las raíces chinas de Lee, no pocos críticos chinos lo consideraban un turista cultural que se había subido al tren del *wuxia* y que, además, lo había hecho mal. Se quejaron de que las secuencias de artes marciales eran flojas y de que había demasiado diálogo y muy poca acción. En su opinión, Lee había querido satisfacer la necesidad de implicación emocional del espectador occidental.

En efecto, el objetivo del director era precisamente implicar al públi-

Películas *wuxia*

En China, las historias *wuxia* son una tradición. El término significa «guerrero caballeroso» y empezó a utilizarse durante la dinastía Ming (1368–1644). Como los caballeros de los romances europeos, los *wuxia* compaginaban la búsqueda de la perfección personal con su pericia en combate. Los gobernantes Ming y Qing trataron de eliminar estos relatos por su énfasis en la justicia social, pero siguieron siendo muy populares. El cine *wuxia* surgió en China durante la década de 1920 y

se convirtió en un fenómeno en la década de 1960. En la de 1990 se rodó en Hong Kong *Érase una vez en China*, protagonizada por el héroe popular Wong Fei-hung (interpretado por Jet Li, izda.).

Tigre y dragón transformó la naturaleza de los filmes *wuxia* en China, con cintas como *La casa de las dagas voladoras* (2004) de Zhang Yimou, que narraba una historia más psicológica que las películas anteriores, mucho más centradas en la acción.

Filmografía adicional: *Érase una vez en China* (1991) ▪ *La leyenda del luchador borracho* (1994) ▪ *Hero* (2002) ▪ *La casa de las dagas voladoras* (2004) ▪ *Brokeback Mountain* (2005) ▪ *Deseo, peligro* (2007) ▪ *La vida de Pi* (2012) ▪ *La asesina* (2015)

Minuto a minuto

00:06
Shu Lien entrega la legendaria espada Destino Verde al señor Te en Pequín. Allí conoce a la joven Jen Yu, que envidia el estilo de vida guerrero de Shu Lien.

00:34
Li Mu Bai se enfrenta a Zorra de Jade, que ha envenenado a su maestro y que ahora mata al policía que la estaba siguiendo.

01:11
Lo interrumpe la procesión de la boda de Jen y le ruega que vuelva con él al desierto. Ella accede y huye, disfrazada de chico.

01:34
Li Mu Bai se bate en duelo con Jen y arroja Destino Verde a una cascada. Jen Yu se lanza en pos de la espada y Zorra de Jade la salva.

00:00 — 00:20 — 00:40 — 01:00 — 01:20 — 01:40 — 02:00

00:10
Un ladrón enmascarado entra en el estudio del señor Te y roba Destino Verde. Shu Lien le da caza saltando por los tejados de Pequín.

00:50
Lo, un bandido, se introduce en el dormitorio de Yu. Gracias a un *flashback*, lo vemos asaltando la caravana de Yu en el desierto. Se enamoran.

01:26
Jen rechaza la amistad de Shu Lien y ambas se baten en duelo. Shu Lien gana y sostiene una espada rota contra el cuello de Jen Yu.

01:45
Herido por un dardo de Zorra de Jade, Li Mu Bai le confiesa su amor a Shu Lien. Jen le dice a Lo que pida un deseo y salta del monte Wudang.

Jen Yu es una diestra luchadora. Tras perseguir a Lo, el atractivo bandido que le ha robado un peine, se encuentra en su campamento del desierto rodeada de bandoleros. Se enfrenta a todos ellos en una secuencia de combate acrobático.

co a nivel emocional y psicológico. Creía que, hasta la fecha, las películas de artes marciales populares apenas habían penetrado en el verdadero significado del *wuxia*. Según Lee, para llegar al corazón de la función que el *wuxia* desempeñaba en la psique china, debía «usar técnicas freudianas u occidentales para diseccionar lo que [...] se oculta en una sociedad reprimida: la tensión sexual, los sentimientos prohibidos». En otras palabras, usó deliberadamente un enfoque occidental para descubrir el significado psicológico que se oculta tras la acción.

Mensaje tácito

Las películas *wuxia* solían abrir con un combate. Por el contrario, *Tigre y dragón* empieza con un diálogo de cinco minutos de duración entre un guerrero noble, Li Mu Bai (Chow Yun-Fat), y la guerrera Shu Lien (Michelle Yeoh). La historia transcurre en el siglo XVIII, durante la dinastía Qing. Pese a que Li Mu Bai se ha »

« Prefiero ser un **fantasma a tu lado** y **seguirte a todas partes** que entrar en la **oscuridad más absoluta**. Por tu amor no me convertiré en un **alma en pena**. »

Li Mu Bai / Tigre y dragón

retirado del combate para encontrar el camino a la iluminación en un monasterio, ni él ni Shu Lien pueden olvidar su amor ni admitir sus sentimientos. El sentido del honor los obliga a callar y este deseo enmudecido no hace más que aumentar la tensión sexual entre ellos. El título en chino significa «tigre agazapado, dragón oculto», expresión que alude a una situación de gran peligro.

Aquí, el mayor de estos peligros es el deseo sexual reprimido. Justo cuando Shu Lien y Li Mu Bai parecen dispuestos a superar sus ba-rreras y declararse su amor, alguien roba la espada de Li Mu Bai, Destino Verde. Li Mu Bai sospecha que la culpable ha sido la escurridiza Zorra de Jade (Cheng Pei-pei), que asesinó a su antiguo maestro. Por lo tanto, antes de poder abrir su corazón a Shu Lien, debe recuperar la espada y vengar la muerte de su maestro.

Mujeres guerreras

A estas alturas del filme, Lee vuelve a alejarse de la tradición del cine *wuxia* al poner a las mujeres en un primer plano. La ladrona de Destino

Jen Yu rechaza la amistad de Shu Lien y ambas se baten en duelo. En el combate, Shu Lien lucha con todas las armas a su alcance, pero Jen Yu logra destruirlas con Destino Verde.

Verde, a quien vemos saltando por los tejados de la Ciudad Prohibida en una espectacular persecución, es Jen Yu (Zhang Ziyi), una temperamental aristócrata a quien la malvada Zorra de Jade ha entrenado en las artes marciales en secreto y de forma tan brillante como descontrolada.

Tanto la aliada como las dos adversarias de Li Mu Bai son tres mujeres fuertes con papeles importantes tanto en el desarrollo del argumento como en los combates. Shu Lien, la amada de Li Mu Bai, interpreta el papel habitualmente masculino de espadachín sublime con un control emocional zen. Jen Yu y Zorra de Jade son sus salvajes oponentes.

> « [La vida de un guerrero] depende de otros hombres, de su **lealtad y rectitud**. Hay que **cumplir con la palabra** dada. Sin todo eso, **la diversión no dura**. »

Shu Lien / Tigre y dragón

El presupuesto de *Tigre y dragón* fue bajo para el estándar de Hollywood: 17 millones de dólares. Los 215 millones de dólares que recaudó en el mundo entero (128 millones solo en EE UU) sorprendieron a los ejecutivos del estudio.

Jen Yu se opone a las convenciones sociales y caballerescas que rigen las vidas de Li Mu Bai y Shu Lien. Desdeña su autodisciplina o, como ella la entiende, su represión. «Deja de hablar como un monje», contesta cuando Li Mu Bai intenta explicarle que la espada es un estado mental. Tiene un amante, Lo (Chang Chen), un bandido del desierto; desafía a su familia (algo inconcebible en la China de la época) y huye en su noche de bodas de un respetable matrimonio concertado con un aristócrata.

Jen Yu sabe que las habilidades marciales de Li Mu Bai superan a las de Zorra de Jade y quiere que sea su maestro. Pero cuando Li Mu Bai accede, ella responde que solo lo hace porque la desea.

Zorra de Jade también había sido discípula del maestro de Li Mu Bai, pero lo asesinó cuando intentó abusar de ella sexualmente. La hostilidad de su personaje y su deseo de venganza también podrían tener un origen sexual. La historia está impregnada de deseo carnal.

Combates fantásticos

En otro alejamiento de la tradición del género, las escenas de combate no están tanto escenificadas como coreografiadas, y se convierten en extraordinarias danzas aéreas. En la secuencia más célebre, en la que Li Mu Bai y Jen Yu luchan entre cañas de bambú, el efecto no se obtuvo con efectos digitales, sino suspendiendo a los actores de cables. El resultado, más enigmático que violento, consigue capturar el misterio y la poesía de una China ancestral mítica. ∎

Ang Lee Director

Nacido en 1954, Ang Lee se trasladó a EE UU en 1979 para estudiar dramaturgia en la Universidad de Illinois. Su primer gran éxito fue *El banquete de boda*, que también supuso la primera de sus varias colaboraciones con el guionista James Schamus. En 1994 rodó la brillante *Comer, beber, amar*, con la que consiguió el aplauso tanto del público como de la crítica. Su adaptación de *Sentido y sensibilidad* (1995) de Jane Austen, con guion de Emma Thompson –una de las protagonistas–, demostró su versatilidad. A la tragedia *La tormenta de hielo* y al drama sobre la Guerra de Secesión *Cabalga con el diablo* (1999), le siguieron *Tigre y dragón* y *Hulk* (2003). Obtuvo el Oscar al mejor director con *Brokeback Mountain* (2005), una historia sobre la relación homosexual entre dos vaqueros. En 2012 recibió su segunda estatuilla por *La vida de Pi*.

Películas principales

1993 *El banquete de boda.*
1997 *La tormenta de hielo.*
2000 *Tigre y dragón.*
2012 *La vida de Pi.*

Principales escenas de combate

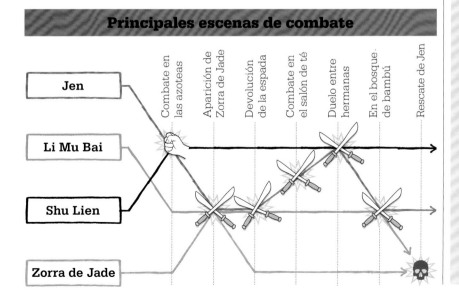

Jen · Li Mu Bai · Shu Lien · Zorra de Jade

Combate en las azoteas · Aparición de Zorra de Jade · Devolución de la espada · Combate en el salón de té · Duelo entre hermanas · En el bosque de bambú · Rescate de Jen

YO HACE TIEMPO QUE NO RECUERDO MI NOMBRE
EL VIAJE DE CHIHIRO / 2001

EN CONTEXTO

GÉNERO
Animación, fantasía

DIRECCIÓN
Hayao Miyazaki

GUION
Hayao Miyazaki

REPARTO
Rumi Hiiragi, Miyu Irino, Mari Natsuki

ANTES
1979 *El castillo de Cagliostro*, la historia de un ingenioso ladrón, es el primer filme de Miyazaki.

1984 Una princesa en un mundo postapocalíptico protagoniza *Nausicaä del Valle del Viento*. Su éxito lleva a la creación de Studio Ghibli.

1997 *La princesa Mononoke* es la primera película de Miyazaki que usa gráficos digitales.

DESPUÉS
2013 *El viento se levanta* narra la historia del diseñador de aviones Jiro Horikoshi.

Los animadores de Studio Ghibli (Tokio), liderados por el cofundador Hayao Miyazaki, han creado filmes increíblemente imaginativos desde 1986. Con un estilo de animación característico e influido por la tradición *manga* japonesa, Studio Ghibli ha ampliado los horizontes de espectadores de todo el mundo.

Con *El viaje de Chihiro (Sen to Chihiro no kamikakushi)*, de Miyazaki, Studio Ghibli logró un éxito de taquilla internacional y de crítica: fue la primera película animada que obtuvo un Oscar a la mejor película de habla no inglesa. También fue una obra maestra de su género basada en la idea del «portal mágico» que hallamos en gran parte de la ficción infantil. Los niños suelen ver la realidad como algo de lo que hay que escapar, y eso es lo que *El viaje de Chihiro* ofrece al niño que hay en nosotros.

Después de un largo viaje en tren, Chihiro y el misterioso Sin Cara (izda.) toman el té con Zeniba, la gemela de la avariciosa y controladora bruja Yubaba.

Filmografía adicional: *El castillo en el cielo* (1986) ▪ *La tumba de las luciérnagas* (1988) ▪ *Nicki, la aprendiz de bruja* (1989) ▪ *La princesa Mononoke* (1997) ▪ *Haru en el reino de los gatos* (2002) ▪ *El castillo ambulante* (2004) ▪ *Kimi no Na wa* (2016)

Si comparamos este filme con el resto de películas de Miyazaki y con el género fantástico en general, hallamos un elemento subversivo: el reino de fantasía que se nos presenta es cualquier cosa menos majestuoso. Aunque contiene magia asombrosa y criaturas sobrenaturales, también se centra en la terrible cotidianidad de la protagonista, una niña de diez años que trabaja en unos baños dirigidos por la bruja Yubaba.

Fantasía real

Aunque los mundos mágicos de la ficción infantil suelen ser más peligrosos que el nuestro, pues están habitados por monstruos extraños y terribles, también contienen un elemento positivo que lo compensa todo: los personajes que acceden a estos universos de fantasía suelen tener la oportunidad de ser coronados o de corregir una injusticia terrible. Por el contrario, en *El viaje de Chihiro*

La ciudad a la que llega Chihiro es el hogar de los demonios, espíritus y dioses de Japón, donde las personas se convierten en animales. Chihiro evita la maldición, pero sus padres no.

nada cambia mucho: al final de la película, la tiránica Yubaba sigue mandando y, aunque Chihiro consigue escapar, otros muchos no siguen la misma suerte.

Pese a toda la magia, el hecho de mantener los pies firmemente plantados en la realidad y la negativa a suavizar los elementos más oscuros de la vida cotidiana es lo que hace de *El viaje de Chihiro* una película más conmovedora que muchas otras historias fantásticas. No se trata de derrotar al mal y crear una utopía, sino de sobrevivir y encontrar momentos de felicidad y compasión.

Una historia colectiva

El viaje de Chihiro se esfuerza en presentar a los personajes con objetividad y profundidad. Suele introducirlos con un retrato sin paliativos, como la aparentemente despiadada compañera de trabajo, Rin, o Zeniba, la hermana de Yubaba, que también

es una bruja, para luego revelar su parte más compasiva. Incluso Sin Cara, el villano de la segunda parte de la película, también cuenta con una faceta amable que vemos en su deseo de conectar con Chihiro y en sus intentos de darle regalos para llevarla a su terreno. La imaginación ilimitada con la que Miyazaki crea sus mundos de fantasía se ve igualada por la compasión que siente por sus personajes. Este tratamiento de la historia nos permite preocuparnos por ellos con la misma intensidad con que nos fascinan. ▪

Una maravilla visual, producto de una imaginación desbocada y sin miedo cuyas creaciones no se parecen a nada que hayamos visto antes.
Kenneth Turan
Los Angeles Times **(2002)**

Hayao Miyazaki Director

Hayao Miyazaki nació en Tokio en 1941 y fue evacuado, junto a su familia, para evitar los bombardeos estadounidenses. Empezó a trabajar en animación en 1963 y debutó como director en 1979, con *El castillo de Cagliostro*. Logró fama mundial casi veinte años después con *La princesa Mononoke*. Con *El viaje de Chihiro*, quizás su película mejor acogida, recibió un Oscar. Su película más reciente es *El viento se levanta* (2013).

Películas principales

1988 *Mi vecino Totoro*.
1997 *La princesa Mononoke*.
2001 *El viaje de Chihiro*.

ME GUSTA DESCUBRIR LOS DETALLES QUE NADIE MAS VE

AMELIE / 2001

EN CONTEXTO

GÉNERO
Comedia romántica

DIRECCIÓN
Jean-Pierre Jeunet

GUION
**Guillaume Laurant,
Jean-Pierre Jeunet**

REPARTO
**Audrey Tautou, Mathieu
Kassovitz, Dominique Pinon**

ANTES
1991 *Delicatessen*, de Jeunet y
Marc Caro, es una imaginativa
película que transcurre en una
Francia postapocalíptica.

1995 Hollywood se fija en
Jeunet gracias a su barroco
cuento de hadas *La ciudad
de los niños perdidos*.

DESPUÉS
2004 Jeunet trabaja con
Tautou en el drama bélico
Largo domingo de noviazgo.

2009 *Micmacs*, de Jeunet,
es una comedia satírica sobre
la industria armamentística.

Tras haber obtenido un gran éxito en Francia, la primera incursión de Jean-Pierre Jeunet en Hollywood fue algo turbulenta. Lo contrataron para que dirigiera la cuarta entrega de la saga *Alien*, pero el proyecto sufrió problemas de producción y las críticas fueron poco entusiastas. Jeunet volvió a Francia desanimado y su siguiente obra fue *Amélie (Le Fabuleux Destin d'Amélie Poulain)*, una obra en la que cada fotograma parece reivindicar una libertad de la que, quizás, se había visto privado en su proyecto anterior. En teoría, *Amélie* es una comedia

En *Amélie*, Jeunet logró presentar de forma innovadora el manido género de la comedia romántica gracias a una ambiciosa combinación de estilo y argumento.

romántica: la historia de una camarera que conoce al hombre del que está destinada a enamorarse. En la práctica, se trata de un tributo al virtuosismo creativo y a la imaginación. Pese a lo mundano de la historia central, Jeunet usa técnicas que suelen reservarse para películas épicas y de acción. El guion amplio y de largo recorrido, y el potente uso del color y las técnicas de edición

Jean-Pierre Jeunet Director

Jean-Pierre Jeunet nació en la región del Loira (Francia) en 1953. Se compró su primera cámara de cine a los 17 años, cuando estudiaba animación en los estudios Cinémation. Su primer largometraje fue *Delicatessen*, que codirigió con Marc Caro. Tras el éxito de *La ciudad de los niños perdidos*, a Jeunet le ofrecieron dirigir *Alien: Resurrección*, que fue un fracaso. Volvió a Francia y dirigió *Amélie*, su película más exitosa.

Películas principales

1991 *Delicatessen*.
1995 *La ciudad de los niños perdidos*.
2001 *Amélie*.

Filmografía adicional: *Una cara con ángel* (1957) ▪ *Los paraguas de Cherburgo* (1964, p. 173) ▪ *Delicatessen* (1991) ▪ *La ciudad de los niños perdidos* (1995) ▪ *Alien: Resurrección* (1997) ▪ *Largo domingo de noviazgo* (2004)

experimentales, sirven de trampolín para la habilidad del director, pero sin perder jamás el contacto con una historia íntima: la de una joven que se encuentra a sí misma.

Hablar sin palabras

Amélie tiene una gran potencia visual, lo que subraya uno de los temas principales de la película: que la comunicación más valiosa es la que no necesita de palabras. La protagonista, Amélie, es una camarera tan tímida que ha de recurrir a medios complejos para transmitir lo que es incapaz de comunicar con palabras. Por ejemplo, en vez de enfrentarse a un tendero cuando ve que maltrata a uno de sus empleados, decide alte-

rar la rutina diaria del abusón hasta tal punto que este acaba dudando de su propia cordura: cambia de sitio las manillas de las puertas de su piso y cambia la hora de la alarma de su despertador. Del mismo modo, cuando intenta reavivar el sueño de su padre de ver el mundo, lo que hace es «secuestrar» a su gnomo de jardín y enviar a su padre fotos del mismo en lugares exóticos. Son objetivos muy distintos. Uno es un acto de justicia social y el otro un gesto de amor filial. Sin embargo, Amélie los aborda del mismo modo: manipula la realidad para colocar a la persona en cuestión donde ella quiere, no por malicia, sino porque ve el mundo de una manera singular. Ve cosas que

Amélie (Audrey Tautou) gasta bromas a un verdulero (Urbain Cancelier) que maltrata a su dependiente Lucien (Jamel Debbouze). Está enamorada en secreto de Nino (Mathieu Kassovitz, izda.).

pasan desapercibidas a los demás y actúa de un modo distinto a como lo harían otros. Esto es especialmente cierto cuando Amélie se encuentra frente a frente con el hombre al que ama, Nino. No intercambian ni una sola palabra. Se limitan a mirarse y a ver el interior del otro de forma honesta, hasta que se dan cuenta de que están hechos el uno para el otro.

Aunque hubo quien criticó *Amélie* por considerarla un retrato de un París anticuado, otros la encumbraron por la manera en que logró mezclar ambición con emoción combinando imágenes de gran energía, una narración emocionante y una historia de lo más sencillo: la de un chico y una chica que se enamoran. ▪

« Ella nunca supo **relacionarse** con los demás, de **pequeña** siempre **estaba sola**. **»**
Amélie / *Amélie*

¡QUE EXTRAORDINARIA POSTURA!

LAGAAN / 2001

EN CONTEXTO

GÉNERO
Drama musical

DIRECCIÓN
Ashutosh Gowariker

GUION
K. P. Saxena (diálogo en hindi), Ashutosh Gowariker (diálogo en inglés)

REPARTO
Aamir Khan, Gracy Singh, Rachel Shelley, Paul Blackthorne; narración, Amitabh Bachchan

ANTES
1957 El melodrama *Madre India*, de Mehboob Khan, es la primera película india nominada al Oscar a la mejor película de habla no inglesa.

DESPUÉS
2004 *Swades*, la aclamada película de Gowariker, narra la historia de un científico de la NASA que regresa a su aldea india nativa.

Lagaan: érase una vez en India es una historia sobre un partido de críquet en un pueblo indio durante el Raj británico y una de las pocas películas indias que ha conseguido un éxito de público y de crítica tanto en India como allende sus fronteras.

La trama es sencilla. La remota aldea de Champaner, en Gujarat, sufre una severa sequía y uno de los aldeanos, Bhuvan (Aamir Khan), acude al oficial británico local, el capitán Russel (Paul Blackthorne), para solicitar que les exima del *lagaan*, un impuesto sobre las cosechas. Russell se niega, pero antes de irse, Bhuvan ve a un grupo de británicos jugando al críquet y se ríe de ellos. Indignado, Russell le propone condonar los impuestos a la aldea durante tres años si logran ganar a sus hombres en un partido. Si pierden, tendrán que pagar el triple. Para horror del resto de aldeanos, Bhuvan acepta el reto. El partido ocupa la segunda mitad de la película, hasta llegar a la última pelota, que es crucial.

Una historia atractiva

Lagaan debió su éxito de taquilla en parte a que era entretenimiento puro. Es una aventura emocionante a la antigua usanza, en la que un

La película es más que una historia, es una experiencia. La experiencia de ver algo que te da vida y que te dibuja una sonrisa en la cara por deprimido que estés.
Sudish Kamath
The Hindu

osado David se atreve a enfrentarse a Goliat, y cuenta con los elementos que cabe esperar de una historia clásica. Hay un triángulo amoroso: Elizabeth (Rachel Shelley), la hermana de Russell, se enamora de Bhuvan, que ya está comprometido con Gauri (Gracy Singh), una chica de la aldea. Hay un amante celoso, Lakha, que es rechazado por Gauri y decide ayudar a los británicos. Hay infinidad de personajes cómicos e incluso un pobre desgraciado que acaba siendo el héroe de la historia.

Filmografía adicional: *Madre India* (1957) ▪ *La reina de los bandidos* (1994) ▪ *Dil Se..* (1998) ▪ *Jodhaa Akbar* (2008) ▪ *Dangal* (2016) ▪ *Gully Boy* (2019)

《 El que posee la **verdad** y tiene **valor** en su corazón, al final **siempre ganará**. 》

Bhuvan / Lagaan

Pero *Lagaan* es más que un producto de entretenimiento al transmitir un mensaje gandhiano de redención y unidad, pues la lucha contra el opresor está exenta de violencia y de amargura. La inclusividad del equipo de críquet también es digna de Gandhi: entre los jugadores hay hindúes, un sij, un musulmán y un *dalit*, de la casta de los intocables. Bhuvan se enfrenta al resto de la aldea para convencerles de que acepten a Kachra, el *dalit*, y, al final, la mano tullida de Kachra, el símbolo físico de su invalidez social, resulta la clave del éxito, pues sus dedos deformados le permiten hacer girar la pelota de una forma extraordinaria. *La-*

gaan hace sentir bien al espectador, y ese es precisamente su mensaje político: sentirse bien y valorado es clave para sanar las heridas que separan a las personas. Por encima de todo, *Lagaan* es una celebración de India. Es un filme cuyas bellas imágenes capturan los colores ricos y exuberantes del paisaje, rebosante de ámbar, marrón y amarillo. Todo acompañado de la banda sonora de A. R. Rahman, que embellece la película con canciones y melodías indias. ▪

Bhuvan (Aamir Khan) baila con Gauri (Gracy Singh) ante el resto del pueblo, en uno de los números musicales de la película.

Ashutosh Gowariker
Director

Ashutosh Gowariker es conocido por dirigir historias bellas y bien urdidas. Nació en Bombay (India) en 1964. Tras licenciarse en química se introdujo en la industria del cine como actor. No dirigió su primera película, *Pehla Nasha* (1993), hasta después de haber cumplido los treinta años. *Lagaan* fue su primer gran éxito, al que siguió *Swades*. La comedia romántica *What's Your Rashee?* (2009) supuso un cambio de dirección, pero volvió a su terreno habitual con el drama histórico *Khelein Hum Jee Jaan Sey*, sobre la rebelión de Chittagong.

Películas principales

2001 *Lagaan.*
2004 *Swades.*
2010 *Khelein Hum Jee Jaan Sey.*

TODO COMENZO CON LA FORJA DE LOS GRANDES ANILLOS
EL SEÑOR DE LOS ANILLOS: LA COMUNIDAD DEL ANILLO / 2001

EN CONTEXTO

GÉNERO
Fantasía

DIRECCIÓN
Peter Jackson

GUION
Peter Jackson, Phillippa Boyens, Fran Walsh (guion); J. R. R. Tolkien (novela)

REPARTO
Elijah Wood, Ian McKellen, Viggo Mortensen

ANTES
1994 Jackson es aclamado por la crítica por *Criaturas celestiales*, filme sobre un caso de asesinato en Nueva Zelanda.

DESPUÉS
2005 *King Kong,* el taquillazo de Jackson, es un *remake* del clásico de 1933.

2012–2014 Jackson repite el éxito de la trilogía de *El señor de los anillos* con una adaptación en tres partes de *El hobbit*, de J. R. R. Tolkien.

Desde las superproducciones bíblicas de la era clásica de Hollywood no se había hecho ninguna película de la escala de *La comunidad del anillo (The Fellowship of the Ring)*, la primera entrega de la trilogía de *El señor de los anillos (The Lord of the Rings)*; y, durante muchos años, se había creído que adaptar al cine la extensísima novela fantástica de J. R. R. Tolkien era una misión imposible. Hubo que esperar a los últimos avances en las imágenes generadas por ordenador para que las ubicaciones y criaturas míticas, así como las gigantescas escenas bélicas, se convirtieran en una posibilidad real para los directores de cine. Sin embargo, y aunque la película explota al máximo los efectos especiales, no depende de ellos: debe su éxito sobre todo a la habilidad del director, Peter Jackson, coautor del guion.

Jackson entendió que tenía que comprimir la intrincada historia de fondo tanto como le fuera posible y mantener el foco sobre el pro-

La película debe gran parte del éxito de crítica y taquilla a que Peter Jackson simplificó la trama, intensificó las secuencias de acción y reforzó los papeles femeninos.

Filmografía adicional: *El señor de los anillos: Las dos torres* (2002) ▪ *El señor de los anillos: El retorno del rey* (2003) ▪ *King Kong* (2005)

tagonista principal, Frodo Bolsón (Elijah Wood). Así consiguió la formidable hazaña de satisfacer a la legión de fans que la novela tiene en todo el mundo al tiempo que atraía a espectadores que no la habían leído.

Frodo es un bonachón, un hobbit que entra en posesión de un anillo de poder hasta entonces perdido que, literalmente, pone en sus manos el destino de la Tierra Media. Guiado por el mago Gandalf (Ian McKellen), emprende un viaje para destruirlo en los fuegos de la lejana Mordor, la tierra malvada donde se forjó. Lo protege una comunidad de ocho miembros compuesta por hombres, un enano y un elfo. El personaje de Frodo madura

con cada prueba que supera y, aunque el conocimiento y la experiencia lo transforman, no pierde su bondad innata. Aunque tiene guías y objetos mágicos que lo ayudan en su viaje, al final es esa bondad la que lo protege.

El bien contra el mal

La complejidad de la trama oculta una historia arquetípica: la lucha del bien contra el mal. Lo que añade matices y peligro a la aventura es el insidioso poder que tiene el anillo de corromper a todo el que se le acerca, inclusive a los que están del lado del bien. Aunque solo Frodo es inmune a la maligna influencia del anillo, su deber como portador del mismo se vuelve cada vez más pesado.

En manos de un director menos genial, la película hubiera podido convertirse en una complicada saga de espada y brujería como cualquier otra. Por suerte, Jackson dio vida al mundo de Tolkien en una de las adaptaciones más exitosas de la historia. ▪

Cuatro hobbits amigos, Merry (Dominic Monaghan), Frodo (Elijah Wood), Pippin (Billy Boyd) y Sam (Sean Astin) emprenden una misión épica.

Peter Jackson Director

Nació en Nueva Zelanda en 1961 y creció fascinado por los filmes de acción del animador Ray Harryhausen; a los 9 años empezó a rodar cortometrajes en Super 8. No recibió formación cinematográfica reglada, sino que aprendió por ensayo y error. Su primer largometraje, la película de terror de culto *Mal gusto*, es de 1987. La fama le llegó con *Criaturas celestiales* (1994), película basada en una historia real sobre el asesinato de dos colegialas y con la que ganó el Oscar al mejor guion. En 1999, Jackson recibió la autorización para convertir *El señor de los anillos* en tres superproducciones, en un acuerdo con el estudio hollywoodiense New Line Cinema. Las tres películas se rodaron en Nueva Zelanda. *El retorno del rey* (2003), el último episodio de la trilogía, obtuvo 11 premios Oscar, el de mejor película entre ellos. En 2005, Jackson dirigió un *remake* de *King Kong*, su película favorita cuando era niño.

Películas principales

1994 *Criaturas celestiales.*
2001–2003 *El señor de los anillos.*
2012–2014 *El hobbit.*
2018 *Ellos no envejecerán.*

304

PARA SER UN DELINCUENTE NO BASTA CON TENER UN ARMA EN LA MANO. HAY QUE TENER ALGUNA IDEA EN LA CABEZA
CIUDAD DE DIOS / 2002

EN CONTEXTO

GÉNERO
Gánsteres, policíaca

DIRECTOR
Fernando Meirelles

GUION
**Bráulio Mantovani (guion);
Paulo Lins (novela)**

REPARTO
**Alexandre Rodrigues,
Leandro Firmino,
Alice Braga**

ANTES
1990 *Uno de los nuestros*, de Scorsese, narra la historia de la mafia estadounidense desde la perspectiva de Henry Hill, un gánster convertido en informante.

DESPUÉS
2005 *El jardinero fiel*, el debut de Meirelles en Hollywood, es una historia de amor ambientada en Kenia.

2008 *A ciegas*, sobre una epidemia de ceguera, recibe críticas ambivalentes.

Elegante, conmovedora y entretenida, *Ciudad de Dios (Cidade de Deus)*, de Fernando Meirelles, tiene además algo importante que contar. Explicada desde el punto de vista de Buscapé (Alexandre Rodrigues), un aspirante a fotógrafo, muestra una de las favelas más conocidas y pobres de Brasil, Cidade de Deus (Río de Janeiro)

y cómo el crimen organizado corrompió y, en muchos casos, destruyó a la juventud de allí. Sin embargo, Meirelles no sermonea al espectador, sino que utiliza todos los recursos estilísticos que el cine le ofrece, desde montajes innovadores hasta un uso atrevido de las cámaras, para asegurarse de narrar la historia con vitalidad y energía, y cautivar así al público mediante la tragedia humana que presenta.

En una escena, unos niños pasean por la favela bromeando sobre cómo controlarla y a quién tendrían que matar para lograrlo. Ver a niños inmersos en la violencia desde tan pequeños resulta casi gracioso, desde un humor muy negro, pero también horripilante.

Historia de una ciudad
La acción transcurre a una escala ambiciosa. Se prolonga durante más de diez años y refleja la experiencia de

La mayoría de los actores eran habitantes de las favelas que aparecen en el filme. Varios de ellos aparecieron en la secuela, *Cidade dos homens*.

IRRESISTIBLE. AN EXUBERANT CHRONICLE OF CRIME!
—A.O. Scott, THE NEW YORK TIMES

15 miles from paradise...
one man will do anything to tell the world everything.

Directed by Fernando Meirelles
CITY OF GOD
BASED ON A TRUE STORY

(OFFICIAL SELECTION · CANNES FILM FESTIVAL)

Filmografía adicional: *Orfeo negro* (1958) ▪ *Uno de los nuestros* (1990) ▪ *Casino* (1995) ▪ *Ônibus 174* (2002) ▪
El jardinero fiel (2005) ▪ *Cidade dos homens* (2007) ▪ *Tropa dc élite* (2007) ▪ *Un profeta* (2009)

Dadinho, o Zé Pequeno (Douglas Silva), es el niño psicótico cuya carrera criminal despega cuando asesina a los clientes de un motel durante un robo.

Fernando Meirelles
Director

Nacido en el seno de una familia de clase media en São Paulo (Brasil) en 1955, estudió arquitectura antes de ganar varios premios en festivales de cine brasileños con sus primeros cortometrajes. Luego triunfó en la televisión nacional, sobre todo con el programa infantil *Rá-Tim Bum*. Su primer largometraje fue una película infantil, *O menino maluquinho 2: a aventura*, en 1998. Meirelles alcanzó fama nacional con la comedia *Domésticas* en 2001, e internacional un año después con *Ciudad de Dios*, con la que obtuvo una nominación al Oscar al mejor director. Desde entonces ha tenido más éxitos de crítica con *El jardinero fiel* y *A ciegas*, por la que fue nominado a la Palma de Oro.

Películas principales

2001 *Domésticas.*
2002 *Ciudad de Dios.*
2005 *El jardinero fiel.*
2008 *A ciegas.*

convertirse en adulto en Ciudad de Dios. Para lograrlo, Meirelles evitó las restricciones narrativas que hubiera supuesto seguir a una sola persona. Aunque la película cuenta con un protagonista principal en la persona de Buscapé, este no es más que un fotógrafo, un observador que actúa como un delegado del público, que interviene sin implicarse y que está ahí para presenciar lo que sucede a medida que sucede. La película aclara este objetivo mediante el uso de una voz en *off*, con la que Buscapé re-

sume los momentos definitorios de la favela, desde la caída del Trío Ternura a finales de la década de 1960 hasta el ascenso de Dadinho como líder de banda a principios de la década de 1980. Buscapé lo observa todo y ve cómo los personajes nacen y mueren mientras los bloques de pisos suben y los cárteles caen.

La voz en *off* también facilita el uso de técnicas visuales más atrevidas, como montajes que permiten que el tiempo pase más rápidamente, además de ofrecer oportunidades

para una mayor experimentación artística. La película desplaza el foco de un protagonista a otro y narra sus historias sucesivamente. Aborda las de Cabeleira, el líder del Trío Ternura; Bené, el amigo pacifista de Dadinho; y Mané Galinha, un trabajador que se ve arrastrado a una guerra de »

《 ¿Que soy un crío? Yo ya fumo y esnifo, **ya he matado** y he robado. **》**
Filé com Fritas / Ciudad de Dios

Relaciones, alianzas y enemistades

```
Angélica ←—Ama a— Buscapé ←—Hermanos—→ Marreco
                  (Narrador)
   ↑                                         ↑
Novio de                                  Amigos      Mata a
   │                                         │
  Bené ←—Hermanos—→ Cabeleira ←—Amigos—→ Alicate
   ↑        ↑           │
Mata a    Socios en el crimen    ↓
   │                         Dadinho
Neguinho ←—Mata a— Cenoura ←—Enemigos—→ Dadinho
                      ↑                     │
              Se une a él contra Dadinho  Viola a
                      │                     ↓
                    Mané ←—Novia de— Novia
                   Galinha            de Mané
```

 El Trío Ternura

> **"**
> Las gallinas sacrificadas transmiten con una fuerza incontestable lo barata que es la vida en el gueto.
> **Peter Bradshaw**
> *The Guardian* (2003)
> **"**

bandas cuando su familia sufre un ataque. Con estas perspectivas cambiantes, Meirelles convierte a la propia Ciudad de Dios en la protagonista principal y el resto de personajes solo intervienen cuando son relevantes para la historia general de la favela.

La ciudad como el destino

Uno de los temas que explora Meirelles es el efecto corrosivo que la favela ejerce sobre sus habitantes. La violencia que genera no se limita a los criminales; lo consume todo y perpetúa una cultura de sufrimiento entre sus habitantes. Meirelles

presenta Ciudad de Dios como una entidad en sí misma, un lugar que permite que los malvados medren y los buenos sucumban. Esto se ve en toda su crudeza en la secuencia inicial, en que la banda de Dadinho está a punto de desplumar y cocinar dos gallinas. Un cuchillo centellea cuando lo afilan con una piedra. Una de las gallinas parpadea cuando matan a la otra e intenta escapar, pero no hay huida posible.

Cuando Mané Galinha intenta trazar una línea entre ser un matón y su noble misión de vigilante contra Dadinho, Ciudad de Dios interviene, al igual que cuando Cabeleira intenta escapar de la vida criminal en nombre del amor o cuando Bené decide que es demasiado buena persona para ser un gánster. Cada vez que uno de los personajes cede a su mejor parte, es castigado. Son protagonistas de sus propias tragedias griegas, en las que la ciudad hace de Hado.

Ética periodística

Ciudad de Dios es una película de gánsteres, una crítica social apoyada sobre un cine visualmente irresistible. El papel de Buscapé como periodista también permite que la película aborde la cuestión de la ética periodística en una zona de guerra o, en este caso, la de dramatizar los problemas, muy reales, de la pobreza y la violencia. Esto se subraya cuando Buscapé se enfrenta a un periódico

Minuto a minuto

00:10
El Trío Ternura asalta un motel con Dadinho como vigilante. Luego descubrimos que regresa para matar a todos los clientes.

00:32
En la playa, Buscapé fotografía a sus amigos y conoce a Angélica. Compra hierba para impresionarla.

01:09
Neguinho dispara a Bené en su celebración de despedida, aunque apuntaba a Dadinho. Entonces Cenoura mata a Neguinho.

01:40
El periódico publica la fotografía de Dadinho que ha tomado Buscapé y le ofrece empleo. Dadinho está encantado con la publicidad.

```
00:00    00:15    00:30    00:45    01:00    01:15    01:30    02:00
```

00:30
Cabeleira es abatido cuando intenta huir de la policía. Buscapé ve su primera cámara cuando un hombre fotografía el cadáver.

00:50
Dadinho se convierte en Li'l Zé y ordena una carnicería para controlar el tráfico de drogas en Ciudad de Dios.

01:26
Mané Galinha se une a Cenoura en su guerra contra Li'l Zé. Un año después, la favela está dividida.

01:52
Otto, el hijo del guardia de seguridad asesinado, mata a Mané Galinha. Li'l Zé es asesinado por una banda rival.

que ha publicado sin su autorización las fotografías que le ha hecho a Dadinho. Buscapé está seguro de que esto ha puesto su vida en peligro, pero, para el periódico, la noticia es lo primero. Al final, resulta que a Dadinho le encanta la publicidad y libra su batalla contra Mané Galinha bajo la atenta mirada de los medios de comunicación. El periódico manipula a Buscapé para que tome más fotografías en las zonas de conflicto de Ciudad de Dios, y la tensión entre el deseo de plasmar los problemas sociales para vender periódicos y la compasión por las personas que protagonizan las historias publicadas no acaba de resolverse del todo.

Actores de la favela

Casi todo el reparto de *Ciudad de Dios* estuvo integrado por actores no

Impresionante, aterradora y muy implicada con sus personajes. Anuncia a un nuevo director con tanto talento como pasión: Fernando Meirelles. Recuerden ese nombre.
Roger Ebert
Chicago Sun-Times (2003)

profesionales. Tal como explicó el director, en esa época no había suficientes actores de color en Brasil para hacer un filme de este

tipo. Dos años antes de empezar a rodar, Meirelles organizó un taller en la favela para formar a unos cien actores aficionados, taller del que surgieron los actores de *Ciudad de Dios*. Durante meses desarrollaron los guiones mediante sesiones de improvisación. El compromiso social continuó después del rodaje y los actores siguieron recibiendo apoyo para que pudieran escapar de la miseria. ∎

La corrupción policial y el tráfico de drogas provocan guerras de bandas en Ciudad de Dios. Buscapé se ve atrapado en el medio.

« **¿Por qué seguir** en Ciudad de Dios, donde se sabe que **Dios no piensa en mí**? »
Barbantinho / Ciudad de Dios

RIE Y EL MUNDO ENTERO REIRA CONTIGO. LLORA Y LLORARAS SOLO
OLDBOY / 2003

EN CONTEXTO

GÉNERO
Thriller de venganza

DIRECCIÓN
Park Chan-wook

GUION
Park Chan-wook, Lim Chun-hyeong, Hwang Jo-yun, Lim Joon-hyung (guion); Nobuaki Minegishi (cómic); Garon Tsuchiya (historia)

REPARTO
Choi Min-sik, Yu Ji-tae, Kang Hye-jeong

ANTES
2002 Park dirige *Simpathy for Mr. Vengeance*, primera parte de su *Trilogía de la venganza*.

DESPUÉS
2009 Park hace una incursión en el terror con *Thirst*, la historia de un cura que se convierte en vampiro.

2013 El *remake* de *Oldboy* de Spike Lee, protagonizado por Josh Brolin, es un taquillazo.

Segunda entrega de la *Trilogía de la venganza* de Park Chan-wook, *Oldboy* (*Olduboi*, 2003) se sitúa entre *Sympathy for Mr. Vengeance* (*Boksuneun Naui Geot*, 2002) y *Sympathy for Lady Vengeance* (*Chinjeolhan geumjassi*, 2005). *Oldboy* es la única de las tres donde la palabra «venganza» no aparece en el título, lo que resulta revelador y señala que se centra en un aspecto distinto a las otras dos.

No cabe duda de que *Oldboy* es una película de venganza, pero se centra más en el efecto corrosivo de la obsesión por vengarse que en la catarsis de matar a quien nos ha perjudicado. El argumento, en el que un perdedor humilde, Oh Dae-su (Choi Min-sik), es secuestrado y mantenido en una habitación durante quince años sin saber por qué ni por quién, trata más de tortura mental que de tortura física. Este tema se intensifica a medida que la película avanza y el protagonista y el antagonista entablan una guerra mental en la que sus respectivos motivos quedan definidos por el sufrimiento, no por la necesidad de una venganza violenta. En este sentido, *Oldboy* es más que una película de venganza: es un análisis de la desesperación. Cuando Oh logra escapar, se propone

Un guardia contiene a Oh Dae-su justo cuando Oh descubre el motivo de su confinamiento. En un gesto de arrepentimiento, se autolesiona ferozmente con unas tijeras.

Filmografía adicional: *Vértigo* (1958, pp. 140–145) ▪ *Sympathy for Mr. Vengeance* (2002) ▪ *Juego sucio* (2004) ▪ *Sympathy for Lady Vengeance* (2005) ▪ *Mother* (2009) ▪ *Thirst* (2009) ▪ *La doncella* (2016) ▪ *Parásitos* (2019)

Oh Dae-su ataca a los guardias de la prisión donde lleva confinado quince años. La larga escena de combate se filmó en un único plano secuencia.

descubrir la identidad de su captor y vengarse, pero descubre que su secuestro respondía al deseo de castigar un agravio del pasado.

Ópera sangrienta

Quizás el ingrediente esencial de *Oldboy* sea el arte estilístico y técnico que sirve de contrapunto a la violencia de la película y que el director consigue de varias maneras. En primer lugar, la banda sonora es muy orquestal. Una de las secuencias más sangrientas tiene de fondo *Las cuatro estaciones* de Vivaldi. La banda sonora original, de Jo Yeong-wook, también es de estilo clásico. Esto crea una sensación grandilocuente y operística que eleva la historia por encima de la violencia. El director se apunta otro tanto visualmente, sobre todo en un efecto especial memorable en el que la cámara rodea a Oh Dae-su en su celda de modo que su cara parece salir, vibrando, de detrás de la piel, como si su mente intentara liberarse del cuerpo. El director renuncia al realismo para comunicar el estado emocional del personaje.

Al final de la película presenciamos otra evasión de la realidad, con un elaborado *flashback* a acontecimientos que desencadenaron la historia que hemos visto. Los personajes deberían tener un aspecto joven, pero no: están exactamente como ahora. Así, *Oldboy* sugiere que no han conseguido escapar de los traumas del pasado. (¿Acaso lo consigue alguien?, se pregunta la película.)

Violencia de alta tecnología

Las películas coreanas de principios del siglo XXI se hicieron famosas por su violencia, pero no se prestó la debida atención a la destreza técnica que reflejaban. *Oldboy* es un ejemplo de ello: es una película brutal, pero que perturba tanto a nivel intelectual como visceral. Es una película de venganza tanto para el cinéfilo como para los amantes de la sangre. ▪

Park Chan-wook Director

Nació en Seúl (Corea del Sur) en 1963. Se enamoró del cine mientras estudiaba filosofía e inició un grupo de estudio sobre cine al que llamó Sogang Film Community. Tras licenciarse, escribió para revistas de cine antes de convertirse en ayudante de dirección. Su primera película fue *The Moon is the Sun's Dream* (1992). No tuvo éxito y pasaron cinco años antes de que volviera a tener la oportunidad de dirigir. Se le conoce sobre todo por la *Trilogía de la venganza*.

Películas principales

2003 *Oldboy.*
2013 *Stoker.*
2016 *La doncella.*

USTED NO ME CONOCE PERO YO A USTED, SI

LA VIDA DE LOS OTROS / 2006

EN CONTEXTO

GÉNERO
Drama

DIRECCIÓN
Florian Henckel von Donnersmarck

GUION
Florian Henckel von Donnersmarck

REPARTO
Ulrich Mühe, Martina Gedeck, Sebastian Koch, Ulrich Tukur

ANTES
1989 Ulrich Mühe protagoniza *Das Spinnennetz*, la última candidata de la RDA a los Oscar antes de la disolución del país en 1990.

2003 *Good Bye, Lenin!*, de Wolfgang Becker, es una comedia sobre la reunificación alemana.

DESPUÉS
2008 *El complejo Baader-Meinhof* narra la historia de la Fracción del Ejército Rojo.

L
a película está inspirada en una imagen que se formó en la mente del director alemán Florian Henckel von Donnersmarck. Imaginó un policía secreto, inmóvil y de rostro ceniciento, con auriculares pegados a las orejas y escuchando las vidas de otros porque su deber era «saberlo todo». Von Donnersmarck se preguntó si era posible que ese policía pudiera mantenerse emocionalmente ajeno a las vidas que vigilaba.

Ubicada en Berlín Este en 1983, *La vida de los otros (Das Leben der Anderen)* nos permite atisbar los entresijos de la Stasi, la policía secreta del régimen comunista de la República Democrática Alemana. Fue uno de los primeros intentos serios de capturar el infierno de la vida cotidiana en la RDA, donde las personas intentaban llevar vidas normales sin derecho a la intimidad o a la libertad de pensamiento.

Las paredes oyen

La historia gira en torno al modélico oficial de la Stasi Gerd Wiesler (Ulrich Mühe), a quien encomiendan el trabajo rutinario de encontrar material incriminatorio sobre un dramaturgo, Geog Dreyman (Sebastian Koch). Para ello, debe espiar a Dreyman y a su amante, la famosa actriz Christa-Maria Sieland (Martina Gedeck). Instalado en la azotea del edificio de

---

Cine alemán moderno

Tras los aplausos que recibió el Nuevo cine alemán de la década de 1970, las películas alemanas de los últimos años han tendido a mirar al pasado. Aunque hay excepciones, las películas alemanas mejor consideradas de este siglo son las que han reflejado la historia moderna del país. *Los falsificadores* se centró en la Segunda Guerra Mundial, al igual que *El hundimiento. El complejo Baader-Meinhof* (2008) se ocupó del terrorismo de la década de 1970, mientras que *La vida de los otros* y *Good Bye, Lenin!* presentaron al público una visión humana de la disolución de la RDA.

Películas principales

2003 *Good Bye, Lenin!*
2004 *El hundimiento.*
2006 *La vida de los otros.*
2007 *Los falsificadores.*

Filmografía adicional: *La espía que surgió del frío* (1965) ▪ *La conversación* (1974) ▪ *El cielo sobre Berlín* (1987, pp. 258–261) ▪ *El libro negro* (2006) ▪ *La cinta blanca* (2009, p. 323) ▪ *Bárbara* (2012)

apartamentos de la pareja, con sus instrumentos de escucha conectados a micrófonos ocultos en los interruptores y las paredes del apartamento, Wiesler escucha las llamadas telefónicas, las conversaciones, las relaciones sexuales y las discusiones de la pareja. Poco a poco, empieza a apreciar la decencia y humanidad básicas de Georg y Christa-Maria. Cuando descubre que no se persigue a Georg por una deslealtad política,

No sabes qué decidirá ninguno de los personajes de un momento al siguiente.
A. O. Scott
***The New York Times* (2007)**

sino porque el ministro de Cultura desea a Christa-Maria y quiere quitar a Georg de en medio, Wiesler siente que su idealismo lo abandona. «¿Para eso ingresamos?», pregunta a Grubitz (Ulrich Tukur), su amoral superior.

Sin embargo, Georg sí tiene pensamientos políticos desleales. Se sospecha que ha escrito un artículo subversivo para una revista de Alemania Occidental sobre el índice de suicidios en el país y la cruel indiferencia del Gobierno al respecto. Entonces, la Stasi chantajea a Christa-Maria para que lo traicione, un elemento que muchos ciudadanos de la antigua RDA rememoraron vivamente. El régimen funcionaba convirtiendo a todo el mundo en cómplice de un sistema brutal, y se valía del miedo para obligar a personas normales a traicionar a sus vecinos, colegas y familiares. Obligaba a tomar decisiones morales

La película fue elogiada por su veracidad excepto en un aspecto: los historiadores de la Stasi dijeron que, hasta donde se sabe, ningún agente salvó nunca a un objetivo.

El superior de Wiesler, el teniente coronel Anton Grubitz, le señala su objetivo de vigilancia durante una noche en el teatro.

sobre la carrera profesional y el amor, la seguridad y la integridad personal. La película subraya esa presión y ese miedo mediante una imagen desolada de Berlín Este, una ciudad llena de ojos y orejas invisibles.

Redención y caída

Aunque el filme resultaba relevante para el público alemán, que lograra ganar el Oscar a la mejor película de habla no inglesa demostró que la fuerza de su mensaje no conocía fronteras. La corrupción de la Stasi resultaba familiar para muchos que habían sentido la opresión de regímenes represivos o que, sencillamente, temían a los estados dictatoriales. Además, la historia de Georg y de Christa-Maria desarrolla el clásico romance tortuoso, con el policía de ojos tristes como testigo mudo. ∎

PRONTO ENTENDERAS QUE LA VIDA NO ES COMO EN TUS CUENTOS DE HADAS
EL LABERINTO DEL FAUNO / 2006

EN CONTEXTO

GÉNERO
Fantástico, bélico

DIRECCIÓN
Guillermo del Toro

GUION
Guillermo del Toro

REPARTO
Ivana Baquero, Sergi López, Maribel Verdú

ANTES
1984 *En compañía de lobos* es un primer ejemplo del género de los «cuentos de hadas oscuros».

2001 *El espinazo del diablo*, que Del Toro describió como la «película hermana» de *El laberinto del fauno*, sigue a unos chicos en un orfanato encantado.

DESPUÉS
2013 *Pacific Rim* es la incursión de Del Toro en las películas *kaiju* (de monstruos) japonesas.

En los cuentos de hadas abundan lo siniestro y lo macabro. El bien vence invariablemente al mal, pero la batalla es cruenta y el mal no carece de poder. Por lo tanto, parece adecuado que uno de los directores que mejor ha capturado en la pantalla la esencia de los cuentos de hadas sea uno que se hizo famoso con películas de terror. El director mexicano Guillermo del Toro llevaba más de diez años perfeccionando su talento para perturbar al espectador cuando dirigió *El laberinto del fauno*. Como es de rigor en los mejores cuentos de hadas, logra encontrar el modo de poner en peligro la inocencia al tiempo que la defiende.

Fantasía frente a realidad

El laberinto del fauno desarrolla dos tramas que avanzan de forma simultánea. Una narra la historia de Vidal, capitán del ejército franquista al que han enviado a las montañas para que capture a los últimos soldados del derrotado ejército republicano tras la Guerra Civil española. La otra es la historia de Ofelia, su hijastra, una niña que se siente perdida en el mundo y que, ya sea mediante su propia imaginación o gracias a la magia (la película deja esta pregunta sin respuesta), escapa a un reino de fantasía donde se convierte en el espíritu de una princesa de cuento de hadas muerta hace mucho tiempo.

Un fauno le encarga tres tareas que debe completar antes de que se le permita ocupar el lugar que le corresponde en el reino mágico. »

En esta película mágica e inmensamente conmovedora, las dos partes se integran de tal modo que constituyen una alegoría del alma y de la identidad nacional españolas.
Philip French
The Observer (2006)

Filmografía adicional: *La bella y la bestia* (1946, pp. 84–85) ▪ *El espíritu de la colmena* (1973, pp. 214–215) ▪ *En compañía de lobos* (1984) ▪ *El espinazo del diablo* (2001) ▪ *Los otros* (2001) ▪ *El orfanato* (2007) ▪ *La forma del agua* (2017)

Este cartel muestra a Ofelia, la protagonista, en la imagen principal. Abajo vemos el árbol retorcido y hueco en el que Ofelia debe introducirse para cumplir con su primera tarea.

EL LABERINTO DEL FAUNO

Tanto Vidal como Ofelia son verdaderos creyentes, ya que ambos están totalmente convencidos de la validez del mundo que han construido en torno a ellos. Vidal cree en la causa franquista y admite que está cazando a los republicanos «por gusto». Es un hombre que no duda, del mismo modo que Ofelia no duda en enfrentarse al horror del Hombre Pálido comeniños para superar la segunda prueba. En el filme, el mal está tan convencido como el bien de que hace lo correcto. Vidal no es hipócrita ni cobarde y se lanza a la batalla sin miedo alguno; incluso le dice a un camarada menos taxativo «¡que esta es la única forma decente de morir!». Ofelia demuestra la misma convicción cuando acomete las tareas que le ha impuesto el fauno. La sensación de que el mal de Vidal refleja el bien de Ofelia añade complejidad a los acontecimientos a medida que acontecen.

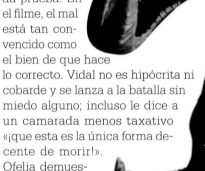

Es el espectador quien debe decidir si el reino fantástico de Ofelia es real o no. También es el espectador quien ha de decidir en qué mundo cree más: en el de Ofelia o en el de Vidal.

> La película se desarrolla en tantos niveles que parece cambiar de forma mientras la miramos.
> **Stephanie Zacharek**
> *The Village Voice* (2006)

Ambas historias muestran los mismos matices y son igualmente realistas. El diseño de *grand guignol* de la guarida del Hombre Pálido es tan detallado como la estancia de Vidal. Es ahí donde reside el éxito de *El laberinto del fauno*: no solo es un cuento de hadas retorcido; también explora la tristeza de la necesidad de escapar a un mundo de fantasía.

La película usa el miedo tradicional al padrastro o madrastra

Aunque Ofelia debe confiar en el fauno para que la guíe en el mundo de fantasía, es un personaje misterioso y de moralidad ambigua y cuesta discernir qué le motiva en realidad.

Guillermo del Toro Director

Del Toro nació en Guadalajara (México) en 1964. Su primer largometraje, *Cronos*, se estrenó en 1992, y logró el éxito suficiente para recibir un presupuesto de 30 millones de dólares para rodar *Mimic*, una película de terror estadounidense. Por entonces secuestraron a su padre y debió pagar un cuantioso rescate para que lo liberaran. Luego consiguió un gran éxito en Hollywood con la franquicia *Hellboy*, y rodó dos películas ambientadas en la España franquista, *El espinazo del diablo* y *El laberinto del fauno*, que tuvieron un gran éxito de crítica. Su filme fantástico *La forma del agua* (2017) ganó los Oscars a la mejor película y el mejor director.

Películas principales

1993 *Cronos*.
2001 *El espinazo del diablo*.
2006 *El laberinto del fauno*.
2017 *La forma del agua*.

malvados, un clásico en los cuentos de hadas. Vidal no se ocupa de Ofelia y es cruel incluso con Carmen, su mujer y madre de Ofelia, que está embarazada. La usa únicamente como un medio para conseguir un hijo varón. Con su madre en cama, la relación más estrecha de Ofelia con un adulto es con Mercedes, la criada, que la cuida cuando su madre muere en el parto. En este aspecto, la película altera el cuento de hadas tradicional, porque aunque Vidal encaja en el papel de padrastro malvado, el papel de Mercedes demuestra que la familia no es solo cuestión de sangre, sino de proporcionar apoyo y afecto.

Quebrantar las normas

Cumplir las normas, por inmorales que puedan ser, es clave en la visión del mundo de Vidal. Tortura a un partisano para obtener información, y cuando el médico acaba con la

《 El portal solo se abrirá si derramamos en él sangre inocente, solo un poco de sangre, un pinchazo tan solo. Es la última prueba. 》

El fauno / *El laberinto del fauno*

vida del moribundo para que deje de sufrir, la sorpresa de Vidal es genuina. Cuando le pregunta por qué ha desobedecido, el médico responde: «Obedecer por obedecer, así, sin pensarlo, eso solo lo hacen gentes como usted, capitán». Entonces, Vidal dispara al médico, aun a sabiendas de que así pone en peligro la vida de su esposa.

Luego, en el cuento de hadas, el fauno le da una orden terrible a Ofelia. En uno de los momentos álgidos de la película, el espectador se pregunta si realmente podrá demostrar que

es mejor que Vidal y si el bien podrá derrotar al mal.

Una de las críticas que suelen recibir las películas de fantasía es que no reflejan la verdadera condición humana. Esta película es todo lo contrario: una película profundamente anclada en la emoción incluso cuando concibe monstruos aterradores. ∎

El Hombre Pálido, un comeniños, es una creación de pesadilla que Ofelia conoce durante su segunda tarea. Sin embargo, los verdaderos monstruos son humanos.

ES NUESTRO DESTINO

SLUMDOG MILLIONAIRE / 2008

EN CONTEXTO

GÉNERO
Drama

DIRECCIÓN
Danny Boyle

GUION
**Simon Beaufoy (guion);
Vikas Swarup (novela)**

REPARTO
**Dev Patel, Freida Pinto,
Madhur Mittal, Anil
Kapoor, Irrfan Khan**

ANTES
1996 *Trainspotting*, una dura
comedia negra basada en el
libro de Irvine Welsh, catapulta
al estrellato a Danny Boyle.

2002 *Ciudad de Dios* muestra
el potencial como éxitos de
taquilla de los dramas ubicados
en países en vías de desarrollo.

DESPUÉS
2012 Boyle dirige la ceremonia
inaugural de las Olimpiadas
de Londres, que incluye una
canción punjabí compuesta
por A. R. Rahman.

Situada en Bombay, *Slumdog Millionaire* narra la historia de un chico chabolista que participa en un concurso de televisión dotado con un premio millonario. La novela original, *Q&A*, de Vikas Swarup, es india, pero el director, Danny Boyle, y el guionista, Simon Beaufoy, son británicos. Ambos presentan un Bombay donde las influencias tradicionales indias y modernas globales se fusionan al ritmo de la banda sonora de A. R. Rahman, que combina la música clásica india con hip-hop, house, Bollywood y R&B. Se trata, pues, de una película multicultural.

La historia empieza cuando Jamal Malik (Dev Patel), huérfano pobre de los barrios de chabolas de Bombay, está a una pregunta de ganar veinte millones de rupias en el programa de la televisión «Quién quiere ser millonario». Pero cuando el programa se interrumpe para la publicidad justo antes de la pregunta crucial, arrestan a Jamal, acusado de hacer trampas. ¿Cómo, si no, podría un chabolista conocer las respuestas? Un inspector de policía (Irrfan Khan) se pasa la noche interrogando a Jamal, que explica que sus respuestas tienen que ver con experiencias de su pasado.

**Jamal
(Dev Patel)** y
Latika (Freida
Pinto) superan
la adversidad
y el prejuicio y
encuentran el
amor.

Filmografía adicional: *Los olvidados* (1950, p. 332) ▪ *Pather Panchali* (1955, pp. 132–133) ▪ *Estación central de Brasil* (1998, p. 285) ▪ *Lion* (2017) ▪ *Gully Boy* (2019)

Danny Boyle Director

Conocido por su versatilidad y por su capacidad para trabajar en géneros distintos y con ángulos de cámara cinéticos, Boyle se hizo famoso gracias a películas duras y divertidas con bandas sonoras vibrantes. Nació en Lancashire (RU) en 1956, hijo de irlandeses, y se crió en un entorno católico. Aunque estuvo a punto de tomar las órdenes, estudió lengua inglesa y teatro en la Universidad de Bangor (Gales). Fue director de teatro y trabajó en la Royal Shakespeare Company y en la Royal Court. En 1987 empezó a trabajar en televisión y produjo muchos telefilmes. Afirma que su amor por el cine empezó con *Apocalypse Now* (1979): «Me evisceró completamente el cerebro». La comedia negra *Tumba abierta*, su primer largometraje, fue un éxito en Reino Unido. Dos años después, *Trainspotting*, una estilosa película sobre drogadictos en Edimburgo, lo propulsó a la fama internacional.

Películas principales

1994 *Tumba abierta*.
1996 *Trainspotting*.
2002 *28 días después*.
2007 *Sunshine*.
2008 *Slumdog Millionaire*.

El filme repasa la vida de Jamal para explicar cómo conoce la respuesta a cada pregunta. El público averigua su historia en una serie de *flashbacks*, cada uno de los cuales corresponde a una pregunta. Empieza con el momento en que un Jamal de cinco años y su hermano Salim huyen de las revueltas de Bombay de 1992–1993. Conoce entonces a la pequeña Latika, que se convertirá en el amor de su vida. La historia revela otros momentos en que Jamal y Salim usan el ingenio para sobrevivir a todo tipo de incidentes. ¿Será eso suficiente para convencer al inspector para que lo libere y pueda ir en busca de su amada?

Una recepción ambivalente

Slumdog Millionaire tuvo una recepción abrumadoramente positiva en Occidente. La película destila energía positiva y alegría de vivir. El fotógrafo, Anthony Dod Mantle, exprimió las posibilidades de las cámaras

El país observa fascinado cómo Jamal (Dev Patel) avanza con una respuesta correcta tras otra hacia el premio de veinte millones de rupias.

digitales y consiguió que el público sintiera que estaba en el corazón de la vibrante y vertiginosa Bombay, con escenas trepidantes como la exuberante coreografía al estilo de Bollywood en una estación de tren.

La película fue muy aclamada y consiguió ocho premios Oscar, incluidos el de mejor película y el de mejor director para Boyle. Sin embargo, en India y en otros lugares hubo quien creyó que el único motivo por el que *Slumdog Millionaire* había logrado tanto reconocimiento era que el director era británico, mientras que el cine «verdaderamente» indio seguía pasando desapercibido. Otros opinaron que ofrecía una visión poco realista de los suburbios de Bombay y que el argumento era un cuento de hadas inverosímil. ▪

« **Solíamos vivir** ahí mismo, tío. Ahora son **todo negocios**. »

Salim / *Slumdog Millionaire*

TODA LA CAJA ESTA LLENA DE COSAS QUE CASI NOS MATAN
EN TIERRA HOSTIL / 2008

EN CONTEXTO

GÉNERO
Bélico

DIRECCIÓN
Kathryn Bigelow

GUION
Mark Boal

REPARTO
Jeremy Renner, Anthony Mackie, Brian Geraghty

ANTES
1986 *Platoon*, de Oliver Stone, muestra una visión descarnada de la guerra de Vietnam.

2001 *Black Hawk derribado* destaca la camaradería de los soldados, aunque parece criticar la política estadounidense.

DESPUÉS
2010 *Green Zone: distrito protegido*, de Paul Greengrass, usa la técnica de cámara subjetiva para filmar una crítica política sobre la guerra de Irak.

2012 Kathryn Bigelow dirige *La noche más oscura*, sobre la búsqueda de Osama Bin Laden.

Dirigida por Kathryn Bigelow y con guion del periodista Mark Boal, *En tierra hostil (The Hurt Locker)* sigue la historia de un equipo estadounidense de tres artificieros durante la guerra de Irak. Se rodó en Siria, cerca de la frontera iraquí, y se usaron cuatro cámaras en mano para conseguir un efecto de noti-

ciero, con 200 horas de metraje que se editaron hasta reducirlas a 131 minutos. La película fue elogiada por reflejar una experiencia de guerra realista y visceral, aunque sus críticos lamentaron que no adoptara una postura moral definida. Bigelow no comenta las motivaciones de la guerra, sino que se cen-

El sargento William James corre para alejarse de una explosión controlada, pero tiene la temeridad de volver en busca de sus guantes.

Filmografía adicional: *La batalla de Argel* (1966, pp. 182–187) ▪ *Green Zone: distrito protegido* (2010) ▪ *La noche más oscura* (2012) ▪ *El francotirador* (2015)

La cinta mereció el Oscar a la mejor película y a la mejor directora. Fue el filme de menor presupuesto que haya ganado jamás el Oscar a mejor película.

tra exclusivamente y de forma compasiva en los dilemas y estados emocionales de sus protagonistas, logrando así una gran película antibélica.

Adictos a la guerra

En tierra hostil empieza con una cita del libro *La guerra es la fuerza que nos da sentido*, del periodista estadounidense Chris Hedges: «La adrenalina del combate es una adicción potente y con frecuencia letal: la guerra es una droga». *En tierra hostil* muestra cómo esta adicción afecta a la psique humana. La película sigue a tres hombres durante el año en que están destinados en Irak, donde deben desactivar bombas y enfrentarse a francotiradores o a civiles kamikazes. El comandante

es el curtido e inconformista sargento William James (Jeremy Renner). Sus hombres, el sargento Sanborn (Anthony Mackie) y el especialista Owen Eldridge (Brian Geraghty), acaban tan preocupados por la temeridad de James cuando actúa sin esperar al robot artificiero y sin llevar traje de protección que valoran la posibilidad de matarlo antes de que los haga saltar por los aires a los tres. Sin embargo, al mismo tiempo parecen admirar su enajenación y comprender qué la motiva. La adrenalina que desencadena su actitud suicida es lo que le hace sentirse vivo de verdad. Después de fracasar en el intento de retirar un chaleco bomba a un civil iraquí, Sanborn empieza a desmoronarse psicológicamente y admite que no puede soportar el estrés. Una vez en casa, en EE UU, no soporta la vida real. Siente que su propósito vital es estar en la zona de conflicto, donde el peligro constante da sentido a su existencia.

Se criticó que el filme se centrara en un equipo de artificieros: soldados que no tienen el perturbador deber de matar a nadie en pantalla. Sin embargo, la mayoría elogió la capacidad de Bigelow para introducir al espectador en «una tierra hostil»: la prisión psicológica del dolor como consecuencia de estar expuesto a explosiones constantemente. ▪

Kathryn Bigelow
Directora

Con *En tierra hostil*, Kathryn Bigelow se convirtió en la primera mujer con un Oscar a la mejor dirección. Nació en 1951 en California y empezó a dirigir películas antes de licenciarse en la Universidad de Columbia, con el corto *The Set-Up* (1987). Pronto empezó a dirigir filmes de acción, como *Acero azul* (1989) o *Le llaman Bodhi* (1991), y de ciencia ficción, como *Días extraños* (1995). El Oscar llegó con *En tierra hostil*. *La noche más oscura* (2012), sobre la búsqueda de Osama Bin Laden, fue aclamada pero también criticada por quienes la vieron como una justificación de la tortura. La contundente *Detroit* (2017) se fijaba en el racismo y la violencia policial durante los disturbios de 1967 en esa ciudad estadounidense.

Películas principales

1991 *Le llaman Bodhi.*
2008 *En tierra hostil.*
2012 *La noche más oscura.*

《 Cuando te **hagas mayor**, algunas de las cosas que **te gustan** ya no te parecerán **tan especiales**. 》
Sargento William James / En tierra hostil

SI MORIA, ¡QUE MUERTE TAN HERMOSA!

MAN ON WIRE / 2008

EN CONTEXTO

GÉNERO
Documental

DIRECCIÓN
James Marsh

GUION
Philippe Petit (libro)

REPARTO
**Philippe Petit,
Jean-François Heckel,
Jean-Louis Blondeau**

ANTES
1999 *Wisconsin Death Trip*, de Marsh, reconstruye unos extraños acontecimientos en una ciudad estadounidense a finales del siglo XIX.

2005 En *The King*, un drama de Marsh, un hombre llamado Elvis busca a su padre, un pastor protestante.

DESPUÉS
2014 *La teoría del todo*, la biografía de Stephen Hawking, consigue el Oscar al mejor actor para Eddie Redmayne, el protagonista.

C uando el cine decide retratar a alguien, suele tratarse de personas que resultan interesantes por sí mismas o que han logrado algo extraordinario. *Man on Wire* retrata una vida que encaja en ambas categorías. Es la historia de una osada demostración de equilibrismo entre las torres gemelas del World Trade Center en 1974, pero también habla de lo lejos que alguien puede estar dispuesto a llegar en nombre del arte. El documental presenta al funambulista francés Philippe Petit como un hombre tan consumido por su arte que está dispuesto a arriesgar su vida por él. *Man on Wire* no idealiza el tema, sino que presenta los defectos de Petit junto a su talento y su determinación, hecho que confiere al documental un gancho irresistible. El espectador se queda maravillado de que una personalidad tan inquieta pueda alcanzar la concentración zen necesaria para caminar por un alambre tendido sobre un abismo.

Objetivo vital

La película gira en torno a dos argumentos paralelos: el acontecimiento

El documental, un híbrido entre imágenes reales y reconstruidas, está concebido como un *thriller* de primera.
Roger Ebert
Chicago Sun-Times (2008)

en sí y la vida de Petit. Uno sigue la noche en que Petit y su equipo se colaron en el World Trade Center y los obstáculos que tuvieron que superar. El otro narra la vida de Petit hasta el acontecimiento en cuestión. Todo, desde cuando salva la distancia entre las torres de Nôtre Dame en París o cruza el puente del puerto de Sídney, hasta su traslado a Nueva York, fue una mera preparación para la gesta del World Trade Center. Para Petit era más que una ambición: era lo que daba sentido a su vida. ∎

Filmografía adicional: *Wisconsin Death Trip* (1999) ▪ *Touching the Void* (2003) ▪ *Proyecto Nim* (2011) ▪ *La teoría del todo* (2014) ▪ *El desafío* (2015)

QUERIA PEDIRLE UNA COSA, PADRE
LA CINTA BLANCA / 2009

EN CONTEXTO

GÉNERO
Drama histórico

DIRECCIÓN
Michael Haneke

GUION
Michael Haneke

REPARTO
**Burghart Klaußner,
Christian Friedel,
Leonie Benesch**

ANTES
1997 En *Funny Games*,
de Haneke, dos psicópatas
«juegan» con la familia a la
que han secuestrado.

2001 *La pianista*, de Haneke,
habla del poder destructivo de
las fantasías sexuales.

2005 En *Caché (Escondido)*,
Haneke expone una familia a
su pasado, pero ¿quién está
detrás de la violencia que se
desencadena?

DESPUÉS
2012 La vejez es cruel en
Amor, de Haneke.

Haneke dedicó la mayor parte de su carrera a la televisión, y no fue hasta los 47 años cuando dirigió su primera película, *Der siebente Kontinent*, en 1989. Desde entonces, su reputación como uno de los directores europeos más destacados no ha hecho más que crecer gracias a películas duras, a la par que sofisticadas, en su perturbadora exploración del ser humano.

El espectro de la muerte

La cinta blanca (Das weiße Band) está rodada con una exquisita sensación de realismo y narra la vida en un pequeño pueblo alemán justo antes de la Primera Guerra Mundial. Allí, una serie de acontecimientos crueles y misteriosos siembran el miedo entre los habitantes del pueblo, desde los aparceros hasta el barón.

Unos asesinatos sin resolver provocan el caos. Mientras, el pastor local obliga a sus hijos a llevar una cinta blanca cada vez que hacen algo malo. Se supone que la cinta simboliza la inocencia de la que se han apartado, pero en realidad parece representar su violación por parte de las instituciones que deben mantener a los niños a salvo: el hogar, la familia y la Iglesia. La cinta no significa nada para nadie, porque no hay pureza que encontrar.

Hallamos una brizna de optimismo en una pareja joven enamorada, pero la realidad es que la generación de niños perturbados por la autoridad en la película se convertiría en la de los adultos que apoyaron el nazismo. ∎

La congregación que reza en la iglesia del pueblo oculta secretos y resentimientos. ¿Es la violencia que la asola un aviso de la barbarie que seguiría durante las dos guerras mundiales?

Filmografía adicional: *El cuervo* (1943) ▪ *Rashomon* (1950, pp. 108–113) ▪ *El séptimo sello* (1957, pp. 136–139) ▪ *El tambor de hojalata* (1979) ▪ *Caché* (2005)

TODOS PAGAMOS NUESTROS ACTOS
ERASE UNA VEZ EN ANATOLIA / 2011

EN CONTEXTO

GÉNERO
Policíaca, drama

DIRECCIÓN
Nuri Bilge Ceylan

GUION
Ebru Ceylan, Nuri Bilge Ceylan, Ercan Kesal

REPARTO
Muhammet Uzuner, Yilmaz Erdogan, Taner Birsel, Firat Tanis

ANTES
1997 Nuri Bilge Ceylan debuta con la aclamada *Kasaba*, un análisis onírico de la infancia y la familia.

2008 En *Üç Maymun*, de Ceylan, un político ofrece dinero a una familia para que oculte un atropello.

DESPUÉS
2014 Con *Kis uykusu* Ceylan obtiene la Palma de Oro en el Festival de Cannes.

E l trabajo policial y lo que está asociado al mantenimiento de la ley ha fascinado desde siempre al mundo del cine. La policía representa el orden y, en aras del bien común, debe soportar cosas terribles.

En *Érase una vez en Anatolia (Bir Zamanlar Anadolu'da)*, el director Nuri Bilge Ceylan narra una historia trágica y melancólica sobre policías, médicos y abogados que buscan durante una noche el cuerpo de una víctima de asesinato. El filme despoja a estas profesiones del glamur y la emoción artificiales que suelen definirlas en la mayoría de películas, y presenta su trabajo como un desagradable periplo a lo largo de una noche inacabable y llena de frustración y tensión. Los oficiales que defienden la ley y el orden son héroes, pero no porque atrapen al malo, sino porque renuncian a parte de su condición humana para que nosotros no tengamos que hacerlo.

Érase una vez en Anatolia, de Nuri Bilge Ceylan, retrata el penoso trabajo policial con una honestidad cruda e implacable.

Los policías y abogados de la película deben enfrentarse a los horrores que presencian al tiempo que satisfacen las exigencias de sus burocracias respectivas. Sin posibilidad de mostrar sus verdaderas reacciones ante lo que ven, apenas tienen oportunidad de hacer una catarsis. Naci (Yilmaz Erdogan), oficial de policía, es reprendido varias veces por la impulsividad con que reacciona ante las dificultades. Cuando halla un cadáver atado de pies y manos y enterrado en

« Nadie se **muere así como así**. »
Cemal / *Érase una vez en Anatolia*

Filmografía adicional: *A sangre fría* (1967) ▪ *No matarás* (1988) ▪ *Insomnia* (1997) ▪ *Uzak* (2003) ▪ *No es país para viejos* (2007) ▪ *Tres monos* (2008) ▪ *Leviatán* (2014) ▪ *Sueño de invierno* (2014)

el suelo, Naci es el único del equipo que reacciona de una forma honesta, por lo que recibe una reprimenda, advirtiéndole además que ha de comportarse con más profesionalidad.

Seguir el procedimiento

Más adelante sucede algo parecido, cuando el doctor Cemal (Muhammet Uzuner) practica una autopsia y descubre algo terrible sobre la muerte de esa persona. Al igual que a los oficiales de policía, al médico no se le permite emocionarse con lo que ha visto. Lo único que puede hacer es reprimir las emociones, redactar el informe pertinente y mirar por la ventana cómo se aleja la familia de la víctima. Es lo mismo que deberá hacer la próxima vez, y la otra, y la otra.

El procedimiento que tienen que seguir significa que los buenos han de tratar el horror del mismo modo que los monstruos a los que persiguen: renuncian a su derecho a sentir, porque hay que archivar papeles y respetar el proceso.

Nuri Bilge Ceylan Director

Nuri Bilge Ceylan nació en Estambul (Turquía) en 1959 y estudió ingeniería eléctrica. Su primera película, *Kasaba*, fue un éxito internacional inmediato. Con la tercera, *Uzak*, ganó varios premios y siguió cosechando grandes éxitos de crítica con *Üç Maymun* (2008) y *Érase una vez en Anatolia*. Se alzó con la Palma de Oro en Cannes en 2014 con *Kis uykusu*.

Películas principales

2003 *Uzak*.
2006 *Iklimler*.
2011 *Érase una vez en Anatolia*.
2014 *Sueño de invierno*.

Érase una vez en Anatolia ofrece una perspectiva original y reflexiva de un tema trillado. No le interesa presentar a los policías como héroes de acción imperturbables, a los abogados como cruzados de la justicia o a los médicos como amables y benevolentes. Por el contrario, se centra en el coste anímico que supone verse obligado a presenciar lo peor de la especie humana e interactuar con ello. La metáfora de una noche intermi-

nable simboliza la trayectoria de las vidas de los personajes: todos ellos están destinados a sufrir el desgaste de su profesión hasta descomponerse, igual que el cuerpo que deben encontrar para poder enterrarlo. No hay descanso ni fin a la vista. ▪

Kenan (Firat Tanis, centro) es un sospechoso que debe viajar con la policía para ayudarla a encontrar el cuerpo de una víctima de asesinato.

¿QUE ES LO QUE TE GUSTA DE ESTAR AQUI ARRIBA?
GRAVITY / 2013

EN CONTEXTO

GÉNERO
Thriller, ciencia ficción

DIRECCIÓN
Alfonso Cuarón

GUION
**Alfonso Cuarón,
Jonás Cuarón**

REPARTO
**Sandra Bullock,
George Clooney**

ANTES
1995 *Apolo 13*, de Ron Howard, evoca una mezcla de claustrofobia y desolación.

2006 *Hijos de los hombres* es la primera película de ciencia ficción de Cuarón y transcurre en un futuro en que la humanidad es estéril.

DESPUÉS
2014 *Interstellar*, de Christopher Nollan, versa sobre la perentoria búsqueda de un hogar entre las estrellas para la humanidad, que debe abandonar una Tierra casi inerte.

Gravity puede parecer una película sencilla: la historia de la astronauta Ryan Stone, que se queda vagando por el espacio después de que su lanzadera haya sido destruida y debe usar su ingenio para sobrevivir en el espacio. Sin embargo, y aunque la historia sobre un aventurero que intenta volver a casa podría haberse contado en cualquier película desde el principio de la historia del cine, Alfonso Cuarón usó la última tecnología disponible, incluyendo unos asombrosos efectos especiales en 3D, para crear una experiencia que atrapa al espectador. El resultado es un hito en la historia del cine.

Gravity contiene secuencias de acción rodadas en tomas largas y sin interrupciones. Cuando Stone, que intenta llegar a la seguridad de la Estación Espacial Internacional, colisiona con basura espacial en órbita, la cámara sigue todos sus movimientos, girando y volteando junto a ella por el espacio. Estas secuencias permiten que el público vea con claridad meridiana el espacio infinito detrás de ella y sentir lo mismo que ella. ∎

Stone (Sandra Bullock) y su colega Kowalski (George Clooney) reparan el telescopio antes del desastre que destruye la lanzadera espacial.

Filmografía adicional: *2001: una odisea del espacio* (1968, pp. 192–193) ∎ *Alien* (1979, p. 243) ∎ *Elegidos para la gloria* (1983) ∎ *Marte (The Martian)* (2015)

TODOS IMPROVISAMOS SOBRE LA MARCHA

BOYHOOD (MOMENTOS DE UNA VIDA) / 2014

EN CONTEXTO

GÉNERO
Drama familiar

DIRECCIÓN
Richard Linklater

GUION
Richard Linklater

REPARTO
Ellar Coltrane, Patricia Arquette, Ethan Hawke

ANTES
1993 *Movida del 76*, la primera película madura de Linklater, transcurre en la década de 1970. No es un éxito, pero pronto se convierte en un filme de culto.

1995 *Antes del amanecer* es la primera entrega de la trilogía romántica de Linklater con Ethan Hawke, un estadounidense en Europa, y Julie Delpy, su amante francesa.

DESPUÉS
2019 Scorsese usa imágenes generadas por ordenador para rejuvenecer a Robert De Niro y Al Pacino en *El irlandés*.

A Richard Linklater siempre le ha interesado revolucionar el cine, sin pretensiones y con bajos presupuestos. Filmada en su Austin (Texas) nativo, *Boyhood (Momentos de una vida)* es una idea sencilla y, a la vez, radical. Puede que se trate de una de las historias sobre madurez más auténticas que se hayan narrado jamás, que sigue a su protagonista, Mason (Ellar Coltrane), desde los seis años hasta que acaba el instituto. Si la película parece real es porque casi lo es, pues se rodó a lo largo de doce veranos, lo cual nos permite ver cómo los actores envejecen.

Capturar la infancia

Boyhood aborda cómo cambian los tiempos: a medida que la vida familiar cambia, los iPods sustituyen a los reproductores de CD y Obama ocupa el lugar de George W. Bush. Después de que el excéntrico padre de Mason (Ethan Hawke) se haya marchado, su madre (Patricia Arquette) se embarca en relaciones nuevas. Todo y nada sucede en los 165 minutos que, con ritmo exquisito, capturan la naturaleza agridulce y azarosa de los recuerdos de infancia y adolescencia.

Mason (Ethan Hawke) aconseja a su hijo (Ellar Coltrane) en una escena tan tierna como rara. Es posible que la infancia haya terminado para ambos.

Aunque la película se centra en Mason, el resto de actuaciones también son destacables, sobre todo la de Hawke como un hombre que se casó demasiado joven, la de Lorelei Linklater (hija del director) como hermana de Mason y la de Arquette, que mereció un Oscar por su interpretación. ∎

Filmografía adicional: *Los 400 golpes* (1959, pp. 150–155) ▪ *Antes del amanecer* (1995) ▪ *Antes del atardecer* (2004) ▪ *Antes del anochecer* (2013) ▪ *Girlhood* (2014)

EN CONTEXTO

GÉNERO
Thriller y comedia negra

DIRECTOR
Bong Joon-ho

GUION
Han Jin-won, Bong Joon-ho (guion); Bong Joon-ho (historia)

REPARTO
Song Kang-ho, Choi Woo-shik, Lee Sun-kyun, Cho Yeo-jeong, Park So-dam, Lee Jung-eun

ANTES
2006 *The Host*, una película de terror de ciencia ficción acerca de un monstruo asesino en las alcantarillas de Seúl, es el primer gran éxito internacional de Bong.

2017 Bong estrena su drama *Okja*, de gran presupuesto y habla inglesa, en Netflix.

DESPUÉS
2021 Youn Yuh-jung gana el Oscar a la mejor actriz de reparto por *Minari*.

SI TUVIERA TANTO DINERO, TAMBIEN YO SERÍA AMABLE
PARÁSITOS / 2019

Casi nadie se sorprendió cuando la película de Bong Joon-ho se convirtió en la primera película surcoreana en ganar la Palma de Oro en el Festival de Cannes de 2019. Obras como *Oldboy* habían ayudado a llamar la atención internacional sobre el cine del país y Bong era uno de sus talentos más brillantes. Sin embargo, nadie se esperaba lo que sucedió a continuación. *Parásitos* no solo ganó el Oscar a la mejor película extranjera, sino que se llevó tres más: mejor guion original, mejor dirección y, lo más sorprendente de todo, mejor película, por lo que se convirtió en la primera película de habla no inglesa en conseguirlo. *Parásitos* abordaba temas como la desigualdad social y la lucha de clases, que conectaron con un mundo en tensión ante una recuperación económica desigual, la precariedad laboral y el enriquecimiento de los más

ricos. Sin embargo, y más allá de esto, *Parásitos* es una obra maestra del entretenimiento. Bong sabe cómo hechizar al público y es un experto en los cambios de ritmo y en el paso de la comedia negra al drama, al *thriller* e incluso el terror, a medida que arrastra al espectador hacia su vórtice narrativo.

Desde el principio, *Parásitos* aborda los aspectos menos dignos y más incómodos de la desigualdad. La película comienza en el hacinado sótano donde viven los Kim, una familia pobre de Seúl que pincha el wi-fi de los vecinos y monta cajas de pizza para intentar llegar a final de mes. Un día,

La elegante vivienda con jardín de la familia Park, un elemento clave de la película, se construyó específicamente para el rodaje.

Filmografía adicional: *La criada* (1960) ▪ *Memorias de un asesino* (2003) ▪ *Oldboy* (2003, pp. 308–309) ▪ *The Host* (2006) ▪ *Mother* (2009) ▪ *Snowpiercer* (2013) ▪ *La doncella* (2016) ▪ *Burning* (2019) ▪ *Minari* (2020)

Ki-woo (Choi Woo-shik), el hijo, tiene la suerte de que un amigo le ofrezca trabajo como profesor de inglés de la hija de la acaudalada familia Park. Ki-woo falsifica sus credenciales, se gana la confianza de la crédula madre (Cho Yeo-jeong) y le consigue a su hermana un puesto como terapeuta artística del descarriado hijo pequeño de la familia. Pronto, los hermanos han conseguido introducir a su padre, Ki-taek (Kang-ho Song), y a su madre, Chung-sook (Chang Hyae-jin), en la lujosa y moderna vivienda de los Park como chófer y limpiadora, respectivamente. A todo esto, los Kim fingen que son completos desconocidos entre sí.

Los Kim urden su infiltración con todo el cuidado y el ingenio de una banda de ladrones de una película de robos y explotan sin piedad los complejos de alta sociedad de los Park para manipularlos a voluntad. Sin embargo, los cuidadosos planes de los Kim saltan por los aires cuando el argumento vira y lleva al espectador en una dirección nueva que lo obliga a reconsiderar todo lo que hasta entonces parecía cierto.

En *Parásitos* no hay ni héroes ni villanos, solo personajes con conductas firmemente ancladas en sus circunstancias. Los Kim han de recurrir al engaño para sobrevivir, mientras que la amabilidad y credulidad de los Park son productos de su vida acomodada. «Si tuviera tanto dinero, también yo sería amable», espeta Chung-sook, la madre de los Kim. El

Una roca ornamental regalada a la familia Kim augura su cambio de suerte.

problema fundamental es un sistema que alimenta estas relaciones de poder tan desiguales. Cuando algunos tienen tanto más que otros, todos sufren: los ricos explotan a los pobres para contar con empleados domésticos, los pobres compiten por empleos precarios y el resentimiento crece, hasta que la única salida es la violencia. Sin embargo, ¿quiénes son los *Parásitos*? El desolador final de la película deja claro que todos se alimentan de todos. ▪

Bong Joon-ho
Director

Nacido en Daegu (Corea del Sur) en 1969, Bong Joon-ho estudió sociología y fue activo en el movimiento democrático coreano. Obtuvo su primer éxito comercial y de crítica con *Crónica de un asesino en serie* (2006) y luego tuvo aún más éxito con *The Host* (2006). *Snowpiercer* (2013), con Chris Evans y Tilda Swinton, marcó su debut en lengua inglesa.

Películas principales

2003 *Crónica de un asesino en serie.*
2006 *The Host.*
2019 *Parásitos.*

« Se me ha olvidado algo en el **sótano, debajo de la cocina**. **»**

Moon-gwang / Parásitos

DIRECT

ORIO

DIRECTORIO

Cualquier lista de las mejores películas de todos los tiempos, ya conste de 10, 100 o 1000 títulos, será forzosamente subjetiva, tanto por lo que respecta a las elegidas como a las omitidas. De hecho, resulta curioso comprobar las discrepancias que genera la selección. Este capítulo comprende las reseñas de algunas películas que estuvieron a punto de formar parte de la sección principal de este libro, pero que finalmente fueron descartadas. Sin duda, esta lista también es subjetiva, pero contribuirá a compensar algunas omisiones inevitables. En ella figuran obras de todas las épocas, países y géneros que han jalonado la historia del cine desde hace más o menos un siglo, películas dignas de ver y rever, de elogiar o criticar. Cada título va seguido del nombre de su director y del año de estreno.

ASALTO Y ROBO DE UN TREN
Edwin S. Porter (1903)

La cinta de 12 minutos *Asalto y robo de un tren (The Great Train Robbery)* fue sin duda el primer wéstern. Los ladrones utilizan un falso telégrafo para detener el tren, roban la caja fuerte, atracan a los viajeros y huyen a caballo hasta que los atrapan. En cierto momento, uno de los bandidos dispara a cámara, una escena que hizo que el público de la época se pusiera a cubierto.

NOSFERATU EL VAMPIRO
F. W. Murnau (1922)

Murnau fue uno de los grandes adalides del cine expresionista alemán, que hacía hincapié en el estilo y el simbolismo, y del que es representativa su *Nosferatu el vampiro (Nosferatu)*, repleta de imágenes memorables, como la sombra del conde Orlok deslizándose por su castillo. Max Schreck, el actor que encarna a Orlok, fue un vampiro sin parangón, con más aspecto de rata que de murciélago.
Véase también: *Amanecer* 30–31

UN PERRO ANDALUZ
Luis Buñuel y Salvador Dalí (1929)

Este cortometraje mudo de 16 minutos realizado en Francia con el título de *Un chien andalou* fue la primera película del aclamado director español Luis Buñuel, que realizó en colaboración con el pintor surrealista Salvador Dalí. La secuencia más célebre es aquella en que a una joven le cortan un ojo. El filme es un montaje de escenas extrañas sin conexión aparente, pero Buñuel insistió en negar cualquier simbolismo en esta obra.
Véase también: *El discreto encanto de la burguesía* 208–209

LA PARADA DE LOS MONSTRUOS
Tod Browning (1932)

La parada de los monstruos (Freaks), película de terror estadounidense, fue prohibida en RU durante 30 años por considerarse que explotaba las peculiaridades físicas de sus intérpretes, y se convirtió con el tiempo en un filme de culto. La bella y malvada trapecista Cleopatra contrae matrimonio con el enano Hans a fin de envenenarlo y quedarse con todo su dinero, pero su plan se tuerce cuando los demás «monstruos» del circo se vengan de ella de un modo horripilante. La cinta original se destruyó, por lo que solo ha quedado la versión reducida, no menos perturbadora. Este filme supuso la ruina para la carrera de Browning.

LAS UVAS DE LA IRA
John Ford (1940)

Basada en la novela homónima de John Steinbeck de 1939, *Las uvas de la ira (The Grapes of Wrath)* está ambientada en Oklahoma durante la Gran Depresión. Narra la historia de la familia Joad que, después de perder su granja, se ve obligada a lleva a cabo una dura travesía por EE UU hasta California en busca de una vida mejor. La versión cinematográfica, más reducida que la novela, se centra en la familia y su resistencia contra todo pronóstico. Esta película fue el primer éxito de Henry Fonda, que encarnó a Tom Joad.
Véase también: *Centauros del desierto* 135

EL HALCÓN MALTÉS
John Huston (1941)

Humphrey Bogart parecía haber nacido para interpretar a Sam Spade, el endurecido detective privado al que da vida en *El halcón maltés (The Maltese Falcon)*. En este elegante *thriller*, Spade es un héroe nuevo, un tipo duro que no se concede el menor sentimentalismo. La iluminación tamizada y los encuadres, a menudo sorprendentes, crean la turbia atmósfera apropiada para esta película, considerada la primera muestra del cine negro, que convirtió a Bogart en una superestrella y consagró a Huston como director de primer orden.

LOS VIAJES DE SULLIVAN
Preston Sturges (1941)

En *Los viajes de Sullivan (Sullivan's Travels)*, Sturges parodia a los realizadores pretenciosos de dramas sociales. El joven director John «Sully» Sullivan (Joel McCrea), conocido por sus comedias frívolas, recorre los caminos disfrazado de vagabundo para recopilar material con vistas a realizar una película sobre los oprimidos y conoce a una chica (Veronica Lake) que aspira a ser actriz. Sin embargo, no tarda en darse cuenta de que hacer películas que distraigan a la gente de sus preocupaciones cotidianas tiene más utilidad social que los filmes graves y de profundo mensaje.

MESHES OF THE AFTERNOON
Maya Deren y Alexander Hammid (1943)

La coreógrafa Maya Deren, de origen ucraniano, fue una de las realizadoras experimentales más notables de los años posteriores a la Segunda Guerra Mundial. Este filme, dirigido junto a su marido Alexander Hammid, es un hito de la vanguardia. En solo 18 minutos, se adentra en los sueños de una mujer dormida con inquietantes encuadres: los objetos cotidianos se vuelven aterradores y surrealistas en su subconsciente. La revelación de que el cine puede explorar de este modo los entresijos de la mente tuvo una gran influencia.

PERDICIÓN
Billy Wilder (1944)

Perdición (Double Indemnity) reúne los elementos típicos del cine negro –una mujer fatal, móviles mezquinos, traición y asesinato–. Una hermosa rubia (Barbara Stanwyck) convence a un agente de seguros para hacer un seguro de accidentes a nombre de su marido y luego matar a este simulando un accidente, pero la trama toma un cariz nefasto porque cada uno cree que el otro lo ha traicionado. Uno de los aciertos del filme es su reparto poco ortodoxo: Fred MacMurray, que tantas veces hizo de buen chico, encarna al vil agente de seguros, mientras que Edward G. Robinson, que en tantas ocasiones hizo de gánster, es el investigador honesto.

Véase también: *El crepúsculo de los dioses* 114–115 ▪ *Con faldas y a lo loco* 148–149

BREVE ENCUENTRO
David Lean (1945)

La temprana obra maestra del director británico David Lean *Breve encuentro (Brief encounter)* es una historia sencilla, basada en una obra teatral de Noel Coward, y muy alejada de los espectáculos épicos, como *Lawrence de Arabia*, por el que más tarde se hizo famoso. Laura (Celia Johnson), ama de casa, y el doctor Alec (Trevor Howard) se conocen en la cafetería de una estación de tren, pero el sentido de la moral de ambos les impide lanzarse a una aventura adúltera. La sombría estación y la música del Concierto para piano N° 2 de Rachmaninoff añaden intensidad emocional a la sutil interpretación de los actores.

DIE MÖRDER SIND UNTER UNS
Wolfgang Staudte (1946)

Die Mörder sind unter uns (Los asesinos están entre nosotros) fue de las primeros películas alemanas realizadas tras la Segunda Guerra Mundial. Terminada en el sector ocupado por la URSS, refleja los esfuerzos de Alemania por asumir su pasado. Rodada en las ruinas de Berlín, trata de un cirujano militar que, al volver de la guerra, halla su casa destruida y se traslada a la de una joven superviviente de los campos de concentración. El cirujano pretende asesinar a su capitán, que mató a civiles polacos durante la guerra, pero la mujer lo convence para que deje que sea juzgado.

RETORNO AL PASADO
Jacques Tourneur (1947)

La tragedia que subyace en el cine negro encuentra su mejor expresión en esta película. En *Retorno al pasado (Out of the Past)*, un detective (Robert Mitchum) intenta huir de su pasado e iniciar una nueva vida con una buena chica, pero es acosado por una mujer fatal (Jane Greer), de la que no sabe si está enamorado ni si ella está enamorada de él. Sin embargo, el destino los une y, cuando ella se da a la fuga por asesinato, su mutua destrucción se revela inevitable.

LAS ZAPATILLAS ROJAS
Michael Powell y
Emeric Pressburger (1948)

Las zapatillas rojas (The Red Shoes) es un cautivador homenaje al ballet y a la vez una película de terror angustiosa. Un empresario, Lermontov (Anton Walbrook), conduce a la desesperación y la locura a la bailarina Victoria (Moira Shearer) con sus obsesivas exigencias. Una secuencia de ballet de 20 minutos que representa el cuento de Hans Christian Andersen *Las zapatillas rojas*, en el que unas zapatillas mágicas obligan a una bailarina a bailar hasta morir agotada, hace eco a la trama principal del filme.
Véase también: *A vida o muerte* 86–87

EVA AL DESNUDO
Joseph L. Mankiewicz (1950)

Ingeniosa, aunque a la vez oscura y amarga, *Eva al desnudo (All about Eve)* es una de las películas más desoladoras jamás filmadas sobre el mundo del espectáculo. Uno de sus puntos fuertes es la brillante actuación de Bette Davis como la estrella entrada en años Margo Channing, acosada por la ambiciosa actriz Eve Harrington (Anne Baxter). Eve logra inmiscuirse en la vida de Margo y apropiarse de su fama, pero a un alto precio, ya que termina en manos del manipulador crítico teatral Addison DeWitt. En esta película también aparece una joven Marilyn Monroe.

LOS OLVIDADOS
Luis Buñuel (1950)

Ambientada en los arrabales de México, esta película mexicana de Bu-ñuel narra la historia de dos chicos: el Jaibo, fugado de un correccional, arrastra a Pedro por el mal camino y mata al muchacho al que culpa de haberle denunciado. Buñuel expresa esta cruda trama con su peculiar sentido del realismo, integrando escenas oníricas, ya que para él los sueños forman parte de la vida tanto como los objetos cotidianos. Su enfoque agresivo hizo que la película fuera prohibida en México durante muchos años.
Véase también: *El discreto encanto de la burguesía* 208–209

LOS SOBORNADOS
Fritz Lang (1953)

En el tenso filme negro *Los sobornados (The Big Heat)*, cuyo guion firma el reportero criminalista Sidney Boehm, Glenn Ford encarna a un honesto detective atrapado en un mundo de crimen organizado y corrupción policial. Gloria Grahame es la inolvidable mujer fatal, la novia de un gánster magistralmente interpretado por un joven Lee Marvin, que se vuelve contra él. Aunque la honradez acaba imponiéndose, lo hace a un precio muy elevado. El hecho de que los actos sangrientos se desarrollen con frecuencia fuera de la pantalla no resta fuerza al filme, que condensa el estilo realista de Lang.
Véase también: *Metrópolis* 32–33 • *M, el vampiro de Düsseldorf* 46–47

LA STRADA
Federico Fellini (1954)

Este largometraje podría considerarse una reacción de Fellini frente al neorrealismo del que había formado parte. Se trata de una fábula sobre tres artistas circenses que esconden una profunda tristeza detrás de su histriónica fachada. El forzudo Zampanò compra a la enclenque Gelsomina a su madre para hacer de ella su réplica cómica, pero la maltrata sin cesar y finalmente ella lo acaba dejando por un funámbulo llamado *il Matto*. En un arrebato de celos, Zampanò asesina a este, y Gelsomina queda desconsolada. En el filme aparecen una serie de motivos visuales típicos de Fellini, como figuras suspendidas entre el cielo y la tierra, y una playa desierta.
Véase también: *La dolce vita* 160–165

LOS SIETE SAMURÁIS
Akira Kurosawa (1954)

Basada en los wésterns Hollywoodienses, *Los siete samuráis (Sichinin no samurai)* inspiró a su vez el wéstern *Los siete magníficos*. Sin embargo, se trata de una película claramente japonesa, que bebe de las tradiciones y del concepto del honor del samurái. Gracias a su estética seductora, acelerado ritmo de montaje y su habilidad para dar intensidad emocional a las escenas, Kurosawa convierte la sencilla historia de siete guerreros que se unen para proteger una aldea de los bandidos en una auténtica epopeya. El largometraje es también un análisis de las costumbres sociales niponas: dos clases distintas, recelosas la una de la otra, se unen en este filme por una causa común.
Véase también: *Rashomon* 108–113

RIFIFÍ
Jules Dassin (1955)

En esta película francesa, el atraco a una joyería de la rue de Rivoli de

París en 20 minutos de silencio casi absoluto resulta tan creíble que algunos críticos han afirmado que es una guía para delincuentes. Dassin detestaba la novela en la que se basó el filme (cambió la raza del malo para que no resultara tan racista), pero eso le hizo esforzarse aún más en otorgar a su obra suspense y sentimiento a la vez, con una meticulosa atención al detalle que imitaron luego películas como *Reservoir Dogs*, de Tarantino.

LA INVASIÓN DE LOS LADRONES DE CUERPOS
Don Siegel (1956)

El inquietante *thriller* de ciencia ficción *La invasión de los ladrones de cuerpos (Invasion of the Body Catchers)* refleja la paranoia del periodo de la guerra fría. Un médico al que sus pacientes se quejan de que los miembros de su familia han sido reemplazados por impostores descubre que la ciudad entera ha sido colonizada por alienígenas capaces de replicar a los seres humanos, aunque carecen de emociones. La película se consideró una alegoría política, pero no está claro si ataca al comunismo o a la opresión y el clima de desconfianza generados durante la época del maccarthismo.

SED DE MAL
Orson Welles (1958)

Sed de mal (Touch of Evil) fue uno de los últimos clásicos del cine negro. La teatralidad de la película reposa en la imponente presencia (en sentido literal y figurado) de Orson Welles, guionista, director e intérprete del jefe de policía Quinlan. Ambientado en la frontera entre México y EE UU, este *thriller* policíaco narra la histo-

ria de un policía antidroga (Charlton Heston) que descubre que Quinlan es un corrupto. Es célebre la secuencia inicial de tres minutos en que una grúa transporta lentamente la cámara sobre las calles de la turbulenta ciudad.
Véase también: *Ciudadano Kane* 66–71

ASCENSOR PARA EL CADALSO
Louis Malle (1958)

En *Ascensor para el cadalso (Ascenseur pour l'échafaud)*, una pareja de amantes, Florence (Jeanne Moreau) y Julien (Maurice Ronet), planean asesinar al marido de ella, pero todo acaba mal porque Julien queda encerrado en un ascensor cuando regresa de la escena del crimen. Los planos de París de noche confieren un matiz angustioso de cine negro a esta película, cuya sensación de realismo presagia la *nouvelle vague*. La música de jazz de Miles Davis acentúa el ambiente sombrío.

EL FOTÓGRAFO DEL PÁNICO
Michael Powell (1960)

A pesar de su mala acogida, *El fotógrafo del pánico (Peeping Tom)* se considera hoy una obra maestra. Un fotógrafo (Karlheinz Böhm) se presenta a unas mujeres como realizador de documentales para matarlas y grabar el terror de su rostro en sus instantes de agonía. Centrándose en el papel fálico de la cámara, esta película se presta a diversas interpretaciones psicoanalíticas y a la vez ilustra de modo espeluznante el hecho de que el cine convierte a los espectadores en *voyeurs*.
Véase también: *A vida o muerte* 86–87

PSICOSIS
Alfred Hitchcock (1960)

Psicosis (Psycho) causó una impresión extraordinaria en su época. La escena de la ducha, donde una mujer (Janet Leigh) es acuchillada, es una de las más famosas de la historia del cine. Esta película redefinió el cine de terror por su complejidad psicológica y la constante escalada del suspense hasta cotas de infarto (con ayuda de la música de cuerda intermitente de Bernard Herrmann), cuando el perturbado propietario de motel Norman Bates (Anthony Perkins) se disfraza de su madre y se revela como un despiadado asesino.
Véase también: *Vértigo* 140–145

WEST SIDE STORY
Robert Wise y Jerome Robbins (1961)

Actualizando la tragedia de *Romeo y Julieta* de William Shakespeare en una comedia musical, *West Side Story* pone en escena a dos bandas neoyorkinas rivales, los Sharks y los Jets. Esta película es una joya del cine gracias a la música de Leonard Bernstein, con canciones inolvidables como «Tonight» y «Somewhere», con letra de Stephen Sondheim, y a las espectaculares secuencias de baile magistralmente dirigidas por Jerome Robbins. Obtuvo diez Oscar, más que ningún otro musical, incluido el de Rita Moreno, intérprete de la canción «America», a la mejor actriz de reparto.

SUSPENSE
Jack Clayton (1961)

Suspense (The Innocents) es un espeluznante filme británico de terror inspirado en la novela de 1898 de Henry James *Otra vuelta de tuerca* y coescrito por el escritor estadounidense Truman Capote. La señorita Giddens (Deborah Kerr) es contratada para cuidar de una pareja de niños huérfanos por el tío de estos (Michael Redgrave), pero pronto descubre que estos están poseídos por los fantasmas de su anterior institutriz y de un criado que la sedujo. El director utiliza los fundidos encadenados creados por el montador Jim Clark para sugerir presencias fantasmales y hacer surgir el terror en escenas cotidianas. La inocencia de los niños se transforma de forma gradual en algo «secreto, susurrado e indecente».

JULES Y JIM
François Truffaut (1962)

El drama romántico de François Truffaut *Jules y Jim (Jules et Jim)* fue un clásico de la *nouvelle vague*, rodado en blanco y negro, y rebosante de innovaciones estilísticas: planos congelados, barridos (transiciones entre planos) y voz en *off*. Basada en la novela homónima y semiautobiográfica de 1953 de Henri-Pierre Roché, narra la relación entre dos amigos, el tímido escritor austríaco Jules (Oskar Werner) y el bohemio artista francés Jim (Henri Serre), y una joven, Catherine (Jeanne Moreau), de la que ambos acaban enamorándose. Esta película rinde homenaje a la amistad, pese a que termina con una dolorosa traición.
Véase también: *Los 400 golpes* 150–155

EL MENSAJERO DEL MIEDO
John Frankenheimer (1962)

Rodada durante la crisis de los misiles de Cuba, cuando el temor por el creciente poder soviético alcanzó su cénit, el *thriller* de John Frankenheimer sobre agentes durmientes capta el espíritu de la guerra fría. Un oficial estadounidense aparentemente heroico, Raymond Shaw (Laurence Harvey), es capturado y manipulado por los soviéticos para asesinar cuando reciba la orden. El comandante Marco (Frank Sinatra) descubre que los «agentes» de la KGB que controlan a Shaw son en realidad su madre (Angela Lansbury) y su padrastro. Este *thriller* oscuro, sorprendente y filmado con un estilo imaginativo deudor de la *nouvelle vague*, es una sátira tan apasionante como perturbadora.

SUSUZ YAZ
Metin Erksan (1963)

Susuz Yaz (El árido verano), de Metin Erksan, es una poderosa historia de pasión y avaricia. La película fue muy bien acogida por la crítica internacional y hoy se considera, en general, una obra maestra. Sin embargo, disgustó a los críticos de su país, que consideraron que trazaba un retrato negativo del pueblo turco. En la película, Erksan narra la historia de un egoísta plantador de tabaco (interpretado por Erol Tas), enamorado de la joven con la que se casa su hermano, que construye una presa con el objetivo de impedir que el agua llegue a las tierras de sus vecinos. La belleza de la fotografía en blanco y negro eleva el melodrama *Susuz Yaz (El árido verano)* a poesía.

JASÓN Y LOS ARGONAUTAS
Don Chaffey (1963)

Este largometraje destaca por ser el máximo exponente de las técnicas de animación *stop-motion* de Ray Harryhausen, con modelos de arcilla que cobran vida para narrar el periplo de Jasón, el héroe mitológico griego que guió a su tripulación, los argonautas, en busca del codiciado vellocino de oro. El ejército de esqueletos que surge del suelo impresiona incluso a los espectadores actuales. Perfectamente acompañada por la música de viento de Bernard Herrmann, *Jasón y los argonautas (Jason and the Argonauts)* sigue siendo una emocionante epopeya.

ONIBABA
Kaneto Shindo (1964)

A medio camino entre el cine de terror y el drama de época, este largometraje narra la historia de una madre y su hija, que matan samuráis para sobrevivir durante la guerra civil japonesa del siglo XIV. Rodada en un blanco y negro escalofriante, se trata de una parábola sobre el sufrimiento que deben soportar los inocentes a lo largo de la historia. Cuando la anciana le quita la máscara a un samurái muerto, se ve su rostro desfigurado como el de un *hibakusha* (víctima de la bomba atómica). Luego, al ponerse la máscara ella, su rostro también se desfigura de la misma manera.

SOY CUBA
Mijaíl Kalatozov (1964)

Oculta durante tres décadas entre los archivos soviéticos, la producción soviético-cubana *Soy Cuba (Ya Kuba)* fue restaurada gracias a una campaña llevada a cabo por el director estadounidense Martin Scorsese durante la década de 1990. Mal acogida en su tiempo y casi olvidada, se trata no obstante de un extraordinario documento sobre la opresión de los campesinos cubanos durante la década de 1950, así como de su resistencia, alentada por la esperanza de que la revolución castrista trajera un futuro mejor. Actualmente, también es apreciada por sus *travellings*, en los que la cámara parece flotar en el aire, efecto que se logró sujetándola a la cintura del operador y desplazando a este mediante un juego de poleas conectadas.

TRENES RIGUROSAMENTE VIGILADOS
Jirí Menzel (1966)

Ambientada en la Checoslovaquia ocupada del Tercer Reich, *Trenes rigurosamente vigilados (Ostre sledované vlaky)* ofrece una visión divertida y entrañable del despertar sexual. En el filme, el joven Miloš, empleado de una estación ferroviaria, tan solo piensa en perder la virginidad. Aunque la cruda realidad de la guerra nunca está lejos, el ingenioso guion de Menzel, inspirado en la novela homónima de Bohumil Hrabal, no pierde de vista un problema humano universal. Al igual que otras obras de la nueva ola checa, la película pretendía recordar el efecto embrutecedor del sistema al que estaba sometido el país, en un tono sarcástico y moderado.

PERSONA
Ingmar Bergman (1966)

Este penetrante drama psicológico sueco deriva en película de terror a medida que se desarrolla la relación de las dos protagonistas. Una joven enfermera (Bibi Andersson) debe cuidar a una famosa actriz (Liv Ullmann), que ha enmudecido misteriosamente. Para llenar el silencio, la enfermera le habla de su propia vida e incluso le confiesa que abortó cuando era joven; sin embargo, las cosas se ponen feas cuando descubre que la actriz la ha estado psicoanalizando. Según algunos críticos, el tema principal de *Persona* es el silente rechazo de la actriz a los roles de género como el de madre y enfermera, pero la película también explora la desolación de la enfermedad y la locura.

Véase también: *El séptimo sello* 136–139

EL GRADUADO
Mike Nichols (1967)

En la época de su estreno, *El graduado (The Graduate)* resultaba muy atrevida por abordar una relación sexual intergeneracional, entre el joven graduado Benjamin Braddock (Dustin Hoffman) y la madura señora Robinson (Anne Bancroft). Al final, Benjamin acaba enamorándose de la hija de esta, Elaine (Katharine Ross), y huye con ella en autobús después de impedir en el último momento que se case con el hombre equivocado. A pesar de su final feliz, no se trata de un filme tan convencional como parece. La película conectó con la cultura juvenil gracias a la célebre banda sonora de Simon y Garfunkel, y creó tendencia en el cine para adolescentes.

BELLE DE JOUR
Luis Buñuel (1967)

Esta película en francés, del director español Luis Buñuel, parece la expresión de una fantasía sexual masculina convencional. Una joven esposa aburrida de su monótona vida burguesa, interpretada por una seductora y fría Catherine Deneuve, dedica sus tardes a prostituirse en una elegante casa de citas de su ciudad, donde satisface toda clase de peticiones de desconocidos. En manos de Buñuel, la historia se convierte en un análisis poético y psicológico en el que el sexo nunca se representa de forma explícita y parece casi accidental. La película fusiona los sueños y la realidad, y desemboca en un final inesperadamente feliz para marido y mujer.

Véase también: *El discreto encanto de la burguesía* 208–209

SALESMAN
Albert y David Maysles (1968)

Este documental sobre cuatro vendedores de biblias ilustradas puerta a puerta en Nueva Jersey es una muestra del movimiento del «cine directo», que preconiza la utilización de cámaras ligeras para captar el día a día con la mínima intervención del realizador. Los cuatro hombres parecen ajenos a la presencia de las cámaras, pero la precariedad y la callada desesperación de su existencia resultan más que palpables. Durante una reunión motivacional, el jefe de zona anuncia fríamente que ha eliminado a «unos cuantos»: hay mucho dinero que ganar, afirma, y si no lo conseguís, es por vuestra culpa. Filmada en la década de 1960, la película describe unos Estados Unidos apenas cambiados desde la de 1950. Un año después, los hermanos Maysles abordaron un mundo radicalmente diferente en *Gimme Shelter*, siguiendo una gira de los Rolling Stones.

HASTA QUE LLEGÓ SU HORA
Sergio Leone (1968)

Hoy en día considerado como la obra maestra del director italiano Sergio

Leone, el tenso *spaghetti* wéstern *Hasta que llegó su hora (C'era una volta il west)* fue en su día un fracaso de crítica y público. Narra una sencilla historia de avaricia y venganza en un pueblo que aguarda la llegada del ferrocarril, con Henry Fonda como un atípico asesino y Charles Bronson como un solitario misterioso que va tras él. En este filme, el director se recrea en el ambiente y el ritual previo al duelo de pistoleros, con larguísimas escenas en las que no sucede casi nada y a las que la banda sonora, compuesta por Ennio Morricone, dota de tintes épicos.

KES
Ken Loach (1969)

Basada en la novela de 1968 de Barry Hines *A Kestrel for a Knave*, fue la primera película de ficción del director británico Kean Loach tras una serie de crudos docudramas. *Kes* narra la historia de un adolescente, Billy (David Bradley), emocionalmente abandonado y maltratado, que descubre nuevos horizontes entrenando a un cernícalo que encuentra en el nido de una granja. Tanto el realismo lírico de la película como los bellos planos del ave en vuelo contribuyen a que resulte emotiva y edificante, a pesar de su casi inevitable triste final.

COWBOY DE MEDIANOCHE
John Schlesinger (1969)

Aderezada con la célebre melodía de *Everybody's Talkin'*, cantada por Harry Nilsson, Schlesinger firma la conmovedora película *Cowboy de medianoche (Midnight Cowboy)*, en la que retrata la soledad de los marginados de la gran ciudad con un mensaje en el fondo optimista sobre el poder de las relaciones humanas. El filme narra la historia de un joven texano, Joe Buck (Jon Voight), que llega a Nueva York decidido a hacer fortuna como *gigolò*. Sin embargo, su ingenuidad hace que sus sueños queden en nada, y termina entablando amistad con el timador tuberculoso Ratso (Dustin Hoffman). Cuando comprende que Ratso se está muriendo, Joe decide renunciar a sus ambiciones y se lo lleva de viaje a la soleada Florida.

LA NARANJA MECÁNICA
Stanley Kubrick (1971)

Adaptación de la novela homónima de Anthony Burgess, *La naranja mecánica (Clockwork Orange)* es una imaginativa sátira cuya violencia causó tanta polémica que el propio Kubrick hizo que la retiraran en RU durante 30 años. En un Londres futurista, el delincuente sociópata Alex (Malcolm McDowell) y su pandilla se corren una juerga de «ultraviolencia» que termina en violación y asesinato. Cuando Alex es detenido, la violencia institucional a la que a su vez es sometido lo despoja de cualquier resto de humanidad.

Véase también: *¿Teléfono rojo?, volamos hacia Moscú* 176–179 ▪ *2001: Una odisea del espacio* 192–193

HAROLD Y MAUDE
Hal Ashby (1971)

Hal Ashby rompe muchos tabúes en la macabra comedia *Harold y Maude (Harold and Maude)* con su historia de la improbable relación entre un joven y una mujer de 79 años que se conocen gracias a su afición a los entierros. Harold (Bud Cort) es un morboso obsesionado por el suicidio que desbarata los intentos de su madre por hacer que se comporte conforme a su educación privilegiada, mientras que Maude (Ruth Gordon) disfruta de la vida con total desprecio por las normas y el dinero. El final desvela un secreto que explica su actitud. En el fondo acecha la amenaza de la guerra de Vietnam para Harold, a quien su tío intenta convencer para que se aliste. Se trata de una película cálida e irreverente salpicada por momentos de una genial comicidad.

LAND DES SCHWEIGENS UND DER DUNKELHEIT
Werner Herzog (1971)

El documental *Land des Schweigens und der Dunkelheit (El país del silencio y la oscuridad)* trata de una mujer alemana ciega y sorda, Fini, que trabaja para otras personas en sus mismas circunstancias. La película llama la atención sobre el aislamiento de las personas con discapacidades graves, la mayoría de las cuales son excluidas de la vida contemporánea. Fini perdió la vista y el oído de joven, pero muchas de las personas a las que visita nacieron sordas y ciegas, y luchan por comunicarse con los demás. Su aflicción resulta desgarradora, pero Herzog también trata de mostrar la riqueza de la vida interior de alguien que solo tiene contacto con el mundo a través del gusto, el olfato y el tacto.

Véase también: *Aguirre, la cólera de Dios* 206–207

WALKABOUT
Nicolas Roeg (1971)

Basada en la novela homónima de James Vance Marshall, trata de una adolescente (Jenny Agutter) y su hermano menor (Luc Roeg) que quedan

abandonados en la Australia rural tras el suicidio de su padre y conocen a un chico aborigen (David Gulpilil) que les ayuda a sobrevivir en la naturaleza, a pesar de que la comunicación entre ellos no resulta fácil. En la película abundan las metáforas, y el desierto australiano tiene una intensidad alucinógena, llena de color y movimiento, sugiriendo una vitalidad y una imprevisibilidad que no se hallan en el ordenado mundo urbano.
Véase también: *Amenaza en la sombra* 210–213

CAIGA QUIEN CAIGA
Perry Henzell (1972)

La popularización de la música *reggae* fuera de Jamaica se atribuye a la brillante banda sonora de *Caiga quien caiga (The Harder they Come)*, con Desmond Dekker y Toots and The Maytals y un tema principal de Jimmy Cliff, que también interpreta al protagonista, Ivanhoe «Ivan» Martin. Este llega del campo a Kingston lleno de esperanza, pero tras darse cuenta de que todo lo que emprende queda en nada (incluida la canción que ha escrito y grabado), se dedica a vender droga y acaba convertido en un gánster de gatillo fácil. Pese a su triste final, este filme desprende una energía acorde con su banda sonora.

EL EXORCISTA
William Friedkin (1973)

Aun después de los plagios, las parodias y los memes, *El exorcista* aún consigue estremecer. Rostros diabólicos que aparecen en fogonazos subliminales, una niña de doce años cubierta de pústulas que profiere obscenidades y se penetra con un crucifijo… Los espectadores nunca habían visto nada semejante a esta dramatización de la posesión demoníaca de una niña y acudieron en tropel. El director, William Friedkin, amplificó el terror tratándolo con una seriedad científica (la primera mitad bien podría ser una película de médicos) y consiguió soberbias interpretaciones de Linda Blair, Ellen Burstyn, Max von Sydow y Jason Miller.

UNA MUJER BAJO LA INFLUENCIA
John Cassavetes (1974)

Cassavetes hace de *Una mujer bajo la influencia (A Woman Under the Influence)* realmente un asunto de familia: Gena Rowlands, la esposa de Cassavetes, interpreta el papel principal, y sus madres respectivas también aparecen en la película. Rowlands es la emocionalmente inestable Mabel, a la que su marido, Nick (Peter Falk), acaba ingresando en una institución. Sin embargo, a Nick no se le da mucho mejor encargarse de sus hijos. Cuando ella vuelve a casa, parece incapaz de adaptarse, pero al final el amor incondicional de los niños aporta una luz de esperanza. El director traza un retrato implacable de la familia, aunque sin emitir ningún juicio.

SHOLAY
Ramesh Sippy (1975)

A veces atribuido al productor G. P. Sippy, padre del director, este largometraje de acción y aventuras trasladada las convenciones del wéstern hollywoodiense al terreno rocoso de Karnataka, en el sur de India, y fue el primer taquillazo de la historia del cine de este país. Cuenta la historia de dos delincuentes de poca monta, Veeru y Jai, que se convierten en héroes cuando un policía retirado los contrata para capturar al *dacoit* (bandido) Gabbar Singh, que aterroriza a su pueblo. Si bien algunos críticos han condenado la película por su ensalzamiento de la violencia, no se puede negar su gran éxito en India, donde incluso algunas frases del guion han pasado a formar parte de la cultura nacional. Se trata del filme «masala» por excelencia, ya que combina acción, drama, comedia, romance y música.

XALA
Ousmane Sembène (1975)

Esta película del director senegalés Ousmane Sembène es una adaptación de su propia novela de 1975. *Xala* («impotencia») es la maldición que el empresario El Hadji cree que ha caído sobre él tras su tercer matrimonio. En busca de curación, El Hadji descuida sus negocios. Finalmente, un mendigo le revela que fue él quien le lanzó la maldición por haberle arruinado tiempo atrás. La única forma de curarse es que se desnude y se deje escupir por mendigos. La película se considera una metáfora de la élite francófona senegalesa que, después de la independencia, explotó a los pobres y se convirtió en un peón del tablero colonial.

CABEZA BORRADORA
David Lynch (1977)

Cabeza borradora (Eraserhead), el primer largometraje de Lynch, es una enigmática cinta de bajo presupuesto que se convirtió en un filme de culto. Gira en torno a Henry Spencer (Jack Nance), un impresor con un extravagante peinado, cuya novia da a luz un bebé prematuro de aspecto reptiliano. La trama tan solo es un pretexto para un despliegue de imágenes y situaciones desconcertantes. Su título hace referencia al momento en que a Henry le quitan parte de la cabeza para llevarla a una fábrica de lápices y hacer con ella gomas de borrar.

Véase también: *Terciopelo azul* 256–257

ZOMBI, EL REGRESO DE LOS MUERTOS VIVIENTES
George A. Romero (1978)

Zombi, el regreso de los muertos vivientes (Dawn of the Dead) es la continuación del largometraje de Romero de 1968 *La noche de los muertos vivientes (Night of the Living Dead)*. Cuando un virus que resucita a los muertos infecta EE UU, cuatro amigos huyen en helicóptero y se refugian en un centro comercial, donde tienen todo lo necesario para vivir, pero son asediados por los muertos vivientes. La cinta se considera una inteligente crítica del consumismo, pero no deja de ser un festival *gore*.

DÍAS DEL CIELO
Terrence Malick (1978)

Los soberbios paisajes de Texas y la banda sonora de Ennio Morricone hacen de *Días del cielo (Days of Heaven)* un filme inolvidable. En 1916, tras una disputa con su jefe, un obrero siderúrgico de Chicago llamado Bill (Richard Gere) huye a Texas con su novia, Abby (Brooke Adams), y su joven hermana, Linda (Linda Manz), la narradora de la película. Los tres trabajan duras jornadas en el campo hasta que Bill, viendo en ello una oportunidad de salir de la pobreza, anima a Abby a casarse con su patrón, al que solo le queda un año de vida. Sin embargo, este no muere, y la historia desemboca en una tragedia de celos y plagas bíblicas.

APOCALYPSE NOW
Francis Ford Coppola (1979)

Inspirándose en la novela de Joseph Conrad *El corazón de las tinieblas*, Coppola sitúa su película en la guerra de Vietnam. El capitán Willard (Martin Sheen) recibe órdenes de adentrarse en la jungla para matar al coronel Kurtz (Marlon Brando), un oficial condecorado que ha enloquecido y dirige sus tropas como un semidiós. Pese a las dificultades del rodaje en Filipinas, la película transmite una energía fascinante al ritmo de una banda sonora que incluye desde aspas de helicóptero hasta el endiablado *rock* de The Doors.

Véase también: *El padrino* 200–205

TORO SALVAJE
Martin Scorsese (1980)

En la película *Toro salvaje (Raging Bull)*, filmada en un evocador blanco y negro, Robert De Niro encarna a Jake La Motta, un boxeador ambicioso que, tras lograr el cinturón de campeón, cae en el mundo del soborno, maltrata a su esposa y amigos, engorda y acaba embrutecido. El hecho de que el público mantenga la simpatía por este hombre frustrado en su empeño por demostrar al mundo que es alguien evidencia el talento del director y del actor protagonista.

Véase también: *Taxi Driver* 234–239

EL RESPLANDOR
Stanley Kubrick (1980)

El resplandor (The Shining), la adaptación de la novela de Stephen King del mismo título, lanzó a su autor a la fama. Jack Nicholson es el escritor Jack Torrance, que acepta un tra-

bajo de vigilante del hotel Overlook, en las Montañas Rocosas, fuera de temporada. Jack se lleva a su esposa Wendy (Shelley Duvall) y a su hijo Danny a vivir con él en el edificio vacío. Conforme pasan las semanas, Danny tiene unas visiones cada vez más espantosas, mientras que Jack se va convirtiendo en un psicópata y acaba persiguiendo a su familia con un hacha. Kubrick aderezó el filme con elementos simbólicos para crear una obra maestra del terror, aunque parece que a King no le gustó.

Véase también: *¿Teléfono rojo?, volamos hacia Moscú* 176–179 ▪ *2001: Una odisea del espacio* 192–193

E. T. EL EXTRATERRESTRE
Steven Spielberg (1982)

Pocas criaturas de la gran pantalla han conquistado tantos corazones como E. T., con sus enormes e infantiles ojos y su peculiar voz cascada (la de Pat Welsh en la cinta original). La dirección de Spielberg y el guion de Melissa Mathison combinan tristeza, emoción y comicidad en las proporciones justas para embelesar al espectador cuando el extraterrestre se hace amigo de Elliott, un niño de 10 años, y para mantenerlo en vilo cuando su vida corre peligro por la intervención de los agentes del gobierno. Destaca la interpretación de algunos actores infantiles, como Henry Thomas en el papel de Elliott, y Drew Barrymore en el de Gertie.

Véase también: *Tiburón* 228–231

EL PRECIO DEL PODER
Brian De Palma (1983)

Violenta y desmesurada, *El precio del poder (Scarface)* es un *remake* de la película de Howard Hawks de 1932 *Scarface, el terror del hampa*. De

Palma no se anda con miramientos en su retrato del ascenso y caída del gánster Tony Montana, interpretado por Al Pacino, que mata al marido de su hermana en la noche de bodas. La crítica acogió el filme de manera desigual: algunos alabaron su minuciosa caracterización; otros la encontraron desagradable y estereotipada.

SANGRE FÁCIL
Joel y Ethan Coen (1984)

Los hermanos Coen iniciaron su carrera como directores con este sangriento *thriller* de tintes negros que presenta muchos de los temas desarrollados en sus filmes posteriores. El sórdido propietario de un bar (Dan Hedaya) contrata a un detective (M. Emmet Walsh), más sórdido aún, para que mate a su esposa (Frances McDormand), pero entre traiciones y pura incompetencia, el plan acaba en desastre. El desenlace es absurdo, divertido, horrible y a la vez inevitable. Acerca del talento de los Coen para crear tramas, el crítico Roger Ebert ha afirmado que «construyen muros descabellados con ladrillos sensatos», cosa que en *Sangre fácil (Simple Blood)* es más cierta que nunca.
Véase también: *Fargo* 282–283

PARÍS, TEXAS
Wim Wenders (1984)

Un hombre (Harry Dean Stanton) vaga por el desierto de Texas y prosigue su lento y doloroso regreso a su antigua vida cuando su hermano lo conduce hasta Los Ángeles para que vuelva con su hijo y su esposa. El dramaturgo Sam Shepard, que firmó el guion, elabora un sutil estudio de la naturaleza de la familia y la paternidad conforme el protagonista, mudo al inicio del filme, va recuperando la

voz y la identidad. La fotografía de Robby Müller, colaborador habitual de Wenders, ofrece unos magníficos planos desolados del desierto y del sórdido mundo de neón de la ciudad.
Véase también: *El cielo sobre Berlín* 258–261

VEN Y MIRA
Elem Klimov (1985)

El filme soviético *Ven y mira (Idi i smotri)*, inspirado en el trauma infantil del propio director, que tuvo que huir del sitio de Stalingrado durante la Segunda Guerra Mundial, es uno de los pocos que muestran la devastación de la guerra sin un barniz de heroísmo redentor. Un muchacho, Florya, se une a los partisanos bielorrusos para combatir a los nazis, pero termina separado de su unidad. Después de que una explosión le destroce los tímpanos, la cinta avanza por escenas cada vez más extremas, incluida la de su pueblo natal repleto de cadáveres apilados. Klimov no se permite ninguna concesión, pero halla una extraña belleza en las terribles imágenes que crea.

BRAZIL
Terry Gilliam (1985)

A medio camino entre la sátira y la fantasía, *Brazil*, que toma su título de la canción «Aquarela do Brasil» de 1939, está ambientada en un futuro surrealista en el que las personas están atrapadas en una vida rutinaria y controladas por un kafkiano Ministerio de Información. Cuando un inocente detenido por un error burocrático muere bajo custodia, el funcionario Sam Lowry (Jonathan Pryce) intenta reparar la injusticia y se enamora de la enigmática Jill (Kim Greist), que sospecha que sea una te-

rrorista. Esta película, en la que también aparecen Robert De Niro y Bob Hoskins, es una de las más representativas del humor absurdo de Gilliam.

BAJO EL PESO DE LA LEY
Jim Jarmush (1986)

Rodada en blanco y negro con un bajo presupuesto, *Bajo el peso de la ley (Down by Law)* adopta una visión de la vida sin florituras. A veces sombría y a veces alegre, narra la historia de tres personajes inadaptados: el andrajoso *disc-jockey* Zack (Tom Waits), el proxeneta estafador Jack (John Lurie) y el turista italiano extraviado Bob (Roberto Benigni), que terminan compartiendo celda y planean fugarse. Mientras huyen a la carrera por los bosques de Luisiana, el relato parece en parte un sueño y en parte una pesadilla postapocalíptica.

JÉSUS DE MONTRÉAL
Denys Arcand (1989)

Una compañía de actores liderados por Daniel (Lothaire Bluteau) es contratada por un sacerdote para representar una obra sobre la Pasión de Cristo. Daniel se inspira en estudios académicos sobre la vida de Jesús, pero su interpretación disgusta a las autoridades eclesiásticas, y el actor sufre un martirio paralelo al de la Pasión. El filme parece desafiar a la jerarquía de la Iglesia al sugerir que esta no comprendería a Cristo si regresara.

CORAZONES EN TINIEBLAS
Fax Bahr, George Hickenlooper y Eleanor Coppola (1991)

El espléndido documental *Corazones en tinieblas (Hearts of Darkness: A Filmaker's Apocalypse)* revela la trastienda del rodaje de *Apocalypse Now* en 1979 y las dificultades a las que se enfrentó su director, Francis Ford Coppola: actores borrachos, drogados o poco cooperadores, mal tiempo y problemas políticos en la localización, Filipinas. La película incluye entrevistas con los participantes y sobre todo con el director, que habla así de su experiencia: «Estábamos en la jungla, éramos demasiados, teníamos demasiado dinero y equipo, y poco a poco nos fuimos volviendo locos».

Véase también: *El padrino* 200–205

HARD BOILED (HERVIDERO)
John Woo (1992)

El *thriller* de alto voltaje *Hard Boiled (Hervidero) [Lau sau sam taam]*, de John Woo, narra la historia de dos policías poco ortodoxos de Hong Kong: Tequila (Chow Yun-Fat) y Alan (Tony Leung), que se unen para acabar con una red de tráfico de armas. Su ritmo trepidante y su violencia sin concesiones, con explosivas escenas de acción y disparos a cámara lenta que resultan casi artísticos aun cuando horrorizan, marcaron el estilo característico de Woo, posteriormente muy imitado. El momento cumbre es una secuencia en una sola toma en que los dos policías atraviesan una sala de hospital y suben en ascensor en medio de un tiroteo.

RESERVOIR DOGS
Quentin Tarantino (1992)

El primer largometraje de Quentin Tarantino gira en torno a los hechos posteriores a un atraco que ha salido mal, cuando la banda se reúne en una nave industrial para intentar identificar al traidor infiltrado. El filme, que lanzó a la fama al joven director, cuenta con magníficas actuaciones del reparto, la mayoría masculino, incluidos Harvey Keitel, Michael Madsen y Tim Roth. Su extrema violencia adquiere un tono teatral gracias a los inteligentes y rápidos diálogos salpicados de referencias a la cultura pop. Los trajes elegantes y una banda sonora *retro* completan el cuadro de esta película, que fue la presentación de Tarantino como un nuevo realizador con un estilo muy personal.

Véase también: *Pulp Fiction* 270–275

INDEFENSO (NAKED)
Mike Leigh (1993)

En esta película, Mike Leigh retrata la vida de Johnny (David Thewlis), un joven que huyendo de Manchester se presenta en el piso londinense de una exnovia (Lesley Sharp). Vagando por las calles, Johnny vive una serie de encuentros fortuitos. Un guardia de seguridad nocturno, Brian (Peter Wight), le muestra en qué consiste su tedioso trabajo y le aconseja que no desperdicie su vida. Sin embargo, el filme acaba como empieza: Johnny sigue vagando sin objetivo. El director, que suele realizar largos ensayos con sus actores para desarrollar los personajes y los guiones de sus películas, consiguió una magnífica actuación de Thewlis: egoísta, amarga y nihilista, pero también divertida y entrañable en ocasiones.

VIDAS CRUZADAS
Robert Altman (1993)

Inspirada en nueve relatos de Raymond Carver, *Vidas cruzadas (Short Cuts)* narra las peripecias de 22 personas corrientes de Los Ángeles, cuyas vidas se entretejen a lo largo de unos días. Los personajes, interpretados por un amplio abanico de grandes estrellas, como Jack Lemmon, Julianne Moore, Matthew Modine y Robert Downey Jr., tienen poco en común y no hacen nada extraordinario, pero albergan en su interior una sensación de inseguridad e inquietud ante el futuro, simbolizada por una plaga de moscas y alertas de terremoto. A pesar de todo, su voluntad de seguir esforzándose con la esperanza de conseguir algo mejor les confiere cierta heroicidad.

CRIATURAS CELESTIALES
Peter Jackson (1994)

Tras una primera etapa como realizador de películas *gore* de bajo presupuesto, Peter Jackson dio un giro radical a su carrera con el emotivo filme *Criaturas celestiales (Heavenly Creatures)*, inspirado en un suceso real ocurrido en Christchurch (Nueva Zelanda). Dos adolescentes inadaptadas, Juliet (Kate Winslet) y Pauline (Melanie Lyenskey), entablan una gran amistad y deciden matar a la madre de Pauline cuando esta trata de interponerse entre ellas. Así como las chicas crean su propio mundo de fantasía al margen de la realidad a base de cuentos, dibujos y figurillas de plastilina, Jackson crea una película fascinante a partir de una historia sombría.

Véase también: *El señor de los anillos: La comunidad del anillo* 302–303

NUBES PASAJERAS
Aki Kaurismäki (1996)

Nubes pasajeras (Kauas pilvet karkaavat), del director finlandés Aki

Kaurismäki, ofrece una visión irónica y tierna de la vida de una pareja afectada por una recesión económica. Ilona (Kati Outinen) trabaja en un restaurante, y su marido, Lauri (Kari Väänänen), es chófer de autobús. La pareja va tirando hasta que ambos pierden su trabajo. Ilona encuentra empleo en otro restaurante, pero le pagan mal. El final resulta ambiguo, aunque no exento de esperanza, ya que la pareja abre un restaurante y ve cómo se llena de clientes.

ROMPIENDO LAS OLAS
Lars von Trier (1996)

Ambientada en una zona remota de Escocia durante la década de 1970, *Rompiendo las olas (Breaking the Weaves)* cuenta la historia de Bess (Emily Watson), profundamente religiosa e inocente, que sale de su caparazón y se casa con un obrero sueco empleado en una plataforma petrolífera, Jan (Stellan Skarsgård). Cuando este sufre un dramático accidente laboral que lo deja paralítico, le dice a su mujer que podrán seguir teniendo vida sexual si ella se acuesta con otros y le describe lo que hacen. Bess acepta, creyendo que de este modo Dios curará a Jan. Escandalizada, la parroquia la expulsa. Al final, Bess sacrifica su vida, y parece que Jan se cura.

EL SABOR DE LAS CEREZAS
Abbas Kiarostami (1997)

El sabor de las cerezas (Ta'm e guilass), del director iraní Abbas Kiarostami, es una película minimalista sobre un hombre que recorre Teherán al volante en busca de alguien que le entierre una vez se haya suicidado, sin que lleguemos a averiguar por qué desea morir. Kiaros-

tami carecía de guion e improvisó los diálogos casi como una serie de entrevistas, tanto desde el punto de vista del hombre como del pasajero. El final es sorprendente y esperanzador: vemos al hombre aguardando la muerte en su tumba.

ARMONÍAS DE WERCKMEISTER
Béla Tarr (2000)

La película húngara *Armonías de Werckmeister (Werckmeister harmóniák)* consta de tan solo 39 planos secuencia en blanco y negro. Ambientada en una lúgubre localidad invernal a la que llega un circo cuya principal atracción es una ballena disecada, los acontecimientos se cuentan desde la mirada del tonto János (Lars Randolph), que cuida de su tío György (Peter Fitz). Este cree que los problemas del mundo empezaron con las teorías musicales del organista del siglo XVII Andreas Werckmeister. La película podría ser una alegoría de la época comunista en Hungría, o una crítica al capitalismo o el totalitarismo. En cualquier caso, Tarr transmite una visión pesimista de la humanidad al mostrar actos de violencia colectiva sin motivo aparente.

AMORES PERROS
Alejandro González Iñárritu (2000)

La película mexicana *Amores perros* describe un mundo de intensas emociones con un realismo perturbador, sobre todo por la crudeza de las explícitas escenas de peleas caninas. Ambientada en Ciudad de México, se compone de tres relatos sobre la lealtad y la deslealtad en los que hay algún perro involucrado y brevemente conectados por un acci-

dente automovilístico. Octavio (Gael García Bernal) huye con la esposa de su hermano; Daniel deja a su esposa e hijos por una modelo que luego pierde una pierna, y el Chivo, un exguerrillero, intenta recuperar el contacto con la hija a la que abandonó a los dos años de edad.

DESEANDO AMAR
Wong Kar Wai (2000)

Chow (Tony Leung) y Su (Maggie Cheung), los protagonistas de *Deseando amar (Fa yeung nin wa)*, son vecinos en un bloque de apartamentos del Hong Kong de 1962. Ambos están convencidos de que sus respectivos cónyuges les engañan (tal vez con el del otro) y quedan para hablar de ello. Se dan cuenta de que se están enamorando, pero se resisten, pues no desean cometer el mismo error que sus parejas. Sus expresiones resignadas hallan un eco perfecto en la genial fotografía y en la recurrencia de una lenta y cautivadora melodía de Nat King Cole.

MULHOLLAND DRIVE
David Lynch (2001)

Concebido originalmente como una serie de televisión, este largometraje deja al espectador a la espera, como si fuera el tráiler de un episodio que nunca se emitirá. Rebosante de los enigmáticos giros y la inventiva visual característicos de Lynch, a primera vista parece la historia de una aspirante a actriz, Betty Elms (Naomi Watts), que llega a Los Ángeles y traba amistad con la amnésica «Rita» (Laura Harring), pero en ella se entremezclan muchas pequeñas historias cuya conexión es poco clara. Lynch la describió como «una historia de amor en la ciudad de los sueños», sin más explicación.

Véase también: *Terciopelo azul* 256–257

TSOTSI
Gavin Hood (2005)

Esta adaptación de una novela de Athol Fugard narra la vida de David, que vive en un suburbio de Johannesburgo. Solo y sin hogar, David se convierte en Tsotsi, el brutal líder de una banda violenta. Todo cambia cuando encuentra un bebé en el coche de una de sus víctimas y se ve obligado a cuidar de esa criatura indefensa. Acompaña a la película la música *kwaito* de Zola, descrita por un crítico como «*garage* ralentizado», y la dinámica partitura de Mark Kilian y Paul Hepker.

CACHÉ (ESCONDIDO)
Michael Haneke (2005)

En este *thriller* psicológico, Daniel Auteuil y Juliette Binoche interpretan a una pareja adinerada que recibe unos vídeos anónimos donde se ve el exterior de su casa y que adquieren un significado más perturbador cuando llegan acompañados de dibujos a lápiz que demuestran un conocimiento íntimo de la edad temprana del marido, cuando su familia se planteó adoptar a un niño argelino. La película trata, en parte, del recuerdo reprimido de la *nuit noire*, la noche del 17 de octubre de 1961 en París, durante la cual la policía francesa masacró a manifestantes contra la guerra de Argel. Haneke maneja el mensaje político con habilidad, mientras mantiene un tenso suspense a lo largo de toda la película.

Véase también: *La cinta blanca* 323

TEN CANOES
Rolf de Heer y Peter Djigirr (2006)

Esta es la primera película australiana rodada totalmente en idioma aborigen y con un reparto exclusivamente aborigen, pero sería un error pensar que esos son sus únicos valores. Se trata de un filme encantador y muy imaginativo que esconde una gran complejidad tras su aparente sencillez. Ambientado en la Tierra de Arnhem, al principio parece una simple historia de amor juvenil, pero los *flashbacks* de épocas antiguas lo convierten en una red de perspectivas diferentes. El periodo más moderno está rodado en blanco y negro, mientras que el pasado cobra vida en color, una sencilla idea que ilustra la vitalidad del pasado. El narrador es David Gulpilil, protagonista de *Walkabout*, de Nicolas Roeg, y en el reparto también aparece su hijo Jamie.

POZOS DE AMBICIÓN
Paul Thomas Anderson (2007)

El punto fuerte del drama *Pozos de ambición (There Will Be Blood)* es la extraordinaria actuación de Daniel Day-Lewis en el papel de Daniel Plainview, un minero convertido en empresario del petróleo con la esperanza de hacerse rico. Con el objetivo de convencer a los pequeños terratenientes de que le permitan perforar en sus tierras, Plainview se presenta ante ellos como un profeta de las ganancias. Tanto se obsesiona con encontrar petróleo y destruir a sus competidores, que al final termina enloqueciendo. Parece que la película logra desvelar la verdadera naturaleza del capitalismo: en último término, lo que cuenta no es el beneficio, sino el poder.

EL SECRETO DE SUS OJOS
Juan José Campanella (2009)

En este lúcido largometraje, el director argentino Juan José Campanella narra la historia de Benjamín (Ricardo Darín), un funcionario retirado de Buenos Aires que está escribiendo una novela y llama a su antigua colega Irene (Soledad Villamil) para repasar los detalles de un caso en el que trabajaron juntos 25 años atrás. Benjamín siente renacer una pasión olvidada por Irene mientras descubre las obsesiones de los otros implicados en el caso. La acción de la película se reparte entre la década de 1990 y la de 1970, cuando la dictadura militar autorizaba los asesinatos políticos. El filme es tanto un *thriller* denso e inteligente como un análisis del turbio pasado reciente de Argentina.

EL NIÑO DE LA BICICLETA
Jean-Pierre y Luc Dardenne (2011)

La película *El niño de la bicicleta (Le gamin au vélo)* cuenta la tierna historia de un chico de 12 años (Thomas Doret), abandonado por su padre, que encuentra consuelo en una joven llamada Samantha (Cécile de France) que le regala una bicicleta. Samantha es para el niño como un hada madrina, pero gracias al estilo de los hermanos belgas, Jean-Pierre y Luc Dardenne, la película no se aparta nunca del realismo. A diferencia de sus trabajos anteriores, que poseen un estilo radicalmente naturalista, en la banda sonora de esta película utilizaron música por considerar que su estructura de cuento de hadas así lo requería.

HOLY MOTORS
Leos Carax (2012)

Este drama fantástico del director francés Leos Carax se ha interpretado como una parábola de las relaciones humanas en la era de internet. En cualquier caso, *Holy Motors* es una película difícil de clasificar y, sin duda, surrealista. Oscar (Denis Lavant) circula por París en una limusina blanca conducida por Céline (Edith Scob), asumiendo una serie de situaciones y roles a cual más extraño: asesino, padre furioso o vieja mendiga, entre otros. El filme prescinde de toda lógica narrativa y parece combinar los mundos de Lewis Carroll con los de David Lynch y Luis Buñuel.

12 AÑOS DE ESCLAVITUD
Steve McQueen (2013)

12 años de esclavitud (12 Years a Slave), del videógrafo británico tornado en cineasta Steve McQueen, narra los horrores de la esclavitud en EE UU de un modo tan potente como poético. La película, una adaptación de las memorias de Solomon Northrup (1853), está protagonizada por Chiwetel Ejiofor, que interpreta a un violinista de Nueva York, que es engañado, drogado y luego enviado a Luisiana, donde lo venden como esclavo. Allí, arrojado al régimen diario de una plantación, con un trabajo extenuante y palizas brutales, el violinista se ve obligado a ocultar su identidad y su educación para poder sobrevivir. La interpretación de Ejiofor es la clave de la película, que apuntalan Benedict Cumberbatch, Michael Fassbender y Sarah Paulson. La mirada directa de McQueen a la realidad de la esclavitud no es fácil, pero sí esencial.

EL GRAN HOTEL BUDAPEST
Wes Anderson (2014)

En la divertida comedia *El gran hotel Budapest (The Grand Budapest Hotel)*, Wes Anderson hace honor a su fama de oscilar entre la locura y el genio. Ambientada en un estado ficticio de Europa Central durante el periodo de entreguerras, la película cuenta a través de una serie de *flashbacks* las cómicas aventuras del conserje Gustave H. (Ralph Fiennes) y su botones de confianza, Zero Moustafa (Tony Revolori y F. Murray Abraham). La trama gira en torno a los intentos de Gustave por conseguir un valioso cuadro, con el auge del fascismo como telón de fondo. El filme es a la vez una farsa llena de acción, una historia de amor y una elegía por la época desaparecida de los balnearios frecuentados por excéntricos huéspedes.

BLACK PANTHER
Ryan Coogler (2018)

Black Panther fue la primera película basada en un personaje de Marvel Comics negro y la primera película basada en un cómic nominada al Oscar a la mejor película. El difunto Chadwick Boseman interpreta a T'Challa, o Black Panther, el superheroico rey de la nación africana de Wakanda. Su reinado se ve amenazado por las pretensiones de Erik Killmonger (Michael B. Jordan), criado en EE UU, que quiere usar la avanzada tecnología del país para armar una violenta revolución global. La película conjura un mundo inteligente y subversivo y ofrece una acción acelerada junto a un diseño de producción afrofuturista y un potente elenco femenino, con Lupita Nyong'o, Letitia Wright y Angela Bassett.

RETRATO DE UNA MUJER EN LLAMAS
Céline Sciamma (2019)

Retrato de una mujer en llamas, de la cineasta francesa Céline Sciamma, es una historia de amor prohibido en la Francia del siglo XVIII. Marianne (Noémie Merlant) es una artista a la que envían a una isla remota para pintar el retrato de una noble, Héloïse (Adèle Haenel), comprometida en contra de su voluntad con el hombre que se iba a casar con su difunta hermana. Pero como Héloïse se niega a posar, Marianne ha de observarla y trabajar en secreto. Lo que sigue es un meticuloso drama acerca de mirar y ser mirada, lleno de imágenes magníficas y que acaba en un romance de llama breve pero tan intensa como para sentirla durante toda la vida.

NOMADLAND
Chloé Zhao (2020)

Frances McDormand ganó su tercer Oscar a la mejor actriz y Chloé Zhao se convirtió en la segunda mujer en ganar el Oscar a la mejor dirección con este drama sobre la comunidad nómada de EE UU. McDormand es Fern, una estoica viuda que empaqueta toda su vida, la mete en una furgoneta y se lanza a la carretera. Como en las obras anteriores de Zhao, gran parte del reparto está compuesto por actores no profesionales que interpretan a versiones de sí mismos, y cuyas historias sobre su vida solitaria y nómada dotan de autenticidad al viaje de Fern. Aunque estos pioneros modernos disfrutan de una conexión única con la naturaleza, la precariedad y la dureza de la vida que llevan es evidente, así como los fallos de un sistema económico que ha obligado a muchos a vivir sobre ruedas.

INDICE

Los números en **negrita** remiten a las entradas principales.

I

J

K

UV

W

XYZ

AGRADECIMIENTOS

Dorling Kindersley y Tall Tree Ltd. desean expresar su agradecimiento a Helen Peters por la elaboración del índice, y a Sheryl Sadana y Ira Pundeer por la corrección de pruebas.

CRÉDITOS FOTOGRÁFICOS

Los editores agradecen a las siguientes personas e instituciones el permiso para reproducir sus imágenes:

(Clave: a-arriba; b-abajo; c-centro; e-extremo; i-izquierda; d-derecha; s-superior)

2 United Artists/**Kobal**/Witzel. **6** (bd) Warner Brothers/**Kobal**/Jack Woods. **7** (si) Films Andre Paulve/**Kobal**. **8** (bc) Tango Film/**Kobal**. **9** (bd) IFC Productions/Detour Filmproduction/**Kobal**. **12** (si) Decla-Bioscop/**Kobal**; (sc) **Kobal**/ Deutsche Kinemathek; (sd) Nero/**Kobal**. **13** (si) MGM/**Kobal**; (sc) Warner Brothers/**Kobal**; (sd) Paramount/**Kobal**. **14** (si) 20th Century Fox/ **Kobal**; (sc) Paramount/**Kobal**/Steve Schapiro; (sd) Universal/**Kobal**. **15** (si) Bavaria/Radiant/ **Kobal**; (sc) Globo Films/**Kobal**; (sd) Dom Slike/ **Alamy**. **20** (si) Melies/**Kobal**; (bd) Melies/ **Kobal**. **21** (sc) **Kobal**; (bd) Melies/**Kobal**. **22** (si) Wark Producing Company/**Kobal**; (bc) **Kobal**. **23** (si) Wark Producing Company/**Kobal**; (bd) Wark Producing Company/**Kobal**. **25** Decla-Bioscope/**Kobal**. **26** (sd) Decla-Bioscope/ **Kobal**. **27** (b) Decla-Bioscope/**Kobal**. **28** (si) Goskino/**Kobal**; (c) Goskino/**Kobal**. **29** (sd) Goskino/**Kobal**; (bi) Paramount/**Kobal**/Otto Dyar. **30** (si) Fox Films/**Kobal**; (bc) Paramount/ **Kobal**. **31** (sc) Fox Films/**Kobal**; (bd) Fox Films/ **Kobal**. **32** (si) **Kobal**/Deutsche Kinemathek; (c) **Kobal**/Deutsche Kinemathek. **33** (si) **Kobal**/ Horst von Harbou-Deutsche Kinemathek; (bd) **Kobal**/Horst von Harbou-Deutsche Kinemathek. **34** (si) United Artists/**Kobal**; (cd) United Artists/ **Kobal**. **35** (si) Societe generale des films/**Kobal**; (bc) Societe generale des films/**Kobal**. **36** (si) UFA/**Kobal**; (bc) UFA/**Kobal**. **37** (si) Filmstudio Berlin/**Kobal**. **39** United Artists/**Kobal**. **40** (bi) United Artists/**Kobal**; (sd) United Artists/**Kobal**. **41** (bd) United Artists/**Kobal**. **46** (si) Nero/ **Kobal**; (bc) Nero/**Kobal**. **47** (sd) Nero/**Kobal**; (bi) Paramount/**Kobal**. **48** (si) Paramount/ **Kobal**; (cd) Paramount/**Kobal**. **49** (si) RKO/ **Kobal**; (bc) RKO/**Kobal**. **50** (si) Jacques-Louis Nounez/Gaumont/**Kobal**; (c) Everett/**REX** Shutterstock. **51** (sd) Jacques-Louis Nounez/ Gaumont/**Kobal**. **52** (si) Universal/**Kobal**; (bd) Universal/**Kobal**. **53** (si) © 1937 Disney/**Kobal**; (bc) © 1937 Disney/**Kobal**. **55** MGM/**Kobal**. **57** (b) MGM/**Kobal**/Eric Carpenter. **58** (bi) Paramount/**Kobal**. **59** MGM/**Kobal**. **60** (si) Nouvelle Edition Francaise/**Kobal**; (bd) Nouvelle Edition Francaise/**Kobal**. **61** (sd) Nouvelle Edition Francaise/**Kobal**; (bc) **Kobal**. **62** (si) MGM/**Kobal**; (c) MGM/**Kobal**. **63** (sd) MGM/ **Kobal**/Laszlo Willinger; (bc) MGM/**Kobal**. **64** (si) Columbia/**Kobal**; (bd) Columbia/**Kobal**. **65** (sc) United Artists/**Kobal**; (bd) SNAP/**REX** Shutterstock. **67** RKO/**Kobal**. **68** (bi) RKO/ **Kobal**/Donald Keyes. **69** (bc) RKO/**Kobal**. **70** (b) RKO/**Kobal**. **71** (bd) RKO/**Kobal**. **72** (bc) Warner Brothers/**Kobal**. **73** (s) Warner Brothers/ **Kobal**/Jack Woods. **74** (b) Warner Brothers/ **Kobal**/Jack Woods. **75** (si) Warner Brothers/ **Kobal**/Jack Woods; (sd) Columbia/**Kobal**/Bob Coburn. **76** (si) United Artists/**Kobal**/Bob Coburn; (c) United Artists/**Kobal**/Bob Coburn. **77** (bc) United Artists/**Kobal**/Bob Coburn; (sc) SNAP/**REX** Shutterstock. **78** (si) ICI/**Kobal**. **79** (si) 20th Century Fox/**Kobal**; (bc) 20th Century Fox/**Kobal**. **81** (si) Pathe/**Kobal**; (bd) Pathe/ **Kobal**. **82** (si) Pathe/**Kobal**. **83** (sd) **Kobal**; (bi) Pathe/**Kobal**. **84** (si) Films Andre Paulve/**Kobal**; (bc) Films Andre Paulve/**Kobal**. **85** (sd) Films Andre Paulve/**Kobal**; (bi) Films Andre Paulve/ **Kobal**. **86** (si) AF archive/**Alamy**; (b) AF archive/**Alamy**. **87** (si) ITV/**REX** Shutterstock; (sd) INTERFOTO/**Alamy**. **89** RKO/**Kobal**. **90** (s) RKO/**Kobal**. **92** (b) RKO/**Kobal**. **93** (sc) RKO/ **Kobal**; (sd) Columbia/**Kobal**. **95** (b) Produzione De Sica/**Kobal**. **96** (b) Produzione De Sica/ **Kobal**. **97** (sc) Produzione De Sica/**Kobal**; (sd) **Kobal**/Bob Hawkins. **98** (si) © 1949 Studio Canal Films Ltd/**Kobal**. **99** (sd) © 1949 Studio Canal Films Ltd/**Kobal**; (bd) © 1949 Studio Canal Films Ltd/**Kobal**. **100** (b) © 1949 Studio Canal Films Ltd/**Kobal**. **101** (d) © 1949 Studio Canal Films Ltd/**Kobal**. **102** (b) © 1949 Studio Canal Films Ltd/**Kobal**. **103** (sd) © 1949 Studio Canal Films Ltd/**Kobal**. **109** Daiei/**Kobal**. **110** (bi) **Kobal**. **111** (s) Daiei/**Kobal**; (bc) Daiei/ **Kobal**. **113** (b) Daiei/**Kobal**. **114** (si) Paramount/ **Kobal**; (bd) Paramount/**Kobal**. **115** (si) Paramount/**Kobal**; (sd) Paramount/**Kobal**. **116** (si) Warner Brothers/**Kobal**; (cd) Warner Brothers/**Kobal**. **117** (sd) Warner Brothers/ **Kobal**; (bi) Warner Brothers/**Kobal**. **119** (s) United Artists/**Kobal**. **120** (b) United Artists/ **Kobal**. **121** (sc) United Artists/**Kobal**; (sd) **Kobal**. **122** (bc) MGM/**Kobal**. **123** (s) MGM/ **Kobal**. **124** (si) MGM/**Kobal**/Eric Carpenter; (bc) MGM/**Kobal**/Virgil Apger. **125** MGM/ **Kobal**/Ed Hubbell. **126** (si) Shochiku/**Kobal**; (c) Shochiku/**Kobal**. **127** (sd) Shochiku/**Kobal**. **128** (si) Filmsonor/CICC/Vera-Fono Roma/**Kobal**; (b) Filmsonor/CICC/Vera-Fono Roma/**Kobal**. **129** (si) Toho Film/**Kobal**; (bc) Toho Film/**Kobal**. **130** (si) Universal/**Kobal**. **131** (si) Warner Brothers/ **Kobal**; (bc) Warner Brothers/**Kobal**. **132** (si) Gobierno de Bengala Occidental/**Kobal**; (b) Gobierno de Bengala Occidental/**Kobal**. **133** (si) Gobierno de Bengala Occidental/**Kobal**; (sd) Priya/**Kobal**. **134** (si) United Artists/**Kobal**; (cd) United Artists/**Kobal**. **135** (si) Warner Brothers/ **Kobal**. **136** (cd) Sunset Boulevard/**Corbis**. **137** (bd) Photos 12/**Alamy**. **138** (si) Pictorial Press Ltd/**Alamy**; (b) AF archive/**Alamy**. **139** (sd) Bettmann/**Corbis**. **141** Paramount/**Kobal**. **142** (bi) **Kobal**. **143** (bd) Paramount/**Kobal**. **144** (c) Paramount/**Kobal**. **145** (c) Paramount/**Kobal**. **146** (si) Film Polski/**Kobal**; (c) Film Polski/ **Kobal**. **147** (si) **Kobal**; (bd) Film Polski/**Kobal**. **148** (si) United Artists/**Kobal**; (c) United Artists/ **Kobal**. **149** (si) United Artists/**Kobal**; (bc) Columbia/**Kobal**. **151** Sedif/Les Films du Carosse/Janus/**Kobal**. **152** (bi) Anglo Enterprise/Vineyard/**Kobal**. **153** (bd) Sedif/Les Films du Carosse/Janus/**Kobal**. **154** Sedif/Les Films du Carosse/Janus/**Kobal**. **155** (bi) Sedif/ Les Films du Carosse/Janus/**Kobal**. **161** Riama-Pathe/**Kobal**. **162** (sd) Riama-Pathe/ **Kobal**; (bi) PEA/Artistes Associés/**Kobal**. **163** (bd) Riama-Pathe/**Kobal**. **164** (cd) Leontura/ **iStockphoto**. **165** (si) Riama-Pathe/**Kobal**; (sd) Titanus/Vidas/SGC/**Kobal**. **166** (si) SNAP/**REX** Shutterstock. **167** (sd) SNC/**Kobal**; (bi) SLON/ **Kobal**. **168** (si) Woodfall/British Lion/**Kobal**; (bd) Woodfall/British Lion/**Kobal**. **169** (si) Woodfall/British Lion/**Kobal**; (bc) Woodfall/ British Lion/**Kobal**. **170** (si) Terra/Tamara/ Cormoran/**Kobal**/Georges Pierre; (bc) Spectrafilm. **171** (si) Terra/Tamara/Cormoran/ **Kobal**/Georges Pierre; (bd) Terra/Tamara/ Cormoran/**Kobal**/Georges Pierre. **172** (si) Argos Films/**Kobal**. **173** (si) Parc Film/ Madeleine Films/Beta Film/**Kobal**; (cd) Parc Film/Madeleine Films/Beta Film/**Kobal**. **174** (si) Copacabana Films/**Kobal**; (c) Copacabana Films/**Kobal**. **175** (si) Everett/**REX** Shutterstock; (bd) Photos 12/**Alamy**. **177** (bi) Hawk Films Production/Columbia/**Kobal**; (sd) Hawk Films Production/Columbia/**Kobal**. **178** (s) Hawk Films Production/Columbia/**Kobal**. **179** (bi) Hawk Films Production/Columbia/**Kobal**; (sd) Warner Brothers/**Kobal**. **180** (si) 20th Century Fox/**Kobal**; (bc) 20th Century Fox/**Kobal**. **181** (sd) 20th Century Fox/**Kobal**. **183** Casbah/Igor/ **Kobal**. **184** (sd) Casbah/Igor/**Kobal**. **185** (bd) Casbah/Igor/**Kobal**. **186** (b) Casbah/Igor/**Kobal**. **187** (bi) Casbah/Igor/**Kobal**. **188** (si) Everett/ **REX** Shutterstock. **189** (si) Specta Films/Jolly Film/**Kobal**; (cd) Specta Films/Jolly Film/**Kobal**. **190** (si) Warner Brothers/**Kobal**; (bc) Warner Brothers/**Kobal**. **191** (s) Warner Brothers/**Kobal**. **192** (si) MGM/**Kobal**; (c) MGM/**Kobal**. **193** (bd) MGM/**Kobal**. **194** (si) Warner 7 Arts/**Kobal**; (bc) Columbia/**Kobal**. **195** (si) Warner 7 Arts/**Kobal**; (b) Warner 7 Arts/**Kobal**. **196** (si) Columbia/ **Kobal**; (c) Columbia/**Kobal**. **197** (sd) **Kobal**; (bi) Columbia/**Kobal**. **198** (si) Films la Boetie/ Euro International/**Kobal**; (c) Films la Boetie/ Euro International/**Kobal**. **199** (si) Classic Film/ Cinevideo/Filmel; (bd) Films la Boetie/Euro International/**Kobal**. **201** Paramount/**Kobal**/ Steve Schapiro. **203** (sd) Paramount/**Kobal**; (bi) **Kobal**. **204** (bi) Paramount/**Kobal**. **205** (sd) Warner Brothers/**Kobal**; (bi) Paramount/**Kobal**/ Steve Schapiro. **206** (si) Photos 12/**Alamy**; (bc) **Kobal**/Maureen Gosling. **207** (b) Photos 12/ **Alamy**. **208** (si) Greenwich/**Kobal**; (bc) **Kobal**. **209** (sd) Greenwich/**Kobal**; (b) Greenwich/ **Kobal**. **210** (bd) © 1973 Studio Canal Films Ltd/ **Kobal**. **211** (sd) © 1973 Studio Canal Films Ltd/ **Kobal**. **212** (b) Moviestore/**REX** Shutterstock. **213** (sd) © 1973 Studio Canal Films Ltd/**Kobal**; (bi) EMI/**Kobal**/David James. **214** (si) Elias Querejeta Productions/**Kobal**; (b) Elias Querejeta Productions/**Kobal**. **215** (si) Elias Querejeta Productions/**Kobal**; (sd) **Kobal**. **217** Paramount/**Kobal**. **218** (bi) **Kobal**. **219** (si) Paramount/**Kobal**. **220** (c) Paramount/**Kobal**. **221** (sd) **Kobal**; (bi) Paramount/**Kobal**. **222** (si) Tango Film/**Kobal**; (c) Tango Film/**Kobal**. **223** (sd) Tango Film/**Kobal**; (bi) AF archive/**Alamy**. **228** (bd) Universal/**Kobal**. **229** (sd) Universal/ **Kobal**. **230** (sd) Universal/**Kobal**; (bi) Universal/ **Kobal**. **231** Universal/**Kobal**. **232** (si) Picnic/ BEF/Australian Film Commission/**Kobal**. **233** (si) Picnic/BEF/Australian Film Commission/ **Kobal**; (sd) MGM/UA/**Kobal**. **235** Columbia/ **Kobal**/Steve Schapiro. **237** (sd) Columbia/ **Kobal**/Steve Schapiro; (bi) Columbia/**Kobal**/ Steve Schapiro. **238** (bi) Columbia/**Kobal**/Steve Schapiro. **239** (sd) Paramount/**Kobal**. **240** (si) United Artists/**Kobal**/Brian Hamill; (c) United Artists/**Kobal**/Brian Hamill. **241** (b) United Artists/**Kobal**/Brian Hamill. **242** (si) Cortesía de **Lucasfilm** Ltd. LLC, *La guerra de las galaxias (Episodio IV: Una nueva esperanza)* ™ & © Lucasfilm Ltd. LLC; (bc) Cortesía de **Lucasfilm** Ltd. LLC, *La guerra de las galaxias (Episodio IV: Una nueva esperanza)* ™ & © Lucasfilm Ltd. LLC. **243** (si) 20th Century Fox/**Kobal**; (c) 20th Century Fox/**Kobal**. **244** (c) Mosfilm/**Kobal**. **245** (sd) Mosfilm/**Kobal**; (bi) Mosfilm/**Kobal**. **246** (s) Mosfilm/**Kobal**. **247** (b) Mosfilm/**Kobal**. **248** (si) Bavaria Film/ Radiant Film/**Kobal**; (c) Bavaria Film/Radiant Film/**Kobal**. **249** (sd) Bavaria Film/Radiant Film/ **Kobal**; (bi) Kurt Vinion/EdStock/**istockphoto**. **251** Warner Brothers/**Kobal**. **253** (si) Warner Brothers/**Kobal**; (sd) Warner Brothers/**Kobal**. **254** (si) Warner Brothers/**Kobal**. **255** Warner Brothers/**Kobal**. **256** (si) De Laurentiis/**Kobal**; (c) De Laurentiis/**Kobal**. **257** (sd) Universal/ **Kobal**; (bc) De Laurentiis/**Kobal**. **258** (bd) Road Movies/Argos Films/WDR/**Kobal**. **259** (sd) Road Movies/Argos Films/WDR/**Kobal**. **260** (si) SNAP/**REX** Shutterstock. **261** (sc) Road Movies/ Argos Films/WDR/**Kobal**; (sd) **Kobal**/Stephane Fefer. **262** (si) El Deseo/Lurenfilm/**Kobal**; (bd) El Deseo/Lurenfilm/**Kobal**. **263** (si) Snap Stills/**REX** Shutterstock; (bc) Everett/**REX** Shutterstock. **264** (si) Universal/**Kobal**. **265** (si) Era International/**Kobal**; (bc) Era International/ **Kobal**. **271** Miramax/Buena Vista/**Kobal**/Linda R. Chen. **272** (c) Miramax/Buena Vista/**Kobal**/ Linda R. Chen. **273** Miramax/Buena Vista/ **Kobal**. **274** (bc) Miramax/Buena Vista/**Kobal**/ Linda R. Chen. **275** (sd) Miramax/Buena Vista/ **Kobal**/Linda R. Chen. **276** (si) CAB/FR3/Canal +/**Kobal**; (bd) CAB/FR3/Canal +/**Kobal**. **277** (si) CAB/FR3/Canal +/**Kobal**; (sd) **Kobal**/Rommeld Pieukowski. **278** (si) ITV/**REX** Shutterstock; (c) SNAP/**REX** Shutterstock. **279** (sc) **Kobal**; (b) SNAP/**REX** Shutterstock. **280** (si) Pixar/ Walt Disney Pictures/**Kobal** © Disney·Pixar; (bc) Pixar/Walt Disney Pictures/**Kobal** © Disney·Pixar; Slinky © Dog es una marca registrada de POOF–Slinky, Inc.; Mr. Potato Head © es una marca registrada de Hasbro, Inc. Usado con permiso de © Hasbro, Inc. All rights reserved. **281** (si) Les Productions Lazennec/ Canal+/La Sept Cinema/Kasso Inc./**Kobal**. **282** (si) Working Title/Polygram/**Kobal** (c) Working Title/Polygram/**Kobal**. **283** (si) Imagine/Alphaville Films/**Kobal**; (b) Working Title/Polygram/**Kobal**. **284** (si) Ego Films Arts/ **Kobal**; (bc) Ego Films Arts/**Kobal**. **285** (si) Videofilmes/Mact Productions/**Kobal**. **286** (si) Nimbus Film/**Kobal**; (bc) Pascal Le Segretain/ EdStock/**istockphoto**. **287** (si) Nimbus Film/ **Kobal**; (bd) Nimbus Film/**Kobal**. **288** (si) Toho Company/Omega Project/**Kobal**; (c) Toho Company/Omega Project/**Kobal**. **289** (si) Toho Company/Omega Project/**Kobal**; (bc) Dreamworks/**Kobal**/Gemma La Mana. **291** Columbia/**Kobal**/Chan Kam Chuen. **292** (bi) Columbia/**Kobal**/Chan Kam Chuen. **293** (cd) Columbia/**Kobal**/Chan Kam Chuen. **294** (s) Columbia/**Kobal**/Chan Kam Chuen. **295** (sc) Columbia/**Kobal**; (sd) Focus Features/**Kobal**. **296** (si) Studio Ghibli/**Kobal**; (bd) Studio Ghibli/ **Kobal**. **297** (si) Studio Ghibli/**Kobal**; (bc) Studio Ghibli/**Kobal**. **298** (si) UGC/Studio Canal +/ **Kobal**; (c) UGC/Studio Canal +/**Kobal**; (bc) Claudie Ossard/Constellation/**Kobal**. **299** (s) © Miramax/Everett/**REX**. **300** (si) Aamir Khan Productions/**Kobal**. **301** (bd) Aamir Khan Productions/**Kobal**. **302** (si) New Line Cinema/ Wingnut/Pierre Vinet; (bc) New Line Cinema/ Wingnut. **303** (bi) New Line Cinema/Wingnut/ Pierre Vinet; **304** (si) Globo Films/**Kobal**; (c) Globo Films/**Kobal**. 305 (s) Globo Films/ **Kobal**; (sd) Rhombus Media/**Kobal**. **307** (a) Globo Films/**Kobal**. **308** (si) Egg Films/Show East/**Kobal**; (bd) Egg Films/Show East/**Kobal**. **309** (bc) Pascal Le Segretain/EdStock/ **istockphoto**; (si) Egg Films/Show East/**Kobal**. **310** (si) Wiedermann & Berg/**Kobal**. **311** (si) Wiedermann & Berg/**Kobal**; (bd) Wiedermann & Berg/**Kobal**. **313** Warner Brothers/**Kobal**. **314** (ci) Warner Brothers/**Kobal**; (bi) Warner Brothers/**Kobal**. **315** (b) Warner Brothers/ **Kobal**. **316** (si) Film4/Celador/Pathe/**Kobal**; (bd) Film4/Celador/Pathe/**Kobal**. **317** (si) Film4/ Celador/Pathe/**Kobal**; (sd) Film4/Celador/Pathe/ **Kobal**. **318** (si) First Light Production/Summit/ **Kobal**; (b) First Light Production/Summit/ **Kobal**. **319** (sc) First Light Production/Summit/ **Kobal**; (sd) First Light Production/Summit/ **Kobal**. **320** (si) Snap Stills/**REX** Shutterstock. **321** (si) Wega Film/Lucky Red/**Kobal**; (bc) Wega Film/Lucky Red/**Kobal**. **322** (si) Imaj/**Kobal**; (c) Imaj/**Kobal**. **323** (sc) Bredok Film/Zeynofilm/ **Kobal**; (b) Snap Stills/**REX** Shutterstock. **324** (si) Warner Brothers/**Kobal**; (b) Warner Brothers/ **Kobal**. **326** (s) TCD/Prod.DB/**Alamy** (b) Allstar Picture Library Ltd./**Alamy**. **327** (s) Dom Slike/ **Alamy** (b) Han Myung-Gu/**Getty Images**. **330** (si) Sashkinw/**istockphoto**.

Las demás imágenes © Dorling Kindersley. Para más información, consulte: **www.dkimages.com**